面向新工科普通高等教育系列教材

# 电子信息基础

主　编　朱　莹
副主编　贾永兴
参　编　荣传振　王金明

机械工业出版社

本书共10章分为4篇，其中第1~2章为电路分析基础，介绍电路的基本概念、定律以及一阶直流动态电路分析；第3~4章为信号与系统分析基础，介绍连续时间信号与系统的时域和频域分析；第5~7章为模拟电子技术基础，介绍二极管、晶体管、放大电路以及集成运算放大器的原理和应用；第8~10章为数字电子技术基础，介绍数字逻辑基础以及组合逻辑电路、时序逻辑电路的分析和设计。内容设计经典实用、语言描述通俗易懂，各章均配有详细的例题讲解和课后习题，方便读者更好地掌握相关知识。

本书结构清晰、系统性强，注重基本原理和工程应用的结合，可作为高等学校电子信息、计算机等专业本科或专科学生的教材，也可供相关专业的自学者使用。

## 图书在版编目（CIP）数据

电子信息基础/朱莹主编．—北京：机械工业出版社，2021.6
面向新工科普通高等教育系列教材
ISBN 978-7-111-68581-4

Ⅰ．①电… Ⅱ．①朱… Ⅲ．①电子信息-高等学校-教材 Ⅳ．①G203

中国版本图书馆CIP数据核字（2021）第126820号

机械工业出版社（北京市百万庄大街22号 邮政编码100037）
策划编辑：李馨馨　　责任编辑：李馨馨　汤 枫
责任校对：张艳霞　　责任印制：单爱军
北京虎彩文化传播有限公司印刷

2021年8月第1版·第1次印刷
184mm×260mm·17印张·413千字
0001—1500册
标准书号：ISBN 978-7-111-68581-4
定价：69.00元

电话服务　　　　　　　　网络服务
客服电话：010-88361066　　机　工　官　网：www.cmpbook.com
　　　　　010-88379833　　机　工　官　博：weibo.com/cmp1952
　　　　　010-68326294　　金　书　网：www.golden-book.com
封底无防伪标均为盗版　　　机工教育服务网：www.cmpedu.com

# 前　言

"电子信息基础"是高等院校电子信息、计算机等专业的电类通识教育课程，是学生学习电子信息技术的起点课程之一。为了让学生更好地理解和掌握相关知识，本书作者团队根据多年从事电子信息类课程教学的经验，编写了本书。

本书着眼于优化内容结构、强调模块间衔接、注重物理意义，按照从元件到系统、从时域到变换域、从模拟到数字的思路，较全面地介绍了不同类型电路和系统设计与分析的一般原理和基本方法。全书共分为4篇：第1篇为电路分析基础，其中，第1章电路的基本概念和定律，主要介绍电路分析的基本元件、基本定律、一般分析方法和常用定理；第2章一阶直流动态电路分析，主要介绍在直流电源作用下一阶动态电路的特性和响应分析。第2篇为信号与系统分析基础，其中，第3章连续时间信号与系统的时域分析，主要从时间的角度介绍了信号和系统的基本概念、描述方法以及系统分析方法；第4章连续时间信号与系统的频域分析，主要从频域的角度分析信号特性、系统特性和响应分析。第3篇为模拟电子技术基础，其中，第5章二极管及其应用，主要介绍半导体基础知识、二极管的特性和基本应用；第6章晶体管和放大电路，主要介绍晶体管的基本特性和应用，以及基本放大电路和差分放大电路的分析方法；第7章集成运算放大器及其应用，主要介绍集成运算放大器的性能特点、分析方法和基本应用。第4篇为数字电子技术基础，其中，第8章数字逻辑基础，主要介绍逻辑运算的基本知识；第9章组合逻辑电路，主要介绍组合逻辑电路的基本分析和设计方法；第10章时序逻辑电路，主要介绍时序逻辑电路的描述、元件和应用。

本教材具有如下几个特点：

（1）内容涵盖电路原理、信号与系统、模拟电子电路和数字电子电路的基本知识，内容全面。同时，教材强调内容间的衔接，注重模块间的有机过渡，系统性强。

（2）作为电类通识课程教材，本书精选内容，注重基础，重点强调基本概念和基本分析方法。

（3）为培养电子电路的基本分析能力，本书加强讨论理论分析方法的物理意义和工程背景，例题丰富，通俗易懂。

全书共10章，第1~2章由朱莹编写，第3~4章由贾永兴编写，第5~7章由荣传振编写，第8~10章由王金明编写，全书由朱莹统稿。本书在编写过程中参考了大量的文献，汲取了多位专家同仁的宝贵经验，在此深表感谢。由于编者水平有限，书中难免存在不妥之处，请广大读者批评指正。

编　者

# 目 录

前言

## 第1篇 电路分析基础

### 第1章 电路的基本概念和定律 ………… 3
- 1.1 实际电路和电路模型 ………… 3
  - 1.1.1 实际电路 ………… 3
  - 1.1.2 电路模型 ………… 4
- 1.2 电路变量 ………… 4
  - 1.2.1 电流 ………… 4
  - 1.2.2 电压 ………… 5
  - 1.2.3 功率 ………… 6
- 1.3 电路基本元件 ………… 8
  - 1.3.1 电阻元件 ………… 8
  - 1.3.2 理想电源 ………… 9
  - 1.3.3 受控源 ………… 10
- 1.4 基尔霍夫定律 ………… 12
  - 1.4.1 电路中的基本名词 ………… 12
  - 1.4.2 基尔霍夫电流定律 ………… 12
  - 1.4.3 基尔霍夫电压定律 ………… 14
- 1.5 电路方程分析法 ………… 15
  - 1.5.1 支路电流法 ………… 15
  - 1.5.2 网孔电流法 ………… 16
  - 1.5.3 节点电压法 ………… 19
- 1.6 电路的等效变换 ………… 21
  - 1.6.1 电阻的串联、并联等效 ………… 21
  - 1.6.2 理想电源的串联、并联等效 ………… 24
  - 1.6.3 含受控源电路的等效 ………… 27
- 1.7 等效电源定理 ………… 28
  - 1.7.1 戴维南定理 ………… 28
  - 1.7.2 诺顿定理 ………… 29
- 1.8 最大功率传输定理 ………… 31
- 1.9 齐次定理和叠加定理 ………… 33
  - 1.9.1 齐次定理 ………… 33
  - 1.9.2 叠加定理 ………… 35
- 习题1 ………… 38

### 第2章 一阶直流动态电路分析 ………… 44
- 2.1 动态元件 ………… 44
  - 2.1.1 电容 ………… 44
  - 2.1.2 电感 ………… 47
- 2.2 动态电路方程建立和求解 ………… 50
  - 2.2.1 典型一阶RC电路方程 ………… 50
  - 2.2.2 典型一阶RL电路方程 ………… 51
  - 2.2.3 动态电路的响应求解 ………… 52
- 2.3 一阶直流动态电路三要素法 ………… 53
  - 2.3.1 电路初始值的分析 ………… 53
  - 2.3.2 电路稳态值的分析 ………… 55
  - 2.3.3 时间常数的分析 ………… 56
  - 2.3.4 三要素法的应用 ………… 57
- 2.4 一阶直流动态电路的零输入和零状态响应 ………… 61
  - 2.4.1 零输入响应 ………… 61
  - 2.4.2 零状态响应 ………… 62
- 习题2 ………… 63

## 第2篇 信号与系统分析基础

### 第3章 连续时间信号与系统的时域分析 ………… 69
- 3.1 信号及其分类 ………… 69
  - 3.1.1 信号的概念 ………… 69
  - 3.1.2 信号的分类 ………… 69
- 3.2 典型连续时间信号 ………… 70
  - 3.2.1 常用连续时间信号 ………… 70
  - 3.2.2 奇异信号 ………… 72
- 3.3 信号的基本运算 ………… 74
  - 3.3.1 时移、反褶与尺度变换 ………… 74

3.3.2　微分与积分 ·············· 75
　　3.3.3　信号相加、相乘与卷积运算 ····· 77
3.4　系统及其分类················ 80
　　3.4.1　系统的概念与模型 ········· 80
　　3.4.2　系统的分类 ············· 80
　　3.4.3　LTI 系统的特性 ··········· 82
3.5　LTI 连续时间系统的响应 ········ 83
　　3.5.1　零输入响应 ············· 83
　　3.5.2　零状态响应 ············· 85
习题 3 ························· 89

第 4 章　连续时间信号与系统的频域
　　　　分析 ···················· 94
4.1　周期信号的傅里叶级数········· 94
　　4.1.1　周期信号三角形式的傅里叶
　　　　　级数 ·················· 94
　　4.1.2　周期信号复指数形式的傅里叶

级数 ·················· 98
　　4.1.3　周期矩形脉冲信号的频谱 ···· 100
4.2　傅里叶变换················· 103
　　4.2.1　傅里叶变换的定义及
　　　　　存在条件 ··············· 103
　　4.2.2　常用信号的傅里叶变换 ····· 104
4.3　傅里叶变换的性质和定理 ······ 107
4.4　系统频域分析··············· 115
　　4.4.1　系统函数 ··············· 115
　　4.4.2　系统响应的频域求解 ······· 119
　　4.4.3　无失真传输 ············· 122
　　4.4.4　理想滤波器 ············· 126
4.5　时域采样定理··············· 129
　　4.5.1　时域采样 ··············· 129
　　4.5.2　时域采样定理的应用 ······· 131
习题 4 ························· 133

# 第 3 篇　模拟电子技术基础

第 5 章　二极管及其应用············· 141
5.1　半导体基础知识·············· 141
　　5.1.1　半导体 ················ 141
　　5.1.2　本征半导体 ············· 141
5.2　杂质半导体················· 142
　　5.2.1　N 型杂质半导体 ·········· 142
　　5.2.2　P 型杂质半导体 ·········· 143
　　5.2.3　PN 结 ················· 143
5.3　半导体二极管及其应用········· 144
　　5.3.1　二极管的伏安特性与主要
　　　　　参数 ·················· 145
　　5.3.2　二极管的等效电路模型及
　　　　　分析方法 ··············· 146
　　5.3.3　二极管的基本应用 ········ 147
5.4　稳压二极管及其应用·········· 149
5.5　特殊二极管················· 151
　　5.5.1　发光二极管 ············· 151
　　5.5.2　光电二极管 ············· 151
习题 5 ························· 151

第 6 章　晶体管和放大电路··········· 155
6.1　晶体管····················· 155
　　6.1.1　晶体管的结构与伏安特性 ···· 155

　　6.1.2　晶体管的基本应用 ········ 158
6.2　放大的概念和放大电路的
　　　主要性能指标················ 161
　　6.2.1　放大的概念 ············· 161
　　6.2.2　放大电路的性能指标 ······· 161
6.3　基本放大电路················ 163
　　6.3.1　基本共射放大电路的组成及
　　　　　各元件的作用 ············ 163
　　6.3.2　设置静态工作点的必要性 ···· 163
　　6.3.3　基本共射放大电路的工作原理
　　　　　及波形分析 ············· 164
　　6.3.4　放大电路的组成原则 ······· 165
　　6.3.5　晶体管放大电路的三种基本
　　　　　组态 ·················· 165
6.4　放大电路的分析方法·········· 166
6.5　差分放大电路··············· 173
　　6.5.1　差分放大器的通用结构 ····· 174
　　6.5.2　共模信号与差模信号 ······· 175
　　6.5.3　射极耦合差分放大电路 ····· 175
习题 6 ························· 179

第 7 章　集成运算放大器及其应用······ 182
7.1　集成运算放大器·············· 182

v

7.1.1　集成运放的电路结构 …………… 182
7.1.2　集成运放的电压传输特性与
　　　主要性能指标 …………… 183
7.1.3　理想集成运算放大器 …………… 184
7.2　反馈 …………………………………… 185
7.2.1　反馈的基本概念 ………………… 185
7.2.2　反馈的类型及判别方法 ………… 187
7.2.3　负反馈对放大电路性能的
　　　影响 …………………………… 190
7.3　集成运算放大器的应用 ……………… 192
7.3.1　基本运算电路 …………………… 192
7.3.2　电压比较器 ……………………… 195
习题7 ……………………………………… 196

# 第4篇　数字电子技术基础

## 第8章　数字逻辑基础 …………………… 203
8.1　数字信号与数字电路 ………………… 203
8.1.1　模拟信号和数字信号 …………… 203
8.1.2　模拟电路和数字电路 …………… 204
8.2　数制与编码 …………………………… 204
8.2.1　数制 ……………………………… 204
8.2.2　带符号数表示法 ………………… 206
8.2.3　数的编码表示法 ………………… 208
8.3　逻辑代数基础 ………………………… 210
8.3.1　逻辑变量与基本的逻辑运算 …… 210
8.3.2　复合逻辑运算与常用逻辑门 …… 212
8.3.3　逻辑代数的基本定律与运算
　　　规则 …………………………… 213
8.4　逻辑函数的描述方式 ………………… 215
8.4.1　逻辑表达式与真值表 …………… 215
8.4.2　逻辑图 …………………………… 216
8.4.3　积之和式与最小项表达式 ……… 216
8.4.4　和之积式与最大项表达式 ……… 217
8.5　逻辑函数的化简 ……………………… 218
8.5.1　代数法化简逻辑函数 …………… 219
8.5.2　卡诺图法化简逻辑函数 ………… 219
习题8 ……………………………………… 222

## 第9章　组合逻辑电路 …………………… 224
9.1　集成逻辑门 …………………………… 224
9.1.1　集成逻辑门系列 ………………… 225
9.1.2　集成逻辑门的主要电气指标 …… 227
9.1.3　逻辑电路的三态输出结构 ……… 229
9.2　组合逻辑电路分析 …………………… 230
9.3　用SSI设计组合逻辑电路 …………… 232
9.4　常用MSI组合逻辑模块 ……………… 233

9.4.1　加法器 …………………………… 233
9.4.2　译码器 …………………………… 235
9.4.3　数据选择器 ……………………… 236
9.5　用MSI模块设计组合电路 …………… 237
9.6　用Verilog语言设计组合电路 ………… 238
9.6.1　EDA技术 ………………………… 239
9.6.2　用Verilog语言设计组合电路 …… 239
习题9 ……………………………………… 241

## 第10章　时序逻辑电路 …………………… 244
10.1　触发器 ……………………………… 244
10.1.1　基本RS触发器 ………………… 244
10.1.2　同步RS触发器 ………………… 245
10.1.3　集成触发器 …………………… 246
10.2　计数器 ……………………………… 249
10.2.1　触发器构成的异步行波
　　　　计数器 ………………………… 249
10.2.2　触发器构成的同步计数器 …… 250
10.2.3　触发器构成的计数器的异步
　　　　变模 …………………………… 251
10.2.4　MSI同步计数器 ……………… 253
10.2.5　计数器的应用 ………………… 255
10.3　移位寄存器 ………………………… 256
10.3.1　移位寄存器的一般结构 ……… 257
10.3.2　MSI移位寄存器 ……………… 257
10.3.3　移位寄存器的应用 …………… 258
10.4　用Verilog语言设计时序
　　　电路 ………………………………… 261
习题10 …………………………………… 263

**参考文献** ………………………………… 266

# 第1篇 电路分析基础

现代社会的日常生活离不开电路,电灯、电视、计算机、手机等都要依赖电路来实现。经过数百年的发展,电路理论已经成为一门体系完整、逻辑严密且具有强大生命力的学科领域,它也成为当代电气工程与电子科学技术的重要理论基础之一。本篇主要介绍电路的基本概念、基本定律和分析方法。

# 第1章 电路的基本概念和定律

电路在日常生产生活中有着非常广泛的应用，通过不同元件的不同组合可以将电能方便地转换为光能、机械能、热能等各种形式。本章从最基本的电路知识出发，建立电路模型，认识电路变量和电路元件，讨论电路的基本定律，研究电路分析方法，并以直流电阻电路为例，建立电路分析的理论体系。

## 1.1 实际电路和电路模型

### 1.1.1 实际电路

电路又称电子回路，是由电气设备和用电装置按一定方式连接起来，形成的电流通路。图 1-1 是一个由电池、灯泡、开关和导线组成的最简单的实际照明电路。

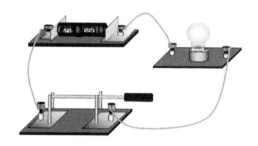

图 1-1 实际电路示例

基本电路通常由三部分组成：电源、负载和中间连接装置。电源是提供电能的元件，其功能是将其他形式的能量转换为电能。由于非电能的种类很多，转变成电能的方式也很多。例如，图 1-1 中的电池是把化学能转变成电能；而发电机就是把机械能转变成电能。

负载也称为用电装置，它将电源供给的电能转换为其他形式的能量，如图 1-1 中灯泡将电能转换为光能和热能。

中间连接装置（如导线、开关等）是连接电源和负载的部分，起到传输和控制的作用。

当然有时电路中还存在一些辅助设备，主要是用来实现对电路的控制、分配、保护及测量等。常用的辅助设备包括熔断器、电流表、电压表及各种测量仪表等。

实际电路种类和功能繁多，当电路中连接的用电装置不同时，其能实现的具体功能也不同。一般来说，电路的基本作用是实现电能的传输、分配和转换，或者实现信号的传递与处理。图 1-1 所示的电路实现了从电能到光能的转换，而图 1-2 所示的扬声器则实现了声音的传输和处理。图 1-2 中，先由传声器把语音或音乐转换为相应的电压或电流，然后通过放大器对电压或

图 1-2 扬声器示意图

电流进行增强，然后再送到扬声器，将电压或电流还原为语音或音乐。整个扬声器可以看成是一个系统，传声器是输入信号的设备，扬声器是输出信号的设备，扬声器系统实现了声音→电流（或电压）→声音的转换。

在电路中，通常将电源提供的电压和电流称为激励或输入，而由电源作用所产生的电压和电流，则称为响应或输出。

### 1.1.2 电路模型

实际电路多种多样，具体的功能也各不相同。为了便于分析、设计电路，在电路理论中，需要根据实际电路中各个部件的主要物理性质，建立它们的模型，这些抽象化的物理模型就称为理想电路元件，简称理想元件，也称为集总参数元件。每一种理想元件都可以表示实际元件所具有的一种主要电磁性能，其数学关系反映实际电路元件的基本物理规律。本书中用到的理想元件有独立源、受控源、电阻、电容和电感，在后续章节中将会逐一介绍。

由理想电路元件构成的电路称为电路模型，也叫作集总参数电路。电路模型是在一定精度范围内对实际电路的一种近似。例如，图1-1的实际电路就可以用图1-3所示的电路模型来表示。

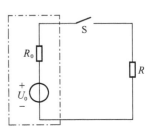

图1-3 图1-1的电路模型

需要注意的是，只有当实际电路元件及实际电路的尺寸远远小于电路中电磁信号的波长时，该电路才可以用集总参数电路模拟，这一条件称为集总参数假设条件。在本书中所说电路一般均指由理想元件构成的抽象电路或电路模型，而非实际电路，这些电路模型均满足集总参数假设条件。在电路模型中各理想元件的端子是用理想导线连接起来的。

用理想电路元件或它们的组合模拟实际元件时需要考虑元件的工作条件，并按不同精度要求把给定工作情况下的主要物理现象及功能反映出来。在不同的条件下，同一实际元件可能采用不同的模型。而不同的实际元件，当具有相同的电磁特性时，在一定条件下也可以用同一个模型来表示。

## 1.2 电路变量

借用数学方法来分析电路问题，首先要确定分析对象，也就是电路中的变量。一般电路理论中常用的三个基本物理量为电流、电压和功率。

### 1.2.1 电流

导体中的自由电荷在电场力的作用下做有规则的定向运动就形成了电流。电磁学上把单位时间里通过导体横截面的电荷量叫作电流，用符号 $i(t)$ 表示，其数学表达式为

$$i(t) = \frac{dq(t)}{dt} \tag{1.2-1}$$

式中，$q(t)$ 为通过导体横截面的电荷量。电流的单位是安培，简称安（A）。常用的电流单位还有千安（kA）、毫安（mA）和微安（μA）。它们之间的换算关系是 $1\,\text{kA} = 10^3\,\text{A}$，

$1\text{mA}=10^{-3}\text{A}$,$1\mu\text{A}=10^{-6}\text{A}$。

电流的方向规定为正电荷运动的方向。如果电流大小及方向都不随时间变化,即$\mathrm{d}q(t)/\mathrm{d}t$为常数时,则称为直流电流(Direct Current,DC),简称直流,常用字母$I$来表示。如果$i(t)$是随时间$t$变化的函数,则称为时变电流,有时也简写为$i$。当时变电流的大小和方向都随时间做周期性变化时,则称为交流电流(Alternating Current,AC)。

当电路结构比较简单时,如图1-4a所示电路,电流的实际方向比较容易判断,当开关闭合后电流沿顺时针方向流动。而当电路结构比较复杂时,电流的实际方向可能无法直接确定,如图1-4b中a、b两端间的电流。

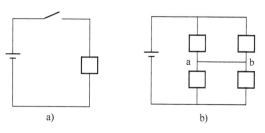

图1-4 电流方向分析

因此在实际分析中,可以任意假设某一方向为正电荷的运动方向,这个假设的电流方向称为参考方向,通常用箭头表示。如图1-5所示,设电流$I$的参考方向为从a点流向b点。若经计算得到$I>0$,则说明电流实际方向与参考方向相同,也是a→b;若经计算得到$I<0$,则说明电流实际方向与参考方向相反,

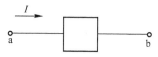

图1-5 电流参考方向示意

为b→a,大小为$|I|$。需要注意的是,电流值的正负是在设定了参考方向的前提下才有意义,若没有设定参考方向,则正、负号没有任何意义。电流的参考方向可以任意指定,但在同一个电路中电流参考方向一旦设定,就不能再改变。在本书中若无特殊说明时,电路图上所标箭头表示的都是电流的参考方向。

**例1-1** 图1-6所示的电路结构中,电流的参考方向已设定,已知$i(t)=2\cos\left(\dfrac{\pi}{2}t+\dfrac{\pi}{4}\right)$,试分别判断$t=1$时电流$i(1)$和$t=3$时电流$i(3)$的真实方向。

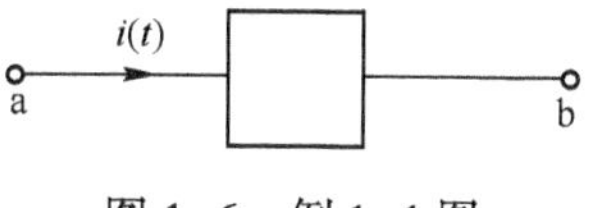

图1-6 例1-1图

**解**:$i(1)=2\cos\left(\dfrac{\pi}{2}t+\dfrac{\pi}{4}\right)\bigg|_{t=1}=2\cos\dfrac{3\pi}{4}\text{A}=-\sqrt{2}\text{A}<0$

表明$t=1$时电流的真实方向与参考方向相反,实际电流方向为从b流向a。

$$i(3)=2\cos\left(\dfrac{\pi}{2}t+\dfrac{\pi}{4}\right)\bigg|_{t=3}=2\cos\dfrac{7\pi}{4}\text{A}=\sqrt{2}\text{A}>0$$

表明$t=3$时电流的真实方向与参考方向相同,实际电流方向为从a流向b。

### 1.2.2 电压

电路中,通常将电场力把单位正电荷从a点移到b点所做的功定义为a、b两点间的电压值。电压用符号$u(t)$表示,其数学表达式为

$$u(t) = \frac{dw(t)}{dq(t)} \tag{1.2-2}$$

式中，$q(t)$ 为由 a 点移至 b 点的电荷量，单位为库仑（C）；$w(t)$ 为移动电荷 $q(t)$ 电场力所做的功，单位为焦耳（J）。电压 $u(t)$ 的单位是伏特，简称伏（V）。常用的电压单位还有千伏（kV）、毫伏（mV）和微伏（μV），它们之间的换算关系为 $1\,kV = 10^3\,V$，$1\,mV = 10^{-3}\,V$，$1\,\mu V = 10^{-6}\,V$。

电路中，规定两点之间由高电位指向低电位，即电位降的方向为电压的实际方向。电压的方向一般用正负极性表示，"+"表示高电位端，"−"表示低电位端，如图 1-7a 所示；有时也用双下标来表示，如图 1-7b 所示的 $u_{ab}(t)$ 表示 a 为正、b 为负，而 $u_{ba}(t)$ 则正好相反，有 $u_{ab}(t) = -u_{ba}(t)$。

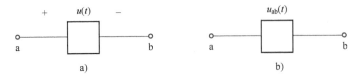

图 1-7 电压方向的表示方法

如果电压大小及方向都不随时间变化，则称为直流电压，常用字母 $U$ 来表示。如果电压是随时间 $t$ 变化的函数，则称为时变电压，用 $u(t)$ 来表示，有时简写为 $u$。当时变电压的大小和方向都随时间做周期性变化时，则称为交流电压。

同电流一样，对一个较复杂的电路，电压的实际方向有时是不易判断的，因此在实际分析中，也可以假设一个参考方向。两点间电压数值的正与负，只有在设定参考方向的条件下才有意义，若电压的实际方向与参考方向一致，则电压值为正；若电压的实际方向与参考方向相反，则电压值为负。电压的参考方向可以任意指定，但参考方向一旦设定，就不能再改变。在本书中，电路图上所标的电压方向均为参考方向。

元件的电流或电压的参考方向均可以独立地任意指定。如果设定电流的参考方向是从电压正极性的一端流向负极性的一端，如图 1-8a 所示，此时认为两者的参考方向一致，称为关联参考方向；而当设定电流的参考方向是从电压负极性的一端流向正极性的一端时，则称为非关联参考方向，如图 1-8b 所示。为方便计算，在对电路进行分析时，通常采用关联参考方向。

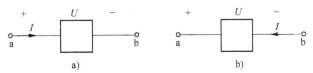

图 1-8 关联和非关联参考方向
a) 关联  b) 非关联

### 1.2.3 功率

在家用电器、工业机器等设备中常用功率来表征仪器设备消耗的电能。例如，用最大功率来描述汽车的动力性能，功率越大，转速越高，汽车的最高速度也越高。

所谓功率，定义为单位时间吸收（或产生）的电能量，用符号 $p(t)$ 表示，其数学表示

式为

$$p(t)=\frac{\mathrm{d}w(t)}{\mathrm{d}t} \qquad (1.2-3)$$

功率是表示元件消耗电能快慢的物理量。当电能一定时，时间越短，功率值就越大。通常一个用电装置功率的大小数值上等于它在 1 s 内所消耗的电能。在国际单位制中，能量的单位是焦耳（J），时间的单位是秒（s），功率的单位是瓦特（W）。功率的常用单位还有毫瓦（mW）、千瓦（kW）和兆瓦（MW），它们之间的换算关系为 1 mW = $10^{-3}$ W，1 kW = $10^3$ W，1 MW = $10^6$ W。

根据电流和电压的定义公式

$$i(t)=\frac{\mathrm{d}q(t)}{\mathrm{d}t},\ u(t)=\frac{\mathrm{d}w(t)}{\mathrm{d}q(t)}$$

当电压、电流为关联方向时，功率可以表示为

$$p(t)=\frac{\mathrm{d}w(t)}{\mathrm{d}t}=\frac{\mathrm{d}w(t)}{\mathrm{d}q(t)}\frac{\mathrm{d}q(t)}{\mathrm{d}t}=u(t)i(t) \qquad (1.2-4)$$

式（1.2-4）表明，元件的功率等于该元件两端电压与流过元件的电流的乘积，即 $p(t)=u(t)i(t)$。而当电压、电流为非关联方向时，$p(t)=-u(t)i(t)$。若电压电流均为直流，式（1.2-4）可以写为

$$P=UI\ \text{或}\ P=-UI \qquad (1.2-5)$$

当计算结果 $p>0$ 时，表明该元件吸收电能，元件在电路中的作用为负载，此时称为吸收功率；当 $p<0$ 时，表明该元件产生电能，元件在电路中起到类似电源的作用，此时称为产生功率。需要说明的是，元件吸收功率还是产生功率，只与功率值的正负有关，与元件电流电压方向是关联还是非关联无关。

**例 1-2** 图 1-9 所示电路中，各元件的电流、电压参考方向已确定，试求各元件的功率。

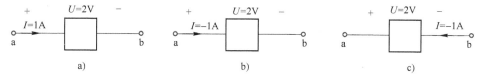

图 1-9　例 1-2 图

**解：** a）从图中可以看出，电流、电压为关联参考方向，因此

$$P=UI=2\times 1\ \text{W}=2\ \text{W}$$

此时功率大于零，该元件吸收功率。

b）从图中可以看出，电流、电压为关联参考方向，因此

$$P=UI=2\times(-1)\ \text{W}=-2\ \text{W}$$

此时功率小于零，该元件产生功率。

c）从图中可以看出，电流、电压为非关联参考方向，因此

$$P=-UI=-2\times(-1)\ \text{W}=2\ \text{W}$$

此时功率大于零，该元件吸收功率。

## 1.3 电路基本元件

电路元件是构成电路的最小单元。本节介绍组成电阻电路的基本元件——电阻元件、理想电源和受控源。在对电路进行分析时，可以从元件的外部特性入手，即元件端口电压、电流的关系，简称伏安关系或伏安特性。元件的伏安关系可用数学关系式表示，也可用 $u$-$i$ 平面的曲线来表示。

### 1.3.1 电阻元件

电路中将用来限制电流、调节电压的器件称为电阻器。电阻器是一个耗能元件，其主要物理特征是变电能为热能，电流经过电阻器，在其内部产生内能。电阻元件是从实际电阻器中抽象出来的理想模型，一般用符号 $R$ 表示，单位是欧姆（$\Omega$）。常用的电阻单位还有千欧（$k\Omega$）和兆欧（$M\Omega$）。换算关系为 $1 k\Omega = 10^3 \Omega$，$1 M\Omega = 10^6 \Omega$。

电阻在电路中通常起分压、分流的作用。实际电路中一些消耗电能的器件，如灯泡、发热管等在一定条件下可以用电阻元件来模拟表示。电阻元件的模型如图 1-10a 所示。具有电阻特性的一些实际元件，其伏安特性曲线都有一定程度的非线性特性，但在一定的工作条件下，这些元件的特性曲线可近似为直线，本书中主要介绍的是线性时不变电阻元件。所谓线性时不变电阻元件，是指电阻元件的伏安特性曲线是经过原点的一次直线，其斜率不随时间变化，如图 1-10b 所示。

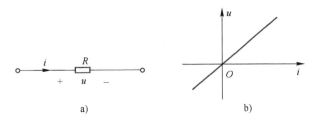

图 1-10 电阻元件
a) 电阻元件模型  b) 线性时不变电阻伏安关系曲线

当电压和电流为关联参考方向时，线性时不变电阻元件的电压-电流关系可以表示为
$$u = Ri \tag{1.3-1}$$
式（1.3-1）称为欧姆定律。可以看出，线性电阻元件的伏安关系为正比例关系，其比例系数为电阻的阻值。欧姆定律说明，当电阻一定时，流过电阻的瞬时电流与电阻两端瞬时电压成正比。

当电压电流参考方向为非关联时，线性时不变电阻元件的电压-电流关系为
$$u = -Ri \tag{1.3-2}$$
有时还可以用电导来描述电阻的导电性能。电导在数值上等于电阻的倒数，符号是 $G$，即
$$G = \frac{1}{R} \tag{1.3-3}$$
电导的单位是西门子（S）。导体的电阻越小，电导就越大；反之，电阻越大，电导就

越小。

因此式（1.3-1）和式（1.3-2）还可以写成式（1.3-4）的形式，即

$$i = Gu \text{ 或 } i = -Gu \tag{1.3-4}$$

当电阻 $R \to \infty$ 或电导 $G = 0$ 时，电阻的导电性能为零，即无论电阻两端电压值多大，流过该电阻的电流恒为零，则称此时电阻为开路或断路；当电阻 $R = 0$ 或者电导 $G \to \infty$ 时，无论流过该电阻的电流为何值，它的端电压恒为零，此时称电阻为短路。

在电压、电流关联参考方向下，在任意时刻电阻元件的功率为

$$p = ui = Ri^2 = \frac{u^2}{R} \tag{1.3-5}$$

而当电压、电流为非关联参考方向时，有

$$p = -ui = Ri^2 = \frac{u^2}{R} \tag{1.3-6}$$

从式（1.3-5）和式（1.3-6）可以看出，电阻元件的功率始终是正值，即任何时刻电阻元件都在吸收功率、消耗能量，因此电阻元件是耗能元件。

**例 1-3** 电阻元件的电压电流参考方向如图 1-11 所示，已知 $U = -2 \text{ V}$，$I = 4 \text{ A}$，试确定该电阻的阻值 $R$ 和功率 $P$。

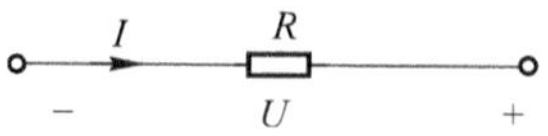

**解**：从图中可以看出，电阻元件的电压电流为非关联方向，根据式（1.3-2）可知

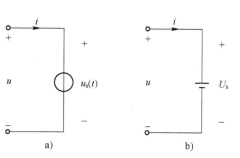

图 1-11　例 1-3 图

$$R = -\frac{U}{I} = 0.5 \text{ Ω}$$

功率为

$$P = -UI = 8 \text{ W}$$

## 1.3.2 理想电源

电源具有把非电磁能量（如机械能、化学能、光能等）转变成电磁能量的能力，在电路中能作为激励来激发电路中的响应。电源分为电压源和电流源两种类型，其中电压源的电压、电流源的电流不受外电路的控制而独立存在。

本节介绍的理想电源，是在一定条件下从实际电源抽象定义得到的一种理想模型。其中理想电压源是对外电路提供电压的实际电压源的抽象模型，理想电流源是对外电路提供电流的实际电流源的抽象模型。

**1. 理想电压源**

理想电压源（简称电压源）是一个二端元件，其两端电压保持常量 $U_s$ 或按给定的时间函数 $u_s(t)$ 变化，与流过的电流无关。

电压源的模型如图 1-12a 所示，图中 "+" "-" 号表示电压源电压的参考极性。$u_s(t)$ 为理想电压源的电压。若 $u_s(t)$ 是不随时间变化的常数，则称为直流电压源，也可用图 1-12b 所示的模型表示。

图 1-12　理想电压源模型

直流电压源的伏安关系曲线如图 1-13 所示。可以看出，电压源的端口电压与流过它的电流的大小、方向无关。电压源的电流由电压源和与它相连的外电路共同决定，大小和方向可为任意值。因此理想电压源的功率可为正，也可为负，即电压源既可以吸收功率也可以产生功率。特殊地，当 $u_s(t) = 0$ 时，伏安关系曲线为 $u$-$i$ 平面上的电流轴，此时电压源相当于短路。

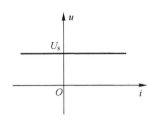

图 1-13　理想电压源伏安关系曲线

真正理想的电压源在实际中是不存在的。当外电路负载在一定范围内变化时，如新的干电池、发电机等一些实际的电源，可将其端电压近似为定值（直流源）或一定的时间函数（交流源），即理想电压源。虽然实际中不存在理想电压源，但这里所定义的理想电压源模型还是有重要的理论价值和实际意义的。

**2. 理想电流源**

理想电流源（简称电流源），也是从实际电源抽象出来的一种模型。电流源能向外提供一定大小的 $I_s$ 或按给定的时间函数 $i_s(t)$ 变化的电流，电流大小与其两端电压无关。电流源的模型如图 1-14 所示，其中图 1-14a 为直流电流源，1-14b 为时变电流源。

直流电流源的伏安关系曲线如图 1-15 所示。与电压源类似，电流源的电流与其两端电压的大小、方向无关。电流源的电压由电流源的输出电流和与它相连的外电路共同决定，大小和方向可为任意值。因此理想电流源的功率也是正负均有可能，即电流源既可以吸收功率，也可以产生功率。特殊地，当 $i_s(t) = 0$ 时，伏安关系曲线为 $u$-$i$ 平面上的电压轴，此时电流源相当于开路。

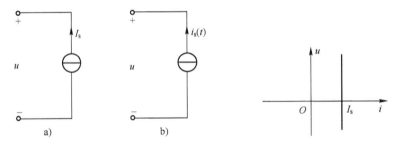

图 1-14　理想电流源模型
a) 直流电流源　b) 时变电流源

图 1-15　理想电流源伏安关系曲线

当然，真正理想的电流源在实际中也是不存在的。但是实际中有一些电源，当外电路负载在一定范围内变化时，它们输出的电流近似为定值或一定的时间函数。实际中的光电池电源、电子线路中一些等效信号源电流就是这样的。

### 1.3.3　受控源

前面分析的电压源和电流源是不受外电路的控制而独立存在的，因此也称独立源。而在实际电子电路中往往还有另外一种类型的电源，它的电压或电流受到同一电路中其他支路的相关变量控制，这种电源称为受控源。受控源是用于描述受到电路中某处支路电压或电流控制而产生电压或电流的一种模型。

受控源有两个控制端钮（又称为输入端）和两个受控端钮（又称为输出端）。根据其输出端所呈现的性能，受控源可分为受控电压源和受控电流源两类。根据控制量的不同，受控电压源又分为电压控制电压源（VCVS）与电流控制电压源（CCVS）；受控电流源又分为电压控制电流源（VCCS）与电流控制电流源（CCCS）。这4种受控源的模型如图1-16所示。

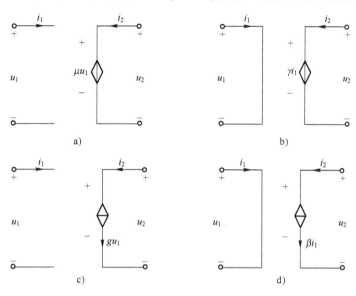

图 1-16 受控源模型
a) 电压控制电压源  b) 电流控制电压源
c) 电压控制电流源  d) 电流控制电流源

图 1-16 中，图 a 是电压控制电压源，其输出端的电压只取决于输入端电压，与输入端的支路电流无关，所以控制支路可以看作开路。如果控制支路电压为 $u_1$，其输出端的电压就等于 $\mu u_1$，$\mu$ 是无量纲的控制系数。图 b 是电流控制电压源，其输出支路的电压受到输入支路电流的控制，与输入支路的电压无关，所以输入端可以看作短路。模型图中输出电压为 $ri_1$，$r$ 为控制系数，单位是 $\Omega$。图 c 是电压控制电流源，其输出端的电流只取决于输入端电压，输出电流为 $gu_1$，$g$ 为控制系数，其单位为 S（西门子）。图 d 是电流控制电流源，其输出电流受到输入端电流的控制，大小为 $\beta i_1$，$\beta$ 是控制系数，无量纲。

从受控源的模型中可以看出，受控源的控制端口不是开路，就是短路，故控制端功率为零。因此受控源的功率为

$$p = u_1 i_1 + u_2 i_2 = u_2 i_2 \tag{1.3-7}$$

式（1.3-7）表明，受控源的功率只与受控支路有关，与控制支路无关。

需要注意的是，独立源与受控源在电路中的作用有着本质的区别。独立源作为电路的输入，代表着外界对电路的激励作用，是电路中产生响应的"源泉"。受控源是用来表征在电子器件中所发生的物理现象的一种模型，它反映了电路中某处的电压或电流控制另一处的电压或电流关系，不能起到激励的作用。当控制量存在时，受控源存在；反之，若控制量为零，则受控源也为零。

## 1.4 基尔霍夫定律

1.3 节分析了电路中几个常用元件的特点,主要是元件的电压-电流关系,又称为元件特性约束。当元件按照一定方式相互连接组成电路后,电路中各条支路的电压和电流之间也会形成相互约束关系,此关系称为网络拓扑约束。元件特性约束和网络拓扑约束,统称为两类约束,是分析集总参数电路的基本依据。能够反映网络拓扑约束关系的就是基尔霍夫定律。

基尔霍夫定律是电路中电压和电流所遵循的基本规律,是分析和计算电路的基础。该定律是 1845 年由德国物理学家 G.R. 基尔霍夫提出的,包括基尔霍夫电流定律(Kirchhoff's Current Law,KCL)和基尔霍夫电压定律(Kirchhoff's Voltage Law,KVL)。基尔霍夫定律与构成电路的元件性质无关,仅与电路的连接方式有关。因此,基尔霍夫定律既可以用于直流电路的分析,也可以用于交流电路的分析,还可以用于含有电子元件的非线性电路的分析。

### 1.4.1 电路中的基本名词

基尔霍夫定律是分析一切集总参数电路的根本依据。为了说明基尔霍夫定律,首先需要了解电路模型中的一些基本名词。

**1. 支路**

电路中两个或两个以上的二端元件依次连接称为串联。单个电路元件或若干个电路元件的串联,构成电路的一个分支,一个分支上流经的是同一个电流。电路中的每个分支都称作支路。支路常用符号 b 来表示。图 1-17 所示电路中有 6 条支路:支路有 ab、ac、ad、bc、bd、cd。

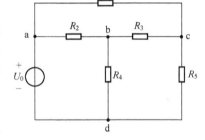

图 1-17 电路图

**2. 节点**

通常将电路中 3 条或 3 条以上支路的连接点称为节点。节点用符号 n 表示,图 1-17 所示电路中有 4 个节点:a、b、c、d。

**3. 回路**

回路是由多条支路连接构成的闭合路径。回路用符号 l 表示。图 1-17 所示电路中有 7 条回路:abca、abda、cbdc、acda、abcda、acbda、cabdc。

**4. 网孔**

平面电路中,如果回路内部不包含其他任何支路,则这样的回路称为网孔。网孔用符号 m 表示。图 1-17 所示电路中包含 3 个网孔:abca、abda、cbdc。需要注意的是,网孔一定是回路,但回路不一定是网孔。

连接在同一个节点上的各条支路的电流,会受到基尔霍夫电流定律(KCL)的约束;任意一个闭合回路中各元件两端的电压,会受到基尔霍夫电压定律(KVL)的约束。

### 1.4.2 基尔霍夫电流定律

基尔霍夫电流定律(KCL)是描述电路中任一节点所连接的各支路电流之间的相互约束

关系。KCL 指出：对电路中的任一节点，在任一瞬间，流出或流入该节点电流的代数和为零。即

$$\sum_{k=1}^{m} i_k(t) = 0 \tag{1.4-1}$$

式中，$m$ 为连接到节点的支路总数；$i_k(t)$ 表示第 $k$ 条支路电流。当电流为直流时，式（1.4-1）可改写为

$$\sum_{k=1}^{m} I_k = 0 \tag{1.4-2}$$

式（1.4-1）和式（1.4-2）称为电路的基尔霍夫电流方程，简称为 KCL 方程。基尔霍夫电流定律是电荷守恒定律和电流连续性在集总参数电路中任一节点处的具体反映。所谓电荷守恒，即电荷既不能创造，也不能消失。基于这条定律，对集总参数电路中某一支路的横截面来说，流入横截面多少电荷就会从该横截面流出多少电荷，$dq/dt$ 在一条支路上应处处相等，这就是电流的连续性。

在列写节点电流方程时，各电流变量前的正、负号取决于各电流的参考方向对该节点的关系，是"流入"还是"流出"；而各电流值的正、负则反映了该电流的实际方向与参考方向的关系。通常规定，对参考方向指向节点的电流取正号，而对参考方向背离节点的电流取负号。如图 1-18 所示电路结构中，流向节点 a 的电流有 $i_1$、$i_4$、$i_5$，流出节点 a 的电流有 $i_2$、$i_3$。

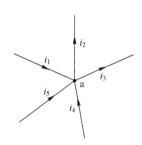

图 1-18 节点电流示意图

设流入节点的电流为"+"，流出节点的电流为"-"，则可以列写节点 a 的 KCL 方程为

$$i_1 - i_2 - i_3 + i_4 + i_5 = 0 \tag{1.4-3}$$

式（1.4-3）可以改写为

$$i_1 + i_4 + i_5 = i_2 + i_3 \tag{1.4-4}$$

因此 KCL 方程的另一种描述为：在集总参数电路中，任意时刻流出任一节点的电流之和等于流入该节点的电流之和。即

$$\sum i_{流入} = \sum i_{流出} \tag{1.4-5}$$

基尔霍夫电流定律不仅适用于电路中的节点，还可以推广应用于电路中任一假设的封闭面。即在任一瞬间，通过电路中任一假设封闭面的电流代数和为零。

如图 1-19 所示电路，可将闭合回路 abcda 看成是一个节点，设流入该节点的电流为"+"，流出该节点的电流为"-"，则有

$$i_1 + i_2 + i_3 + i_4 = 0$$

基尔霍夫电流定律具有普遍意义，它适用于任一时刻、任何激励源（直流、交流或其他任意变化的激励源）作用下的集总参数电路中的任意节点或闭曲面。

**例 1-4** 如图 1-20 所示电路，求电流 $I_1$、$I_2$。

**解**：列 a 节点的 KCL 方程为

$$I_1 + 4 + 7 = 0$$

得 $I_1 = -11\,\text{A}$。

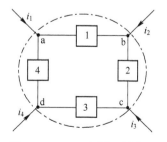

图 1-19 KCL 应用于闭合面

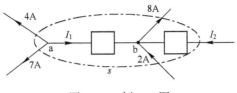

图 1-20 例 1-4 图

列 b 节点的 KCL 方程为

$$I_1+I_2+2-8=0$$

得 $I_2=17\,\text{A}$。

求解 $I_2$ 时还可直接按假设的封闭面 $s$，列写 KCL 方程为

$$I_2+2=4+7+8$$

同样可得 $I_2=17\,\text{A}$。

### 1.4.3 基尔霍夫电压定律

基尔霍夫电压定律（KVL）是描述电路中组成任一回路的各支路（或各元件）电压之间的约束关系。KVL 指出：对电路中的任一回路，在任一瞬间，沿回路绕行方向，各段电压的代数和为零。即

$$\sum_{k=1}^{m} u_k(t) = 0 \qquad (1.4\text{-}6)$$

式中，$m$ 为该回路中电压的总个数；$u_k(t)$ 表示第 $k$ 个电压。当电压为直流时，式（1.4-6）可改写为

$$\sum_{k=1}^{m} U_k = 0 \qquad (1.4\text{-}7)$$

式（1.4-6）和式（1.4-7）称为电路的基尔霍夫电压方程，简称为 KVL 方程。基尔霍夫电压定律反映了集总参数电路遵从能量守恒定律，它反映了保守场中做功与路径无关的物理本质。KVL 适用于任一时刻、任意激励源情况的一切集总参数电路中的回路，对回路中各元件的性质、种类并不加限制。

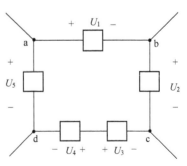

图 1-21 回路电压示意图

在列写回路电压方程时，首先要对回路选取一个回路"绕行方向"，各电压变量前的正、负号取决于各电压的参考方向与回路"绕行方向"的关系；而各电压值的正、负则反映了该电压的实际方向与参考方向的关系。通常规定，当电压参考方向与回路"绕行方向"相同时取正号，同时参考方向与回路"绕行方向"相反的取负号。如图 1-21 电路中，回路 abcda 中共有 5 个电压，设回路的绕行方向为顺时针方向，其中电压 $U_1$、$U_2$、$U_4$ 与绕行方向相同，取正；电压 $U_3$、$U_5$ 与绕行方向相反，取负，则有

$$U_1+U_2-U_3+U_4-U_5=0 \qquad (1.4\text{-}8)$$

式（1.4-8）还可以改写为

$$U_1+U_2+U_4=U_3+U_5 \qquad (1.4\text{-}9)$$

从式（1.4-9）可以看出，基尔霍夫电压定律的另一种描述为：在集总参数电路中，沿任一回路绕行一周，电压升的代数和等于电压降的代数和。即

$$\sum u_升 = \sum u_降 \qquad (1.4\text{-}10)$$

与 KCL 类似，KVL 也可推广到电路中任意假想的回路（广义回路）。式（1.4-9）还可以改写为

$$U_1 + U_2 = U_3 - U_4 + U_5$$

上式左边是沿路径 abc 从 a 点到达 c 点所经过的元件电压和，右边是沿路径 adc 从 a 点到达 c 点所经过的元件电压和。由此可以看出，两点之间的电压与选择的路径无关。在集总参数电路中，任意两点 a、b 之间的电压，等于自 a 点出发沿任意路径绕行到 b 点的所有电压降的代数和。

**例 1-5** 图 1-22 所示电路，已知 $I_1 = 2$ A，$I_2 = 1$ A，$U_1 = 1$ V，$U_2 = -3$ V，$U_4 = -4$ V，$U_5 = 7$ V，求电压 $U_{bd}$ 及元件 1、3、6 吸收的功率。

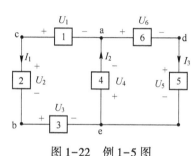

图 1-22　例 1-5 图

**解**：列节点 a 的 KCL 方程

$$I_1 + I_3 = I_2$$

可得 $I_3 = -1$ A。

根据两点间电压的计算，可得

$$U_{bd} = -U_2 + U_1 - U_4 - U_5 = (3+1+4-7)\text{ V} = 1\text{ V}$$
$$U_3 = -U_2 + U_1 - U_4 = (3+1+4)\text{ V} = 8\text{ V}$$
$$U_6 = -U_4 - U_5 = (4-7)\text{ V} = -3\text{ V}$$

根据元件功率的计算公式，有

$$P_1 = -U_1 I_1 = -1 \times 2\text{ W} = -2\text{ W}$$
$$P_3 = U_3 I_1 = 8 \times 2\text{ W} = 16\text{ W}$$
$$P_6 = U_6 I_3 = -3 \times (-1)\text{ W} = 3\text{ W}$$

## 1.5　电路方程分析法

电路分析的主要任务是根据给定的电路结构和参数，求解支路或元件的电压和电流。由前面分析可知，元件特性约束和网络拓扑约束是分析电路的基本依据。依据这两类约束关系，可以建立起电路中不同变量的联系。因此，电路分析的基本思路是选择一组适当的电路变量，一般为电压或电流，根据两类约束建立电路方程进行求解。对于线性电阻电路，其方程是一组线性代数方程，因此这类方法也称为方程法。

### 1.5.1　支路电流法

支路电流法是以支路电流变量为未知量，利用基尔霍夫定律和欧姆定律所决定的两类约束关系，建立数目足够且相互独立的方程组，解出各支路电流，进而再根据电路有关的基本概念求解电路其他响应的一种电路分析计算方法。

若电路中含有 $n$ 个节点、$b$ 条支路，采用支路电流法分析时，一般先列写出 $(n-1)$ 个独立节点的 KCL 方程，然后选择 $[b-(n-1)]$ 条支路列写 KVL 方程，组成 $b$ 个方程，从而求解

出 $b$ 个支路电流。

如图 1-23 所示的电路中，共有 4 个节点、6 条支路，设各支路电流的参考方向如图所示。以 a、b、c 节点为例，列写出的 KCL 方程为

$$\begin{cases} I_1+I_2+I_6=0 \\ I_3+I_5=I_2 \\ I_1+I_3=I_4 \end{cases} \quad (1.5\text{-}1)$$

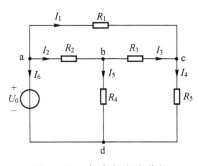

图 1-23 支路电流法分析

为解出 6 个未知量，还需再列写 3 个 KCL 方程。为保证方程的独立性，一般选择网孔作为列方程的回路。如图 1-24 中，可以分别列写 acba、abda、bcdb 回路的方程，为

$$\begin{cases} I_1R_1-I_2R_2-I_3R_3=0 \\ I_2R_2+I_5R_4=U_0 \\ I_3R_3+I_4R_5-I_5R_4=0 \end{cases} \quad (1.5\text{-}2)$$

联立式（1.5-1）和式（1.5-2），代入参数值，即可解出各条支路电流，结合欧姆定律，可得到电路中任意元件、任意两点间的电压值。

**例 1-6** 图 1-24 所示电路，已知 $U_1=5\text{ V}$，$U_2=2\text{ V}$，$R_1=2\text{ Ω}$，$R_2=1\text{ Ω}$，$R_3=1\text{ Ω}$，求电流 $I_3$ 和电压 $U_3$。

**解**：电路中含有两个节点，仅能列写出一个独立的 KCL 方程，为

$$I_1=I_2+I_3$$

根据左右两个网孔，可列写出 KVL 方程，为

$$U_1=I_1R_1+I_2R_2$$
$$I_3R_3+U_2=I_2R_2$$

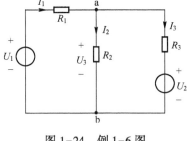

图 1-24 例 1-6 图

代入数值，可计算得到

$$I_1=\frac{8}{5}\text{A}, \ I_2=\frac{9}{5}\text{A}, \ I_3=-\frac{1}{5}\text{A}$$

电阻 $R_2$ 两端的电压为

$$U_3=I_2R_2=\frac{9}{5}\text{V}$$

### 1.5.2 网孔电流法

从 1.5.1 节分析可以看出，支路电流是完备量，通过支路电流可以得到电路中的任意响应。但支路电流法的缺点也是很明显的，对于复杂电路来说未知量的个数比较多。如果能找到一种未知量，其个数少于支路电流，必然会使得方程求解变得简单。一种常用的方法就是网孔电流法。

在一个平面电路里，由于网孔是若干条支路构成的闭合回路，所以网孔个数必定少于支路个数。所谓网孔电流，是一种沿着网孔边界流动的假想的电流。设有一个电流沿着构成该

网孔的各支路流动，如图 1-25 中的 $I_a$、$I_b$、$I_c$。

图 1-25 电路中各支路电流与网孔电流的关系为

$$\begin{cases} I_1 = I_a \\ I_2 = I_b - I_a \\ I_3 = I_c - I_a \\ I_4 = I_c \\ I_5 = I_b - I_c \\ I_6 = -I_b \end{cases} \quad (1.5\text{-}3)$$

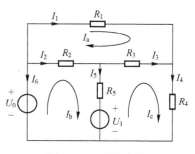

图 1-25 网孔电流

从式（1.5-3）可以看出，根据网孔电流可以得到各条支路电流。如果一条支路只属于某一网孔，那么该支路电流就等于该网孔电流；若某支路属于两个网孔所共有，则该支路上的电流就等于流经该支路两网孔电流的代数和。由于每个网孔电流在流进某一节点的同时又流出该节点，所以网孔电流自动满足基尔霍夫电流定律。因此运用网孔电流分析电路时只需列写 KVL 方程。对于有 $n$ 个节点、$b$ 条支路的电路，其独立的 KVL 方程个数为 $b-n+1$ 个。以网孔电流为变量列写 $b-n+1$ 个网孔的 KVL 方程，联立求解可得网孔电流。

图 1-25 所示电路中，在图示网孔电流方向下，各网孔的 KVL 方程为

网孔 a： $I_a R_1 + (I_a - I_c) R_3 + (I_a - I_b) R_2 = 0$

网孔 b： $(I_b - I_a) R_2 + (I_b - I_c) R_5 = U_0 - U_1$

网孔 c： $I_c R_4 + (I_c - I_a) R_3 + (I_c - I_b) R_5 = U_1$

整理得

$$\begin{cases} (R_1 + R_2 + R_3) I_a - R_2 I_b - R_3 I_c = 0 \\ (R_2 + R_5) I_b - R_2 I_a - R_5 I_c = U_0 - U_1 \\ (R_3 + R_4 + R_5) I_c - R_3 I_a - R_5 I_b = U_1 \end{cases} \quad (1.5\text{-}4)$$

以式（1.5-4）中网孔 a 的方程为例，方程左边 $R_1+R_2+R_3$ 为网孔电流 $I_a$ 流经一圈所经过的电阻和，通常称为自电阻；$R_2$ 为 $I_a$、$I_b$ 共同流过的电阻，$R_3$ 为 $I_a$、$I_c$ 共同流过的电阻，通常称为互电阻。由于图 1-26 中网孔电流 $I_a$、$I_b$、$I_c$ 的参考方向均为顺时针，所以方程（1.5-4）中互电阻前面均为负号。方程右边为网孔中电源电压升的和。

由此可以根据网孔电流列写 KVL 方程的一般形式为

$$\begin{cases} R_{aa} I_a + R_{ab} I_b + R_{ac} I_c = U_a \\ R_{bb} I_b + R_{ba} I_a + R_{bc} I_c = U_b \\ R_{cc} I_c + R_{ca} I_a + R_{cb} I_b = U_c \end{cases} \quad (1.5\text{-}5)$$

式中，$R_{ii}$ 为网孔 $i$ 的自电阻；$R_{ij}$ 为网孔 $i$ 与网孔 $j$ 的互电阻；$U_i$ 为网孔 $i$ 中电源电压升的和。因此网孔方程的通式也可以表示为

自电阻 × 本网孔电流 + $\sum$ 互电阻 × 相邻网孔电流 = 本网孔电源电压升的代数和

因此，网孔电流分析法的一般步骤如下：

(1) 设网孔电流参考方向，通常同取顺时针或逆时针方向，绕行方向与参考方向一致。

(2) 列网孔电压方程组，联立求解，解出网孔电流。

（3）由网孔电流求电路其他待求量。

**例 1-7** 图 1-26 所示电路，已知 $U_1 = 5\,\text{V}$，$U_2 = 2\,\text{V}$，$R_1 = 2\,\Omega$，$R_2 = 1\,\Omega$，$R_3 = 1\,\Omega$，求电压 $U_3$。

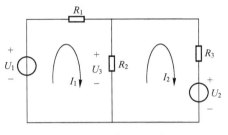

图 1-26  例 1-7 图

**解**：设两个网孔电流为 $I_1$、$I_2$，参考方向分别如图 1-26 所示，列写两个网孔的 KVL 方程为

左边网孔　　　　　　　　$(R_1+R_2)I_1 - R_2 I_2 = U_1$

右边网孔　　　　　　　　$(R_2+R_3)I_2 - R_2 I_1 = -U_2$

代入参数值，可计算得到

$$I_1 = \frac{8}{5}\,\text{A},\quad I_2 = -\frac{1}{5}\,\text{A}$$

待求电压为

$$U_3 = (I_1 - I_2)R_2 = \frac{9}{5}\,\text{V}$$

与例 1-6 的支路电流法比较，可以看出，网孔电流分析法的未知数少，方程求解方便。

**例 1-8** 图 1-27 所示电路，试用网孔电流法求解电流 $I_1$。

**解**：设网孔电流 $I_a$、$I_b$ 参考方向如图 1-27 所示。右边网孔中含有受控电压源，其电压大小为 $3I_1$，在列写网孔电压方程时可将受控源按独立源处理。

$$(5+3)I_a - 3I_b = 12 - 4$$
$$(2+3)I_b - 3I_a = 4 - 3I_1$$

此时需要将受控源的控制量 $I_1$ 用网孔电流来表示，增加一个辅助方程为

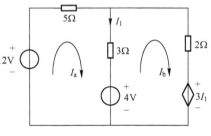

图 1-27  例 1-8 图

$$I_1 = I_a - I_b$$

可求解得

$$I_a = \frac{7}{4}\,\text{A},\quad I_b = 2\,\text{A}$$

因此待求电流为

$$I_1 = I_a - I_b = -\frac{1}{4}\,\text{A}$$

在使用网孔电流法分析电路时，需要注意以下几点：

(1) 若电路中存在受控源时,可将受控源按独立源一样对待,先列写网孔电压方程,再增加辅助方程,将受控源的控制量用网孔电流表示。

(2) 若电路中电流源独属于某个网孔,则电流源电流即为该网孔电流,此网孔无须列写 KVL 方程。

(3) 若某个电流源为两个网孔所有,则可增设电流源电压为未知变量,同时增加一个辅助方程,建立电流源电流与网孔电流的关系。

### 1.5.3 节点电压法

与网孔电流类似,节点电压法也是一种常用的方程求解法。节点电压指的是,以电路中某一节点为参考点,其余节点到参考点的电压降。以节点电压为变量,列写独立节点的 KCL 方程,先求得节点电压从而计算其他响应的方法,就称为节点电压法。

如图 1-28 所示电路中,共有 4 个节点。此处选择 d 节点为参考节点,用"⊥"标记,设 a、b、c 三个节点的电压分别为 $U_a$、$U_b$ 和 $U_c$,分别列写 KCL 方程。从图中可以看出,当 $U_a$、$U_b$ 和 $U_c$ 确定时,各条支路电流也得以确定,因此节点电压也是完备量,任何支路的电压和电流均可以用节点电压来表示。

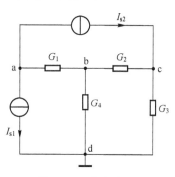

图 1-28 节点电压

图 1-29 所示电路的 KCL 方程为

a 节点:$G_1(U_a - U_b) + I_{s1} + I_{s2} = 0$

b 节点:$G_1(U_b - U_a) + G_2(U_b - U_c) + G_4 U_b = 0$

c 节点:$G_2(U_c - U_b) + G_3 U_c = I_{s2}$

整理得

$$\begin{cases} G_1 U_a - G_1 U_b = -I_{s1} - I_{s2} \\ (G_1 + G_2 + G_4) U_b - G_1 U_a - G_2 U_c = 0 \\ (G_2 + G_3) U_c - G_2 U_b = I_{s2} \end{cases} \quad (1.5-6)$$

以式 (1.5-6) 中节点 b 的方程为例,方程左边 $G_1 + G_2 + G_4$ 为与节点 b 直接相连的电导和,通常称为自电导;$G_1$ 为节点 a、b 共用的电导,$G_2$ 为节点 b、c 共用的电导,通常称为互电导。方程右边为流向节点 b 的电源电流的和。

由此可以根据节点电压列写 KCL 方程的一般形式为

$$\begin{cases} G_{aa} U_a - G_{ab} U_b - G_{ac} U_c = I_a \\ G_{bb} U_b - G_{ba} U_a - G_{bc} U_c = I_b \\ G_{cc} U_c - G_{ca} U_a - G_{cb} U_b = I_c \end{cases} \quad (1.5-7)$$

式中,$G_{ii}$ 为节点 $i$ 的自电导;$G_{ij}$ 为节点 $i$ 与节点 $j$ 的互电导;$I_i$ 为流向节点 $i$ 的电源电流的和。因此节点方程的通式也可以表示为

自电导 × 本节点电压 − ∑ 互电导 × 相邻节点电压 = 流入本节点电源电流和

因此,节点电压分析法的一般步骤如下:

(1) 选择参考节点,设参考节点的电压为 0,确定其余节点的电压变量。

(2) 列写节点电流方程组,联立求解,解出节点电压。

（3）由节点电压求电路其他待求量。

**例 1-9**　图 1-29 所示电路中，求电压 $U_1$。

**解**：设节点 d 为参考节点，设节点 a、b、c 的电压分别为 $U_a$、$U_b$、$U_c$，分别列写节点电流方程为

节点 a：$2 \cdot U_a - 2 \cdot U_b = -2 - 3$

节点 b：$(2+2+1) \cdot U_b - 2 \cdot U_a - 1 \cdot U_c = 0$

节点 c：$(1+1) \cdot U_c - 1 \cdot U_b = 3$

可求得 $U_a = -3.9\,\text{V}$，$U_b = -1.4\,\text{V}$，$U_c = 0.8\,\text{V}$

则有 $U_1 = U_c - U_b = 2.2\,\text{V}$

**例 1-10**　图 1-30 所示电路中，求电流 $i$ 和电压 $u$。

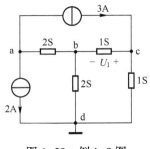
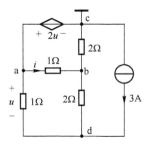

图 1-29　例 1-9 图　　　　图 1-30　例 1-10 图

**解**：设 c 节点为参考节点，则 a 节点的电压 $u_a = 2u$，列写节点 b 和节点 d 的方程为

$$\begin{cases} \left(1+\dfrac{1}{2}+\dfrac{1}{2}\right)u_b - u_a - \dfrac{1}{2}u_d = 0 \\ \left(1+\dfrac{1}{2}\right)u_d - u_a - \dfrac{1}{2}u_b = 3 \\ u_a = 2u \end{cases}$$

增加辅助方程

$$u = u_a - u_d$$

联立以上方程，可求得

$$u_a = -\frac{16}{3}\,\text{V},\ u_b = -\frac{10}{3}\,\text{V},\ u_d = -\frac{8}{3}\,\text{V}$$

则电压 $u$ 为

$$u = u_a - u_d = \frac{8}{3}\,\text{V}$$

在使用节点电压法分析电路时，需要注意以下几点：

（1）若电路中存在受控源时，可将受控源按独立源一样对待，先列写节点电流方程，再增加辅助方程，将受控源的控制量用节点电压表示。

（2）若电路中存在只含有一个独立电压源的支路，则取电压源的一端为参考节点，另一端的电压即为已知量。

（3）若存在两个或两个以上的独立电压源，则可选择其中一个按（2）处理，将其余电压源的电流设为未知量，列入节点方程中，同时增加一个辅助方程，建立电压源电压与节点电压的关系。

## 1.6 电路的等效变换

在对电路进行分析和计算时，有时可以把电路中某一部分简化，即用一个较为简单的电路来替代原电路，这种方法称为电路的等效变换。电路等效变换的条件是相互代换的两部分电路具有相同的电压-电流关系。电路等效的对象是电路未变化部分中的电流、电压，对电路进行等效变换的目的是简化电路，方便分析求解结果。

如图 1-31 所示的两个二端网络 $N_1$ 和 $N_2$，其内部结构不相同，当端口连接任意相同外电路时，端口的伏安关系完全相同，即 $i_1=i_2$，$u_1=u_2$，则称 $N_1$ 和 $N_2$ 是等效的，或称 $N_1$ 和 $N_2$ 互为等效电路。两个网络等效意味着这两个网络在电路中可以互相替换，两个网络互相替代以后，端口以外的电路变量不受影响。

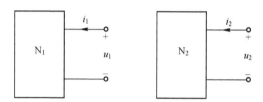

图 1-31 两电路等效示意

一些简单电路，如电阻的串联和并联、理想电源的串联和并联，都可以从等效的定义出发，推导出一些等效规律和公式，在等效化简电路中可以直接引用。

### 1.6.1 电阻的串联、并联等效

**1. 电阻的串联**

多个电阻首尾依次相连的形式称为电阻的串联。

如图 1-32a 中，$n$ 个电阻串联。根据 KVL，可得端口电压为

$$u = iR_1 + iR_2 + \cdots + iR_n = i(R_1 + R_2 + \cdots + R_n)$$

令 $R_1 + R_2 + \cdots + R_n = R$，则有

$$u = iR$$

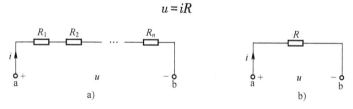

图 1-32 电阻串联

因此，图 1-32a 的 $n$ 个电阻串联可用 1-32b 的电阻来表示，即串联电阻的计算公式为

$$R = R_1 + R_2 + \cdots + R_n \tag{1.6-1}$$

其中任一电阻 $R_i$ 上的电压为

$$u_i = \frac{R_i}{R_1 + R_2 + \cdots + R_n} u \tag{1.6-2}$$

式 (1.6-2) 称为分压公式。可以看出，串联时每个电阻上的电压与其阻值成正比，电

阻越大，分得的电压越多。

**2. 电阻的并联**

多个电阻首尾分别连接在一起的形式称为电阻的并联。

如图1-33所示，$n$个电阻并联，可表示为$R_1//R_2//\cdots//R_n$。根据KCL，有

$$i = i_1 + i_2 + \cdots + i_n$$

根据电阻元件的伏安关系，可得

$$i = \frac{u}{R_1} + \frac{u}{R_2} + \cdots + \frac{u}{R_n} = u\left(\frac{1}{R_1} + \frac{1}{R_2} + \cdots + \frac{1}{R_n}\right)$$

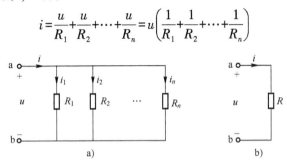

图1-33 电阻并联

令$\frac{1}{R_1} + \frac{1}{R_2} + \cdots + \frac{1}{R_n} = \frac{1}{R}$，则有

$$i = \frac{u}{R}$$

因此，图1-33a的$n$个电阻并联可用1-33b的电阻来表示，即并联电阻的计算公式为

$$\frac{1}{R} = \frac{1}{R_1} + \frac{1}{R_2} + \cdots + \frac{1}{R_n} \tag{1.6-3}$$

式（1.6-3）也用电导来表示，为

$$G = G_1 + G_2 + \cdots + G_n \tag{1.6-4}$$

其中任一电导$G_i$上的电流为

$$i_i = \frac{G_i}{G_1 + G_2 + \cdots + G_n} i \tag{1.6-5}$$

式（1.6-5）称为分流公式。可以看出，并联时每个电阻上的电流与其阻值成反比，阻值越大，分得的电流越小。简单地，当两个电阻$R_1$和$R_2$并联时，并联总电阻为

$$R = \frac{R_1 R_2}{R_1 + R_2}$$

流过电阻$R_1$和$R_2$的电流分别为

$$i_1 = \frac{R_2}{R_1 + R_2} i, \quad i_2 = \frac{R_1}{R_1 + R_2} i$$

**3. 电阻的混联**

若电阻连接中既有串联又有并联，则称为混联。一般的处理方法为，从远离端口的末端开始，运用串并联的等效方法逐级化简。

**例1-11** 求图1-34所示端口的等效电阻。

**解**：从末端开始计算，如图1-35所示。

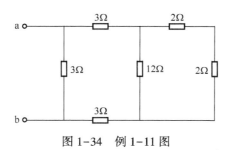

图 1-34 例 1-11 图

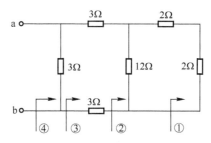

图 1-35 例 1-11 分析步骤

可以算出，在①处，$R_1=(2+2)\,\Omega=4\,\Omega$

②处，$R_2=12\,\Omega\,/\!/\,R_1=\dfrac{12\times 4}{12+4}\,\Omega=3\,\Omega$

③处，$R_3=3\,\Omega+R_2+3\,\Omega=9\,\Omega$

④处，即 ab 端口，$R=3\,\Omega\,/\!/\,R_3=2.25\,\Omega$

**例 1-12** 求图 1-36 所示电路中 ab 端的等效电阻。

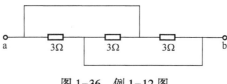

图 1-36 例 1-12 图

**解：** 此题可按"缩节点，画等效图"的方法，画出等效图。
（1）标注电路中节点，导线相连的标记为同一节点，如图 1-37a 所示。
（2）依次判断两两节点之间的电阻连接关系，整理电路，如图 1-37b 所示。
可得，等效电阻为

$$R=\dfrac{1}{\dfrac{1}{3}+\dfrac{1}{3}+\dfrac{1}{3}}\,\Omega=1\,\Omega$$

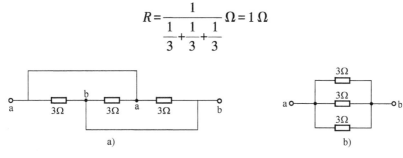

图 1-37 缩节点，画等效图

## 1.6.2 理想电源的串联、并联等效

**1. 理想电压源的串联**

如图 1-38a 所示，当 $n$ 个理想电压源串联时，可以用图 1-38b 所示的一个电压源等效，且该电压源的电压等于该串联支路所有电压源电压的代数和，即

$$u_s = u_1 + u_2 + \cdots + u_n = \sum_{i=1}^{n} u_i \quad (1.6-6)$$

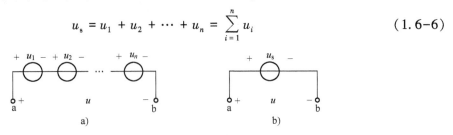

图 1-38 理想电压源串联等效

**2. 理想电流源的并联**

如图 1-39a 所示，当 $n$ 个理想电流源并联时，可以用图 1-39b 所示的一个电流源等效，且该电流源的电流等于该并联支路所有电流源电流的代数和，即

$$i_s = i_1 + i_2 + \cdots + i_n = \sum_{k=1}^{n} i_k \quad (1.6-7)$$

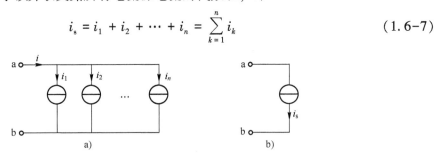

图 1-39 理想电流源并联等效

**3. 理想电压源与元件并联**

任意电路元件与理想电压源 $u_s$ 并联等效，根据 KVL 可以知道，此时均可将其等效为理想电压源 $u_s$，如图 1-40 所示。

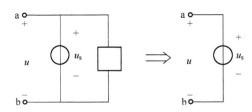

图 1-40 理想电压源与元件并联

需要注意的是，电压大小不一样的理想电压源不可以并联。

**4. 理想电流源与元件串联**

任意电路元件与理想电流源 $i_s$ 串联等效，根据 KCL 可以知道，此时均可将其等效为理想电流源 $i_s$，如图 1-41 所示。

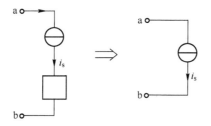

图 1-41 理想电流源与元件串联

同样，电流大小不一样的理想电流源不可以串联。

**5. 实际电源模型及其等效**

在现实中理想电源是不存在的，实际电源内部含有一定的内阻，电源自身存在能量消耗。实际电压源可以看成是理想电压源 $u_s$ 串联上内阻 $R_0$，其模型如图 1-42 所示。

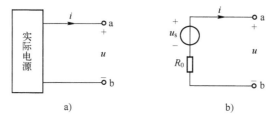

图 1-42 实际电源模型

从图中可以看出，当 ab 端口断开时，端口处的开路电压 $u_{oc}$ 就等于电源电压，即 $u_{oc}=u_s$。当 ab 端口短路时，其电流 $i=\dfrac{u_s}{R_0}$，称此时的电流为短路电流，通常用 $i_{sc}$ 表示。当 ab 端口外接电阻 $R$ 时，此时端口的电压-电流关系为

$$u=u_s-iR_0=u_s-i\dfrac{u_s}{i_{sc}} \tag{1.6-8}$$

由式（1.6-8）可得

$$i=i_{sc}-\dfrac{u_s}{R_0} \tag{1.6-9}$$

式（1.6-9）的端口关系可以用图 1-43 来表示。

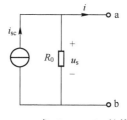

图 1-43 式（1.6-9）的模型

根据等效的定义可以看出，图 1-42b 和图 1-43 互为等效电路。也就是说，电压源串联电阻的组合与电流源并联电阻的组合具有相同的伏安关系，两种模型可以相互转换，如图 1-44 所示。这种转换称为电源模型互换，即

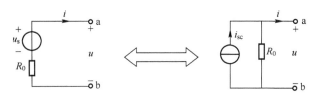

图 1-44 电源互换模型

在转换时要注意 $u_s$ 和 $i_{sc}$ 的参考方向，电流源电流从电压源的正极流出，并且电压源电压和电流源电流之间满足

$$u_s = i_{sc} R_0$$

通常将与电阻串联的电压源称为有伴电压源，与电阻并联的电流源称为有伴电流源，单独的理想电压源或理想电流源称为无伴电源。

**例 1-13** 求图 1-45 所示电路的电流 $i$。

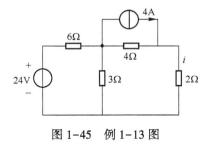

图 1-45 例 1-13 图

**解**：利用电源互换等效方法，可以得到图 1-46a 所示的模型；根据电阻并联，可转换为图 1-46b 所示电路；最后化简为图 1-46c 所示电路。

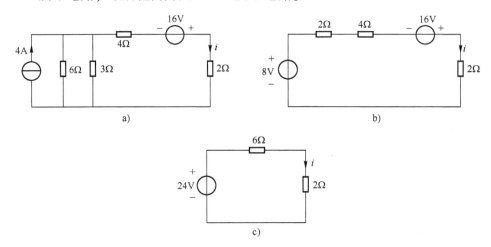

图 1-46 例 1-13 分析过程

从图 1-46c 中可以计算得到

$$i = \frac{24}{6+2} \text{A} = 3 \text{ A}$$

## 1.6.3　含受控源电路的等效

分析含受控源的电路时，可根据等效的定义，通过求取电路端口的电压-电流关系来求得等效电路，这种方法称为端口伏安关系法。

**例 1-14**　求图 1-47 所示电路中 ab 端口的等效电阻 $R$。

**解**：电路中含有受控源，因此采用端口伏安关系法，列写 ab 端口电压 $u$ 和电流 $i$ 的关系式。根据 KVL，可得
$$u=2i+3i=5i$$
因此，ab 端口的等效电阻 $R=5\,\Omega$。

从例 1-14 可以看出，由电阻电路和受控源组成的二端网络，当电路中不含有独立源时，可等效为一个电阻。

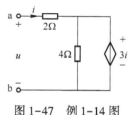

图 1-47　例 1-14 图

**例 1-15**　求图 1-48 所示电路中的电压 $u_1$。

**解**：本题电路中含有受控源，可采用端口伏安关系法进行分析。先将待求支路断开，如图 1-49 所示，并分别设端口电压为 $u$，端口电流为 $i$。

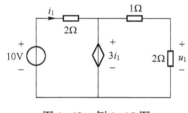

图 1-48　例 1-15 图

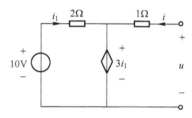

图 1-49　断开待求支路

根据基尔霍夫定律，得方程为
$$\begin{cases} u=i+3i_1 \\ 10-2i_1=3i_1 \end{cases}$$
解得
$$u=i+6$$

由该端口伏安关系可画出端口以左的等效电路，如图 1-50 所示。根据分压公式，可方便求得
$$u_1=4\,\text{V}$$

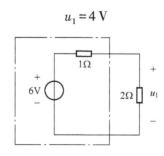

图 1-50　例 1-15 等效电路

## 1.7 等效电源定理

在电路分析中,有时只研究某一条支路的电压、电流或功率,此时可将该支路以外的电路进行等效,使电路得以简化。等效电源定理为求解电路的等效问题提供了一种有效的方法。

等效电源定理包含戴维南定理和诺顿定理,说明的是如何将一个线性有源二端电路等效成一个简单模型。戴维南定理是将线性有源二端网络等效为电压源和电阻的串联组合;诺顿定理是将线性有源二端网络等效为电流源和电阻的并联组合。

### 1.7.1 戴维南定理

戴维南定理指出,任意一个线性有源二端网络,对外电路来说,可以用一个理想电压源和一个电阻的串联组合来等效。此理想电压源的电压等于端口的开路电压,电阻等于网络中全部独立电源置零后的等效电阻。设二端网络如图1-51a所示,根据戴维南定理,其可用图1-51b所示电路来等效。当端口网络用戴维南等效电路置换后,端口以外的电路(有时称为外电路)中的电压、电流均保持不变。

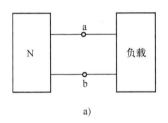 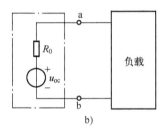

图1-51 戴维南等效

开路电压 $u_{oc}$ 的计算方法如下:将负载支路断开,设 $u_{oc}$ 的参考方向如图1-52所示,根据电路连接结构结合基尔霍夫定律计算端口电压 $u_{oc}$。

计算电路等效内阻 $R_0$ 时常用的方法如下:

(1)若电路中不含有受控源时,可将二端网络内所有独立源置零(电压源短路,电流源开路),利用电阻的串并联关系计算该无源二端网络的等效电阻。

图1-52 电路开路电压

(2)当电路中含有受控源时,可令二端网络内所有独立源置零,保留受控源。这时的二端电路用 $N_0$ 表示,在 $N_0$ 两端外加电压源 $u$,可求端口上的电流 $i$,如图1-53a所示;或在 $N_0$ 两端外加电流源 $i$,求端口上的电压 $u$,如图1-53b所示。这种方法称为外加激励法。

此时 $N_0$ 两端子间等效电阻为

$$R_0 = \frac{u}{i} \quad (1.7\text{-}1)$$

在分析电路时,可根据电路的具体结构,合理选择内阻的计算方法。

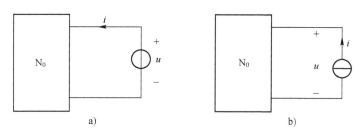

图 1-53 外加电源法求内阻 $R_0$

## 1.7.2 诺顿定理

诺顿定理指出，任意一个有源线性二端网络，对外电路来说，可以用一个理想电流源和一个电阻来等效。其中理想电流源的数值为有源二端电路的端口短路时的电流 $i_{sc}$，并联的内阻等于 N 内部所有独立源为零时电路的等效内阻 $R_0$。设二端网络如图 1-54a 所示，根据诺顿定理，其可用图 1-54b 所示电路来等效。

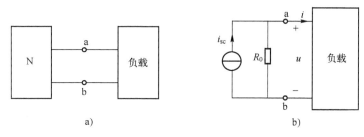

图 1-54 诺顿等效

短路电流 $i_{sc}$ 的计算方法如下：将负载支路断开，用导线连接端口。设电流 $i_{sc}$ 的参考方向如图 1-55 所示，根据电路连接结构结合基尔霍夫定律可计算得到短路电流 $i_{sc}$。

电路等效内阻的计算方法与戴维南等效相同。实际上根据电源模型互换法，可知同一个二端网络既可以用戴维南定理等效，也可以用诺顿定理等效，如图 1-56 所示。两种等效形式之间存在有

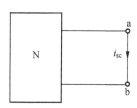

图 1-55 电路短路电流

$$u_{oc} = R_0 i_{sc} \quad \text{或} \quad i_{sc} = \frac{u_{oc}}{R_0} \tag{1.7-2}$$

因此，二端网络的等效内阻还有另一种计算方法，称为开路短路法。即分别求得有源二端网络的开路电压 $u_{oc}$ 和短路电流 $i_{sc}$，则等效电阻 $R_0 = \frac{u_{oc}}{i_{sc}}$。需要注意的是，求解 $u_{oc}$ 和 $i_{sc}$ 时，N 网络内的所有独立源均应保留。

一般来说，二端网络的两种等效电路都存在。但当网络内含有受控源时，其等效电阻可能为零，这时戴维南等效电路即为理想电压源，其诺顿等效电路不存在。如果网络等效电导为零，这时诺顿等效电路即为理想电流源，其戴维南等效电路不存在。

等效电源定理在网络分析中十分有用，特别适用于计算复杂电路中某个电压或某条支路电流。应用等效电源定理分析电路的一般步骤如下：

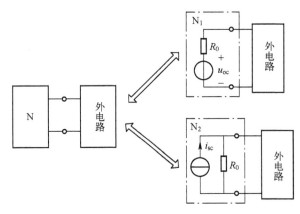

图 1-56 等效电源定理

(1) 断开待求支路,求出待求支路以外的有源二端网络的开路电压 $u_{oc}$ 或短路电流 $i_{sc}$。
(2) 将二端网络内所有独立源置零(电压源短路,电流源开路),求该无源二端网络的等效电阻 $R_0$。
(3) 将待求支路接入等效后的戴维南等效电路或诺顿等效电路中,求取响应。

**例 1-16** 用等效电源定理求图 1-57 中的电压 $u$。

**解**:按照等效电源定理的分析步骤,先断开待求支路,其电路如图 1-58a 所示。计算此时的开路电压 $u_{oc}$。

$$u_{oc} = (1 \times 3 + 6)\text{ V} = 9\text{ V}$$

计算等效电阻时,需要将电路中的独立源置零,此时电路如图 1-58b 所示。可得

$$R_0 = 3\text{ Ω}$$

由此得到图 1-57 电路的戴维南等效电路,如图 1-58c 所示。由电阻串联的分压定理,计算得到

$$u = 4.5\text{ V}$$

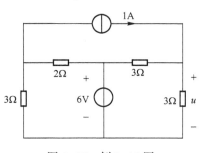

图 1-57 例 1-16 图

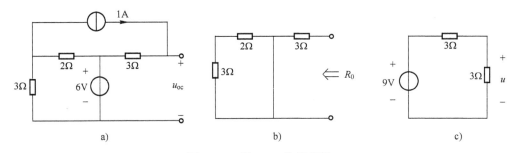

图 1-58 例 1-16 分析步骤

**例 1-17** 求图 1-59 所示电路中负载电阻的电流 $i$。

**解**:因电路中存在受控源,不方便直接计算等效内阻,可采用开路短路法,分别计算开路电压和短路电流。

将待求支路断开,电路如图 1-60a 所示。可列得 KVL 方程为

$$6i_1 + 3 \times (i_1 + 3i_1) = 6$$

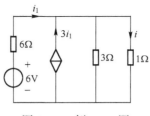

图 1-59 例 1-17 图

求解得到 $i_1 = \dfrac{1}{3}$ A。

则开路电压

$$u_{oc} = 3 \times 4 i_1 = 4 \text{ V}$$

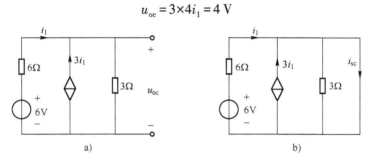

图 1-60 例 1-17 分析过程

将待求支路用导线短路，电路如图 1-60b 所示，可计算得到

$$i_1 = 1 \text{ A}$$

则短路电流为

$$i_{sc} = 4 \text{ A}$$

根据式（1.7-2）可知

$$R_0 = \dfrac{u_{oc}}{i_{sc}} = 1 \text{ Ω}$$

则该电路的戴维南等效和诺顿等效电路分别如图 1-61a、b 所示。

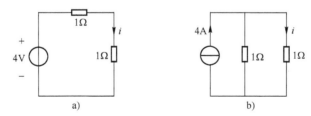

图 1-61 例 1-17 等效电路

根据图 1-61 可以计算得到待求电流 $i = 2$ A。

## 1.8 最大功率传输定理

实际中许多电子设备所用的电源，无论是直流稳压源，还是信号发生器，其内部结构都是相当复杂的，但它们在向外供电时都引出两个端口接到负载，因此可以将它们看成是一个有源二端电路。当所接负载不同时，二端电路传输给负载的功率也就不同。在电路分析中，常常讨论有源二端网络连接负载后，通过改变负载的阻值使负载从有源二端网络获得最大功率的问题。处理此类问题时，通常应用戴维南定理或诺顿定理将该二端网络进行等效化简，如图 1-62 所示。

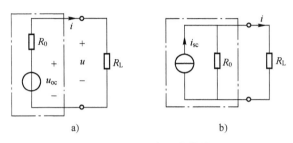

图 1-62 二端网络等效
a) 戴维南等效 b) 诺顿等效

接下来以戴维南等效为例，分析负载的功率情况。设负载 $R_L$ 可调，由图 1-62a 可知，电路中电流为

$$i = \frac{u_{oc}}{R_0 + R_L}$$

负载电阻 $R_L$ 的功率为

$$P = i^2 R_L = \left(\frac{u_{oc}}{R_0 + R_L}\right)^2 R_L \tag{1.8-1}$$

为了找到负载功率 $P$ 的极值点，令 $\dfrac{\mathrm{d}P}{\mathrm{d}R_L} = 0$，即

$$\frac{\mathrm{d}P}{\mathrm{d}R_L} = u_{oc}^2 \frac{(R_0 + R_L)^2 - 2R_L(R_0 + R_L)}{(R_0 + R_L)^4} = u_{oc}^2 \frac{R_0 - R_L}{(R_0 + R_L)^3} = 0$$

可得，当负载 $R_L = R_0$ 时，负载可从有源二端网络获得最大功率，此时 $R_L$ 获得的最大功率为

$$P_{Lmax} = \left(\frac{u_{oc}}{2}\right)^2 \bigg/ R_L = \frac{u_{oc}^2}{4R_L} = \frac{u_{oc}^2}{4R_0} \tag{1.8-2}$$

由式（1.8-2）可以看出，为了能从给定的二端网络获得最大功率，负载电阻 $R_L$ 应等于二端网络等效内阻 $R_0$，这称为最大功率传输定理。

若用诺顿等效电路化简电路，如图 1-62b 所示，则得负载 $R_L$ 获得最大功率为

$$P_{Lmax} = \left(\frac{i_{sc}}{2}\right)^2 R_L = \frac{1}{4} i_{sc}^2 R_L = \frac{1}{4} i_{sc}^2 R_0 \tag{1.8-3}$$

由以上分析可知，求解负载的最大功率传输问题的关键，是求二端网络的戴维南等效电路或诺顿等效电路。

**例 1-18** 如图 1-63 所示电路中，若负载 $R_L$ 可调，求当 $R_L$ 为何值时能获得最大功率？最大功率是多少？

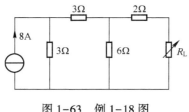

图 1-63 例 1-18 图

**解**：将待求支路断开，求剩余部分的等效电路，如图 1-64a 所示。

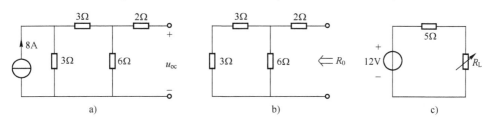

图 1-64 例 1-18 分析过程

从图 1-64a 中可以看出，开路电压 $u_{oc}$ 即为 6 Ω 电阻两端电压，根据电阻的串并联关系，可求得

$$u_{oc} = 8 \times \frac{3}{3+3+6} \times 6 \text{ V} = 12 \text{ V}$$

求解等效电阻时需将电路中独立源置零，电路如图 1-64b 所示，可得

$$R_0 = \left(2 + \frac{6 \times (3+3)}{6+3+3}\right) \Omega = 5 \text{ Ω}$$

因此，该电路的戴维南等效电路如图 1-64c 所示。所以，当负载 $R_L = R_0 = 5$ Ω 时可获得最大功率，该最大功率为

$$P_{L\max} = \frac{u_{oc}^2}{4R_0} = \frac{12 \times 12}{4 \times 5} \text{ W} = 7.2 \text{ W}$$

## 1.9 齐次定理和叠加定理

由于理想元件具有线性特性，由这些线性元件组成的电路模型也相应地具有线性特性，包括齐次性和叠加性。这两个特性为分析激励和响应的关系提供了理论依据，因此线性电路分析中齐次定理和叠加定理是两个很重要的分析工具。

### 1.9.1 齐次定理

齐次定理指出，当一个激励源作用于线性电路时，其任意支路的响应（电压或电流）与该激励源成正比。

以图 1-65 所示的两个简单电路为例。

图 1-65a 中，激励为电压源 $u_s$，根据分压定理，可以求得响应为

$$u = \frac{R_2}{R_1 + R_2} u_s \qquad (1.9-1)$$

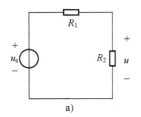 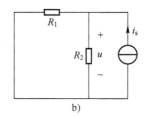

图 1-65 齐次定理示意电路

图 1-65b 中，激励为电流源 $i_s$，根据分流定理，可以得到响应为

$$u=\frac{R_1R_2}{R_1+R_2}i_s \qquad (1.9\text{-}2)$$

从式（1.9-1）和式（1.9-2）可以看出，无论激励是电压源还是电流源，电路中的响应都与激励成正比。如果激励发生倍数变化，其响应也发生相应的倍数变化。

**例 1-19** 如图 1-66 所示电路，N 为不含独立源的线性电阻网络，已知 $u_s=4\text{ V}$ 时，$i=5\text{ A}$。求当 $u_s=9\text{ V}$ 时，电流 $i$ 的大小。

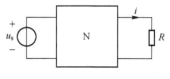

图 1-66 例 1-19 图

**解**：根据齐次定理，响应 $i$ 与激励 $u_s$ 成比例关系，即

$$i=\alpha u_s$$

根据已知条件，可求得 $\alpha=\dfrac{5}{4}$，因此当 $u_s=9\text{ V}$ 时，电流

$$i=\frac{5}{4}\times 9\text{ A}=\frac{45}{4}\text{ A}$$

**例 1-20** 求图 1-67 所示电路中的电流 $i$。

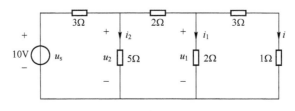

图 1-67 例 1-20 图

**解**：根据齐次定理，响应与激励成比例关系，因此可以采用倒推法。为方便计算，设 $i=1\text{ A}$，倒推出此时电压源的大小。

根据电阻并联关系，可得 $i_1=2\text{ A}$，$u_1=4\text{ V}$。
则有

$$u_2=u_1+2\times(1+2)\text{ V}=10\text{ V}$$
$$i_2=2\text{ A}$$
$$u_s=u_2+3\times(2+1+2)\text{ V}=25\text{ V}$$

即当 $u_s=25\text{ V}$ 时，电流 $i=1\text{ A}$。现已知 $u_s=10\text{ V}$，则由齐次定理可知，此时

$$i=\frac{10}{25}\times 1\text{ A}=0.4\text{ A}$$

## 1.9.2 叠加定理

齐次定理只适用于一个激励源作用的电路，当电路中有多个激励源共同作用时，可以利用的是叠加定理。叠加定理指出，多个激励源共同作用引起的响应等于各个激励源单独作用（其他独立源置零）所引起响应的代数和。

例如，图 1-68 所示电路，可以采用网孔电流法进行分析，对网孔电流 $i_1$ 可列写方程

$$(R_1+R_2)i_1-R_2i_s=-u_s$$

得

$$i_1=\frac{R_2i_s-u_s}{R_1+R_2}$$

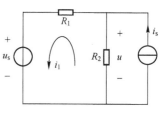

图 1-68 叠加定理示意电路

则有

$$u=R_2(i_s-i_1)=\frac{R_2}{R_1+R_2}u_s+\frac{R_1R_2}{R_1+R_2}i_s \tag{1.9-3}$$

观察式（1.9-3）可以看出，响应由两项构成，其中一项只与电压源 $u_s$ 有关，另一项只与电流源 $i_s$ 有关。与图 1-65 的两个电路比较，可以发现式（1.9-3）的结果正是式（1.9-1）和式（1.9-2）的结果之和，也即两个激励单独作用的结果之和。其中，电压源单独作用时，电流源置零，可以看成是开路；电流源单独作用时，电压源置零，可以看成是短路，如图 1-69 所示。

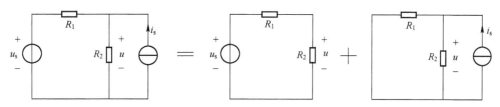

图 1-69 图 1-68 电路分解

叠加定理在线性电路的分析中起着重要的作用，它是分析线性电路的基础。应用叠加定理计算和分析电路时，可将电源分成几组，按组计算以后再叠加。

当电路中存在受控源时，叠加定理仍然适用。受控源的作用反映在回路电流或节点电压方程中的自阻和互阻或自导和互导中，所以任意处的电流或电压仍可按照各独立电源作用时在该处产生的电流或电压进行叠加计算。需要注意的是，应用叠加定理时分析含有受控源的电路，在进行各分电路计算时，应把受控源保留在各分电路之中。

使用叠加定理时应注意以下几点：

(1) 叠加定理适用于线性电路，不适用于非线性电路。

(2) 某含有受控源的有源线性电路，叠加定理也适用，但受控源不单独作用。在独立源单独作用时，受控源应保留，其数值随每一个独立源单独作用时控制量数值的变化而变化。

(3) 叠加时各分电路中的电压和电流的参考方向可以取为与原电路中的相同。取代数和时，应注意各分量前的"+""-"号。

（4）叠加定理只适用于计算电压和电流，功率不能按叠加的方法计算。这是因为功率是电压和电流的乘积，与激励不成线性关系。

**例 1-21** 图 1-70 所示电路中，N 为含有独立源的线性电阻网络。已知当 $u_s=1\,\text{V}$，$i_s=1\,\text{A}$ 时，响应 $u_2=0$；当 $u_s=3\,\text{V}$，$i_s=0\,\text{A}$ 时，响应 $u_2=1\,\text{V}$；当 $u_s=0\,\text{V}$，$i_s=2\,\text{A}$ 时，响应 $u_2=2\,\text{V}$；求当 $u_s=5\,\text{V}$，$i_s=-2\,\text{A}$ 时，响应 $u_2=?$

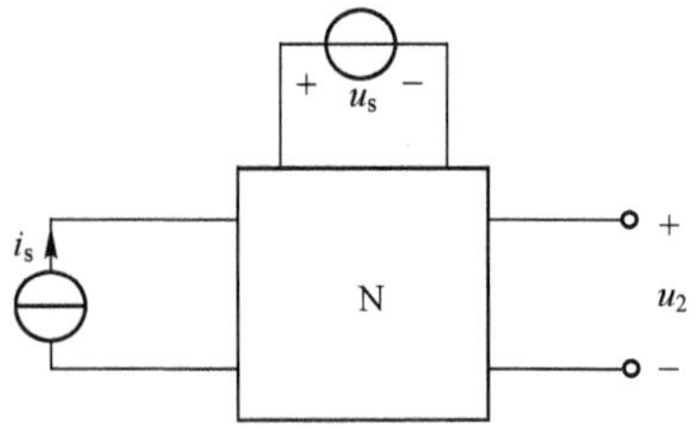

**解**：根据题目条件，可将激励源分为 3 组，分别为电流源 $i_s$、电压源 $u_s$ 以及 N 网络内部电源 $u_1$。根据齐次定理，可设电流源单独作用时产生的响应为 $\alpha i_s$；电压源单独作用时产生的响应为 $\beta u_s$；内部电源单独作用时产生的响应为 $\gamma u_1$。

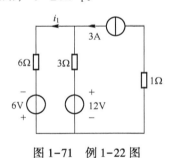

图 1-70　例 1-21 图

由叠加定理，可知 $u_2=\alpha i_s+\beta u_s+\gamma u_1$。

代入已知条件，有

$$\begin{cases}\alpha+\beta+\gamma u_1=0\\3\beta+\gamma u_1=1\\2\alpha+\gamma u_1=2\end{cases}$$

解得 $\alpha=5$，$\beta=3$，$\gamma u_1=-8$。

故当 $u_s=5\,\text{V}$，$i_s=-2\,\text{A}$ 时

$$u_2=5i_s+3u_s-8=11\,\text{V}$$

**例 1-22** 如图 1-71 所示电路，求电流 $i_1$。

图 1-71　例 1-22 图

**解**：电路含有 3 个独立源，每个独立源单独作用时，电路分别如图 1-72a、b、c 所示。

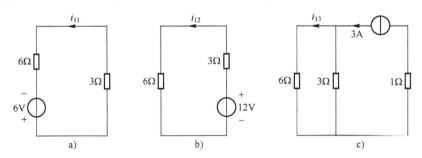

图 1-72　例 1-22 电路分解
a）6 V 电压源单独作用　b）12 V 电压源单独作用　c）电流源单独作用

由图 1-72a 可求得在 6 V 电压源单独作用时

$$i_{11}=\frac{6}{3+6}\text{A}=\frac{2}{3}\text{A}$$

由图 1-72b 可求得在 12 V 电压源单独作用时

$$i_{12}=\frac{12}{3+6}\text{A}=\frac{4}{3}\text{A}$$

由图 1-72c 可求得在 3A 电流源单独作用时

$$i_{13}=\frac{3}{3+6}\times 3\text{ A}=1\text{ A}$$

因此，由叠加定理得

$$i_1=i_{11}+i_{12}+i_{13}=3\text{ A}$$

**例 1-23** 如图 1-73 所示电路，求电流 $i$。

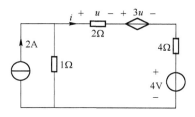

图 1-73 例 1-23 图

**解**：电路中含有两个独立源，利用叠加定理分析时，可以分成两个独立源电路作用。但需要注意的是，电路中的受控源要保留。分解电路如图 1-74a、b 所示。

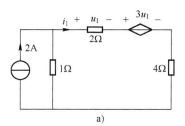
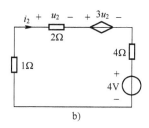

a) b)

图 1-74 例 1-23 电路分解
a）电流源单独作用 b）电压源单独作用

根据图 1-74a 列得方程

$$\begin{cases}1\times(2-i_1)=2u_1+3u_1+4i_1\\u_1=2i_1\end{cases}$$

计算得到 $i_1=\dfrac{2}{13}\text{A}$。

根据图 1-74b 列得方程

$$\begin{cases}(1+2+4)i_2+3u_2+4=0\\u_2=2i_2\end{cases}$$

计算得到 $i_2 = -\dfrac{4}{13}$ A。

根据叠加定理，则有 $i = i_1 + i_2 = -\dfrac{2}{13}$ A。

# 习题 1

1-1　图 1-75a、b 中，（1）$u$、$i$ 的参考方向是否关联？（2）$ui$ 乘积表示什么功率？（3）如果在图 1-75a 中 $u>0$，$i<0$；图 1-75b 中 $u>0$，$i>0$，元件实际发出还是吸收功率？

图 1-75　题 1-1 图

1-2　已知元件电流、电压参考方向如图 1-76 所示，求：
(1) 当 $i=1$ A，$u=4$ V 时，元件吸收的功率。
(2) 当 $i=2$ mA，$u=-5$ V 时，元件吸收的功率。
(3) 当 $u=-200$ V，元件吸收的功率为 12 kW 时，电流 $i$。

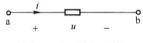

图 1-76　题 1-2 图

1-3　图 1-77 所示电路中，已知 $I_1=3$ A，$I_2=-2$ A，$I_3=1$ A，各点电压分别为 $U_a=8$ V，$U_b=6$ V，$U_c=-3$ V，$U_d=-9$ V。求元件 1、3、5 上所吸收的功率。

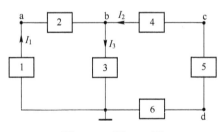

图 1-77　题 1-3 图

1-4　图 1-78 所示电路中，求电路中各电源的功率。

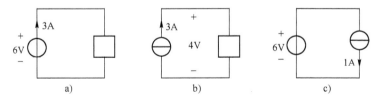

图 1-78　题 1-4 图

1-5 电路如图 1-79 所示,求端口电压 $u_{ab}$。

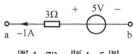

图 1-79 题 1-5 图

1-6 电路如图 1-80 所示,求电压 $U$。

1-7 电路如图 1-81 所示,求电压源的功率 $P$。

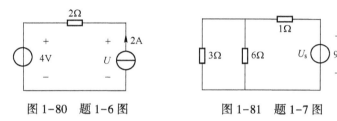

图 1-80 题 1-6 图    图 1-81 题 1-7 图

1-8 图 1-82 所示电路,已知 $U=28\,\text{V}$,求电阻 $R$。

1-9 求图 1-83 所示电路中的电压 $U$。

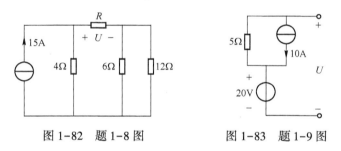

图 1-82 题 1-8 图    图 1-83 题 1-9 图

1-10 求图 1-84a、b 所示各电路中的电压 $U$。

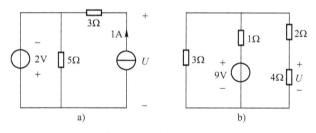

a)    b)

图 1-84 题 1-10 图

1-11 图 1-85 所示电路,已知电压 $U_1=14\,\text{V}$,求 $U_s$。

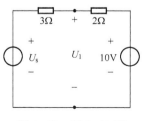

图 1-85 题 1-11 图

1-12　求解图 1-86 所示电路中的电压 $U$。

1-13　图 1-87 所示电路，求支路电流 $I_1$、$I_2$、$I_3$。

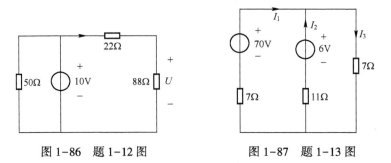

图 1-86　题 1-12 图　　　　图 1-87　题 1-13 图

1-14　图 1-88 所示电路，求电流 $I_1$、$I_2$、$I_3$。

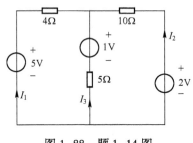

图 1-88　题 1-14 图

1-15　图 1-89 所示电路，试列出该电路的网孔方程（不必求解）。

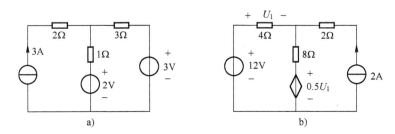

图 1-89　题 1-15 图

1-16　用网孔电流法求图 1-90 所示电路的电流 $i_1$ 和 $i_2$。

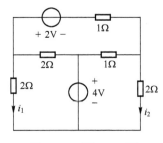

图 1-90　题 1-16 图

1-17　分别采用网孔电流法和节点电压法分析图 1-91 所示电路，列出网孔电流方程组和节点电压方程组。

1-18　求图 1-92 所示电路中的电流 $I$。

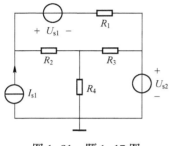
图 1-91　题 1-17 图

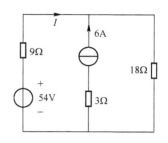
图 1-92　题 1-18 图

1-19　求图 1-93 中各电路的等效电阻 $R_{ab}$。

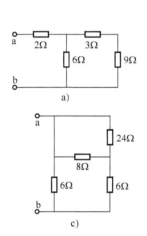

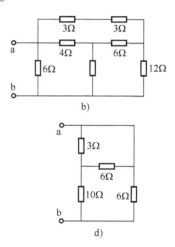

图 1-93　题 1-19 图

1-20　求图 1-94 中所示各电路的最简等效电路。

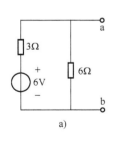
a)

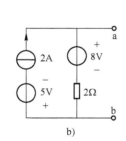
b)

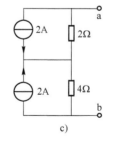
c)

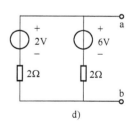
d)

图 1-94　题 1-20 图

1-21　电路如图 1-95 所示，求 ab 端等效电阻。

1-22　如图 1-96 所示电路，负载 $R_L$ 的阻值可以调节，求：

（1）$R_L = 1\,\Omega$ 时的电流 $I_{ab}$。

（2）$R_L = 2\,\Omega$ 时的电流 $I_{ab}$。

41

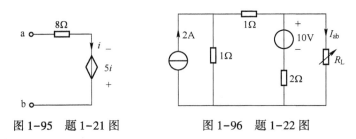

图 1-95　题 1-21 图　　　图 1-96　题 1-22 图

1-23　求图 1-97 中各电路 ab 端口的戴维南等效电路。

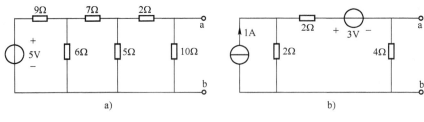

图 1-97　题 1-23 图

1-24　图 1-98 所示电路中，求各电路 ab 端的戴维南等效电路或诺顿等效电路。

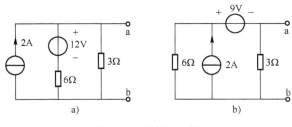

图 1-98　题 1-24 图

1-25　图 1-99 所示电路中，负载 $R_L$ 阻值可调，求 $R_L$ 等于多大时可获得最大功率？最大功率 $P_{Lmax}$ 是多少？

1-26　图 1-100 所示电路中，可调负载电阻 $R_L$ 为何值时能获得最大功率？其最大功率是多少？

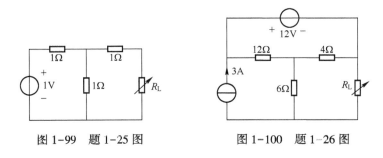

图 1-99　题 1-25 图　　　图 1-100　题 1-26 图

1-27　(1) 求图 1-101 所示电路 ab 端的戴维南等效电路或诺顿等效电路。

(2) 当 ab 端接可调负载电阻 $R_L$，求 $R_L$ 为何值时才能得到最大功率？其最大功率是多少?

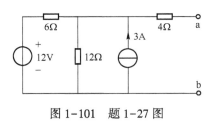

图 1-101　题 1-27 图

1-28　图 1-102 所示电路，N 为不含独立源的线性电阻电路。已知：当 $u_s=12$ V，$i_s=4$ A 时，$u=0$；当 $u_s=-12$ V，$i_s=-2$ A 时，$u=-1$ V，求当 $u_s=9$ V，$i_s=-1$ A 时的电压 $u$。

1-29　图 1-103 所示电路中，当电压源 $U_s=18$ V，$I_s=2$ A 时，测得 ab 端开路电压 $U=0$；当 $U_s=18$ V，$I_s=0$ 时，$U=-6$ V。试求：

（1）当 $U_s=30$ V，$I_s=4$ A 时，$U=$？

（2）当 $U_s=30$ V，$I_s=4$ A 时，测得 ab 端短路电流 1 A。问在 ab 端接 $R=2\ \Omega$ 的电阻时，通过电阻 $R$ 的电流是多少？

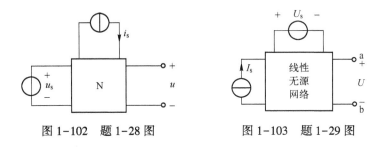

图 1-102　题 1-28 图　　　　图 1-103　题 1-29 图

1-30　图 1-104 所示电路，试用叠加定理求电流 $i$。

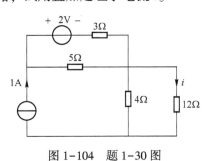

图 1-104　题 1-30 图

# 第 2 章　一阶直流动态电路分析

第 1 章以直流电阻电路为例，讨论了电路中的基本变量和电路的基本分析方法，电路中的激励源均为直流，负载为电阻元件。在实际电路中，根据电路功能的不同，组成电路的负载不仅有电阻元件，还可能有电容、电感等动态元件。这些动态元件的伏安关系与电阻元件有很大的不同，因此分析方法就与第 1 章有所不同。

本章从动态元件出发，首先分析电容、电感元件的伏安关系，然后建立动态电路的方程，分析一阶直流动态电路响应的求解方法，并从响应产生的原因讨论响应的分解。

## 2.1 动态元件

### 2.1.1 电容

电容器是最常用的电能储存元件。在两片金属极板中间填充电介质，就构成一个简单的实际电容器。在电容器两端加上电压后，会在两个极板上聚集起等量的异性电荷，从而在极板之间建立电场，电场中储存有电场能量。此时，即使移去电源，由于极板上电荷被介质隔离而不能中和，故将继续保留，电场也继续存在。因此，电容器具有储存电场能量的作用。

电容元件是电容器的理想化模型，反映的是电路中电场能量储存的物理现象。一个二端元件，如果在任意时刻 $t$，其电荷 $q(t)$ 与电压 $u_C(t)$ 之间的关系能用 $q$-$u_C$ 平面上的曲线描述，就称该二端元件为电容元件。电容是表示电容元件的电路参数，用符号 $C$ 表示，模型如图 2-1a 所示。若电容的 $q$-$u_C$ 曲线是通过原点的一条直线，且不随时间变化，如图 2-1b 所示，则称为线性时不变电容，这条曲线称为电容的库伏特性曲线。一般质量良好的实际电容，在一定的工作条件下，其性能很接近于理想电容，因此，在本书中不加以说明的情况下，分析的都是线性时不变电容。

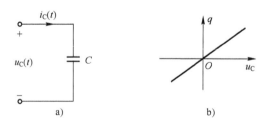

图 2-1 电容元件
a) 电容元件模型　b) 线性电容元件 $q$-$u_C$ 曲线

线性时不变理想电容所储存的电荷量 $q(t)$ 与其两端电压 $u_C(t)$ 的关系可以表示为

$$q(t) = Cu_C(t) \tag{2.1-1}$$

式（2.1-1）称为电容的库伏关系式。式中，$C$ 表示电容元件的电容量，国际单位为法

[拉］（F）。通常法这个电容单位太大，常用的电容单位为微法（μF）和皮法（pF），各单位间换算关系为 $1\mu F=10^{-6}$ F，$1 pF=10^{-12}$ F。

当交变电压 $u_C(t)$ 加到电容 $C$ 上时，电容的极板上就出现电荷 $q(t)$，当电容电压发生变化时，聚集在极板上的电荷也相应发生变化，从而形成电容电流 $i_C(t)$，在图2-1a所示参考方向下，有

$$i_C(t)=\frac{dq(t)}{dt}$$

结合式（2.1-1）可得，电容元件的电压-电流关系为

$$i_C(t)=C\frac{du_C(t)}{dt} \qquad (2.1-2)$$

式（2.1-2）说明，线性电容元件在 $t$ 时刻的电流 $i_C(t)$ 取决于 $t$ 时刻的电容电压 $u_C(t)$ 的变化率，电压 $u_C(t)$ 变化越快，电流 $i_C(t)$ 越大。若 $u_C(t)$ 为恒定值即直流时，$i_C(t)=0$，电容相当于开路。

对式（2.1-2）从 $-\infty$ 到 $t$ 进行积分，可得

$$u_C(t)=\frac{1}{C}\int_{-\infty}^{t}i_C(\xi)d\xi \qquad (2.1-3)$$

式（2.1-3）说明，电容在某一时刻的电压，等于从负无穷到该时刻电容电流的积分，也就意味着 $t$ 时刻的电容电压是由 $t$ 时刻之前电容发生的全部变化情况所决定。因此可以看出，电容具有"记忆性"，所以也称电容元件为记忆元件。从式（2.1-2）和式（2.1-3）可以看出，电容元件的电流和电压之间的关系为微分、积分关系，所以也称电容为动态元件。

式（2.1-3）可改写为

$$u_C(t)=\frac{1}{C}\int_{-\infty}^{0_-}i_C(\xi)d\xi+\frac{1}{C}\int_{0_-}^{t}i_C(\xi)d\xi=u_C(0_-)+\frac{1}{C}\int_{0_-}^{t}i_C(\xi)d\xi \qquad (2.1-4)$$

式中，$u_C(0_-)=\frac{1}{C}\int_{-\infty}^{0_-}i_C(\xi)d\xi$ 是在 $t=0_-$ 时刻，电容上已经储存的电压，称为电容的初始电压。

在电压和电流关联参考方向下，电容元件的瞬时功率为

$$p(t)=u_C(t)i_C(t)=Cu_C(t)\frac{du_C(t)}{dt} \qquad (2.1-5)$$

电容的储能为

$$w_C(t)=\int_{-\infty}^{t}p(\tau)d\tau=C\int_{-\infty}^{t}u_C(\tau)\frac{du_C(\tau)}{d\tau}d\tau=\frac{1}{2}Cu_C^2(t)-\frac{1}{2}Cu_C^2(-\infty) \qquad (2.1-6)$$

当 $u_C(-\infty)=0$ 时，则电容的储能为

$$w_C(t)=\frac{1}{2}Cu_C^2(t) \qquad (2.1-7)$$

式（2.1-7）表明，电容的储能只与该时刻电容两端的电压有关，电容电压反映了电容的储能状态，因此称电容两端电压为电容的状态变量。

**例 2-1** 已知电容 $C=2F$，其电流、电压方向如图2-2所示，其中端电压 $u_C(t)=0.5e^{-2t}$ V，求流过该电容的电流 $i(t)$。

**解**：图 2-2 中电容两端的电压和流过它的电流为关联参考方向，根据电容元件的端口伏安关系，可得

$$i(t) = C\frac{du_C(t)}{dt} = 2 \times \frac{d(0.5e^{-2t})}{dt} \text{ A} = -2e^{-2t} \text{ A}$$

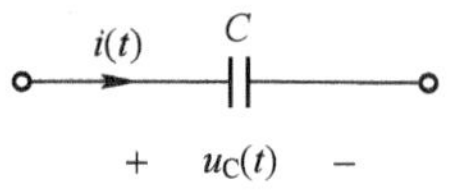

电容储能 $W_C = \frac{1}{2}Cu_C^2(t) = \frac{1}{2} \times 2 \times (0.5e^{-2t})^2 \text{ J} = 0.25e^{-4t} \text{ J}$

因此，最大储能 $W_{Cmax} = 0.25 \text{ J}$

图 2-2 例 2-1 图

**例 2-2** 已知电容 $C = 1 \text{ F}$，其电流、电压为关联参考方向，若电容两端电压如图 2-3 所示，求流过该电容的电流 $i(t)$，并画出其波形。

**解**：根据电容元件的伏安特性，电流体现电压的变化率。按照时间分段计算，可得

当 $t<0$ 时， $i(t) = 0$

当 $0 \leq t<1$ 时， $i(t) = C\frac{du(t)}{dt} = 2 \text{ A}$

当 $1 \leq t<2$ 时， $i(t) = C\frac{du(t)}{dt} = 0$

当 $2 \leq t<3$ 时， $i(t) = C\frac{du(t)}{dt} = 2 \text{ A}$

当 $3 \leq t<4$ 时， $i(t) = C\frac{du(t)}{dt} = -2 \text{ A}$

当 $t \geq 4$ 时， $i(t) = C\frac{du(t)}{dt} = 0$

因此电容电流波形如图 2-4 所示。

图 2-3 例 2-2 图   图 2-4 电流的波形

从图 2-4 中可以看出，在流经电容的电流为有限值的情况下，电容电压是连续的不会发生跃变的物理量，但是电容电流可以发生跃变。

**例 2-3** 某电路模型如图 2-5 所示，已知电流 $i(t) = e^{-3t} \text{ A}$，求 ab 两端的电压 $u(t)$。

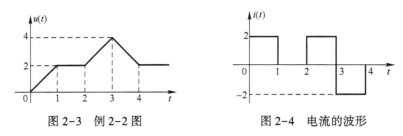

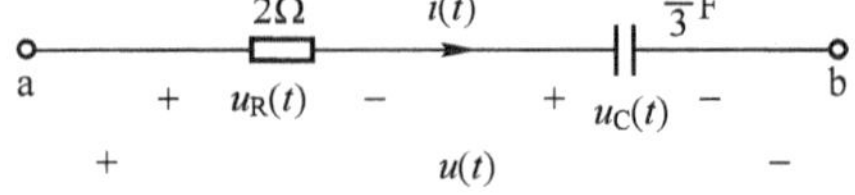

图 2-5 例 2-3 图

**解**：根据模型有

$$u(t) = u_R(t) + u_C(t) = Ri(t) + \frac{1}{C}\int_{-\infty}^{t} i(\tau)d\tau$$

代入数值，可得
$$u(t) = e^{-3t} \text{ V}$$

由于工艺和标准，在实际应用中电容的大小并不是任意值都存在的，有时某些数值的电容需要多个电容按照一定方式组合得到，其中最基本的连接方法就是电容的串联和并联。电容的串并联可以借鉴电阻串并联等效分析方法，等效为一个电容。

如图 2-6a 所示 $n$ 个电容的串联，通过端口伏安关系法可以将串联时总电容等效为图 2-6b 中的电容 $C$，其中

$$\frac{1}{C} = \frac{1}{C_1} + \frac{1}{C_2} + \cdots + \frac{1}{C_n} \tag{2.1-8}$$

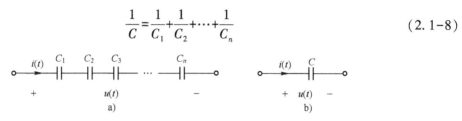

图 2-6 电容的串联等效

类似地，图 2-7a 中的 $n$ 个电容并联，也可以将并联时总电容等效为图 2-7b 中的电容 $C$，其中

$$C = C_1 + C_2 + \cdots + C_n \tag{2.1-9}$$

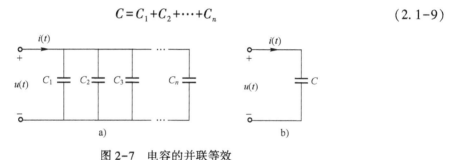

图 2-7 电容的并联等效

由式（2.1-8）和式（2.1-9）可以知道，若要得到较小的电容值，可将多个电容进行串联；若要得到较大的电容值，则需要将多个电容进行并联。

## 2.1.2 电感

电感元件是电感线圈的理想化模型，它反映了电路中磁场能量储存的物理现象。用导线绕制成空心或具有铁心的线圈就可构成一个电感线圈。电感元件在谐振电路、变压器、电视机和雷达等方面有着广泛应用。当有电流通过电感线圈时，将在线圈周围产生磁场，并将磁场能量储存在线圈中。

若一个二端元件，在任意时刻 $t$，其磁链 $\Psi(t)$ 与电流 $i_L(t)$ 之间的关系能用 $\Psi$-$i_L$ 平面上的韦安关系曲线描述，则称该二端元件为电感元件。电感是表示电感元件的电路参数，用符号 $L$ 表示，模型如图 2-8a 所示。若 $\Psi$-$i_L$ 曲线是通过原点的一条直线，且不随时间变化，如图 2-8b 所示，则称该元件为线性时不变电感。

当电感中的电流随时间变化时，磁场也随时间变化，从而在线圈两端产生感应电压。在图 2-8a 所示的电压、电流关联参考方向下，有

$$u_L(t) = L \frac{di_L(t)}{dt} \tag{2.1-10}$$

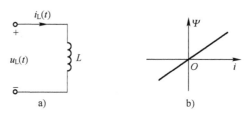

图 2-8 电感元件
a) 电感元件模型　b) 线性电感元件 $\Psi$-$i$ 曲线

式 (2.1-10) 是电感元件的伏安关系，可以看出，电感电压与电感电流的变化率成正比。电流 $i_L(t)$ 变化越快，电压 $u_L(t)$ 越大。若 $i_L(t)$ 为恒定值即直流时，$u_L(t)=0$，电感相当于短路。式中，$L$ 称为电感元件的电感量，单位为亨［利］（H）。

式 (2.1-10) 还可以写成积分的形式，有

$$i_L(t) = \frac{1}{L}\int_{-\infty}^{t} u_L(\tau)\mathrm{d}\tau \tag{2.1-11}$$

式 (2.1-11) 说明，电感在某一时刻的电流，等于从负无穷到该时刻电感电压的积分，也就意味着 $t$ 时刻的电感电流是由 $t$ 时刻之前电感发生的全部变化情况所决定的。因此，电感也具有"记忆性"，所以也称为记忆元件。从式 (2.1-10) 和式 (2.1-11) 可以看出，电感元件的电流和电压之间的关系为微分、积分关系，所以电感也是动态元件。

与电容分析类似，式 (2.1-11) 可改写为

$$i_L(t) = \frac{1}{L}\int_{-\infty}^{0_-} u_L(\xi)\mathrm{d}\xi + \frac{1}{L}\int_{0_-}^{t} u_L(\xi)\mathrm{d}\xi = i_L(0_-) + \frac{1}{L}\int_{0_-}^{t} u_L(\xi)\mathrm{d}\xi \tag{2.1-12}$$

式中，$i_L(0_-) = \frac{1}{L}\int_{-\infty}^{0_-} u_L(\xi)\mathrm{d}\xi$ 是在 $t=0_-$ 时刻，电感上已经储存的电流，也称为电感的初始电流。

在电压和电流关联参考方向下，电感元件的瞬时功率为

$$p(t) = u_L(t)i_L(t) = Li_L(t)\frac{\mathrm{d}i_L(t)}{\mathrm{d}t} \tag{2.1-13}$$

电感的储能为

$$w_L(t) = \int_{-\infty}^{t} p(\tau)\mathrm{d}\tau = L\int_{-\infty}^{t} i_L(\tau)\frac{\mathrm{d}i_L(\tau)}{\mathrm{d}\tau}\mathrm{d}\tau = \frac{1}{2}Li_L^2(t) - \frac{1}{2}Li_L^2(-\infty) \tag{2.1-14}$$

当 $i_L(-\infty)=0$ 时，则电容的储能为

$$w_L(t) = \frac{1}{2}Li_L^2(t) \tag{2.1-15}$$

式 (2.1-15) 表明，电感的储能只与该时刻流过电感的电流有关，电流反映了电感的储能状态，因此称电流为电感的状态变量。

**例 2-4** 图 2-9 所示电路中，若已知 $t\geq 0$ 时，流过电感的电流 $i(t)=2(1-\mathrm{e}^{-3t})$ A，求电感两端的电压 $u(t)$，并画出电压波形。

**解**：从图 2-9 中可以看出，电压和电流为关联参考方向。根据电感元件的伏安关系，其电压为

$$u(t) = L\frac{\mathrm{d}i(t)}{\mathrm{d}t} = 2 \times 2 \times 3\mathrm{e}^{-3t} \text{ V} = 12\mathrm{e}^{-3t} \text{ V}, \quad t \geq 0$$

电压波形如图 2-10 所示。

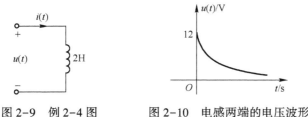

图 2-9　例 2-4 图　　　图 2-10　电感两端的电压波形

**例 2-5**　已知电感 $L = 1$ H，电感电流和电压为关联参考方向，若电感两端的电压如图 2-11 所示，求电感电流 $i(t)$，并画出其波形。

**解**：根据电感元件的伏安特性，其电流为电压的积分。按照时间分段计算，可得

当 $t < 0$ 时，　　　　　　　　$i(t) = 0$

当 $0 \leq t < 1$ 时，　　　$i(t) = \dfrac{1}{L}\int_0^t u(\xi)\mathrm{d}\xi = t$ A

当 $1 \leq t < 2$ 时，　　$i(t) = \dfrac{1}{L}\int_0^t u(\xi)\mathrm{d}\xi = \dfrac{1}{L}\int_0^1 u(\xi)\mathrm{d}\xi + \dfrac{1}{L}\int_1^t u(\xi)\mathrm{d}\xi = (2 - t)$ A

当 $2 \leq t < 3$ 时，　　$i(t) = \dfrac{1}{L}\int_0^t u(\xi)\mathrm{d}\xi = \dfrac{1}{L}\int_0^2 u(\xi)\mathrm{d}\xi + \dfrac{1}{L}\int_2^t u(\xi)\mathrm{d}\xi = (t - 2)$ A

当 $3 \leq t < 4$ 时，　　　　　$i(t) = \dfrac{1}{L}\int_0^t u(\xi)\mathrm{d}\xi = 1$ A

因此电感电流波形如图 2-12 所示。

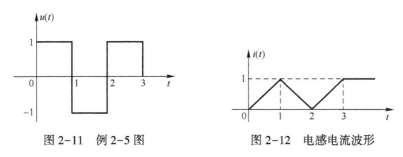

图 2-11　例 2-5 图　　　图 2-12　电感电流波形

从图 2-11 和图 2-12 中可以看出，在电感两端电压为有限值的情况下，电感电流是连续的不会发生跃变的物理量，但是其电压可以发生跃变。

同样，在实际应用中常常会将电感进行串并联以得到更多的电感取值。如图 2-13a 所示 $n$ 个电感的串联，通过端口伏安关系法可以将串联时总电感等效为图 2-13b 中的电感 $L$，其中

$$L = L_1 + L_2 + \cdots + L_n \tag{2.1-16}$$

类似地，图 2-14a 中 $n$ 个电感并联可以将并联时总电感等效为图 2-14b 中的一个电感 $L$，其中

$$\frac{1}{L} = \frac{1}{L_1} + \frac{1}{L_2} + \cdots + \frac{1}{L_n} \tag{2.1-17}$$

可以看出,电感的串并联规律与电阻一样。要获得较大的电感值,可将多个电感进行串联;若要获得较小的电感值,可将多个电感进行并联。

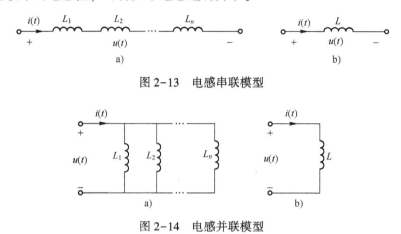

图 2-13 电感串联模型

图 2-14 电感并联模型

## 2.2 动态电路方程建立和求解

与第 1 章电阻电路分析类似,分析动态电路首先要根据电路模型选择合适变量,建立电路方程。建立电路数学模型的根本依据是两类约束,即元件特性约束和网络拓扑约束。其中元件特性约束是动态元件的伏安关系,网络拓扑约束是根据元件连接关系而建立的 KCL 和 KVL 方程。由于电容和电感元件的伏安关系为微积分关系,所以动态电路的数学模型为以电流、电压为变量的微分或积分方程,一般可统一表示为微分方程。如果电路中含有 $n$ 个独立动态元件,则电路称为 $n$ 阶动态电路,其数学模型为 $n$ 阶微分方程。本节主要讨论由一个电感或一个电容构成的一阶动态电路,如图 2-15a、b 所示的电路。

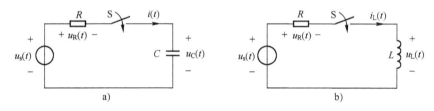

图 2-15 一阶动态电路
a) 一阶 RC 电路  b) 一阶 RL 电路

在动态电路的众多变量中,电容电压 $u_C(t)$ 和电感电流 $i_L(t)$ 具有很重要的地位,它们确定了电路储能的状况,因此常称电容电压 $u_C(t)$ 和电感电流 $i_L(t)$ 为状态变量。通常选择状态变量建立电路方程,再通过状态变量来求解其他变量。下面以典型的一阶 RC 和一阶 RL 电路为例,建立一阶动态电路方程。

### 2.2.1 典型一阶 RC 电路方程

一阶 RC 电路如图 2-15a 所示,以电容电压 $u_C(t)$ 为变量。当 $t=0$ 时开关闭合,则 $t>0$ 时,根据 KVL,可列得方程为

$$u_R(t)+u_C(t)=u_s(t)$$

代入元件的伏安关系 $u_R(t)=Ri(t)$，$i(t)=C\dfrac{du_C(t)}{dt}$，得到以 $u_C(t)$ 为变量的一阶微分方程为

$$RC\frac{du_C(t)}{dt}+u_C(t)=u_s(t) \tag{2.2-1}$$

整理可得

$$\frac{du_C(t)}{dt}+\frac{1}{RC}u_C(t)=\frac{1}{RC}u_s(t) \tag{2.2-2}$$

**例 2-6** 已知电路结构如图 2-16 所示，激励为 $i_s(t)$，以 $u_C(t)$ 为变量，列写电路方程。

**解**：根据 KCL，可列得方程为

$$i_R(t)+i_C(t)=i_s(t)$$

根据元件伏安关系，可知

$$i_R(t)=\frac{u_C(t)}{R},\ i_C(t)=C\frac{du_C(t)}{dt}$$

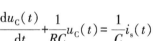

图 2-16 例 2-6 图

代入方程中，有

$$\frac{du_C(t)}{dt}+\frac{1}{RC}u_C(t)=\frac{1}{C}i_s(t)$$

### 2.2.2 典型一阶 RL 电路方程

一阶 RL 电路如图 2-15b 所示，以电感电流 $i_L(t)$ 为变量。当 $t=0$ 时开关闭合，则 $t>0$ 时，根据 KVL，可列得方程为

$$u_R(t)+u_L(t)=u_s(t)$$

代入元件伏安关系 $u_R(t)=Ri_L(t)$，$u_L(t)=L\dfrac{di_L(t)}{dt}$，得到以 $i_L(t)$ 为变量的一阶微分方程为

$$L\frac{di_L(t)}{dt}+Ri_L(t)=u_s(t) \tag{2.2-3}$$

可进一步整理为

$$\frac{di_L(t)}{dt}+\frac{R}{L}i_L(t)=\frac{1}{L}u_s(t) \tag{2.2-4}$$

**例 2-7** 已知电路结构如图 2-17 所示，激励为 $i_s(t)$，以 $i_L(t)$ 为变量，列写电路方程。

**解**：根据 KCL，可列得方程为

$$i_R(t)+i_L(t)=i_s(t)$$

根据元件伏安关系，可知

$$i_R(t)=\frac{u_L(t)}{R},\ u_L(t)=L\frac{di_L(t)}{dt}$$

代入方程中，有

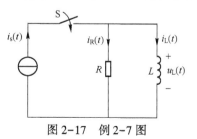

图 2-17 例 2-7 图

$$\frac{\mathrm{d}i_\mathrm{L}(t)}{\mathrm{d}t}+\frac{R}{L}i_\mathrm{L}(t)=\frac{R}{L}i_\mathrm{s}(t)$$

根据以上分析可以看出，不管激励源是电压源还是电流源，当电路中只含有一个独立的动态元件时，系统的数学模型都是一阶微分方程。如果用 $f(t)$ 表示激励源即电路中的电压源或电流源，用 $y(t)$ 表示响应即电路中待求的电压或电流变量，则可得出一阶动态电路方程的一般形式为

$$\frac{\mathrm{d}y(t)}{\mathrm{d}t}+\frac{1}{\tau}y(t)=bf(t) \tag{2.2-5}$$

其中，$\tau$ 为时间常数，单位为 s。若是一阶 RC 电路，$\tau=RC$；若是一阶 RL 电路，$\tau=L/R$。

### 2.2.3 动态电路的响应求解

式（2.2-5）给出了一阶动态电路的数学模型为线性常系数微分方程。根据数学分析可知，微分方程的完全解 $y(t)$ 可由齐次解 $y_\mathrm{h}(t)$ 和特解 $y_\mathrm{p}(t)$ 两部分组成，即

$$y(t)=y_\mathrm{h}(t)+y_\mathrm{p}(t) \tag{2.2-6}$$

所谓齐次解就是齐次方程的解，即令微分方程右边为零时的解。

式（2.2-5）对应的齐次方程为

$$\frac{\mathrm{d}y(t)}{\mathrm{d}t}+\frac{1}{\tau}y(t)=0 \tag{2.2-7}$$

则特征方程为

$$\lambda+\frac{1}{\tau}=0 \tag{2.2-8}$$

其特征根为

$$\lambda=-\frac{1}{\tau} \tag{2.2-9}$$

因此，方程齐次解的形式为

$$y_\mathrm{h}(t)=A\mathrm{e}^{\lambda t}=A\mathrm{e}^{-\frac{t}{\tau}} \tag{2.2-10}$$

式中，$A$ 为待定系数，由微分方程的初始条件确定。

特解 $y_\mathrm{p}(t)$ 与激励具有相同的函数形式。例如，当电路中的激励为直流电源，即 $i_\mathrm{s}(t)=K$ 或 $u_\mathrm{s}(t)=K$ 时，特解也为常数。

因此一阶动态电路的全响应为

$$y(t)=y_\mathrm{h}(t)+y_\mathrm{p}(t)=A\mathrm{e}^{-\frac{t}{\tau}}+y_\mathrm{p}(t) \tag{2.2-11}$$

一般电路的工作状态有两种，一种是如直流电阻电路中电压、电流都是恒定值，这种工作状态称为稳定状态，简称稳态。另一种是当电路中含有储能元件时，若出现电路结构改变或电源、电路参数发生突然改变，电路中的电流或电压可能要经过一个变化过程才能达到稳定。这个过程称为暂态过程，简称暂态。动态电路分析的主要任务，就是研究动态电路中电压、电流的变化规律。

通常将电路的接通或断开、电路连接方式或参数发生变化、激励的突然变动统称为换路。常设 $t=0$ 时换路，$t=0_-$ 表示换路开始前的一瞬间，称为起始时刻；$t=0_+$ 表示换路开始后的一瞬间，称为初始时刻，它们反映了两种不同的物理状态。由于换路，可能会引起电路

工作状态的改变。

当电路在 $t=0$ 时换路，求 $t>0$ 时的响应，则可借助响应 $y(t)$ 在 $0_+$ 时刻的初始值 $y(0_+)$ 来计算待定系数 $A$。将 $y(0_+)$ 代入式（2.2-11）可得

$$y(0_+) = A + y_p(0_+)$$

则待定系数为

$$A = y(0_+) - y_p(0_+) \tag{2.2-12}$$

因此一阶动态电路方程的解为

$$y(t) = y_p(t) + [y(0_+) - y_p(0_+)] e^{-\frac{t}{\tau}}, \quad t > 0 \tag{2.2-13}$$

## 2.3 一阶直流动态电路三要素法

式（2.2-13）为一阶动态电路在任意激励下产生响应的计算公式，若外加激励为直流电源，则该电路称为一阶直流动态电路。根据2.2节分析可知，此时响应中的特解也是常数，设 $y_p(t) = K$，代入式（2.2-13）可得

$$y(t) = y_p(t) + [y(0_+) - y_p(0_+)] e^{-\frac{t}{\tau}} = K + [y(0_+) - K] e^{-\frac{t}{\tau}} \tag{2.3-1}$$

式中，$[y(0_+) - K] e^{-\frac{t}{\tau}}$ 是随着时间 $t$ 增加而衰减的函数，当 $t \to \infty$ 时，此项取值趋向于0，因此可以得到

$$\lim_{t \to \infty} y(t) = K$$

即

$$K = y(\infty) \tag{2.3-2}$$

代入式（2.3-1），可得一阶直流动态电路的响应为

$$y(t) = y(\infty) + [y(0_+) - y(\infty)] e^{-\frac{t}{\tau}}, \quad t > 0 \tag{2.3-3}$$

式中，$y(0_+)$ 为换路后响应 $y(t)$ 的初始值；$y(\infty)$ 为换路后电路达到稳态时响应的稳态值；$\tau$ 为时间常数，单位是 s。

从式（2.3-3）中可以看出，对于一阶直流动态电路，只要获得响应的初始值 $y(0_+)$、响应的稳态值 $y(\infty)$ 和时间常数 $\tau$，即可确定响应 $y(t)$。利用式（2.3-3）求解一阶直流动态电路响应的方法称为三要素法。

### 2.3.1 电路初始值的分析

在动态电路的分析中，响应通常是电压和电流。其中电容电压 $u_C(t)$ 和电感电流 $i_L(t)$ 是两个很特殊的物理量，它们反映了电路的电场和磁场能量的储能情况。设 $t=0$ 时电路发生换路，一般在换路前电路已达稳定状态，若换路前瞬间电容电压为 $u_C(0_-)$，换路后瞬间电容电压为 $u_C(0_+)$，则

$$u_C(0_+) = u_C(0_-) + \frac{1}{C} \int_{0_-}^{0_+} i_C(t) \, dt \tag{2.3-4}$$

在换路过程中，若电容电流为有限值，则式（2.3-4）中积分项为零，即有

$$u_C(0_+) = u_C(0_-) \tag{2.3-5}$$

同理，对于电感来说

$$i_L(0_+) = i_L(0_-) + \frac{1}{L}\int_{0_-}^{0_+} u_L(t)\,dt \tag{2.3-6}$$

当电感电压为有限值时，可得

$$i_L(0_+) = i_L(0_-) \tag{2.3-7}$$

式（2.3-5）和式（2.3-7）说明，当电容电流 $i_C(t)$ 和电感电压 $u_L(t)$ 为有限值时，电容电压和电感电流不发生跃变，这个性质称为换路定律。利用换路定律可以根据状态变量在 $0_-$ 时刻的值，得到 $0_+$ 时刻的初始值。

需要注意的是，换路定律只适用于电容电压 $u_C(t)$ 和电感电流 $i_L(t)$，其他非状态变量的初始值在换路的瞬间会发生跃变，所以非状态变量的初始值需要根据换路后 $0_+$ 时刻的等效电路，借助状态变量的初始值来计算。

所谓 $0_+$ 时刻的等效电路，是指在 $t=0_+$ 时刻，用电压为 $u_C(0_+)$ 的电压源代替电容，用电流为 $i_L(0_+)$ 的电流源代替电感，将原动态电路等效为直流电阻电路，然后再运用直流电阻电路中的分析方法，确定电路中任意变量的初始值。

**例 2-8** 如图 2-18 所示电路，$t<0$ 开关 S 断开，电路已处于稳态。$t=0$ 时，开关 S 闭合，求 $i_L(0_+)$。

**解**：$t<0$ 时，开关处于断开状态，电路处于稳态，电感相当于短路，故

$$i_L(0_-) = \frac{12}{3+5}\text{A} = 1.5\,\text{A}$$

根据换路定律，电感电流不会跳变，故开关闭合后

$$i_L(0_+) = i_L(0_-) = 1.5\,\text{A}$$

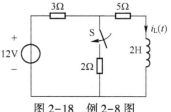

图 2-18 例 2-8 图

**例 2-9** 如图 2-19 所示电路，$t<0$ 开关 S 断开，电路已处于稳态。$t=0$ 时，开关 S 闭合，求 $i(0_+)$。

**解**：题目中待求的 $i(0_+)$ 为流过 $2\,\Omega$ 电阻的电流 $i(t)$ 在 $0_+$ 时刻的初始值。电流 $i(t)$ 不是状态变量，$i(0_+) \neq i(0_-)$。因此需要画出 $0_+$ 时刻的等效电路，将电感用电流源代替。根据例 2-8 求得结果，可得等效电路如图 2-20 所示。

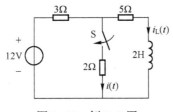

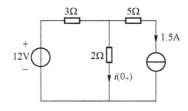

图 2-19 例 2-9 图　　　图 2-20 例 2-9 $0_+$ 时刻等效电路

根据 KVL，可列得方程为

$$3\times[i(0_+)+1.5]+2\times i(0_+) = 12$$

求得

$$i(0_+) = 1.5\,\text{A}$$

**例 2-10** 如图 2-21 所示电路，开关原处于闭合状态，电路达到稳态。$t=0$ 时，开关 S 断开，求 $i_C(0_+)$。

**解**：换路前电路处于稳定，开关闭合，激励为直流，所以电容可看作开路，故

$$u_C(0_-) = \frac{10}{2+3} \times 3 \text{ V} = 6 \text{ V}$$

由换路定律可知电容电压不会跳变,故为

$$u_C(0_+) = u_C(0_-) = 6 \text{ V}$$

题目中待求的 $i_C(0_+)$ 为电容电流的初始值,为非状态变量。因此画出 $0_+$ 时刻的等效电路,如图 2-22 所示,其中电容用 6 V 电压源替代。

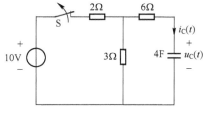
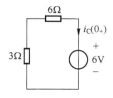

图 2-21 例 2-10 图  　　图 2-22 例 2-10 $0_+$ 时刻等效电路

可求得

$$i_C(0_+) = -\frac{u_C(0_+)}{(3+6) \text{ Ω}} = -\frac{2}{3} \text{ A}$$

例 2-9 所求 $i(0_+)$ 和例 2-10 所求 $i_C(0_+)$ 均为非状态变量的初始值。根据图 2-19 可知,在换路前 $i(0_-)=0$,换路后 $i(0_+)=1.5$ A;根据图 2-21 可知,换路前 $i_C(0_-)=0$,换路后 $i_C(0_+)=-2/3$ A。可见非状态变量在换路瞬间会发生跃变。因此非状态变量的初始值求解需要借助于状态变量,关键是画出 $t=0_+$ 时的等效电路。画等效图时,电容用电压值为 $u_C(0_+)$ 的电压源代替,电感用电流值为 $i_L(0_+)$ 的电流源代替。

## 2.3.2 电路稳态值的分析

稳态值是指动态电路换路后,经过一段过渡过程,电路达到新的稳定状态后待求变量的值,通常指响应在无穷时刻的值 $y(\infty)$。

当激励为直流时,稳定状态下,电容可以看作开路,电感可以看作短路。此时电路中无动态元件,因此可以利用直流电阻电路的方法来求取其稳态值。

**例 2-11** 如图 2-23 所示电路,开关原处于断开状态,电路达到稳态。$t=0$ 时,开关 S 闭合,求 $i_L(\infty)$。

**解**:无穷时刻,电路已达到新的稳态,此时电感可看成是短路,用导线代替,电路如图 2-24 所示。根据电路结构,可得

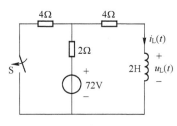
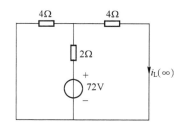

图 2-23 例 2-11 图  　　图 2-24 例 2-11 ∞ 时刻电路

$$i_L(\infty) = \frac{72}{2+4\times4/(4+4)} \times \frac{1}{2} \text{A} = 9\text{ A}$$

**例 2-12** 如图 2-25 所示电路,开关原处于断开状态,电路达到稳态。$t=0$ 时,开关 S 闭合,求 $i(\infty)$ 和 $u_C(\infty)$。

**解**:无穷时刻,电路已达到新的稳态,此时电容可看成是开路,电路如图 2-26 所示。

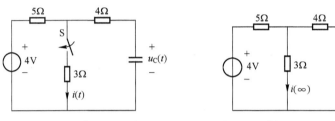

图 2-25 例 2-12 图　　　　图 2-26 例 2-12 ∞ 时刻电路

可得

$$i(\infty) = \frac{4}{5+3}\text{A} = 0.5\text{ A}$$

$$u_C(\infty) = 3\,\Omega \times i(\infty) = 1.5\text{ V}$$

### 2.3.3 时间常数的分析

根据一阶直流动态电路响应的公式

$$y(t) = y(\infty) + [y(0_+) - y(\infty)]e^{-\frac{t}{\tau}}, \quad t>0$$

可以看出,时间常数 $\tau$ 反映了电路过渡过程变化的快慢。$\tau$ 值越大,过渡过程越慢;$\tau$ 值越小,过渡过程越快。时间常数 $\tau$ 的单位是 s。当 $\tau \to \infty$ 时,电路达到稳态。表 2-1 给出了当 $t=n\tau$ 时,$e^{-\frac{t}{\tau}}$ 的值。工程上一般认为换路后时间经过 $3\tau \sim 5\tau$ 后,电路就达到新的稳定状态。

表 2-1 $t=n\tau$ 时,$e^{-\frac{t}{\tau}}$ 的值

| $t$ | $\tau$ | $2\tau$ | $3\tau$ | $4\tau$ | $5\tau$ |
| --- | --- | --- | --- | --- | --- |
| $e^{-\frac{t}{\tau}}$ | 0.368 | 0.135 | 0.05 | 0.018 | 0.007 |

对于 RC 电路,$\tau=RC$,对于 RL 电路,$\tau=L/R$。需要注意,这里的 $R$ 是令电路中所有独立源为零时,动态元件两端以外的等效电阻。

**例 2-13** 如图 2-27 所示电路,开关原处于断开状态,电路达到稳态。$t=0$ 时,开关 S 闭合。求时间常数 $\tau$。

**解**:这是一阶 RL 电路,因此 $\tau=L/R$。开关闭合后,将电路中的电压源置零,等效电路如图 2-28 所示。

根据图 2-28 可得,等效电阻为

$$R = \left(4 + \frac{4\times2}{4+2}\right)\Omega = \frac{16}{3}\Omega$$

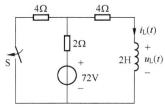
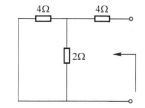

图 2-27 例 2-13 图　　图 2-28 电感两端的等效电阻

因此时间常数为

$$\tau = L/R = \frac{3}{8} \text{s}$$

**例 2-14** 如图 2-29 所示电路，开关原处于断开状态，电路达到稳态。$t=0$ 时，开关 S 闭合。求时间常数 $\tau$。

**解**：这是一阶 RC 电路，因此 $\tau = RC$。开关闭合后，将电路中的电压源置零，等效电路如图 2-30 所示。

根据图 2-30 可得，等效电阻为

$$R = \frac{6 \times 12}{6 + 12} \Omega = 4 \, \Omega$$

因此时间常数为

$$\tau = RC = 24 \, \text{s}$$

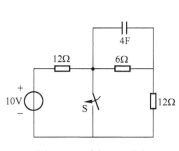
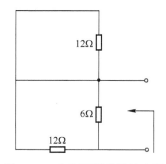

图 2-29 例 2-14 图　　图 2-30 电容两端的等效电阻

### 2.3.4 三要素法的应用

根据前面的讨论，可以知道采用三要素法分析电路的基本步骤如下。

(1) 确定换路后待求响应的初始值 $y(0_+)$。
(2) 确定换路后响应的稳态值 $y(\infty)$。
(3) 确定时间常数 $\tau$ 值。
(4) 代入公式求响应 $y(t) = y(\infty) + [y(0_+) - y(\infty)] e^{-\frac{t}{\tau}}$，$t > 0$。

**例 2-15** 电路如图 2-31 所示，$t<0$ 时电路已处于稳态，$t=0$ 时开关 S 闭合。求 $t>0$ 时电容电压 $u_C(t)$，并画出其波形。

**解**：按照三要素法的分析步骤求解。

(1) 初始值 $u_C(0_+)$

$u_C(t)$ 为状态变量，根据图 2-32 所示 $0_-$ 时刻电路计算。

$$u_C(0_+) = u_C(0_-) = 10 \text{ V}$$

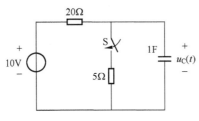
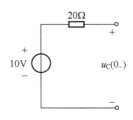

图 2-31 例 2-15 图　　　　图 2-32 例 2-15 $0_-$ 时刻等效电路

(2) 稳态值 $u_C(\infty)$

达到稳态时，电路如图 2-33 所示。

$$u_C(\infty) = 10 \times \frac{5}{20+5} \text{ V} = 2 \text{ V}$$

(3) 时间常数 $\tau$

$$\tau = RC = \left(\frac{20 \times 5}{20+5}\right) \times 1 \text{ s} = 4 \text{ s}$$

(4) 代入三要素法公式

$$u_C(t) = u_C(\infty) + [u_C(0_+) - u_C(\infty)] e^{-\frac{t}{\tau}} = (2 + 8e^{-\frac{t}{4}}) \text{ V}, \ t > 0$$

电压波形如图 2-34 所示。

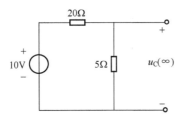
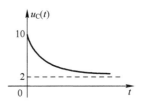

图 2-33 例 2-15 $\infty$ 时刻电路　　　图 2-34 电容两端电压波形

**例 2-16**　电路如图 2-35 所示，$t<0$ 时电路已处于稳态，$t=0$ 时开关 S 闭合。求 $t>0$ 时电流 $i_L(t)$。

**解**：按照三要素法的分析步骤求解。

(1) 初始值 $i_L(0_+)$

$i_L(t)$ 为状态变量，根据图 2-36 所示 $0_-$ 时刻电路计算。

$$i_L(0_+) = i_L(0_-) = \frac{14}{4+12} \text{ A} = \frac{7}{8} \text{ A}$$

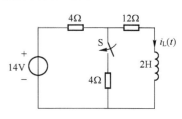

图 2-35 例 2-16 图

(2) 稳态值 $i_L(\infty)$

达到稳态时，电路结构如图 2-37 所示。

$$i_L(\infty) = \frac{14}{4 + 4 \times 12/(4+12)} \times \frac{4}{4+12} \text{ A} = \frac{1}{2} \text{ A}$$

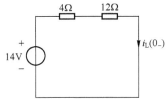
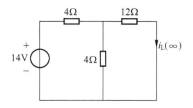

图 2-36　例 2-16 $0_-$ 时刻等效电路　　　　图 2-37　例 2-16 ∞ 时刻电路

(3) 时间常数 $\tau$

$$\tau = \frac{L}{R} = \frac{2}{12+4\times4/(4+4)}\text{s} = \frac{1}{7}\text{s}$$

(4) 代入三要素法公式

$$i_L(t) = i_L(\infty) + [i_L(0_+) - i_L(\infty)]e^{-\frac{t}{\tau}} = \left(\frac{1}{2} + \frac{3}{8}e^{-7t}\right)\text{A}, \quad t>0$$

**例 2-17**　电路如图 2-38 所示，$t<0$ 时电路已处于稳态，$t=0$ 时开关 S 闭合。求 $t>0$ 时电流 $i(t)$。

**解**：采用一阶直流动态电路的三要素法求解。

(1) 初始值 $i(0_+)$

电流 $i(t)$ 为非状态变量，需通过 $0_+$ 时刻的等效电路才能求得其初始值。因此要先求状态变量 $i_L(t)$ 的初始值，有

$$i_L(0_+) = i_L(0_-) = \frac{24}{2+4}\text{A} = 4\text{A}$$

则 $t=0_+$ 时的等效电路如图 2-39 所示。

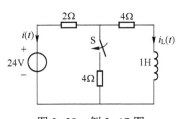
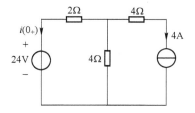

图 2-38　例 2-17 图　　　　图 2-39　例 2-17 $0_+$ 时刻等效电路

可列出该等效电路的 KVL 方程为

$$2i(0_+) + 4\times[i(0_+) + 4] + 24 = 0$$

可得

$$i(0_+) = -\frac{20}{3}\text{A}$$

(2) 稳态值 $i(\infty)$

$t=\infty$ 时的等效电路如图 2-40 所示，此时电感相当于短路。
可得

$$i(\infty) = -\frac{24}{2+4\times4/(4+4)}\text{A} = -6\text{A}$$

(3) 时间常数 $\tau$

令电压源短路，则电感两端的等效电阻可由图 2-41 所示电路求取。

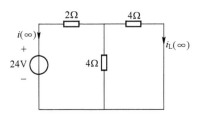

图 2-40 例 2-17 ∞ 时刻等效电路

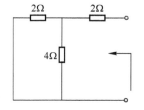

图 2-41 独立源置零等效电路

$$R = \left(4 + \frac{2\times 4}{2+4}\right)\Omega = \frac{16}{3}\Omega$$

$$\tau = \frac{L}{R} = \frac{3}{16}\text{s}$$

（4）代入三要素法公式

$$i(t) = i(\infty) + [i(0_+) - i(\infty)]e^{-\frac{t}{\tau}} = \left[-6 + \left(-\frac{20}{3} + 6\right)e^{-\frac{16}{3}t}\right]\text{A} = \left(-6 - \frac{2}{3}e^{-\frac{16}{3}t}\right)\text{A},\ t>0$$

此题中由于电流 $i(t)$ 为非状态变量，其初始值的求解较为不便。有时为避免 $0_+$ 时刻等效电路的求解，还可以借助状态变量，先求出状态变量的表达式，再根据电路中的 KCL 或 KVL 建立起待求量与状态变量的关系。因此例 2-17 的另一种求解方法如下。

（1）初始值 $i_L(0_+)$

根据上面的求解，有 $i_L(0_+) = 4\ \text{A}$。

（2）稳态值 $i_L(\infty)$

根据图 2-39，可求得 $i_L(\infty) = 3\ \text{A}$。

（3）时间常数 $\tau$

根据上面的求解，有 $\tau = \frac{3}{16}\text{s}$。

则

$$i_L(t) = (3 + e^{-\frac{16}{3}t})\ \text{A},\ t>0$$

根据图 2-38 的电路结构可知

$$i(t) = -\left[i_L(t) + \frac{4i_L(t) + u_L(t)}{4\ \Omega}\right]$$

$$= -\left[i_L(t) + \frac{4i_L(t) + L\dfrac{di_L(t)}{dt}}{4\ \Omega}\right] = \left(-6 - \frac{2}{3}e^{-\frac{16}{3}t}\right)\text{A},\ t>0$$

两种方法得到的结果一致。

由以上分析和举例可以看出，三要素法适用于求解一阶直流动态电路的任意处电压和电流的响应，分析的关键是三个要素的求解，即电压和电流初始值 $y(0_+)$、换路后电路达到稳态时的 $y(\infty)$ 和时间常数 $\tau$ 的求解。

通常一阶动态电路的电路方程为一阶微分方程，对于一阶直流动态电路采用三要素法，不用列写和求解微分方程，可以直接从物理概念出发，这样简化了求解过程。

## 2.4 一阶直流动态电路的零输入和零状态响应

由于动态电路中动态元件具有储能特性,实际上电路中的响应由两部分因素决定:一是外加的激励,即电压源、电流源;另一部分是电路中各动态元件的初始储能。也就是说,动态电路的响应不仅与激励有关,而且与电路的初始储能也有关。因此根据响应产生的原因,可以把响应分解为零输入响应和零状态响应。

### 2.4.1 零输入响应

通常将电路中激励为零时,只由元件的初始储能作用所产生的响应称为零输入响应,一般记为 $y_{zi}(t)$。

如图 2-42 所示的一阶动态电路,设 $t<0$ 时开关处于位置 1,此时电源 $U_s$ 给电容充电,在电容两端会积累一定的电荷,产生一定的电压。当 $t=0$ 时,开关转换到位置 2,此时电压源不再连接到电路中,但由于电容中积聚了一定的初始储能,在一定时间内仍然有电流流经电阻。此时电容放电,电压下降直至衰减为零。可以看出,当 $t>0$ 时,电路中电流 $i(t)$ 仅由电容初始储能所决定,因此是零输入响应。

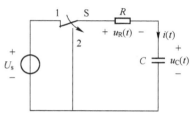

图 2-42 零输入响应电路

在 2.2 节中式 (2.2-5) 给出了一阶动态电路的方程,为

$$\frac{dy(t)}{dt}+\frac{1}{\tau}y(t)=bf(t)$$

求解零输入响应,即激励为零,此时方程为

$$\frac{dy_{zi}(t)}{dt}+\frac{1}{\tau}y_{zi}(t)=0 \tag{2.4-1}$$

根据式 (2.2-10) 可知,零输入响应为

$$y_{zi}(t)=Ae^{-\frac{t}{\tau}} \tag{2.4-2}$$

通常电路在 $t=0$ 时换路,所求响应为 $t>0$ 时刻,因此,待定系数 $A$ 可以利用系统的初始条件 $y_{zi}(0_+)$ 来确定。将 $y_{zi}(0_+)$ 代入式 (2.4-2) 可得 $y_{zi}(0_+)$。所以一阶动态电路方程的零输入响应为

$$y_{zi}(t)=y_{zi}(0_+)e^{-\frac{t}{\tau}},\ t>0 \tag{2.4-3}$$

其中,对于 RC 电路,$\tau=RC$;对于 RL 电路,$\tau=L/R$。从式 (2.4-3) 可以看出,求解一阶动态电路零输入响应的关键是需要确定初始值 $y_{zi}(0_+)$ 及电路的 $\tau$。

实际上,由于零输入响应与激励无关,当一阶动态电路中的激励不是直流时,也可以利用式 (2.4-3) 来求解其零输入响应。

**例 2-18** 如图 2-43 所示电路,$t<0$ 时,开关 S 处于闭合状态,电路已达到稳态。$t=0$ 时开关 S 断开,求 $t>0$ 时的电流 $i(t)$。

**解**：从图2-43中可以看出，$t>0$时电路中仅含有电阻和电感，无激励源。因此待求$i(t)$仅由电感初始储能产生，为零输入响应。根据式（2.4-3）可知

$$i(t)=i_{zi}(0_+)\mathrm{e}^{-\frac{t}{\tau}},\ t>0$$

$t<0$时，电路已达稳态，此时电感为短路，可以计算得到

$$i_L(0_-)=3\text{ A}$$

则

$$i_L(0_+)=i_L(0_-)=3\text{ A}$$

$t=0$时开关断开，电路发生换路，则$0_+$时刻的等效电路如图2-44所示。

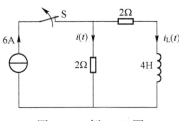

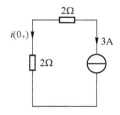

图2-43 例2-18图　　　图2-44 例2-18 $0_+$时刻等效电路

因此有

$$i(0_+)=-i_L(0_+)=-3\text{ A}$$

而时间常数为

$$\tau=\frac{L}{R}=\frac{4}{2+2}\text{s}=1\text{ s}$$

所以，待求电流为

$$i(t)=i_{zi}(0_+)\mathrm{e}^{-\frac{t}{\tau}}=-3\mathrm{e}^{-t}\text{ A},\ t>0$$

### 2.4.2 零状态响应

通常将电路中动态元件初始储能为零，仅由激励源作用所产生的响应称为零状态响应，一般记为$y_{zs}(t)$。

如图2-45所示的一阶动态电路，设$t<0$时，开关处于位置"1"，达到稳态时，电容电压为零，即电容中无初始储能。当$t=0$时开关由"1"转至位置"2"，此时电压源连接到电路。$t>0$时，电路中的所有响应均由激励源所决定，此时电路中的响应即为零状态响应。

分析零状态响应时，一个典型特点是动态元件中无初始储能，即

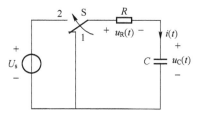

图2-45 零状态响应电路

$$u_C(0_-)=0,\ i_L(0_-)=0$$

根据换路定律，可知

$$u_C(0_+)=0,\ i_L(0_+)=0 \tag{2.4-4}$$

由式（2.3-3）可知，在激励和状态共同作用时，一阶动态电路的全响应为

$$y(t)=y(\infty)+[y(0_+)-y(\infty)]\mathrm{e}^{-\frac{t}{\tau}},\ t>0$$

将式（2.4-4）代入上式，可得电容电压的零状态响应为

$$u_C(t)=u_C(\infty)(1-\mathrm{e}^{-\frac{t}{\tau}}),\ t<0 \tag{2.4-5}$$

同理,电感电流的零状态响应为

$$i_L(t) = i_L(\infty)(1-e^{-\frac{t}{\tau}}), \quad t>0 \qquad (2.4-6)$$

需要注意的是,式(2.4-5)和式(2.4-6)只适合于求解一阶直流动态电路的状态变量,即电容电压和电感电流的零状态响应。求解电路中其他变量的零状态响应时,可以采用例 2-17 的方法 2,先求出状态变量的零状态响应,然后再根据电路的两类约束关系建立其他变量与状态变量的关系。

**例 2-19** 如图 2-46 所示电路,$t<0$ 开关处于位置"1",电路已达稳态。当 $t=0$ 时开关由"1"转至位置"2"。求 $t>0$ 时,电压 $u_R(t)$ 和电流 $i(t)$。

**解:** $t<0$ 开关处于位置"1",电路达到稳态,此时电容中无初始储能,即

$$u_C(0_+) = u_C(0_-) = 0$$

$t>0$ 时,开关处于位置"2",此时电路如图 2-47 所示。

显然

$$u_C(\infty) = 4\text{ V}$$
$$\tau = RC = 0.5 \times 4 \text{ s} = 2 \text{ s}$$

所以

$$u_C(t) = u_C(\infty)(1-e^{-\frac{t}{\tau}}) = 4(1-e^{-\frac{1}{2}t}) \text{ V}, \quad t>0$$

根据图 2-47 可以看出

$$u_R(t) = 4 \text{ V} - u_C(t) = 4e^{-\frac{1}{2}t} \text{ V}, \quad t>0$$

$$i(t) = \frac{u_R(t)}{4\,\Omega} = e^{-\frac{1}{2}t} \text{ A}, \quad t>0$$

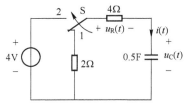
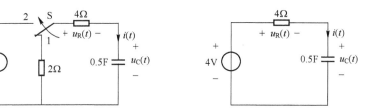

图 2-46 例 2-19 图      图 2-47 $t>0$ 时电路

# 习题 2

2-1 某电容 $C=2$ F,设电流、电压参考方向如图 2-48 所示,已知 $t \geq 0$ 时,电容端电压 $u = 2(1-e^{-t})$ V。求 $t \geq 0$ 时的电流 $i$,并画出 $u$、$i$ 的波形。

2-2 某电感 $L=0.5$ H,设电流、电压参考方向如图 2-49 所示,已知 $t \geq 0$ 时流过电感的电流 $i(t) = 3(1-e^{-2t})$ A。求 $t \geq 0$ 时电感的端电压 $u(t)$,并画出其波形。

图 2-48 题 2-1 图      图 2-49 题 2-2 图

2-3 已知电容器两端电压 $u_C(t)$ 波形如图 2-50 所示,画出电流 $i_C(t)$ 的波形。

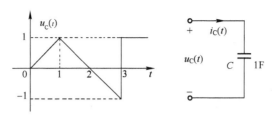

图 2-50 题 2-3 图

2-4 已知某电感 $L=2\,\text{H}$，其电流、电压为关联参考方向。当 $t\geq 0$ 时，流过该电感的电流 $i(t)=3\text{e}^{-2t}\,\text{A}$ 时，求 $t\geq 0$ 时其两端的电压 $u(t)$，并计算电感的最大储能。

2-5 如图 2-51 所示电路，已知 $i_L(t)=\text{e}^{-2t}\,\text{A}$，求端口电压 $u_{ab}(t)$。

2-6 图 2-52 所示电路，已知 $t\geq 0$ 时，电容两端电压 $u_C(t)=1-2\text{e}^{-3t}\,\text{V}$，求 $t\geq 0$ 时的电压 $u(t)$。

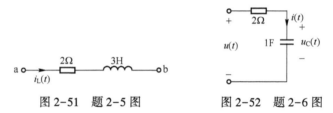

图 2-51 题 2-5 图    图 2-52 题 2-6 图

2-7 电路如图 2-53 所示，求：
（1）图 2-53a 中 ab 端的等效电感。
（2）图 2-53b 中 ab 端的等效电容。

2-8 已知电路模型如图 2-54 所示，激励为电压源 $u_s(t)$。
（1）若响应为 $u_L(t)$，列写输入/输出的微分方程。
（2）若响应为 $i(t)$，列写输入/输出的微分方程。

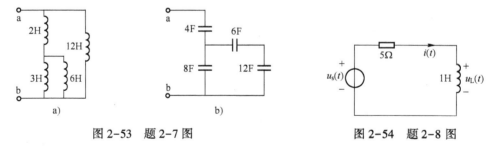

图 2-53 题 2-7 图    图 2-54 题 2-8 图

2-9 如图 2-55 所示电路原已处于稳态，在 $t=0$ 时开关 S 断开，求初始值 $i_L(0_+)$ 和 $u_L(0_+)$。

2-10 如图 2-56 所示电路，$t<0$ 时开关断开，电路已处于稳态。$t=0$ 时开关闭合，求 $i_C(0_+)$ 和 $i_R(0_+)$。

2-11 已知 $t>0$ 时，一阶 RL 电路如图 2-57 所示，求电路的时间常数 $\tau$。

2-12 电路如图 2-58 所示，$t=0$ 时开关闭合，求换路后时间常数 $\tau$。

2-13 电路如图 2-59 所示，$t<0$ 时开关断开，电路已处于稳态。$t=0$ 时开关闭合，求 $t>0$ 时的电压 $u_C(t)$。

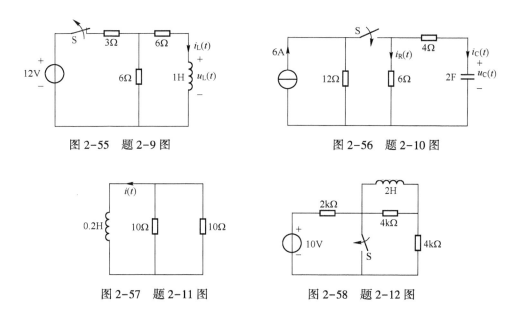

图 2-55 题 2-9 图　　图 2-56 题 2-10 图

图 2-57 题 2-11 图　　图 2-58 题 2-12 图

2-14 图 2-60 所示电路，在 $t<0$ 时已稳定。$t=0$ 时开关 S 由位置 1 切换至位置 2，求 $t>0$ 时的电压 $u_C(t)$。

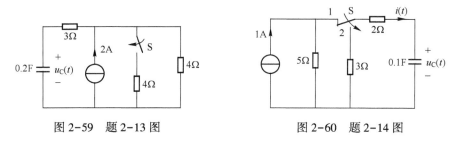

图 2-59 题 2-13 图　　图 2-60 题 2-14 图

2-15 图 2-61 所示电路，$t<0$ 时电路处于稳态。$t=0$ 时开关 S 打开，求 $t>0$ 时的电压 $u_R(t)$ 和电流 $i(t)$。

2-16 图 2-62 所示电路，$t<0$ 时电路已达稳态。$t=0$ 时开关 S 由位置 "1" 切换至位置 "2"，求换路后的电流 $i_L(t)$ 和电压 $u_L(t)$。

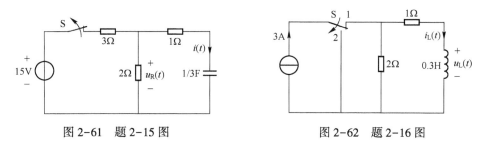

图 2-61 题 2-15 图　　图 2-62 题 2-16 图

2-17 图 2-63 所示电路，$t<0$ 时电路已达稳态。$t=0$ 时开关 S 由位置 "1" 切换至位置 "2"，求换路后的电压 $u_C(t)$ 和电流 $i_C(t)$。

2-18 图 2-64 所示电路，$t=0$ 时开关断开，断开前电路已处于稳态，求 $t>0$ 时的电流 $i_L(t)$ 的零输入响应。

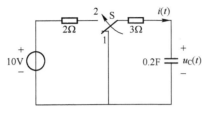
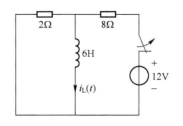

图 2-63　题 2-17 图　　　　　图 2-64　题 2-18 图

2-19　图 2-65 所示电路，$t<0$ 开关 S 置于位置 "2"，并且已达稳态。$t=0$ 时，开关 S 由位置 "2" 切换至位置 "1"，求换路后的电流 $i_L(t)$ 和电压 $u_R(t)$。

2-20　图 2-66 所示电路，$t=0$ 时开关打开，打开前电路已处于稳态，求 $t>0$ 时的电流 $i_L(t)$ 的零输入响应、零状态响应和全响应。

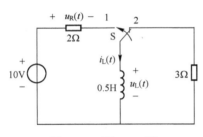
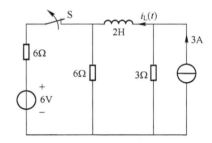

图 2-65　题 2-19 图　　　　　图 2-66　题 2-20 图

# 第 2 篇　信号与系统分析基础

　　实际电路中传输的电压、电流通常是随着时间变化的物理量，为更好地分析其特性，可以采用信号分析的理论进行讨论。同时，电路也可以看作是一个系统，可以从系统的层面分析其特性。本篇将从不同角度分别研究信号、系统的表示方法和特性分析，以及信号经线性时不变系统传输与处理的基本分析方法。

# 第 3 章　连续时间信号与系统的时域分析

第 2 章讨论了一阶直流动态电路分析，其中电路中的电源（激励）为直流，而且只包含一个动态元件。动态元件的存在使得所建立的电路方程为一阶微分方程，但由于电源为直流，所以可以从电路的稳态入手，采用三要素法求解响应。实际电路中可能会包含多个动态元件，激励也可能是随时间变化的物理量，此时可以从信号通过系统求响应的角度，利用信号与系统的相关理论求解激励作用下的响应。

本章首先从信号的概念和描述入手，介绍常用信号的特性和信号运算规则，然后介绍系统的概念、模型和分类，最后讨论信号通过系统的响应求解问题。由于整个分析求解过程是在时间域进行，所以也称为时域分析方法。

## 3.1　信号及其分类

### 3.1.1　信号的概念

在日常生活中，人们要传递各种类型的消息，而消息的传递需要一定的载体。信号就可以看作这些消息的载体，例如，日常聊天需要以声信号来承载聊天的内容，看电视需要以光信号的形式承载图像内容。通常来说，信号是消息的表现形式，消息则是信号的具体内容。承载消息的信号可以有多种表现形式，如声、光、电和温度等，本书主要讨论电信号，也就是随时间变化的电压或电流。许多非电的物理量，如温度、速度、压力、声音等，都可以利用各种传感器变换为电信号进行处理和传输。

对信号进行处理或传输，首先需要对信号的特性进行分析研究。不同信号具有不同的特性。本书主要分析信号的时域特性和频域特性。信号的时域特性分析主要是分析信号随时间变化的快、慢、延时等，信号的频率特性分析则是分析信号所包含的频率分量、振幅、相位等特性。

为了分析信号的特性，就需要采用一定的方式来描述信号。信号的描述方法主要有数学表达式和波形图。数学表达式是将信号看作一个或多个自变量的函数，从函数特点来分析信号，而波形图则是以图形的方式直观地呈现信号的变化情况。由于信号可以用数学上的函数来表示，所以本书中信号与函数两个名称通用。

### 3.1.2　信号的分类

**1. 确定信号与随机信号**

如果在自变量的取值范围，给定一个时间 $t$ 就有确定值的信号称为确定信号，确定信号通常可以用一个确定的函数来描述。随机信号是指信号的值具有不可预知的不确定性，如空气中的噪声，通常无法准确地预知它每一时刻的值。本节主要讨论确定信号，它也是分析随机信号的基础。

**2. 周期信号与非周期信号**

周期信号是按照一定的时间间隔周而复始、不断重复的信号，可以描述为

$$f(t)=f(t\pm nT), \quad n=1,2,\cdots \tag{3.1-1}$$

其中，最小时间间隔 $T$ 称为周期。不具有周期重复性的信号称为非周期信号。

**3. 连续时间信号与离散时间信号**

自变量 $t$ 取值是连续的（除有限个间断点外）信号称为连续时间信号，简称连续信号，如图 3-1 所示。离散时间信号的自变量取值是离散的，即信号只在某些离散时刻有定义，而在其他时间无定义，如图 3-2 所示。对于离散时间信号，通常函数取值的时刻为某个时间间隔 $t_0$ 的整数倍，所以横轴为 $n$，表示时间为 $nt_0$。本章主要讨论连续时间信号。

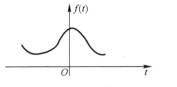
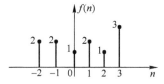

图 3-1　连续时间信号波形　　图 3-2　离散时间信号波形

**4. 因果信号与非因果信号**

按信号所存在的时间范围，可把信号分为因果信号与非因果信号。如果当 $t<0$ 时，信号 $f(t)=0$，则信号 $f(t)$ 称为因果信号；反之，称为非因果信号。

## 3.2　典型连续时间信号

### 3.2.1　常用连续时间信号

**1. 正弦信号**

正弦信号是一种常用连续信号，其数学数表达式为

$$f(t)=A_{\mathrm{m}}\sin(\omega t+\theta) \tag{3.2-1}$$

式中，$A_{\mathrm{m}}$ 称为振幅，它是描述正弦信号在整个变化过程中所能达到的最大值的物理量；$\omega$ 称为角频率，它是描述正弦信号变化快慢的物理量，单位是弧度/秒（rad/s）；$\theta$ 称为初相位，它是描述表示正弦信号初始位置的物理量。通常把振幅、角频率和初相位称为正弦信号的三要素。

正弦信号的时域波形如图 3-3 所示，可以看出它是一个周期信号。其周期 $T$ 的倒数称为频率，通常用 $f$ 表示，单位为赫兹（Hz），它表示正弦信号每秒的循环次数。频率 $f$、角频率 $\omega$ 和周期 $T$ 的关系如下：

$$f=\frac{1}{T}, \quad \omega=2\pi f=\frac{2\pi}{T} \tag{3.2-2}$$

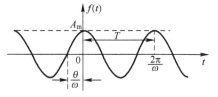

图 3-3　正弦信号波形

由于正弦信号与余弦信号仅在相位上差 $\pi/2$，即 $\sin\omega t=\cos(\omega t-\pi/2)$，习惯上把两者统称为正弦信号。

**2. 实指数信号**

实指数信号的时域表达式为

$$f(t)=\mathrm{e}^{at} \quad (a \text{ 为实数}) \tag{3.2-3}$$

实指数信号的波形如图 3-4 所示。可以看出，当 $a>0$ 时，信号值随着时间 $t$ 的增大而增大；当 $a=0$ 时，信号值为常数 1，通常称为直流信号；当 $a<0$ 时，信号值随着时间 $t$ 的增大而减少。由于指数信号的求导和积分仍为指数信号，计算相对简单，所以本书常以指数信号来举例。

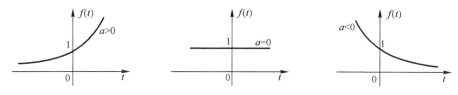

图 3-4　实指数信号波形

**3. 复指数信号**

复指数信号的时域表达式为

$$f(t)=k\mathrm{e}^{st}=k\mathrm{e}^{(\sigma+\mathrm{j}\omega)t} \tag{3.2-4}$$

其中，$s=\sigma+\mathrm{j}\omega$ 为复数，其实部和虚部分别为 $\sigma$ 和 $\omega$。复指数信号可以用来描述其他基本信号，例如，当 $\sigma=0$、$\omega=0$ 时，$f(t)=k$ 为直流信号；当 $\omega=0$ 时，复指数信号成为实指数信号 $f(t)=k\mathrm{e}^{\sigma t}$；当 $\sigma=0$ 时，复指数信号成为虚指数信号 $f(t)=k\mathrm{e}^{\mathrm{j}\omega t}$。

借助欧拉公式可将正弦和余弦信号用虚指数信号表示，即

$$\begin{cases}\cos\omega t=\dfrac{1}{2}(\mathrm{e}^{\mathrm{j}\omega t}+\mathrm{e}^{-\mathrm{j}\omega t}) \\ \sin\omega t=\dfrac{1}{2\mathrm{j}}(\mathrm{e}^{\mathrm{j}\omega t}-\mathrm{e}^{-\mathrm{j}\omega t})\end{cases} \tag{3.2-5}$$

本书第 4 章讨论信号与系统的频域分析时，就利用式（3.2-5）将信号分解为虚指数信号 $\mathrm{e}^{\mathrm{j}\omega t}$ 的线性组合。

**4. 抽样信号**

抽样信号是正弦信号和自变量之比构成的函数，其数学表达式为

$$\mathrm{Sa}(t)=\frac{\sin t}{t} \tag{3.2-6}$$

抽样信号的波形如图 3-5 所示。从波形图可以看出，$\mathrm{Sa}(t)$ 是偶函数，随着时间 $|t|$ 的增加而振荡衰减。当 $t=0$ 时，$\mathrm{Sa}(t)$ 取得最大值 1，在 $t=\pm n\pi(n=1,2,\cdots)$ 时，$\mathrm{Sa}(t)=0$；当 $t\to\pm\infty$ 时，$\mathrm{Sa}(t)$ 趋近于 0。

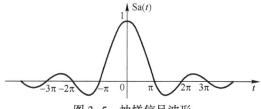

图 3-5　抽样信号波形

## 3.2.2 奇异信号

如果信号值本身有不连续点，或者其有限次导数有不连续点，则称该信号为奇异信号。奇异信号在信号分析中有着重要的作用，可以用来描述许多物理现象。

**1. 单位阶跃信号**

单位阶跃信号的时域表达式为

$$\varepsilon(t)=\begin{cases}0, & t<0 \\ 1, & t>0\end{cases} \quad (3.2-7)$$

单位阶跃信号的波形如图 3-6 所示。注意，由于单位阶跃信号在 0 时刻的值发生了跳变，所以在该时刻没有给出定义。

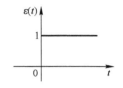

图 3-6 单位阶跃信号波形

单位阶跃信号可以用于表示开关切换和信号的接入特性。如图 3-7 所示电路，当 $t<0$ 时开关处于位置 "1"，电路没有外加激励源；当 $t=0$ 时开关切换到位置 "2"，此时电压源 $f(t)$ 接入电路。从 ab 两端来看，其电压 $u(t)$ 可以表示为

$$u(t)=\begin{cases}0, & t<0 \\ f(t), & t>0\end{cases}$$

如果利用阶跃信号来表示 ab 两端的电压，则 $u(t)=f(t)\varepsilon(t)$，故图 3-7 所示电路可以用图 3-8 来表示。

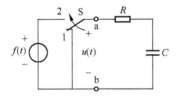 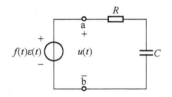

图 3-7 包含开关的电路　　图 3-8 用阶跃信号表示开关作用

由于阶跃信号具有单边性，所以阶跃信号及其组合常可以用于表示其他信号的存在区间。

**例 3-1** 已知信号 $f_1(t)$ 和 $f_2(t)$ 的波形如图 3-9 所示，请用阶跃函数写出它们的数学表达式。

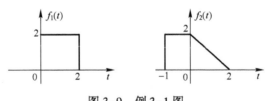

图 3-9 例 3-1 图

**解**：(1) 从波形图可以看出，信号 $f_1(t)$ 在 $0<t<2$ 时值为 2，其他时刻值为 0，故用阶跃函数可以表示为

$$f_1(t)=2[\varepsilon(t)-\varepsilon(t-2)]$$

(2) 从波形图可以看出，当 $-1<t<0$ 时，信号 $f_2(t)$ 为 2，而当 $0<t<2$ 时，函数表达式为 $2-t$，故用阶跃函数可以表示为

$$f_2(t)=2[\varepsilon(t+1)-\varepsilon(t)]+(2-t)[\varepsilon(t)-\varepsilon(t-2)]$$

## 2. 门函数

门函数也是一种常用的奇异信号，其函数表达式为

$$EG_\tau(t) = \begin{cases} E, & |t| < \dfrac{\tau}{2} \\ 0, & |t| > \dfrac{\tau}{2} \end{cases} \tag{3.2-8}$$

门函数的波形如图3-10所示。可以看出，$EG_\tau(t)$是一个以原点为中心，时宽为$\tau$、高度为$E$的矩形单脉冲信号。

若用阶跃信号来描述门函数，则门函数的表达式也可以写为

$$EG_\tau(t) = E\left[\varepsilon\left(t + \dfrac{\tau}{2}\right) - \varepsilon\left(t - \dfrac{\tau}{2}\right)\right] \tag{3.2-9}$$

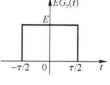

图3-10 门函数波形

## 3. 单位冲激信号

对于某些物理现象，有时需要用一个时间极短但取值极大的函数来描述，例如，瞬时无穷大的电流等。单位冲激信号$\delta(t)$就可以用来描述这种现象。

通常把满足以下两个条件的函数$\delta(t)$称为单位冲激信号，即

$$\begin{cases} \int_{-\infty}^{\infty} \delta(t)\,\mathrm{d}t = 1 \\ \delta(t) = 0, \quad t \neq 0 \end{cases} \tag{3.2-10}$$

单位冲激函数是一种理想化的函数，在$t \neq 0$时函数值均为零，而函数的积分值（面积）为1，所以隐含着当$t = 0$时，$\delta(t)$的幅值为无穷大。

单位冲激信号的波形如图3-11所示。注意，图3-11中括号里的1表示单位冲激信号的面积值，通常称为冲激强度。单位冲激信号通常只标出冲激强度，而不标出信号的幅值。

由于单位冲激信号只存在于0时刻，故有

$$\int_{-\infty}^{+\infty} \delta(t)\,\mathrm{d}t = \int_{0_-}^{0_+} \delta(t)\,\mathrm{d}t = 1 \tag{3.2-11}$$

单位冲激信号具有筛选性，在信号分析中有着重要的作用，即

$$\int_{-\infty}^{+\infty} f(t)\delta(t - t_0)\,\mathrm{d}t = f(t_0) \tag{3.2-12}$$

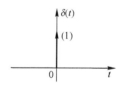

图3-11 单位冲激信号波形

式(3.2-12)说明，信号$f(t)$与冲激信号相乘之后再进行积分的结果，等于"筛选"出$f(t)$在冲激发生时刻的具体数值。

式(3.2-12)可以从冲激信号的特性中得出。由于信号$\delta(t-t_0)$表示存在于$t_0$时刻的一个冲激信号，它只在$t = t_0$时值不是零，故有

$$f(t)\delta(t-t_0) = f(t_0)\delta(t-t_0) \tag{3.2-13}$$

则

$$\begin{aligned}\int_{-\infty}^{+\infty} f(t)\delta(t-t_0)\,\mathrm{d}t &= \int_{-\infty}^{+\infty} f(t_0)\delta(t-t_0)\,\mathrm{d}t \\ &= f(t_0)\int_{-\infty}^{+\infty} \delta(t-t_0)\,\mathrm{d}t \\ &= f(t_0)\end{aligned}$$

单位冲激信号也具有偶对称的特性，即
$$\delta(t) = \delta(-t) \qquad (3.2\text{-}14)$$

**例 3-2** 计算下列函数的值。

(1) $e^{-t}\cos\pi t\delta(t-1)$；(2) $\int_{-\infty}^{+\infty}\sin\left(\frac{\pi}{2}t\right)\delta(t-3)\mathrm{d}t$；(3) $\int_0^4(t^2+1)\delta(t+3)\mathrm{d}t$

**解**：(1) 由于 $\delta(t-1)$ 只有在 $t=1$ 时值不为零，根据式 (3.2-13) 有

$$e^{-t}\cos\pi t\delta(t-1) = e^{-t}\big|_{t=1} \cdot \cos\pi t\big|_{t=1}\delta(t-1)$$
$$= e^{-1}\cos\pi\delta(t-1) = -e^{-1}\delta(t-1)$$

(2) 根据单位冲激信号的筛选性，即式 (3.2-12)，可得

$$\int_{-\infty}^{+\infty}\sin\left(\frac{\pi}{2}t\right)\delta(t-3)\mathrm{d}t = \sin\left(\frac{3\pi}{2}\right) = -1$$

(3) 由于 $\delta(t+3)$ 只在 $t=-3$ 时值不为零，而本题积分区间是 $0\sim4$，在此区间内 $\delta(t+3)$ 始终是零，故有

$$\int_0^4(t^2+1)\delta(t+3)\mathrm{d}t = 0$$

## 3.3 信号的基本运算

### 3.3.1 时移、反褶与尺度变换

**1. 时移**

信号 $f(t)$ 的波形在时间 $t$ 轴上整体移位 $t_0$ 称为信号 $f(t)$ 的时移，可用 $f(t\pm t_0)$ 表示。当 $t_0>0$ 时，$f(t+t_0)$ 是将 $f(t)$ 的波形左移 $t_0$ 个单位，$f(t-t_0)$ 是将 $f(t)$ 的波形左移 $t_0$ 个单位。信号 $f(t)$ 及其时移的波形如图 3-12 所示。

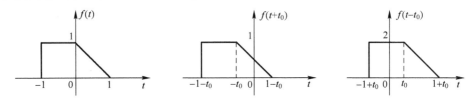

图 3-12 信号 $f(t)$ 及其时移波形（$t_0>0$）

在实际通信中，由于信号的传输需要一定的时间，所以时移现象普遍存在。

**2. 反褶**

将 $f(t)$ 的自变量 $t$ 用 $-t$ 替换，得到的信号 $f(-t)$ 就是 $f(t)$ 的反褶信号，如图 3-13 所示。注意 $f(-t)$ 与 $-f(t)$ 的区别，前者是信号自变量取反，函数是沿纵轴对称折叠；后者是函数值取反，函数是沿横轴对称折叠。

**3. 尺度变换**

将信号 $f(t)$ 的自变量 $t$ 乘以一个非零正实数 $a$，得到的信号 $f(at)$ 称为信号 $f(t)$ 的尺度变换。当 $a>1$ 时，$f(at)$ 是将原信号 $f(t)$ 在时间轴上压缩为原来的 $1/a$；当 $0<a<1$ 时，$f(at)$ 是将原信号 $f(t)$ 在时间轴上扩展为原来的 $1/a$ 倍，如图 3-14 所示。

图 3-13 信号 $f(t)$ 及其反褶波形

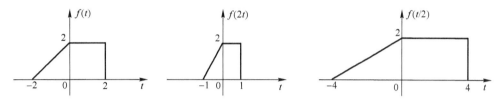

图 3-14 信号 $f(t)$ 及其尺度变换波形

在实际应用中，经常会遇到同时包含多种信号运算的情况，称为信号的复合运算。在分析信号的复合运算时，可以根据其中涉及的运算，按照先后的顺序，依次画出各种运算后波形，直至形成最终结果。

**例 3-3** 已知信号 $f(t)$ 的波形如图 3-15 所示，请画出 $f(-2t+2)$ 的波形。

**解：** 因为 $f(-2t+2)=f[-2(t-1)]$，所以从信号 $f(t)$ 变换到信号 $f(-2t+2)$ 同时涉及时移、反褶和尺度变换三种运算。这三种运算可以组成多种先后顺序，这里采用先尺度变换，再反褶，最后时移的方式，即

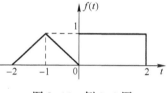

图 3-15 例 3-3 图

$$f(t)\xrightarrow{\text{尺度变换}}f(2t)\xrightarrow{\text{反褶}}f(-2t)\xrightarrow{\text{时移}}f[-2(t-1)]=f(-2t+2)$$

按照这种运算顺序，所对应的时域波形如图 3-16 所示。

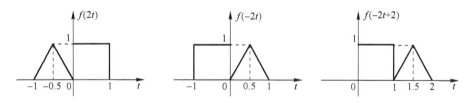

图 3-16 信号 $f(t)$ 的尺度变换、反褶和时移波形

这里需要注意的是，在信号运算过程中，所有的运算都是针对自变量 $t$ 而言的，例如，例 3-3 在最后时移运算中，自变量 $t$ 是右移 1 个单位。

### 3.3.2 微分与积分

**1. 微分**

信号微分是对信号 $f(t)$ 的求导运算，表示为

$$y(t)=\frac{\mathrm{d}}{\mathrm{d}t}f(t)=f'(t) \tag{3.3-1}$$

在关联参考方向下，流过电容元件的电流 $i_C(t)$ 和其两端电压 $u_C(t)$ 之间就是微分运算关系，即

$$i_C(t) = C\frac{du_C(t)}{dt}$$

**2. 积分**

信号积分是对 $f(t)$ 在 $(-\infty, t)$ 区间内的积分，表示式为

$$y(t) = \int_{-\infty}^{t} f(\tau)d\tau \tag{3.3-2}$$

在关联参考方向下，电容元件两端的电压 $u_C(t)$ 和流过它的电流 $i_C(t)$ 之间就是积分运算关系，即

$$u_C(t) = \frac{1}{C}\int_{-\infty}^{t} i_C(\tau)d\tau$$

单位冲激信号和单位阶跃信号之间互为微积分关系，即

$$\int_{-\infty}^{t}\delta(\tau)d\tau = \begin{cases} 0, & t<0 \\ 1, & t>0 \end{cases} = \varepsilon(t), \quad \delta(t) = \frac{d\varepsilon(t)}{dt} \tag{3.3-3}$$

**例 3-4** 已知信号 $f_1(t)$ 和 $f_2(t)$ 的时域波形如图 3-17 所示，画出 $f_1'(t)$ 和 $\int_{-\infty}^{t} f_2(\tau)d\tau$ 的波形。

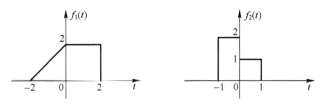

图 3-17 例 3-4 图

**解**：根据信号的求导运算规则，直线的导数是它的斜率，故 $f_1'(t)$ 的波形如图 3-18 所示。注意，在 $t=2$ 时信号 $f_1(t)$ 向下有两个单位的跃变，所以在 $t=2$ 时刻有一个向下的冲激，冲激强度为 $-2$。

根据信号的积分运算规则，常数的积分是一条斜率为该常数的直线，故 $\int_{-\infty}^{t} f_2(\tau)d\tau$ 的波形如图 3-19 所示。注意，由于 $t>1$ 时信号 $f_2(t)$ 的值为 0，故积分值保持不变，而不是 0。

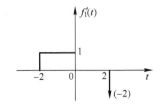 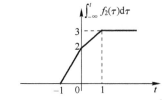

图 3-18 信号 $f_1(t)$ 的导数波形　　图 3-19 信号 $f_2(t)$ 的积分波形

### 3.3.3 信号相加、相乘与卷积运算

**1. 信号相加**

两信号的相加产生一个新的信号,它在某一时刻的值等于两相加信号在同一时刻值相加,即

$$y(t) = f_1(t) + f_2(t) \tag{3.3-4}$$

**2. 信号相乘**

两信号的相乘产生一个新的信号,它在某一时刻的值等于两相乘信号在同一时刻值相乘,即

$$y(t) = f_1(t) f_2(t) \tag{3.3-5}$$

信号的相加和相乘也可以用图 3-20 所示的运算符号来表示。

图 3-20 两信号相加和相乘的运算符号

**例 3-5** 已知信号 $f_1(t)$ 和信号 $f_2(t)$ 的波形如图 3-21 所示,画出 $f_1(t)+f_2(t)$ 和 $f_1(t)f_2(t)$ 的波形。

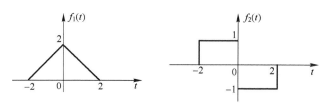

图 3-21 例 3-5 图

**解**:两信号相加和相乘就是同一时刻的信号值相加和相乘,所以 $f_1(t)+f_2(t)$ 和 $f_1(t)f_2(t)$ 的波形分别如图 3-22 和图 3-23 所示。

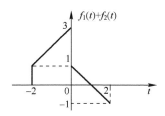

图 3-22 两信号相加的波形

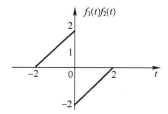

图 3-23 两信号相乘的波形

**3. 信号卷积**

对于两个连续时间信号 $f_1(t)$ 和 $f_2(t)$,两者之间如下的积分运算称为卷积运算。

$$f(t) = \int_{-\infty}^{+\infty} f_1(\tau) f_2(t-\tau) \mathrm{d}\tau = f_1(t) * f_2(t) \tag{3.3-6}$$

卷积是一种带参变量 $t$ 的积分运算,两个时间函数经卷积后得到一个新的时间函数。卷

积运算可以"*"来表示。

**例 3-6** 已知信号 $f_1(t) = e^{-t}\varepsilon(t)$，$f_2(t) = \delta(t)$，求 $f_1(t) * f_2(t)$。

**解：**
$$f(t) = f_1(t) * f_2(t) = \int_{-\infty}^{+\infty} f_1(\tau) f_2(t-\tau) d\tau$$
$$= \int_{-\infty}^{+\infty} e^{-\tau}\varepsilon(\tau)\delta(t-\tau) d\tau$$

注意，这里的积分变量是 $\tau$。根据冲激函数的特性，有
$$e^{-\tau}\varepsilon(\tau)\delta(t-\tau) = e^{-t}\varepsilon(t)\delta(t-\tau)$$

故
$$f(t) = \int_{-\infty}^{+\infty} e^{-t}\varepsilon(t)\delta(t-\tau) d\tau = e^{-t}\varepsilon(t)\int_{-\infty}^{+\infty}\delta(t-\tau)d\tau = e^{-t}\varepsilon(t)$$

可以看出，信号 $f(t)$ 与 $\delta(t)$ 的卷积是信号 $f(t)$ 自身，即
$$f(t) * \delta(t) = f(t) \tag{3.3-7}$$

**例 3-7** 已知信号 $f_1(t) = e^{-t}\varepsilon(t)$，$f_2(t) = e^{-2t}\varepsilon(t)$，求 $f(t) = f_1(t) * f_2(t)$。

**解：**
$$f(t) = f_1(t) * f_2(t) = \int_{-\infty}^{+\infty} e^{-\tau}\varepsilon(\tau) e^{-2(t-\tau)}\varepsilon(t-\tau) d\tau$$
$$= e^{-2t}\int_{-\infty}^{+\infty} e^{\tau}\varepsilon(\tau)\varepsilon(t-\tau) d\tau$$

由于 $0 < \tau < t$ 时，$\varepsilon(\tau)\varepsilon(t-\tau) = 1$，其他时刻 $\varepsilon(\tau)\varepsilon(t-\tau) = 0$，所以
$$f(t) = e^{-2t}\int_0^t e^{\tau} d\tau \varepsilon(t) = e^{-2t}(e^t - 1)\varepsilon(t) = (e^{-t} - e^{-2t})\varepsilon(t)$$

若信号 $f_1(t)$ 和 $f_2(t)$ 分别可积，则卷积运算具有以下性质。

(1) 交换律，即
$$f_1(t) * f_2(t) = f_2(t) * f_1(t) \tag{3.3-8}$$

(2) 结合律，即
$$[f_1(t) * f_2(t)] * f_3(t) = f_1(t) * [f_2(t) * f_3(t)] \tag{3.3-9}$$

(3) 分配律，即
$$[f_1(t) + f_2(t)] * f_3(t) = f_1(t) * f_3(t) + f_2(t) * f_3(t) \tag{3.3-10}$$

(4) 时移性，即
$$f_1(t-t_1) * f_2(t-t_2) = f_1(t) * f_2(t-t_1-t_2) = f_1(t-t_1-t_2) * f_2(t) \tag{3.3-11}$$

(5) 微分性，即
$$\frac{d[f_1(t) * f_2(t)]}{dt} = \frac{df_1(t)}{dt} * f_2(t) = f_1(t) * \frac{df_2(t)}{dt} \tag{3.3-12}$$

(6) 积分性，即
$$\int_{-\infty}^t [f_1(\tau) * f_2(\tau)] d\tau = f_1(t) * \int_{-\infty}^t f_2(\tau) d\tau = \int_{-\infty}^t f_1(\tau) d\tau * f_2(t) \tag{3.3-13}$$

结合式 (3.3-12) 和式 (3.3-13)，也可得
$$f_1(t) * f_2(t) = \int_{-\infty}^t f_1(\tau) d\tau * \frac{df_2(t)}{dt} = \frac{df_1(t)}{dt} * \int_{-\infty}^t f_2(\tau) d\tau \tag{3.3-14}$$

**例 3-8** 已知信号 $f_1(t) = e^{-t}\varepsilon(t)$，$f_2(t) = \varepsilon(t-1)$，求 $f_1(t) * f_2(t)$。

**解：**
$$f(t) = f_1(t) * f_2(t) = e^{-t}\varepsilon(t) * \varepsilon(t-1)$$

根据卷积的微积分性质，可知

$$f(t) = \int_{-\infty}^{t} e^{-\tau}\varepsilon(\tau)d\tau * \varepsilon'(t-1) = \int_{-\infty}^{t} e^{-\tau}\varepsilon(\tau)d\tau * \delta(t-1)$$

$$= \int_{0}^{t} e^{-\tau}d\tau\varepsilon(t) * \delta(t-1) = (1-e^{-t})\varepsilon(t) * \delta(t-1)$$

根据卷积的时移性，可知

$$f(t) = [1-e^{-(t-1)}]\varepsilon(t-1) * \delta(t) = [1-e^{-(t-1)}]\varepsilon(t-1)$$

**例 3-9** 已知信号 $f_1(t)$ 和 $f_2(t)$ 的波形如图 3-24 所示，画出 $f(t) = f_1(t) * f_2(t)$ 的波形。

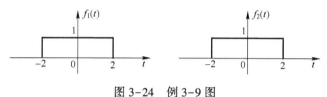

图 3-24 例 3-9 图

**解**：根据卷积的微积分性质，可知

$$f(t) = f_1(t) * f_2(t) = f_1'(t) * \int_{-\infty}^{t} f_2(\tau)d\tau$$

这里用 $f_2^{(-1)}(t)$ 表示 $\int_{-\infty}^{t} f_2(\tau)d\tau$，则 $f_1'(t)$ 和 $f_2^{(-1)}(t)$ 的波形分别如图 3-25 和图 3-26 所示。可以看出

$$f_1'(t) = \delta(t+2) - \delta(t-2)$$

利用卷积的时移性，可得

$$f(t) = [\delta(t+2) - \delta(t-2)] * f_2^{(-1)}(t) = f_2^{(-1)}(t+2) - f_2^{(-1)}(t-2)$$

$f_2^{(-1)}(t+2)$ 与 $f_2^{(-1)}(t-2)$ 的波形是 $f_2^{(-1)}(t)$ 波形分别左移两个单位和右移两个单位的结果，如图 3-27 所示。所以 $f(t)$ 的最终波形如图 3-28 所示。

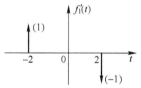 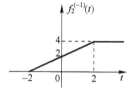

图 3-25 信号 $f_1(t)$ 的导数波形　　图 3-26 信号 $f_2(t)$ 的积分波形

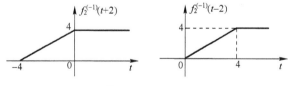 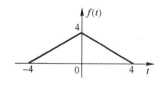

图 3-27 信号 $f_2(t)$ 积分波形的时移　　图 3-28 卷积结果波形

从例 3-9 也可以看出，若两信号值的非零区间分别为 $(a,b)$ 和 $(c,d)$，则它们卷积之后的非零区间为 $(a+c,b+d)$。

## 3.4 系统及其分类

### 3.4.1 系统的概念与模型

在日常生活中存在着各种各样的系统，如通信系统、操作系统、机械系统等。通常将由若干相互作用和相互联系的事物组合而成的具有特定功能的整体称为系统。当输入信号加入系统时，系统会产生一定的输出。通常把系统的输入称为激励，系统的输出称为响应，而信号通过系统的模型可用图 3-29 表示，也可以表示为 $f(t) \to y(t)$，其中"$\to$"表示系统的作用。为了求解激励信号通过系统的响应，通常需要对实际的物理系统建立数学模型。系统的数学模型是系统物理特性的数学抽象，以数学表达式来表征系统特性。

图 3-30 是一个 RLC 串联电路模型，它可以看作一个系统。假设激励为电压源 $e(t)$，响应为电容电压 $u_C(t)$，为了求解系统响应，就需要根据两类约束条件建立电路方程。列写回路 KVL 方程，可得

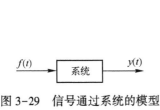

图 3-29 信号通过系统的模型　　图 3-30 RLC 串联电路

$$u_R(t) + u_C(t) + u_L(t) = e(t)$$

代入元件的伏安关系，有

$$u_R(t) = Ri(t), \quad u_L(t) = L\frac{di(t)}{dt}, \quad i(t) = C\frac{du_C(t)}{dt}$$

可得

$$RC\frac{du_C(t)}{dt} + u_C(t) + LC\frac{du_C^2(t)}{dt^2} = e(t)$$

整理可得

$$\frac{du_C^2(t)}{dt^2} + \frac{R}{L}\frac{du_C(t)}{dt} + \frac{1}{LC}u_C(t) = \frac{1}{LC}e(t) \tag{3.4-1}$$

式（3.4-1）为求解电容电压 $u_C(t)$ 所建立的数学模型，可以看出它是一个二阶常系数微分方程。通常微分方程的阶数取决于电路中独立动态元件的个数。有了系统的数学模型，下一步求解数学模型就可以得到系统的响应。

### 3.4.2 系统的分类

**1. 无记忆系统与记忆系统**

无记忆系统是指系统某时刻的输出只取决于该时刻的输入，与它过去的工作状态无关，有时也称为静态系统。第 1 章介绍的直流电阻电路，某时刻支路的电压和电流只取决于该时

刻的激励，而与电路之前的状态无关，所以是无记忆系统。

如果系统的输出信号不仅取决于同时刻的激励信号，而且与它过去的工作状态有关，这种系统称为记忆系统，也称为动态系统。第 2 章所讨论的含电容和电感元件的动态电路就可以看作记忆系统。

无记忆系统的数学模型通常为代数方程，记忆系统的数学模型通常为微分方程。

**2. 线性系统与非线性系统**

同时满足齐次性和叠加性的系统称为线性系统，不满足齐次性或叠加性的系统称为非线性系统。第 1 章所讨论的齐次定理和叠加定理，就是线性电路（系统）具有齐次性和叠加性的体现。

如果从信号通过系统产生响应的角度来描述，则齐次性可以描述如下：当系统中只有一个激励作用时，该激励所产生的响应与激励成正比，即

$$若 f(t) \to y(t)，则 kf(t) \to ky(t)，k 为实常数 \tag{3.4-2}$$

类似地，叠加性可以描述如下：当几个激励信号同时作用于系统时，系统的响应等于每个激励单独作用所产生的响应之和。即

$$若 f_1(t) \to y_1(t)，f_2(t) \to y_2(t)，则 f_1(t)+f_2(t) \to y_1(t)+y_2(t) \tag{3.4-3}$$

综合式（3.4-2）和式（3.4-3），线性又可以表示为

$$若 f_1(t) \to y_1(t)，f_2(t) \to y_2(t)，则 k_1 f_1(t)+k_2 f_2(t) \to k_1 y_1(t)+k_2 y_2(t) \tag{3.4-4}$$

式中，$k_1$ 和 $k_2$ 为实常数。

**例 3-10** 判断下列系统是否为线性系统，其中 $f(t)$ 表示激励，$y(t)$ 表示系统响应。

(1) $y(t)=f^2(t)$　　(2) $y(t)=tf(t)$

**解**：判断一个系统是否是线性系统，关键看它是否同时满足齐次性和叠加性。

(1) 从激励和响应的关系可以看出，系统的作用是将激励取二次方，即

$$f(t) \to f^2(t)=y(t)$$

当激励放大 $k$ 倍时，有

$$kf(t) \to [kf(t)]^2 = k^2 f^2(t) \neq ky(t)$$

所以该系统不具有齐次性，为非线性系统。

(2) 从激励和响应的关系可以看出，系统的作用是将激励乘以 $t$，即

$$f(t) \to tf(t)=y(t)$$

当激励放大 $k$ 倍时，有

$$kf(t) \to t[kf(t)] = ktf(t)=ky(t)$$

所以该系统具有齐次性。

假设有两个激励 $f_1(t)$ 和 $f_2(t)$ 同时作用于系统，产生的响应分别为 $y_1(t)$ 和 $y_2(t)$，即

$$f_1(t) \to tf_1(t)=y_1(t)，f_2(t) \to tf_2(t)=y_2(t)$$

则两个激励同时作用时，有

$$f_1(t)+f_2(t) \to t[f_1(t)+f_2(t)]=tf_1(t)+tf_2(t)=y_1(t)+y_2(t)$$

所以该系统具有叠加性。由于同时具有齐次性和叠加性，所以该系统为线性系统。

**3. 时变系统与时不变系统**

系统参数不随时间变化的系统称为时不变系统，否则称为时变系统。如果从输入/输出关系来看，时不变系统可以描述如下：

$$若 f(t) \to y(t)，则 f(t-t_0) \to y(t-t_0) \qquad (3.4-5)$$

式（3.4-5）说明，时不变系统的激励延时 $t_0$，所产生的响应也延时 $t_0$，即响应与激励加入的时刻无关。

**例 3-11** 判断下列系统是否为时不变系统，其中 $f(t)$ 表示激励，$y(t)$ 表示系统响应。

(1) $y(t) = |f(t)|$　　　(2) $y(t) = f(t)\cos t$

**解**：判断系统是否为时不变系统关键在于激励延时 $t_0$ 后，产生的响应是否是原响应延时 $t_0$ 的结果。

(1) 从激励和响应的关系可以看出，系统的作用是将激励取绝对值，即

$$f(t) \to |f(t)| = y(t)$$

当激励延时 $t_0$ 时，有

$$f(t-t_0) \to |f(t-t_0)| = y(t-t_0)$$

可以看出，激励延时 $t_0$ 所产生的响应是原响应延时 $t_0$，故该系统为时不变系统。

(2) 从激励和响应的关系可以看出，系统的作用是将激励乘以 $\cos t$，即

$$f(t) \to f(t)\cos t = y(t)$$

当激励延时 $t_0$ 时，有

$$f(t-t_0) \to f(t-t_0)\cos t$$

若原响应延时 $t_0$，则有

$$y(t-t_0) = f(t-t_0)\cos(t-t_0)$$

可以看出，激励延时 $t_0$ 时，所产生的响应并不是原响应延时 $t_0$，故该系统为时变系统。

**4. 因果系统与非因果系统**

系统在任意时刻的响应只取决于该时刻以及该时刻以前的激励，而与该时刻以后的激励无关，这样的系统称为因果系统，反之称为非因果系统。因果系统的响应不会发生在激励加入之前，系统不具有预知未来响应的能力。

通常把既满足线性，又满足时不变性的系统称为线性时不变（Linear and Time-Invariant, LTI）系统。本书主要讨论线性时不变系统。

### 3.4.3　LTI 系统的特性

线性时不变系统除了具有齐次性和叠加性之外，还具有微积分特性和分解性。

**1. 微积分特性**

微积分特性包含微分特性和积分特性。所谓微分特性是指，当对激励求导时，所产生的响应也是原响应的导数，即

$$若 f(t) \to y(t)，则 \frac{df(t)}{dt} \to \frac{dy(t)}{dt} \qquad (3.4-6)$$

积分特性是指，当对激励积分时，所产生的响应也是原响应的积分，即

$$若 f(t) \to y(t)，则 \int_0^t f(\tau)d\tau \to \int_0^t y(\tau)d\tau \qquad (3.4-7)$$

**2. 分解性**

所谓分解性是指系统的全响应可以分解为零输入响应和零状态响应，而且零输入响应和零状态响应分别具有线性特性。所谓零输入线性是指系统的零输入响应对于各初始状态呈线

性，零状态线性是指系统的零状态响应对于各激励信号呈线性。

**例 3-12** 已知某 LTI 系统无初始储能，当激励为 $\varepsilon(t)$ 时，系统的响应为 $y_1(t)=\varepsilon(t)+2\mathrm{e}^{-4t}\varepsilon(t)$，求当激励为 $\delta(t)$ 时，系统的响应 $y_2(t)$。

**解**：由于系统无初始储能，所以系统响应仅由激励产生，为零状态响应。由于 $\delta(t)=\varepsilon'(t)$，根据 LTI 系统的微分性，可得

$$y_2(t)=[\varepsilon(t)+2\mathrm{e}^{-4t}\varepsilon(t)]'=\delta(t)-8\mathrm{e}^{-4t}\varepsilon(t)+2\delta(t)$$
$$=3\delta(t)-8\mathrm{e}^{-4t}\varepsilon(t)$$

**例 3-13** 已知某线性时不变系统，在相同的初始条件下，当激励信号为 $f(t)$ 时，全响应为 $y_1(t)=(\mathrm{e}^{-t}+\cos 2t)\varepsilon(t)$；当激励信号为 $2f(t)$ 时，全响应为 $y_2(t)=(\mathrm{e}^{-t}+2\cos 2t)\varepsilon(t)$。

(1) 求激励为 $f(t)$ 时系统的零状态响应 $y_{zs}(t)$。

(2) 求初始条件增加 1 倍，激励为 $f(t-1)$ 时系统的全响应 $y_3(t)$。

**解**：(1) 设系统的零输入响应为 $y_{zi}(t)$，激励为 $f(t)$ 时零状态响应为 $y_{zs}(t)$，则

$$y_1(t)=y_{zi}(t)+y_{zs}(t)=(\mathrm{e}^{-t}+\cos 2t)\varepsilon(t)$$

根据 LTI 系统的零状态线性可知，激励为 $2f(t)$ 时的零状态响应为 $2y_{zs}(t)$，故有

$$y_2(t)=y_{zi}(t)+2y_{zs}(t)=(\mathrm{e}^{-t}+2\cos 2t)\varepsilon(t)$$

所以

$$y_{zi}(t)=\mathrm{e}^{-t}\varepsilon(t),\quad y_{zs}(t)=\cos 2t\,\varepsilon(t)$$

(2) 当初始条件增加 1 倍，激励为 $f(t-1)$ 时，有

$$y_3(t)=2y_{zi}(t)+y_{zs}(t-1)=2\mathrm{e}^{-t}\varepsilon(t)+\cos 2(t-1)\varepsilon(t-1)$$

## 3.5 LTI 连续时间系统的响应

LTI 系统的数学模型为常系数线性微分方程。设系统激励为 $f(t)$，响应为 $y(t)$，则系统的数学模型通常可以写为

$$a_n\frac{\mathrm{d}^n y(t)}{\mathrm{d}t^n}+a_{n-1}\frac{\mathrm{d}^{n-1}y(t)}{\mathrm{d}t^{n-1}}+\cdots+a_1\frac{\mathrm{d}y(t)}{\mathrm{d}t}+a_0 y(t)$$
$$=b_m\frac{\mathrm{d}^m f(t)}{\mathrm{d}t^m}+b_{m-1}\frac{\mathrm{d}^{m-1}f(t)}{\mathrm{d}t^{m-1}}+\cdots+b_1\frac{\mathrm{d}f(t)}{\mathrm{d}t}+b_0 f(t) \quad (3.5-1)$$

由于动态系统具有记忆性，响应不仅与外加激励有关，还与系统的初始储能有关，所以求解系统响应时，既要考虑单独由系统的初始状态（初始储能）所产生的零输入响应，也要考虑仅由外加激励产生的零状态响应。这种分别求取系统的零输入响应和零状态响应，从而获得全响应的方法称为双零法。

### 3.5.1 零输入响应

零输入响应是没有外加激励，仅由系统储能而产生的响应，所以求解零输入响应的数学模型为齐次微分方程，即

$$a_n\frac{\mathrm{d}^n y_{zi}(t)}{\mathrm{d}t^n}+a_{n-1}\frac{\mathrm{d}^{n-1}y_{zi}(t)}{\mathrm{d}t^{n-1}}+\cdots+a_1\frac{\mathrm{d}y_{zi}(t)}{\mathrm{d}t}+a_0 y_{zi}(t)=0 \quad (3.5-2)$$

对于一阶动态电路的零输入响应，根据 2.4.1 节讨论的结果，只要找出系统初始条件

$y_{zi}(0_+)$ 和时间常数 $\tau$，就可以利用式（2.4-3）来计算，不需要列写和求解微分方程。对于高阶动态系统，就需要求解齐次微分方程。

**例 3-14** 如图 3-31 所示电路，$t<0$ 时开关处于闭合状态，且电路已稳定。当 $t=0$ 时开关断开，求 $t>0$ 时的响应 $u_C(t)$。

**解：** 由于 $t<0$ 时开关处于闭合状态，电路已稳定，此时电感可以看作短路，电容可以看作开路，故有

$$u_C(0_-) = 0\,\text{V},\ i_L(0_-) = 2\,\text{A}$$

在 $t=0$ 时开关断开，$t>0$ 时电路模型如图 3-32 所示，此时电路中没有外加激励，故电压 $u_C(t)$ 为零输入响应。列写 KVL 方程，可得

$$u_C(t) + u_L(t) + u_R(t) = 0$$

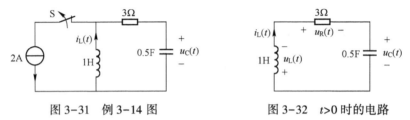

图 3-31 例 3-14 图  图 3-32 $t>0$ 时的电路

根据元件的伏安关系，可知

$$u_L(t) = L\frac{\mathrm{d}i_L(t)}{\mathrm{d}t},\ u_R(t) = Ri_L(t),\ i_L(t) = C\frac{\mathrm{d}u_C(t)}{\mathrm{d}t}$$

整理方程可得

$$u_C(t) + LC\frac{\mathrm{d}^2 u_C(t)}{\mathrm{d}t^2} + RC\frac{\mathrm{d}u_C(t)}{\mathrm{d}t} = 0$$

代入元件参数，可得 $t>0$ 电路的数学模型为

$$\frac{\mathrm{d}^2 u_C(t)}{\mathrm{d}t^2} + 3\frac{\mathrm{d}u_C(t)}{\mathrm{d}t} + 2u_C(t) = 0$$

特征方程为 $\qquad\qquad\qquad\lambda^2 + 3\lambda + 2 = 0$

特征根为 $\qquad\qquad\qquad\lambda_1 = -1,\ \lambda_2 = -2$

零输入响应的形式为 $\qquad u_C(t) = A_1 e^{-t} + A_2 e^{-2t},\ t>0 \qquad\qquad (3.5\text{-}3)$

要确定待定系数 $A_1$ 和 $A_2$，就需要知道 $u_C(0_+)$ 和 $u'_C(0_+)$ 的值。依据动态电路的换路定律，可知电容电压 $u_C(0_+) = u_C(0_-) = 0$，电感电流 $i_L(0_+) = i_L(0_-) = 2\,\text{A}$。由图 3-32 所示的电路模型，可知开关断开后电感电流为

$$i_L(t) = C\frac{\mathrm{d}u_C(t)}{\mathrm{d}t}$$

故 $u'_C(0_+) = \dfrac{1}{C}i_L(0_+) = 4\,\text{V}$。将 $u_C(0_+) = 0$ 和 $u'_C(0_+) = 4\,\text{V}$ 代入式（3.5-3），可得

$$\begin{cases} A_1 + A_2 = 0 \\ -A_1 - 2A_2 = 4 \end{cases}$$

解出 $\qquad\qquad\qquad\qquad A_1 = 4,\ A_2 = -4$

故电容电压为
$$u_C(t) = (4e^{-t} - 4e^{-2t})\varepsilon(t)$$

由于零输入响应不考虑外加激励的作用,如果在 $t=0$ 时刻系统模型没有改变,比如不存在换路,则零输入响应的初始条件等于系统的起始条件,即
$$y_{zi}(0_+) = y(0_-)$$
此时,也可以由系统的起始条件来确定零输入响应的待定系数。

**例 3-15** 描述某二阶系统的数学模型为
$$\frac{d^2 y(t)}{dt^2} + 4\frac{dy(t)}{dt} + 3y(t) = f(t)$$

其中,$f(t)$ 为激励,$y(t)$ 为响应。已知 $y(0_-) = 1$,$y'(0_-) = 3$,求 $t>0$ 时系统的零输入响应。

**解**:由于系统的零输入响应与激励无关,所以系统的齐次方程为
$$\frac{d^2}{dt^2} y_{zi}(t) + 4\frac{d}{dt} y_{zi}(t) + 3 y_{zi}(t) = 0$$

特征方程为 $\lambda^2 + 4\lambda + 3 = 0$

特征根为 $\lambda_1 = -1, \lambda_2 = -3$

所以零输入响应的形式为
$$y_{zi}(t) = A_1 e^{-t} + A_2 e^{-3t}, \quad t>0$$

为了确定待定系数,需要知道 $y_{zi}(0_+)$ 和 $y'_{zi}(0_+)$ 的值。由于在 0 时刻系统的模型没有发生变化,且没有外加激励的作用,所以系统的状态不会发生跳变,即
$$y_{zi}(0_+) = y(0_-), \quad y'_{zi}(0_+) = y'(0_-)$$

所以有
$$\begin{cases} y_{zi}(0_+) = A_1 + A_2 = 1 \\ y'_{zi}(0_+) = -A_1 - 3A_2 = 3 \end{cases}$$

解得 $A_1 = 3, A_2 = -2$

所以零输入响应为
$$y_{zi}(t) = (3e^{-t} - 2e^{-3t})\varepsilon(t)$$

## 3.5.2 零状态响应

零状态响应是不考虑系统储能的作用,而仅由激励产生的响应。对于一阶直流动态电路,根据 2.4.2 节讨论的结果,可以利用式(2.4-5)和式(2.4-6)分别求出电容电压和电感电流的零状态响应,再计算电路中其他变量的零状态响应。对于非直流激励和高阶动态系统,由于激励不为零,所以求解零状态响应时,对应的数学模型为非齐次微分方程。对于非齐次微分方程的求解,可以分别求出微分方程的齐次解和特解,再将两者相加,从而得到完全解。本节主要介绍零状态响应的卷积分析法,即先求出系统的单位冲激响应,再与激励卷积获得零状态响应。

**1. 单位冲激响应**

单位冲激响应是指激励为单位冲激信号 $\delta(t)$ 时所产生的零状态响应,通常用 $h(t)$ 表示。此时数学模型可表示为

$$a_n \frac{d^n h(t)}{dt^n} + a_{n-1} \frac{d^{n-1} h(t)}{dt^{n-1}} + \cdots + a_1 \frac{dh(t)}{dt} + a_0 h(t)$$
$$= b_m \frac{d^m \delta(t)}{dt^m} + b_{m-1} \frac{d^{m-1} \delta(t)}{dt^{m-1}} + \cdots + b_1 \frac{d\delta(t)}{dt} + b_0 \delta(t) \quad (3.5\text{-}4)$$

由于求解的是 $t>0$ 的响应，而 $\delta(t)$ 及其各阶导数在 $t>0$ 时值为 0，所以求解的数学模型为齐次微分方程，即

$$a_n \frac{d^n h(t)}{dt^n} + a_{n-1} \frac{d^{n-1} h(t)}{dt^{n-1}} + \cdots + a_1 \frac{dh(t)}{dt} + a_0 h(t) = 0 \quad (3.5\text{-}5)$$

由于单位冲激响应是一种特殊的零状态响应，所以 $h(0_-) = h'(0_-) = \cdots = h^{(n)}(0_-) = 0$，而 $t>0$ 时激励又为零，那怎么会产生响应呢？关键是 0 时刻冲激信号作为激励加入了系统，改变了系统的储能，使得 $h(0_+)$ 及其各阶导数不为零，从而系统有了初始储能。正是由于这部分储能的存在，维持系统继续工作，从而产生了响应。

**例 3-16** 已知 RC 串联电路如图 3-33 所示，其中 $R=1\ \Omega$，$C=0.5\ F$，激励为电压源 $u_s(t)$，响应为电容电压 $u_C(t)$，求单位冲激响应 $h(t)$。

**解**：列写电路的 KVL 方程，可得

$$u_R(t) + u_C(t) = u_s(t)$$

根据元件的伏安关系，可得

$$u_R(t) = Ri(t), \quad i(t) = C \frac{du_C(t)}{dt}$$

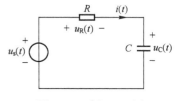

图 3-33 例 3-16 图

将元件伏安关系和元件参数代入 KVL 方程，可得

$$\frac{du_C(t)}{dt} + 2u_C(t) = 2u_s(t)$$

由于单位冲激响应是激励为 $\delta(t)$ 时系统的零状态响应，所以对应的数学模型为

$$\frac{dh(t)}{dt} + 2h(t) = 2\delta(t) \quad (3.5\text{-}6)$$

由于 $t>0$ 时，$\delta(t)=0$，所以微分方程可改写为齐次方程，即

$$\frac{dh(t)}{dt} + 2h(t) = 0$$

特征方程为 $\quad\quad\quad\quad\quad\quad\quad\quad\quad\quad \lambda + 2 = 0$

特征根为 $\quad\quad\quad\quad\quad\quad\quad\quad\quad\quad \lambda = -2$

所以单位冲激响应的形式为

$$h(t) = A e^{-2t} \varepsilon(t)$$

要确定系数 $A$，需要知道 $h(0_+)$ 的值。但是由于 0 时刻出现了冲激信号，系统状态可能会发生跳变，无法确定 $h(0_+)$。本题采用冲激函数匹配法来确定待定系数 $A$。所谓冲激函数匹配法是指在 0 时刻等式 (3.5-6) 左右两边冲激函数及其各阶导数的系数应该相等。

将 $h(t) = A e^{-2t} \varepsilon(t)$ 代入式 (3.5-6)，可得

$$[A e^{-2t} \varepsilon(t)]' + 2 A e^{-2t} \varepsilon(t) = 2\delta(t)$$

即 $\quad\quad\quad\quad -2 A e^{-2t} \varepsilon(t) + A \delta(t) + 2 A e^{-2t} \varepsilon(t) = 2\delta(t)$

解得 $\quad\quad\quad\quad\quad\quad\quad\quad\quad\quad A = 2$

所以系统的单位冲激响应为
$$h(t)=2\mathrm{e}^{-2t}\varepsilon(t)$$

从计算结果可以看出，$h(0_+)=2$，而 $h(0_-)=0$，所以系统的状态在 0 时刻发生了跳变。注意，这里响应 $h(t)$ 为电容电压，按照前面学习的换路定律，电容电压具有连续性，为什么这里会发生跳变呢？注意，换路定律的使用条件是电路中的电流不为无穷大时，电容两端的电压不会跳变，而求解单位冲激响应时，激励为单位冲激信号，是一个无穷大的量，此时会在电路中产生无穷大的电流，使电容电压发生了跳变，系统具有了一定的储能，所以产生了一定的响应。

从例题中也可以看出，只要给定了系统的数学模型（由系统结构和参数决定），就可以确定系统的单位冲激响应。所以单位冲激响应体现了系统的自身特性，它既与激励无关，也与系统原来的储能无关。

**2. 零状态响应的卷积法**

任意激励作用于系统产生的零状态响应可以由激励与单位冲激响应的卷积来求取，这种求解方法称为零状态响应的卷积法，即

$$y_{zs}(t)=f(t)*h(t) \tag{3.5-7}$$

**例 3-17** 已知 RC 串联电路如图 3-34 所示，其中 $R=1\,\Omega$，$C=0.5\,\mathrm{F}$，激励为电压源 $u_s(t)$，响应为电容电压 $u_C(t)$，求激励 $u_s(t)=\mathrm{e}^{-3t}\varepsilon(t)$ 时，系统的零状态响应 $y_{zs}(t)$。

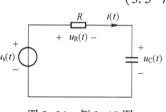

图 3-34　例 3-17 图

**解：** 由例 3-16 的结果可知，系统的单位冲激响应为
$$h(t)=2\mathrm{e}^{-2t}\varepsilon(t)$$

故激励 $u_s(t)=\mathrm{e}^{-3t}\varepsilon(t)$ 时，系统的零状态响应为

$$\begin{aligned}y_{zs}(t)&=e(t)*h(t)=\mathrm{e}^{-3t}\varepsilon(t)*2\mathrm{e}^{-2t}\varepsilon(t)\\&=\int_{-\infty}^{+\infty}2\mathrm{e}^{-3\tau}\varepsilon(\tau)\mathrm{e}^{-2(t-\tau)}\varepsilon(t-\tau)\mathrm{d}\tau\\&=2\mathrm{e}^{-2t}\int_{-\infty}^{+\infty}\mathrm{e}^{-\tau}\varepsilon(\tau)\varepsilon(t-\tau)\mathrm{d}\tau\\&=2\mathrm{e}^{-2t}\int_{0}^{t}\mathrm{e}^{-\tau}\mathrm{d}\tau\varepsilon(t)\\&=2(\mathrm{e}^{-2t}-\mathrm{e}^{-3t})\varepsilon(t)\end{aligned}$$

**例 3-18** 已知电路结构如图 3-35 所示，其中 $R=5\,\Omega$，$L=1\,\mathrm{H}$，$C=0.25\,\mathrm{F}$，电路无初始储能。求当激励 $e(t)=\varepsilon(t)$ 时电容电压 $u_C(t)$。

**解：** 在 $t<0$ 时电路中无储能，而激励 $e(t)=\varepsilon(t)$，所以待求的电容电压 $u_C(t)$ 为零状态响应。

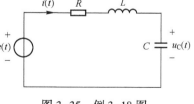

图 3-35　例 3-18 图

列写回路 KVL 方程，整理可得

$$\frac{\mathrm{d}u_C^2(t)}{\mathrm{d}t^2}+\frac{R}{L}\frac{\mathrm{d}u_C(t)}{\mathrm{d}t}+\frac{1}{LC}u_C(t)=\frac{1}{LC}e(t)$$

代入元件参数，可得

$$\frac{\mathrm{d}u_C^2(t)}{\mathrm{d}t^2}+5\frac{\mathrm{d}u_C(t)}{\mathrm{d}t}+4u_C(t)=4e(t)$$

（1）求单位冲激响应

求单位冲激响应时，对应的数学模型为

$$\frac{\mathrm{d}h^2(t)}{\mathrm{d}t^2}+5\frac{\mathrm{d}h(t)}{\mathrm{d}t}+4h(t)=4\delta(t) \tag{3.5-8}$$

由于 $t>0$ 时 $\delta(t)=0$，数学模型可改写为齐次方程，即

$$\frac{\mathrm{d}h^2(t)}{\mathrm{d}t^2}+5\frac{\mathrm{d}h(t)}{\mathrm{d}t}+4h(t)=0$$

特征方程为 $\lambda^2+5\lambda+4=0$

特征根为 $\lambda_1=-1, \lambda_2=-4$

所以单位冲激响应的形式为

$$h(t)=(A_1\mathrm{e}^{-t}+A_2\mathrm{e}^{-4t})\varepsilon(t)$$

为了确定系数 $A_1$ 和 $A_2$，这里采用冲激函数匹配法。对 $h(t)$ 分别求一阶和二阶导数，可得

$$\frac{\mathrm{d}h(t)}{\mathrm{d}t}=-(A_1\mathrm{e}^{-t}+4A_2\mathrm{e}^{-4t})\varepsilon(t)+(A_1+A_2)\delta(t)$$

$$\frac{\mathrm{d}^2h(t)}{\mathrm{d}t^2}=(A_1\mathrm{e}^{-t}+16A_2\mathrm{e}^{-4t})\varepsilon(t)-(A_1+4A_2)\delta(t)+(A_1+A_2)\delta'(t)$$

代入式（3.5-8）中，可得

$$-(A_1+4A_2)\delta(t)+(A_1+A_2)\delta'(t)+5(A_1+A_2)\delta(t)=4\delta(t)$$

解得 $A_1=\frac{4}{3},\ A_2=-\frac{4}{3}$

所以单位冲激响应为

$$h(t)=\frac{4}{3}(\mathrm{e}^{-t}-\mathrm{e}^{-4t})\varepsilon(t)$$

（2）求零状态响应

$$\begin{aligned}y_{zs}(t)=h(t)*e(t)&=\frac{4}{3}(\mathrm{e}^{-t}-\mathrm{e}^{-4t})\varepsilon(t)*\varepsilon(t)\\&=\frac{4}{3}\int_{-\infty}^{t}(\mathrm{e}^{-\tau}-\mathrm{e}^{-4\tau})\varepsilon(\tau)\mathrm{d}\tau=\frac{4}{3}\int_{0}^{t}(\mathrm{e}^{-\tau}-\mathrm{e}^{-4\tau})\mathrm{d}\tau\varepsilon(t)\\&=\left(1-\frac{4}{3}\mathrm{e}^{-t}+\frac{1}{3}\mathrm{e}^{-4t}\right)\varepsilon(t)\end{aligned}$$

由于单位冲激响应 $h(t)$ 体现了系统自身的特性，所以信号 $f(t)$ 通过系统时，也可以用图 3-36 表示。

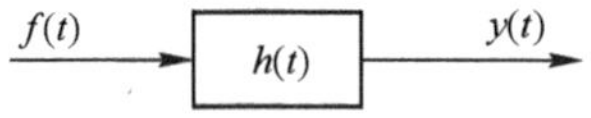


图 3-36　信号通过系统框图

多个子系统结合在一起可以构成一个复合系统。图 3-37a 所示的复合系统由两个子系统构成，这种子系统的连接方式称为级联，该复合系统的输出（零状态响应）为

$$y(t)=f(t)*h_1(t)*h_2(t) \tag{3.5-9}$$

根据卷积的结合律，式（3.5-9）也可以写为

$$y(t)=f(t)*[h_1(t)*h_2(t)] \tag{3.5-10}$$

对比式（3.5-9）和式（3.5-10）可以看出，激励通过图 3-37a 所示的级联系统等价于通过图 3-37b 所示系统，故级联系统的单位冲激响应等于各子系统单位冲激响应的卷积。

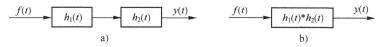

图 3-37　级联系统框图

图 3-38a 所示的子系统连接方式称为并联，此时复合系统的输出为

$$y(t)=f(t)*h_1(t)+f(t)*h_2(t) \tag{3.5-11}$$

根据卷积的分配律，式（3.5-11）也可以写为

$$y(t)=f(t)*[h_1(t)+h_2(t)] \tag{3.5-12}$$

对比式（3.5-11）和式（3.5-12）可以看出，激励通过图 3-38a 所示的并联系统等价于通过图 3-38b 所示系统，故并联系统的单位冲激响应等于各子系统单位冲激响应之和。

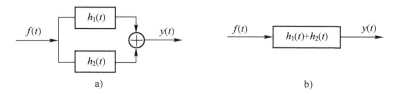

图 3-38　并联系统框图

**例 3-19**　某复合系统如图 3-39 所示。已知 3 个子系统的冲激响应分别为 $h_1(t)=\varepsilon(t)$，$h_2(t)=\varepsilon(t-1)$，$h_3(t)=\delta(t-2)$。求该复合系统的冲激响应 $h(t)$。

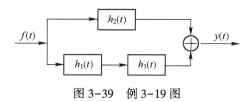

图 3-39　例 3-19 图

**解：** 根据系统的输入/输出关系可知

$$y(t)=f(t)*h_2(t)+f(t)*h_1(t)*h_3(t)$$

根据卷积的分配律可知

$$y(t)=f(t)*[h_2(t)+h_1(t)*h_3(t)]$$

故该复合系统的单位冲激响应为

$$\begin{aligned}h(t)&=h_2(t)+h_1(t)*h_3(t)\\&=\varepsilon(t-1)+\varepsilon(t)*\delta(t-2)\\&=\varepsilon(t-1)+\varepsilon(t-2)\end{aligned}$$

# 习题 3

3-1　已知信号 $f_1(t)$ 和 $f_2(t)$ 的波形如图 3-40 所示，请写出它们的数学表达式。

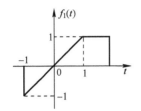 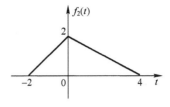

图 3-40 题 3-1 图

**3-2** 画出下列信号的波形图。

(1) $f_1(t) = 2\sin\pi[\varepsilon(t)-\varepsilon(t-4)]$

(2) $f_2(t) = t[\varepsilon(t)-\varepsilon(t-2)]+2\varepsilon(t-2)$

**3-3** 计算下列积分值。

(1) $\int_0^3 \sin\left(t-\dfrac{\pi}{4}\right)\delta\left(t-\dfrac{\pi}{2}\right)dt$ 　(2) $\int_{-\infty}^{\infty} \sin^2 t\,\delta\left(t-\dfrac{\pi}{6}\right)dt$ 　(3) $\int_{-\infty}^{\infty} 2\delta(t)\dfrac{\sin 2t}{t}dt$

(4) $\int_{-\infty}^{\infty} e^{-2t}\varepsilon(t)\delta(t-2)dt$ 　(5) $\int_{-\infty}^{t} e^{-2\tau}\delta(\tau)d\tau$ 　(6) $\int_{-7}^{-1} (t^6+3t+4)\delta(t-8)dt$

**3-4** 已知信号 $f(t)$ 的波形如图 3-41 所示。

(1) 画出 $f(2t+1)$ 的波形。

(2) 画出 $\dfrac{df(t)}{dt}$ 的波形，并写出其表达式。

**3-5** 已知信号 $f(t)$ 的波形如图 3-42 所示。

(1) 画出 $f_1(t) = \int_{-\infty}^{t} f(\tau)d\tau$ 的波形，并写出 $f_1(t)$ 表达式。

(2) 画出 $f_2(t) = f(-2t+2)$ 的波形。

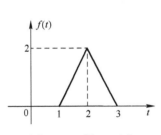 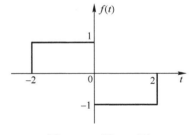

图 3-41 题 3-4 图　　　　图 3-42 题 3-5 图

**3-6** 已知信号 $f(t)$ 波形如图 3-43 所示。

(1) 写出 $f(t)$ 的函数表达式。

(2) 画出 $f_1(t) = \dfrac{d}{dt}[f(t-1)]$ 的波形，并写出 $f_1(t)$ 的函数表达式。

**3-7** 已知电容元件及其两端电压 $u_C(t)$ 的波形如图 3-44 所示。

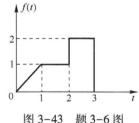

图 3-43 题 3-6 图

(1) 写出 $u_C(t)$ 的函数表达式。

(2) 画出电流 $i_C(t)$ 的波形。

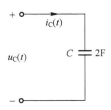
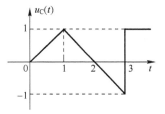

图 3-44 题 3-7 图

3-8 信号 $f_1(t)$ 和 $f_2(t)$ 的波形如图 3-45 所示,画出 $f_1(t)+f_2(t)$ 和 $f_1(t)f_2(t)$ 的波形。

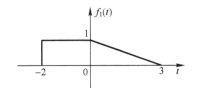
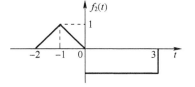

图 3-45 题 3-8 图

3-9 计算下列两函数的卷积。
(1) $f_1(t)=\varepsilon(t)$,$f_2(t)=\varepsilon(t)$。
(2) $f_1(t)=t\varepsilon(t)$,$f_2(t)=\delta(t-1)$。
(3) $f_1(t)=\mathrm{e}^{-2t}\varepsilon(t)$,$f_2(t)=\delta'(t)$。
(4) $f_1(t)=\mathrm{e}^{-2t}\varepsilon(t)$,$f_2(t)=\varepsilon(t)$。
(5) $f_1(t)=\mathrm{e}^{-2t}\varepsilon(t)$,$f_2(t)=\mathrm{e}^{-4t}\varepsilon(t)$。

3-10 已知信号 $f_1(t)$ 和 $f_2(t)$ 的波形如图 3-46 所示,画出 $f(t)=f_1(t)*f_2(t)$ 的波形。

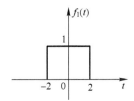
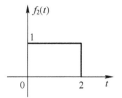

图 3-46 题 3-10 图

3-11 已知信号 $f_1(t)$ 的波形如图 3-47 所示,信号 $f_2(t)=\delta(t+2)+2\delta(t)+2\delta(t-2)$,画出 $f(t)=f_1(t)*f_2(t)$ 的波形。

3-12 如图 3-48 所示电路,已知激励为电流源 $i_s(t)$。
(1) 以 $u_R(t)$ 为响应,写出描述系统输入/输出关系的数学模型。
(2) 以 $i_C(t)$ 为响应,写出描述系统输入/输出关系的数学模型。

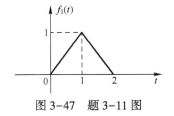
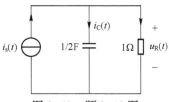

图 3-47 题 3-11 图　　图 3-48 题 3-12 图

3-13 某 RLC 并联电路如图 3-49 所示，其中激励为电流源 $i_s(t)$，响应为电容两端电压 $u_C(t)$。写出描述该系统输入/输出关系的数学模型。

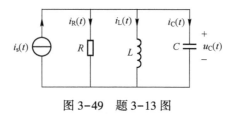

图 3-49 题 3-13 图

3-14 判断下列系统是否具有线性和时不变性，其中 $f(t)$ 和 $y(t)$ 分别代表系统的激励和响应。

(1) $y(t)=tf^2(t)$   (2) $y(t)=f(2t)$   (3) $y(t)=\cos t[f(t)]$   (4) $y(t)=\int_{-\infty}^{t} f(\tau)\mathrm{d}\tau$

3-15 某无初始储能的线性时不变系统，激励 $f_1(t)$ 与响应 $y_1(t)$ 分别如图 3-50a 与 b 所示。当激励为图 3-50c 所示信号 $f_2(t)$ 时，画出响应 $y_2(t)$ 的波形。

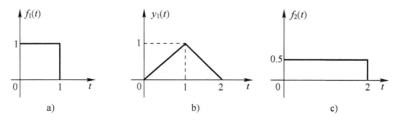

图 3-50 题 3-15 图

3-16 已知一线性时不变系统，在相同初始条件下，当激励为 $f(t)$ 时，其响应为 $y_1(t)=\sin 2t\varepsilon(t)$；当激励为 $2f(t)$ 时，其响应为 $y_2(t)=3\sin 2t\varepsilon(t)$。

(1) 若初始条件不变，求当激励为 $f(t-2)$ 时的响应 $y_3(t)$。

(2) 若初始条件增大 1 倍，求当激励为 $3f(t)$ 时的响应 $y_4(t)$。

3-17 如图 3-51 所示电路，$t<0$ 时开关处于闭合状态，电路已稳定。当 $t=0$ 时开关断开。求 $t>0$ 时的零输入响应 $u_C(t)$。

3-18 某二阶系统的数学模型为

$$\frac{\mathrm{d}^2}{\mathrm{d}t^2}y(t)+6\frac{\mathrm{d}}{\mathrm{d}t}y(t)+8y(t)=\frac{\mathrm{d}f(t)}{\mathrm{d}t}+2f(t)$$

其中 $f(t)$ 为激励，$y(t)$ 为响应。已知 $y(0_-)=1$，$y'(0_-)=1$，求 $t>0$ 时系统的零输入响应。

3-19 如图 3-52 所示电路，若激励为 $i_s(t)$，响应为 $u_R(t)$，求单位冲激响应。

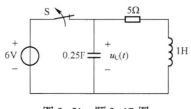 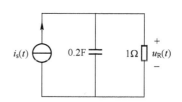

图 3-51 题 3-17 图    图 3-52 题 3-19 图

3-20  已知描述某系统的微分方程为 $\dfrac{dy(t)}{dt}+4y(t)=f(t)$,其中激励为 $f(t)$,响应为 $y(t)$。

(1) 求系统的单位冲激响应 $h(t)$。

(2) 若激励 $f(t)=e^{-3t}\varepsilon(t)$,求系统的零状态响应 $y_{zs}(t)$。

3-21  已知电路如图 3-53 所示电路,其中 $R_1=2\,\Omega$,$R_2=2\,\Omega$,$C=0.5\,F$。当激励 $u_s(t)=e^{-t}\varepsilon(t)$ 时,求电容电压 $u_C(t)$。

3-22  某二阶系统的数学模型为

$$\dfrac{d^2}{dt^2}y(t)+5\dfrac{d}{dt}y(t)+6y(t)=2\dfrac{df(t)}{dt}$$

其中 $f(t)=\varepsilon(t)$ 为激励,$y(t)$ 为响应。求 $t>0$ 时系统的零状态响应。

3-23  已知电路结构如图 3-54 所示,当 $t<0$ 时,开关 S 处于位置"1",且电路已稳定。当 $t=0$ 时,开关拨到位置"2"。已知 $e_1(t)=6\,V$,$e_2(t)=e^{-2t}\varepsilon(t)$,$R=6\,\Omega$,$C=2\,F$。求 $t>0$ 时电容电压 $u_C(t)$。

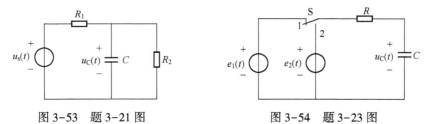

图 3-53  题 3-21 图        图 3-54  题 3-23 图

3-24  描述某 LTI 系统的微分方程为 $\dfrac{d^2 y(t)}{dt^2}+5\dfrac{dy(t)}{dt}+6y(t)=2\dfrac{df(t)}{dt}+8f(t)$,其中激励 $f(t)=e^{-t}\varepsilon(t)$,$y(0_-)=0$,$y'(0_-)=2$。求系统的零输入响应 $y_{zi}(t)$、零状态响应 $y_{zs}(t)$ 和全响应 $y(t)$。

3-25  如图 3-55 所示复合系统由若干子系统组成,各子系统的单位冲激响应分别为 $h_1(t)=\varepsilon(t)$,$h_2(t)=\delta(t-1)$,$h_3(t)=-\delta(t)$,求该复合系统的单位冲激响应 $h(t)$。

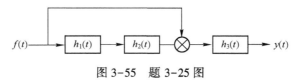

图 3-55  题 3-25 图

# 第4章 连续时间信号与系统的频域分析

第3章讨论了信号与系统的时域分析方法,是把激励和响应都看作时间的函数,根据这些物理量随时间的变化情况来分析它们的特性。这种方法比较直观,物理概念清晰。实际上信号存在多种特性,本章将信号自变量由时间变换成频率,揭示信号内在的频率特性,并从频域角度分析系统特性以及求解信号通过系统的响应,这种方法称为频域分析方法,在通信和信号处理领域有着广泛的应用。

为了分析信号与系统的频率特性,本章首先从傅里叶级数和傅里叶变换着手,介绍信号频域描述方法,讨论信号时间特性与其频率特性之间的对应关系;然后引入系统函数的概念,并从频域上讨论系统特性和系统响应的频域求解方法;作为频域分析方法的重要应用之一,最后介绍时域采样定理。

## 4.1 周期信号的傅里叶级数

按照一定时间间隔不断重复且无始无终的信号称为周期信号。正弦信号是一种典型的周期信号,它的表达式为 $f(t)=A_m\sin(\omega_0 t+\theta)$,给定一个时间 $t$,就可以得到函数值。同时也可以看出,根据振幅 $A_m$、角频率 $\omega_0$ 和初相位 $\theta$ 也可以完全确定正弦信号,也就是说,正弦信号可以通过振幅、角频率和初相位来描述。其他的周期信号是否也可以采用类似的方式来描述呢?本节主要讨论周期信号的傅里叶级数展开,借助于展开式从包含频率成分的角度来分析周期信号,从而引出信号频谱及其描述方法。

### 4.1.1 周期信号三角形式的傅里叶级数

**1. 三角形式的傅里叶级数展开**

周期为 $T_1$ 的信号 $f(t)$ 在满足狄里赫利条件下可以展开成三角形式的傅里叶级数,即

$$f(t) = a_0 + a_1\cos\omega_1 t + b_1\sin\omega_1 t + \cdots + a_n\cos n\omega_1 t + b_n\sin n\omega_1 t + \cdots$$

$$= a_0 + \sum_{n=1}^{\infty}(a_n\cos n\omega_1 t + b_n\sin n\omega_1 t) \tag{4.1-1}$$

其中,$\omega_1 = \dfrac{2\pi}{T_1}$。从式(4.1-1)可以看出,周期信号在满足狄里赫利条件下可以分解为常数 $a_0$ 和无穷个正余弦项之和,而这些正余弦项的频率均为 $\omega_1$ 的整数倍。通常把 $a_0$、$a_n$ 和 $b_n$ 称为傅里叶级数的系数,具体数值计算如下:

$$a_0 = \frac{1}{T_1}\int_{-\frac{T_1}{2}}^{\frac{T_1}{2}} f(t)\,dt \tag{4.1-2}$$

$$a_n = \frac{2}{T_1}\int_{-\frac{T_1}{2}}^{\frac{T_1}{2}} f(t)\cos n\omega_1 t\,dt \tag{4.1-3}$$

$$b_n = \frac{2}{T_1} \int_{-\frac{T_1}{2}}^{\frac{T_1}{2}} f(t) \sin n\omega_1 t \, dt \qquad (4.1\text{-}4)$$

狄里赫利条件包括以下三个条件：

（1）信号在一个周期内连续或有有限个第一类间断点。

（2）一个周期内信号的极值（极大值、极小值）的数目是有限的。

（3）一个周期内信号是绝对可积的，即 $\int_{-\frac{T_1}{2}}^{\frac{T_1}{2}} |f(t)| \, dt < +\infty$。

实际工程应用中的周期信号通常都满足狄里赫利条件，所以本书后续讨论周期信号的傅里叶级数展开时不再专门判断。

**例 4-1** 已知周期矩形脉冲信号的时域波形如图 4-1 所示，请写出其三角形式的傅里叶级数展开式。

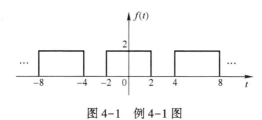

图 4-1　例 4-1 图

**解**：周期信号三角形式的傅里叶级数展开式为

$$f(t) = a_0 + \sum_{n=1}^{\infty} (a_n \cos n\omega_1 t + b_n \sin n\omega_1 t)$$

所以关键要计算出角频率 $\omega_1$ 和傅里叶系数 $a_0$、$a_n$ 和 $b_n$。从图中可以看出，该周期信号的周期 $T_1 = 6$，所以 $\omega_1 = \frac{2\pi}{T_1} = \frac{\pi}{3}$。傅里叶系数计算如下：

$$a_0 = \frac{1}{T_1} \int_{-\frac{T_1}{2}}^{\frac{T_1}{2}} f(t) \, dt = \frac{1}{6} \int_{-2}^{2} 2 \, dt = \frac{4}{3}$$

$$a_n = \frac{2}{T_1} \int_{-\frac{T_1}{2}}^{\frac{T_1}{2}} f(t) \cos n\omega_1 t \, dt = \frac{1}{3} \int_{-2}^{2} 2\cos\left(\frac{n\pi}{3}t\right) dt = \frac{4}{n\pi} \sin\left(\frac{2n\pi}{3}\right)$$

傅里叶系数 $b_n$ 的计算可以利用信号的对称性。由于信号 $f(t)$ 是 $t$ 的偶函数，而 $\sin n\omega_1 t$ 是 $t$ 的奇函数，所以 $f(t)\sin n\omega_1 t$ 是 $t$ 的奇函数。由于奇函数在对称区间积分为零，故有

$$b_n = \frac{2}{T_1} \int_{-\frac{T_1}{2}}^{\frac{T_1}{2}} f(t) \sin n\omega_1 t \, dt = 0$$

所以周期矩形脉冲信号 $f(t)$ 三角形式的傅里叶级数展开式为

$$f(t) = \frac{4}{3} + \sum_{n=1}^{\infty} \frac{4}{n\pi} \sin\left(\frac{2n\pi}{3}\right) \cos\left(\frac{n\pi}{3}t\right)$$

$$= \frac{4}{3} + \frac{2\sqrt{3}}{\pi} \cos\left(\frac{\pi}{3}t\right) - \frac{\sqrt{3}}{\pi} \cos\left(\frac{2\pi}{3}t\right) + \cdots$$

可以看出，由于信号 $f(t)$ 是偶函数，其正弦项的系数 $b_n = 0$，所以周期信号 $f(t)$ 只包含直流和余弦项。类似地可以推出，若周期信号 $f(t)$ 是奇函数，则其直流系数 $a_0$ 和余弦项系数 $a_n$ 均为零，它的傅里叶级数展开式中只有正弦项。

在周期信号三角形式的傅里叶级数展开式中，由于 $a_n\cos n\omega_1 t$ 和 $b_n\sin n\omega_1 t$ 具有相同的频率，所以可以利用三角函数的运算关系进行合并，即

$$f(t) = a_0 + \sum_{n=1}^{\infty}(a_n\cos n\omega_1 t + b_n\sin n\omega_1 t)$$

$$= a_0 + \sum_{n=1}^{\infty}\sqrt{a_n^2 + b_n^2}\left(\frac{a_n}{\sqrt{a_n^2 + b_n^2}}\cos n\omega_1 t - \frac{-b_n}{\sqrt{a_n^2 + b_n^2}}\sin n\omega_1 t\right)$$

令 $c_0 = a_0$，$c_n = \sqrt{a_n^2 + b_n^2}$，$\theta_n = \arctan\left(-\frac{b_n}{a_n}\right)$，则

$$f(t) = c_0 + \sum_{n=1}^{\infty} c_n\cos(n\omega_1 t + \theta_n) \tag{4.1-5}$$

式 (4.1-5) 称为周期信号标准三角形式的傅里叶级数展开式。由于 $c_n = \sqrt{a_n^2 + b_n^2}$，所以要求 $c_n \geq 0$，同时由于三角函数具有周期性，为了相位的唯一性，规定 $|\theta_n| \leq \pi$。

式 (4.1-5) 中，常数 $c_0$ 称为直流分量，求和号中的第一项 $c_1\cos(\omega_1 t + \theta_1)$ 通常称为基波分量，其中 $c_1$ 称为基波振幅，$\omega_1$ 称为基波频率，$\theta_1$ 称为基波相位。当 $n > 1$ 时，$c_n\cos(n\omega_1 t + \theta_n)$ 称为 $n$ 次谐波分量，其中 $c_n$ 称为 $n$ 次谐波振幅，$n\omega_1$ 称为 $n$ 次谐波频率，$\theta_n$ 称为 $n$ 次谐波相位。所以式 (4.1-5) 说明满足狄里赫利条件的周期信号可以分解成直流、基波和各次谐波的之和。

从周期信号标准三角形式的傅里叶级数展开式中，可以直接看出周期信号所包含的频率分量，以及各频率分量的振幅和相位信息，这也是将周期信号展开为傅里叶级数的意义所在。

**例 4-2** 已知周期信号 $f(t)$ 表示式如下，写出其标准三角形式的傅里叶级数。

$$f(t) = 1 + 2\sin\left(2t + \frac{\pi}{6}\right) - \cos\left(3t + \frac{\pi}{3}\right)$$

**解**：周期信号标准三角形式的傅里叶级数为

$$f(t) = c_0 + \sum_{n=1}^{\infty} c_n(\cos n\omega_1 t + \theta_n)$$

由于标准三角形式需要余弦项的形式，而且 $c_n \geq 0$，$|\theta_n| \leq \pi$，故 $f(t)$ 可以改写为

$$f(t) = 1 + 2\cos\left(2t + \frac{\pi}{6} - \frac{\pi}{2}\right) + \cos\left(3t + \frac{\pi}{3} - \pi\right)$$

$$= 1 + 2\cos\left(2t - \frac{\pi}{3}\right) + \cos\left(3t - \frac{2\pi}{3}\right)$$

**2. 三角形式的频谱**

将周期信号展开成傅里叶级数之后，可以从包含频率信息的角度来分析周期信号，但是这种方法不够直观。在分析信号的时域特性时，可以通过时域波形图来直观地描述信号随时间的变化情况，那么能否通过一种直观的图形方式来描述周期信号由哪些频率分量构成，以

及各频率分量幅度和相位情况呢？这就需要使用频谱图。

频谱图是一种描述信号所含频率分量的振幅和相位信息的图形化谱线，也就是它以图形方式呈现信号的频率分布信息，从中可以看出各频率分量振幅和相位情况。从式（4.1-5）可以看出，由于对应着每个频率 $n\omega_1$，存在振幅 $c_n$ 和相位 $\theta_n$ 两种信息，所以频谱图通常包含两幅图，分别称为振幅谱和相位谱。振幅谱体现了信号各频率分量的振幅与频率的关系，而相位谱则体现各频率分量的相位与频率的关系。

将周期信号展开为标准三角形式的傅里叶级数时，$c_n$-$\omega$ 关系曲线称为三角形式的振幅谱，$\theta_n$-$\omega$ 关系曲线称为三角形式的相位谱。图 4-2 和图 4-3 分别为周期信号 $f(t) = c_0 + c_1\cos(\omega_1 t + \theta_1) + c_2\cos(2\omega_1 t + \theta_2) + c_3\cos(3\omega_1 t + \theta_3)$ 对应的振幅谱和相位谱。

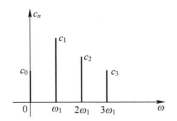 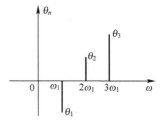

图 4-2　三角形式的振幅谱　　　　图 4-3　三角形式的相位谱

在图 4-2 所示的振幅谱中，横坐标为频率 $\omega$，纵坐标为振幅 $c_n$，每条谱线代表一个频率分量，谱线的长度表示该频率分量的幅值。类似地，在图 4-3 所示的相位谱中，横坐标为频率 $\omega$，纵坐标为相位 $\theta_n$，每条谱线长度代表该频率分量的相位。

**例 4-3**　已知周期信号 $f(t)$ 表示式如下，请画出其三角形式的频谱图。

$$f(t) = 2 + \cos\left(t - \frac{\pi}{4}\right) - \cos\left(2t - \frac{3\pi}{4}\right) + \sin 3t$$

**解**：为了画频谱图，需要知道每个频率分量的振幅和相位，所以需要获得标准三角形式的傅里叶级数展开式。

$$f(t) = 2 + \cos\left(t - \frac{\pi}{4}\right) + \cos\left(2t - \frac{3\pi}{4} + \pi\right) + \cos\left(3t - \frac{\pi}{2}\right)$$
$$= 2 + \cos\left(t - \frac{\pi}{4}\right) + \cos\left(2t + \frac{\pi}{4}\right) + \cos\left(3t - \frac{\pi}{2}\right)$$

可以看出，信号 $f(t)$ 包含 4 个频率分量，对应的振幅和相位情况如下：

(1) $\omega = 0$ 时，$c_0 = 2$，$\theta_0 = 0$。

(2) $\omega = 1$ 时，$c_1 = 1$，$\theta_1 = -\dfrac{\pi}{4}$。

(3) $\omega = 2$ 时，$c_2 = 1$，$\theta_2 = \dfrac{\pi}{4}$。

(4) $\omega = 3$ 时，$c_3 = 1$，$\theta_3 = -\dfrac{\pi}{2}$。

图 4-4a、b 分别为信号 $f(t)$ 的振幅谱和相位谱。

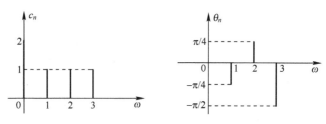

图 4-4 信号 $f(t)$ 三角形式的频谱图

### 4.1.2 周期信号复指数形式的傅里叶级数

**1. 复指数形式的傅里叶级数展开**

周期信号 $f(t)$ 若满足狄里赫利条件，则可以展开为三角形式的傅里叶级数，即

$$f(t) = a_0 + \sum_{n=1}^{\infty}(a_n\cos n\omega_1 t + b_n\sin n\omega_1 t)$$

根据数学中的欧拉公式，正余弦信号与复指数信号存在如下对应关系，即

$$\begin{cases}\cos\omega_1 t = \dfrac{1}{2}(e^{j\omega_1 t} + e^{-j\omega_1 t}) \\ \sin\omega_1 t = \dfrac{1}{2j}(e^{j\omega_1 t} - e^{-j\omega_1 t})\end{cases}$$

所以可以用复指数信号表示三角函数，从而得出周期信号另一种形式的傅里叶级数，也就是复指数形式的傅里叶级数。

周期信号复指数形式的傅里叶级数为

$$f(t) = F_0 + \sum_{n=1}^{\infty}(F_n e^{jn\omega_1 t} + F_{-n}e^{-jn\omega_1 t}) = \sum_{n=-\infty}^{\infty}F_n e^{jn\omega_1 t} \quad (4.1\text{-}6)$$

其中，系数 $F_0 = a_0 = c_0$，$F_n$ 和 $F_{-n}$ 称为傅里叶复系数，具体计算方法如下：

$$F_n = \frac{a_n - jb_n}{2} = \frac{1}{T_1}\int_{-\frac{T_1}{2}}^{\frac{T_1}{2}}f(t)e^{-jn\omega_1 t}dt, \quad F_{-n} = \frac{a_n + jb_n}{2} \quad (4.1\text{-}7)$$

由于 $F_n$ 和 $F_{-n}$ 均为复数，所以可以写成模和辐角的形式，即

$$F_n = |F_n|e^{j\varphi_n}, \quad F_{-n} = |F_{-n}|e^{j\varphi_{-n}}$$

由式（4.1-7）可以看出，复指数形式的傅里叶系数和三角形式的傅里叶系数存在如下对应关系：

$$|F_n| = \frac{1}{2}\sqrt{a_n^2 + b_n^2} = \frac{1}{2}c_n, \quad |F_{-n}| = \frac{1}{2}\sqrt{a_n^2 + b_n^2} = \frac{1}{2}c_n, \quad |F_n| = |F_{-n}| \quad (4.1\text{-}8)$$

$$\varphi_n = \arctan\left(\frac{-b_n}{a_n}\right) = \theta_n, \quad \varphi_{-n} = \arctan\left(\frac{b_n}{a_n}\right) = -\theta_n, \quad \varphi_{-n} = -\varphi_n \quad (4.1\text{-}9)$$

从式（4.1-6）中提取出两项求和，则

$$\begin{aligned}F_n e^{jn\omega_1 t} + F_{-n}e^{-jn\omega_1 t} &= |F_n|e^{j\varphi_n}e^{jn\omega_1 t} + |F_{-n}|e^{j\varphi_{-n}}e^{-jn\omega_1 t} \\ &= |F_n|e^{j\varphi_n}e^{jn\omega_1 t} + |F_n|e^{-j\varphi_n}e^{-jn\omega_1 t} \\ &= |F_n|(e^{jn\omega_1 t}e^{j\varphi_n} + e^{-jn\omega_1 t}e^{-j\varphi_n}) \\ &= 2|F_n|\cos(n\omega_1 t + \varphi_n) \\ &= c_n\cos(n\omega_1 t + \theta_n)\end{aligned}$$

可见，周期信号 $f(t)$ 的复指数级数形式其实是将三角级数形式中的一项展开为两项，两者是同一信号的两种不同表示方法。三角形式是信号分解为基本单元 $\cos n\omega_1 t$ 的组合，而复指数形式是将信号分解为基本单元 $e^{jn\omega_1 t}$ 的组合。

**例 4-4** 已知周期矩形脉冲信号 $f(t)$ 的时域波形如图 4-5 所示，求其复指数形式的傅里叶级数。

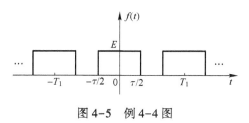

图 4-5 例 4-4 图

**解：** 周期信号复指数形式的傅里叶级数为

$$f(t) = \sum_{n=-\infty}^{\infty} F_n e^{jn\omega_1 t}$$

要确定傅里叶级数就要找出基波频率 $\omega_1$ 和傅里叶复系数 $F_n$。从信号的波形图可以看出 $\omega_1 = \dfrac{2\pi}{T_1}$，所以关键是 $F_n$ 的计算。

$$F_n = \frac{1}{T_1} \int_{-\frac{T_1}{2}}^{\frac{T_1}{2}} f(t) e^{-jn\omega_1 t} dt = \frac{1}{T_1} \int_{-\frac{\tau}{2}}^{\frac{\tau}{2}} E e^{-jn\omega_1 t} dt = \frac{E}{T_1} \frac{1}{-jn\omega_1} e^{-jn\omega_1 t} \Big|_{-\frac{\tau}{2}}^{\frac{\tau}{2}}$$

$$= \frac{-E}{jn\omega_1 T_1} \left( e^{-jn\omega_1 \frac{\tau}{2}} - e^{jn\omega_1 \frac{\tau}{2}} \right) = \frac{-E}{jn\omega_1 T_1} \left[ -2j\sin\left(\frac{n\omega_1 \tau}{2}\right) \right] = \frac{E\tau}{T_1} \frac{\sin\left(\dfrac{n\omega_1 \tau}{2}\right)}{\dfrac{n\omega_1 \tau}{2}}$$

$$= \frac{E\tau}{T_1} \text{Sa}\left(\frac{n\omega_1 \tau}{2}\right)$$

所以周期矩形脉冲信号 $f(t)$ 复指数形式的傅里叶级数为

$$f(t) = \sum_{n=-\infty}^{\infty} \frac{E\tau}{T_1} \text{Sa}\left(\frac{n\omega_1 \tau}{2}\right) e^{jn\omega_1 t}$$

**2. 复指数形式的频谱**

周期信号可以展开为三角形式的傅里叶级数，也可以展开为复指数形式的傅里叶级数，所以频谱图也分为三角形式的频谱图和复指数形式的频谱图。傅里叶复系数 $F_n$ 是频率分量 $e^{jn\omega_1 t}$ 前面的系数，它的模 $|F_n|$ 体现了 $n\omega_1$ 频率分量的振幅，相位 $\varphi_n$ 体现了 $n\omega_1$ 频率分量的相位，所以通常把 $|F_n|$-$\omega$ 关系曲线称为复指数形式的振幅谱，把 $\varphi_n$-$\omega$ 关系曲线称为复指数形式的相位谱。

由于傅里叶复系数 $F_n$ 与三角形式的傅里叶系数 $c_n$ 之间存在式 (4.1-8) 和式 (4.1-9) 所给出的对应关系，所以也可以从三角形式的傅里叶系数得到复指数形式的傅里叶系数，再进行频谱图的绘制。

**例 4-5** 已知周期信号 $f(t)$ 表示式如下，请画出复指数形式的频谱图。

$$f(t) = 2+\cos\left(t-\frac{\pi}{4}\right)-\cos\left(2t-\frac{3\pi}{4}\right)+\sin 3t$$

**解**：先将信号 $f(t)$ 改写为标准三角形式的傅里叶级数。根据例 4-3 的结果可得

$$f(t) = 2+\cos\left(t-\frac{\pi}{4}\right)+\cos\left(2t+\frac{\pi}{4}\right)+\cos\left(3t-\frac{\pi}{2}\right)$$

由于三角形式和复指数形式的傅里叶系数存在如下关系：

$$F_0 = c_0,\ |F_n| = |F_{-n}| = \frac{1}{2}c_n,\ \varphi_n = \theta_n,\ \varphi_{-n} = -\varphi_{-n}$$

故有

$$F_0 = 2,\ |F_0| = 2,\ \varphi_0 = 0$$

$$|F_1| = |F_{-1}| = \frac{1}{2}c_1 = \frac{1}{2},\ \varphi_1 = -\frac{\pi}{4},\ \varphi_{-1} = -\varphi_1 = \frac{\pi}{4}$$

$$|F_2| = |F_{-2}| = \frac{1}{2}c_2 = \frac{1}{2},\ \varphi_2 = \frac{\pi}{4},\ \varphi_{-2} = -\varphi_2 = -\frac{\pi}{4}$$

$$|F_3| = |F_{-3}| = \frac{1}{2}c_3 = \frac{1}{2},\ \varphi_3 = -\frac{\pi}{2},\ \varphi_{-3} = -\varphi_3 = \frac{\pi}{2}$$

所以信号 $f(t)$ 复指数形式的振幅谱如图 4-6a 所示，相位谱如图 4-6b 所示。

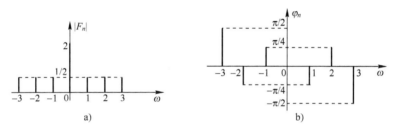

图 4-6 周期信号 $f(t)$ 复指数形式的频谱

比较图 4-4 和图 4-6 可以看出，由于三角形式傅里叶级数展开式中只包含直流和正的频率分量，所以三角形式的频谱图是单边谱；而复指数形式的傅里叶级数展开式中，既包含正的频率分量，也包含负的频率分量（$n$ 为整数），所以其频谱图是双边谱，且其振幅谱是偶对称，相位谱为奇对称。同时也可以看出，这两种形式的振幅谱直流分量相同，其他分量的双边谱振幅是单边谱振幅的一半，两者的相位谱在 $n \geq 0$ 时相同。

### 4.1.3 周期矩形脉冲信号的频谱

周期矩形脉冲信号是一种常用的周期信号，其频谱具有一定的代表性，通过分析其频谱有助于了解一般周期信号的频谱特点。

图 4-7 是周期矩形脉冲信号 $f(t)$ 的时域波形，其中脉冲高度为 $E$，脉冲宽度为 $\tau$，周期为 $T_1$。要绘制其频谱图，就需要找出傅里叶复系数 $F_n$ 的模和相位随频率的变换情况。

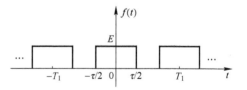

图 4-7 周期矩形脉冲信号的时域波形

根据例 4-4 的结果，可知

$$F_n = \frac{E\tau}{T_1} \text{Sa}\left(\frac{n\omega_1\tau}{2}\right) \quad (4.1\text{-}10)$$

从式（4.1-10）可以看出，周期矩形脉冲信号 $f(t)$ 的傅里叶系数 $F_n$ 是抽样函数，只有实部，没有虚部。对于 $F_n$ 为实数的这种特殊情况，既可以分别画出振幅谱和相位谱，也可以根据式（4.1-10）直接计算出 $F_n$ 的值，并在一幅图上画出其频谱。

为作图方便，这里假设 $T_1 = 5\tau$，代入式（4.1-10），并令 $n = 0, 1, 2, \cdots$，即可分别计算出 $F_0$、$F_1$、$F_2$、$\cdots$ 的值。然后在零频处画出一条长度为 $F_0$ 的线段，在频率 $\omega_1$ 处画出一条长度为 $F_1$ 的线段，在频率 $2\omega_1$ 处画出一条长度为 $F_2$ 的线段，依次类推。负半轴的谱线可以根据抽样函数的偶对称性得出。最终得到的周期矩形脉冲信号 $f(t)$ 的频谱图如图 4-8 所示。注意，由于在一幅图上体现信号频谱信息，所以频谱图的纵轴为 $F_n$，而不是 $|F_n|$。

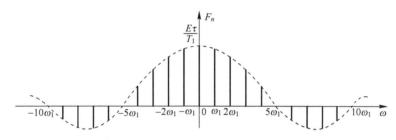

图 4-8 周期矩形脉冲信号的频谱图

从图 4-8 中可以看出，周期矩形脉冲信号的频谱具有以下特点：

（1）谱线的包络是一个抽样函数，也就是各频率点的幅值是在抽样函数上取值，在零频时幅值最大，最大值为 $\frac{E\tau}{T_1}$。

（2）谱线是离散谱，只有在频率等于基波频率 $\omega_1$ 整数倍时有频率分量，其他频率点上没有信号分量。

（3）由于谱线的包络是抽样函数，所以幅值存在过零点。根据抽样函数的特性，当 $\frac{n\omega_1\tau}{2} = k\pi (k \neq 0)$，即频率 $\omega = \frac{2k\pi}{\tau}$ 时，其幅值为零。故其第一个过零点频率为 $\frac{2\pi}{\tau}$。

对于周期矩形脉冲信号，也可以分别画出它的振幅谱和相位谱。由于 $F_n$ 是实数，其模值即为它的绝对值，即

$$|F_n| = \frac{E\tau}{T_1}\left|\text{Sa}\left(\frac{n\omega_1\tau}{2}\right)\right| \quad (4.1\text{-}11)$$

由于正实数的相位为 0，负实数的相位为 $\pi$ 或者 $-\pi$，所以 $F_n$ 的相位为

$$\varphi_n = \begin{cases} 0, & F_n \geq 0 \\ \pm\pi, & F_n < 0 \end{cases} \quad (4.1\text{-}12)$$

当 $T_1 = 5\tau$ 时，周期矩形脉冲信号 $f(t)$ 的振幅谱和相位谱分别如图 4-9a、b 所示。

周期矩形脉冲信号的频谱很具有代表性，从中可以归纳出一般周期信号的频谱特点：

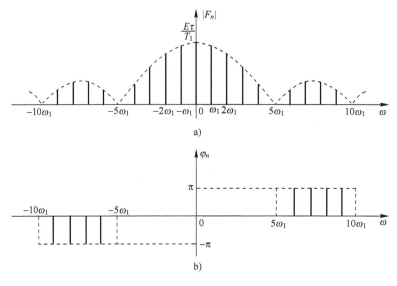

图 4-9 周期矩形脉冲信号的振幅谱和相位谱
a）振幅谱 b）相位谱

（1）离散性。周期信号的频谱是由间隔为基波频率 $\omega_1$ 的不连续谱线组成，每条谱线代表一个正弦分量。

（2）谐波性。每条谱线只出现在基波频率的整数倍上，没有非基波整数倍的频率分量。

（3）收敛性。各次谐波的振幅总的趋势是随着谐波次数的增加而减小，并最终趋于零。

**例 4-6** 已知周期矩形脉冲信号 $f(t)$ 的时域波形如图 4-10 所示。判断该信号中有无 100 Hz、250 Hz、400 Hz、480 Hz、500 Hz 和 1000 Hz 的频率分量。

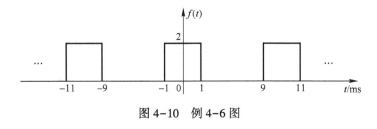

图 4-10 例 4-6 图

**解**：从信号 $f(t)$ 的波形可以看出，周期 $T_1 = 10$ ms，脉宽 $\tau = 2$ ms，所以基波角频率 $\omega_1 = 200\pi$ rad/s，基波频率 $f_1 = 100$ Hz。

根据周期信号频谱的谐波性，信号 $f(t)$ 只包含 $f_1$ 整数倍的频率，则可判断 $f(t)$ 中不包含 250 Hz 和 480 Hz 的频率分量。

根据周期矩形脉冲信号的频谱特点，当 $\omega = \dfrac{2k\pi}{\tau}$ 时，即 $f = \dfrac{k}{\tau}$ 时，谱线过零点，幅值为 0。由于 $\tau = 2$ ms，所以信号 $f(t)$ 中不包含 500 Hz 整数倍的频率分量。

综上所述，信号 $f(t)$ 中只包含 100 Hz 和 400 Hz 的频率分量，不包含 250 Hz、480 Hz、500 Hz 和 1000 Hz 的频率分量。

## 4.2 傅里叶变换

周期信号在满足狄里赫利条件下可以展开为傅里叶级数，从而可以分析其频率特性。但是在实际应用中，非周期信号更为常见，非周期信号的频率特性又如何来分析呢？本节介绍非周期信号的傅里叶变换，并讨论一些常见非周期信号的频谱。

### 4.2.1 傅里叶变换的定义及存在条件

**1. 傅里叶变换的定义**

周期信号的频谱一般具有离散性、谐波性和收敛性的特点，所包含的频率分量都是基波频率的整数倍，故谱线间隔即为基波频率，具体值为

$$\omega_1 = \frac{2\pi}{T_1} \tag{4.2-1}$$

谱系数为

$$F_n = \frac{1}{T_1} \int_{-\frac{T_1}{2}}^{\frac{T_1}{2}} f(t) e^{-jn\omega_1 t} dt \tag{4.2-2}$$

由式（4.2-1）和式（4.2-2）可以看出，随着周期信号的周期 $T_1$ 增大，其谱线间隔变小，各频率分量的振幅也变会小。当周期 $T_1 \to \infty$ 时，周期信号可以看作非周期信号，此时其谱线间隔 $\omega_1 \to 0$，频谱由离散谱变为连续谱。由于此时各频率分量的谱系数 $F_n \to 0$，所以就不合适再用 $F_n$ 来描述非周期信号的频率分布情况了。

为了描述非周期信号的频谱，定义一个新的变量 $F(\omega)$，具体如下：

$$F(\omega) = \lim_{T_1 \to \infty} T_1 F_n = \lim_{T_1 \to \infty} \int_{-\frac{T_1}{2}}^{\frac{T_1}{2}} f(t) e^{-jn\omega_1 t} dt = \int_{-\infty}^{+\infty} f(t) e^{-j\omega t} dt \tag{4.2-3}$$

$F(\omega)$ 称为非周期信号 $f(t)$ 的频谱密度函数，简称为频谱函数，而积分式（4.2-3）是从时域信号 $f(t)$ 到频谱函数 $F(\omega)$ 的运算，称为傅里叶变换。

从频谱函数 $F(\omega)$ 到时域信号 $f(t)$ 的变换，称为傅里叶反变换，具体如下：

$$f(t) = \frac{1}{2\pi} \int_{-\infty}^{\infty} F(\omega) e^{j\omega t} d\omega \tag{4.2-4}$$

式（4.2-3）和式（4.2-4）称为一组傅里叶变换对，可以表示为 $f(t) \leftrightarrow F(\omega)$。正变换可以用符号"$\mathcal{F}$"表示，反变换可以用符号"$\mathcal{F}^{-1}$"表示，即

$$F(\omega) = \mathcal{F}[f(t)], f(t) = \mathcal{F}^{-1}[F(\omega)]$$

从式（4.2-3）可以看出，频谱函数 $F(\omega)$ 通常为复数，可以写成实部和虚部的形式，也可以写成模和辐角的形式，即

$$F(\omega) = R(\omega) + jX(\omega), F(\omega) = |F(\omega)| e^{j\varphi(\omega)}$$

其中

$$|F(\omega)| = \sqrt{R^2(\omega) + X^2(\omega)}, \varphi(\omega) = \arctan \frac{X(\omega)}{R(\omega)}$$

通常把 $|F(\omega)|$ 称为振幅谱函数，$|F(\omega)|$-$\omega$ 关系曲线称为振幅谱；$\varphi(\omega)$ 称为相位谱函数，$\varphi(\omega)$-$\omega$ 关系曲线称为相位谱。与周期信号复指数形式的频谱图类似，非周期信号的

振幅谱是偶对称的，相位谱是奇对称的。

**2. 傅里叶变换的存在条件**

周期信号展开为傅里叶级数需要满足狄里赫利条件，类似地，傅里叶变换也需要满足一定的条件才存在。信号 $f(t)$ 存在傅里叶变换的充分条件是无限区间内信号绝对可积，即

$$\int_{-\infty}^{\infty} |f(t)| \mathrm{d}t < \infty \tag{4.2-5}$$

### 4.2.2 常用信号的傅里叶变换

**1. 因果指数衰减信号**

因果指数衰减信号的数学表达式为

$$f(t) = \mathrm{e}^{-at}\varepsilon(t)，a \text{ 为正实数}$$

其时域波形如图 4-11 所示。

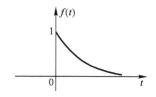

图 4-11 因果指数衰减信号的时域波形

因果指数衰减信号是绝对可积的，故根据傅里叶变换的定义式（4.2-3），其傅里叶变换为

$$F(\omega) = F[f(t)] = \int_{-\infty}^{\infty} \mathrm{e}^{-at}\varepsilon(t)\mathrm{e}^{-\mathrm{j}\omega t}\mathrm{d}t = \int_{0}^{\infty} \mathrm{e}^{-at}\mathrm{e}^{-\mathrm{j}\omega t}\mathrm{d}t$$

$$= -\frac{1}{a+\mathrm{j}\omega}\mathrm{e}^{-(a+\mathrm{j}\omega)t}\bigg|_{0}^{\infty} = \frac{1}{a+\mathrm{j}\omega}$$

即

$$\mathrm{e}^{-at}\varepsilon(t) \leftrightarrow \frac{1}{a+\mathrm{j}\omega} \tag{4.2-6}$$

因果指数衰减信号的振幅谱函数为 $|F(\omega)| = \frac{1}{\sqrt{a^2+\omega^2}}$。当 $\omega = 0$ 时，$|F(\omega)| = \frac{1}{a}$；当 $\omega \to \pm\infty$ 时，$|F(\omega)| \to 0$，所以振幅谱如图 4-12a 所示。相位谱函数 $\varphi(\omega) = -\arctan\frac{\omega}{a}$。当 $\omega = 0$ 时，$\varphi(\omega) \to 0$；当 $\omega \to +\infty$ 时，$\varphi(\omega) \to -\frac{\pi}{2}$；当 $\omega \to -\infty$ 时，$\varphi(\omega) \to \frac{\pi}{2}$。所以相位谱如图 4-12b 所示。

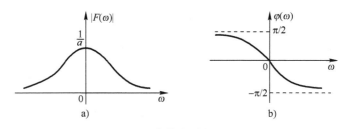

图 4-12 因果指数衰减信号的频谱图
a) 振幅谱 b) 相位谱

**2. 门函数**

幅度为 $E$、脉宽为 $\tau$ 的门函数的数学表达式为

$$f(t) = EG_{\tau}(t) = E\left[\varepsilon\left(t+\frac{\tau}{2}\right) - \varepsilon\left(t-\frac{\tau}{2}\right)\right]$$

其时域波形如图 4-13 所示。

门函数是绝对可积的，故其傅里叶变换为

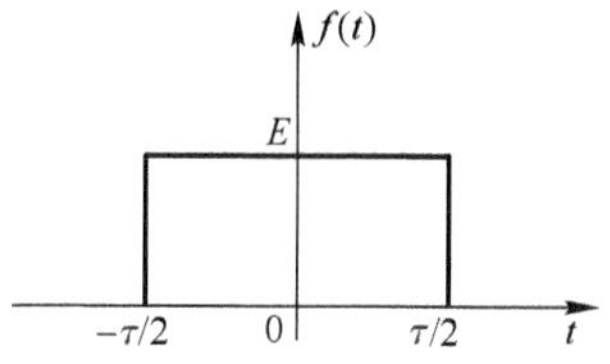

$$F(\omega) = \int_{-\infty}^{+\infty} EG_\tau(t) e^{-j\omega t} dt = \int_{-\tau/2}^{\tau/2} E e^{-j\omega t} dt$$

$$= E \left. \frac{e^{-j\omega t}}{-j\omega} \right|_{-\tau/2}^{\tau/2} = -\frac{E}{j\omega}(e^{-j\omega\tau/2} - e^{j\omega\tau/2})$$

$$= \frac{2Ej\sin\frac{\omega\tau}{2}}{j\omega} = \frac{E\tau \sin\frac{\omega\tau}{2}}{\omega\tau/2} = E\tau \mathrm{Sa}\left(\frac{\omega\tau}{2}\right)$$

即
$$EG_\tau(t) \leftrightarrow E\tau \mathrm{Sa}\left(\frac{\omega\tau}{2}\right) \tag{4.2-7}$$

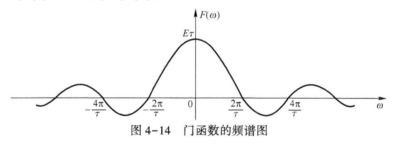

图 4-13　门函数的时域波形

从式 (4.2-7) 可以看出，门函数的频谱函数是抽样函数，它是实函数，没有虚部。类似于周期矩形脉冲信号的频谱，可以将振幅谱和相位谱合并为一幅图，如图 4-14 所示。注意此时纵轴为 $F(\omega)$，而不是 $|F(\omega)|$。

图 4-14　门函数的频谱图

也可以分别画出门函数的振幅谱和相位谱。由于 $F(\omega)$ 是实数，振幅谱函数就是 $F(\omega)$ 的绝对值，即 $|F(\omega)| = E\tau \left|\mathrm{Sa}\left(\frac{\omega\tau}{2}\right)\right|$，所以振幅谱如图 4-15a 所示。当 $F(\omega) \geq 0$ 时，相位谱函数 $\varphi(\omega) = 0$，当 $F(\omega) < 0$ 时，相位谱函数 $\varphi(\omega) = \pm\pi$，故相位谱如图 4-15b 所示。

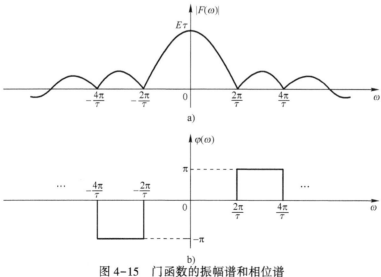

图 4-15　门函数的振幅谱和相位谱
a) 振幅谱　b) 相位谱

从图 4-15a 可以看出，门函数的频谱具有收敛性的特点，各频率分量的幅度随着频率的增加总体呈衰减趋势。而在第一个过零点频率之内，各频率点的幅值相对较大，集中了信号的主要能量，所以通常定义第一个过零点频率为门函数的频带宽度，简称带宽，用 $B_\omega$ 或 $B_f$ 表示，即

$$B_\omega = \frac{2\pi}{\tau}(\text{rad/s}), \quad B_f = \frac{1}{\tau}(\text{Hz}) \tag{4.2-8}$$

**3. 单位冲激信号**

单位冲激信号 $\delta(t)$ 的时域表达式为

$$\begin{cases} \int_{-\infty}^{\infty} \delta(t) \, dt = 1 \\ \delta(t) = 0, t \neq 0 \end{cases}$$

其时域波形如图 4-16 所示。

根据傅里叶变换的定义式（4.2-3），可得

$$F(\omega) = \int_{-\infty}^{+\infty} \delta(t) e^{-j\omega t} dt = \int_{-\infty}^{+\infty} \delta(t) dt = 1$$

即
$$\delta(t) \leftrightarrow 1 \tag{4.2-9}$$

从式（4.2-9）可以看出，单位冲激信号的频谱函数是常数 1，故其频谱图如 4-17 所示。

图 4-16  单位冲激信号的时域波形　　图 4-17  单位冲激信号的频谱图

对比图 4-17 和图 4-18 可以看出，单位冲激信号在时域上只存在于 0 时刻，而其频谱却包含从负无穷到正无穷的频率分量，也就是时域无限窄的信号，其频带是无限宽的。

**4. 直流信号**

直流信号 $f(t) = E$ 的时域波形如图 4-18 所示。可以看出，它不满足绝对可积条件，所以不能直接利用式（4.2-3）求取傅里叶变换。

这里先考虑 $\delta(\omega)$ 的傅里叶反变换。根据傅里叶反变换定义式（4.2-4），可得

$$\mathcal{F}^{-1}[\delta(\omega)] = \frac{1}{2\pi} \int_{-\infty}^{\infty} \delta(\omega) e^{j\omega t} d\omega = \frac{1}{2\pi} \int_{-\infty}^{\infty} \delta(\omega) d\omega = \frac{1}{2\pi}$$

即
$$\frac{1}{2\pi} \leftrightarrow \delta(\omega), \quad 1 \leftrightarrow 2\pi\delta(\omega) \tag{4.2-10}$$

因此直流信号 $f(t) = E$ 的傅里叶变换为 $2\pi E\delta(\omega)$。可以看出，直流信号的频谱函数是冲激函数，其频谱图如图 4-19 所示。

图 4-18  直流信号的时域波形　　图 4-19  直流信号的频谱图

对比图 4-18 和图 4-19 可以看出，直流信号在时域上是无限宽的，但是其频带却是无限窄的，只包含零频。

## 4.3 傅里叶变换的性质和定理

傅里叶变换对给出了信号的时域表示和频谱函数之间对应关系。信号既可以用时间函数 $f(t)$ 来描述，也可以用频谱函数 $F(\omega)$ 来描述。本节介绍傅里叶变换的常用性质和定理，讨论信号在时域进行某种运算时，其频率特性的变化，以加深信号时频域对应关系的理解，同时简单介绍一些傅里叶变换在通信系统中的应用。

**1. 线性性质**

若 $f_1(t) \leftrightarrow F_1(\omega), f_2(t) \leftrightarrow F_2(\omega)$，则

$$k_1 f_1(t) + k_2 f_2(t) \leftrightarrow k_1 F_1(\omega) + k_2 F_2(\omega) \tag{4.3-1}$$

其中，$k_1$ 和 $k_2$ 为任意常数。

式（4.3-1）可进一步推广为

$$\sum_{i=1}^{\infty} k_i f_i(t) \leftrightarrow \sum_{i=1}^{\infty} k_i F_i(\omega) \tag{4.3-2}$$

傅里叶变换的线性性质说明，当分析一个复杂信号的频谱时，可以将其分解为一些简单信号的线性叠加，有了这些简单的信号频谱，叠加在一起就可以得到复杂信号的频谱。

**例 4-7** 已知信号 $f(t)$ 的波形如图 4-20 所示，求其频谱函数 $F(\omega)$。

**解**：信号 $f(t)$ 可以分解为图 4-21 所示的门函数 $f_1(t)$ 和 $f_2(t)$ 的线性组合，即

$$f(t) = f_1(t) - f_2(t)$$

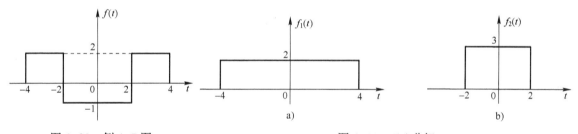

图 4-20 例 4-7 图　　　　图 4-21 $f(t)$ 分解

信号 $f_1(t)$ 是一个幅度为 2、脉宽 8 的门函数，根据门函数的傅里叶变换式（4.2-7），可得其频谱函数为

$$F_1(\omega) = \mathcal{F}[f_1(t)] = 16\mathrm{Sa}(4\omega)$$

类似地，信号 $f_2(t)$ 是一个幅度为 3、脉宽 4 的门函数，其频谱函数为

$$F_2(\omega) = \mathcal{F}[f_2(t)] = 12\mathrm{Sa}(2\omega)$$

根据傅里叶变换的线性性质，则信号 $f(t)$ 的频谱函数为

$$F(\omega) = F_1(\omega) - F_2(\omega) = 16\mathrm{Sa}(4\omega) - 12\mathrm{Sa}(2\omega)$$

**2. 尺度变换性质**

若 $f(t) \leftrightarrow F(\omega)$，则

$$f(at) \leftrightarrow \frac{1}{|a|} F\left(\frac{\omega}{a}\right) \tag{4.3-3}$$

其中，$a$ 为不为零的常数。

式 (4.3-3) 中，$f(at)$ 是信号 $f(t)$ 的时域尺度变换，而 $F\left(\dfrac{\omega}{a}\right)$ 是其频谱函数 $F(\omega)$ 的尺度变换。尺度变换性质说明信号在时域上进行尺度变换，其频谱也会产生尺度变换，只是两者的尺度变换类型相反，即时域压缩频域扩展，时域扩展频域压缩。

这里以门函数为例，讨论 $a=2$ 和 $a=\dfrac{1}{2}$ 两种情况下信号的时域波形和频谱图之间的对应关系。图 4-22a 是信号 $f(t)$ 的时域波形，它是一个幅度为 $E$、脉宽为 $\tau$ 的门函数，其频谱函数 $F(\omega)=E\tau\mathrm{Sa}\left(\dfrac{\omega\tau}{2}\right)$，图 4-22b 是其频谱图。

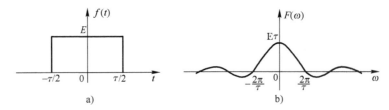

图 4-22 门函数及其频谱

当 $a=2$ 时，信号 $f(2t)$ 是 $f(t)$ 时域压缩一倍，所以时域波形如图 4-23a 所示，根据傅里叶变换的尺度变换性质，此时其频谱函数为

$$\mathcal{F}[f(2t)]=\dfrac{1}{2}F\left(\dfrac{\omega}{2}\right)$$

故其频谱图如图 4-23b 所示。可以看出，信号时域压缩一倍后，其频谱扩展一倍，同时频谱幅度也变为原来的 1/2。

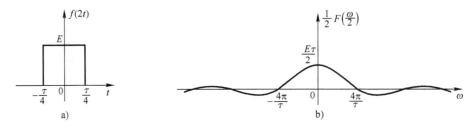

图 4-23 信号时域压缩及其频谱图

当 $a=\dfrac{1}{2}$ 时，信号 $f\left(\dfrac{t}{2}\right)$ 是 $f(t)$ 时域扩展一倍，所以时域波形如图 4-24a 所示，根据傅里叶变换的尺度变换性质，此时其频谱函数为

$$\mathcal{F}\left[f\left(\dfrac{t}{2}\right)\right]=2F(2\omega)$$

故其频谱图如图 4-24b 所示。可以看出，信号时域扩展一倍后，其频谱压缩一倍，同时频谱幅度也放大一倍。

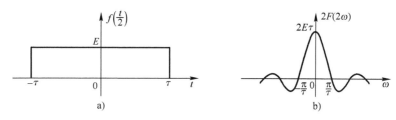

图 4-24 信号时域扩展及其频谱图

从上面的讨论可以看出，脉冲所持续的时间与它所占用的频带成反比。通信中有时为了提高数据传输速率，需要将信号持续时间压缩，这样做必然会使信号的频带展宽。这就是实现数据的高速传输需要提高信道带宽的原因。

**例 4-8** 已知信号 $f(t)$ 的最高频率为 $\omega_{\mathrm{m}}$，则信号 $f(3t)$ 和 $f\left(\dfrac{t}{3}\right)$ 的最高频率分别是多少？

**解**：设信号 $f(t)$ 的频谱函数为 $F(\omega)$，根据傅里叶变换的尺度变换性质，可知

$$f(3t) \leftrightarrow \frac{1}{3}F\left(\frac{\omega}{3}\right), \quad f\left(\frac{t}{3}\right) \leftrightarrow 3F(3\omega)$$

$F\left(\dfrac{\omega}{3}\right)$ 和 $F(3\omega)$ 的频谱分别是 $F(\omega)$ 的频谱扩展和压缩 3 倍，所以信号 $f(3t)$ 的最高频率为 $3\omega_{\mathrm{m}}$，信号 $f\left(\dfrac{t}{3}\right)$ 的最高频率是 $\dfrac{\omega_{\mathrm{m}}}{3}$。

**3. 时移性质**

若 $f(t) \leftrightarrow F(\omega)$，则

$$f(t \pm t_0) \leftrightarrow F(\omega)\mathrm{e}^{\pm \mathrm{j}\omega t_0} \tag{4.3-4}$$

因为 $F(\omega) = |F(\omega)|\mathrm{e}^{\mathrm{j}\varphi(\omega)}$，则

$$F(\omega)\mathrm{e}^{\pm \mathrm{j}\omega t_0} = |F(\omega)|\mathrm{e}^{\mathrm{j}\varphi(\omega)}\mathrm{e}^{\pm \mathrm{j}\omega t_0} = |F(\omega)|\mathrm{e}^{\mathrm{j}[\varphi(\omega) \pm \omega t_0]}$$

式（4.3-4）说明，信号在时域上进行移位，其频谱函数会增加一个相移，同时也说明信号时移不会改变其振幅谱。

**例 4-9** 已知 $f(t) \leftrightarrow F(\omega)$，求 $f(-2t+1)$ 的频谱函数 $F_1(\omega)$。

**解**：

$$f(-2t+1) = f\left[-2\left(t - \frac{1}{2}\right)\right]$$

根据傅里叶变换的尺度变换性质，有

$$f(-2t) \leftrightarrow \frac{1}{2}F\left(-\frac{\omega}{2}\right)$$

根据傅里叶变换的时移性质，有

$$f\left[-2\left(t - \frac{1}{2}\right)\right] \leftrightarrow \frac{1}{2}F\left(-\frac{\omega}{2}\right)\mathrm{e}^{-\frac{1}{2}\mathrm{j}\omega}$$

所以

$$F_1(\omega) = \frac{1}{2}F\left(-\frac{\omega}{2}\right)\mathrm{e}^{-\frac{1}{2}\mathrm{j}\omega}$$

**例 4-10** 已知信号 $f(t)$ 的波形如图 4-25 所示，求其频谱函数 $F(\omega)$。

**解**：设信号 $f_1(t)$ 的波形如图 4-26 所示，则 $f(t)=f_1(t+1)-f_1(t-1)$。

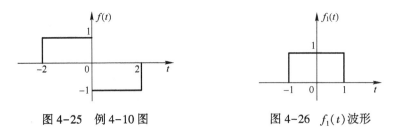

图 4-25　例 4-10 图　　　　　　图 4-26　$f_1(t)$ 波形

由于 $f_1(t)$ 是一个幅度为 1、脉宽为 2 的门函数，其频谱函数为

$$F_1(\omega)=2\mathrm{Sa}(\omega)$$

根据傅里叶变换的时移性质，则有

$$F(\omega)=F_1(\omega)\mathrm{e}^{\mathrm{j}\omega}-F_1(\omega)\mathrm{e}^{-\mathrm{j}\omega}=F_1(\omega)(\mathrm{e}^{\mathrm{j}\omega}-\mathrm{e}^{-\mathrm{j}\omega})$$
$$=2\mathrm{j}F_1(\omega)\sin\omega=4\mathrm{jSa}(\omega)\sin\omega$$

**4. 频移性质**

若 $f(t)\leftrightarrow F(\omega)$，则

$$f(t)\mathrm{e}^{\mathrm{j}\omega_0 t}\leftrightarrow F(\omega-\omega_0),\ f(t)\mathrm{e}^{-\mathrm{j}\omega_0 t}\leftrightarrow F(\omega+\omega_0) \tag{4.3-5}$$

式中，$F(\omega+\omega_0)$ 和 $F(\omega-\omega_0)$ 分别表示 $F(\omega)$ 在频域上左移 $\omega_0$ 和右移 $\omega_0$，所以频移性质说明，信号在时域中与因子 $\mathrm{e}^{\mathrm{j}\omega_0 t}$ 相乘，则该信号频谱将右移 $\omega_0$；信号在时域中与因子 $\mathrm{e}^{-\mathrm{j}\omega_0 t}$ 相乘，则该信号频谱将左移 $\omega_0$。

**例 4-11**　求信号 $\mathrm{e}^{\mathrm{j}\omega_0 t}$ 的频谱函数。

**解**：$\mathrm{e}^{\mathrm{j}\omega_0 t}=1\cdot\mathrm{e}^{\mathrm{j}\omega_0 t}$，因为

$$1\leftrightarrow 2\pi\delta(\omega)$$

根据傅里叶变换的频移性质，有

$$\mathcal{F}[\mathrm{e}^{\mathrm{j}\omega_0 t}]=2\pi\delta(\omega-\omega_0)$$

**例 4-12**　求信号 $f(t)\cos\omega_0 t$ 的频谱函数。

**解**：根据欧拉公式，$\cos\omega_0 t=\dfrac{1}{2}(\mathrm{e}^{\mathrm{j}\omega_0 t}+\mathrm{e}^{-\mathrm{j}\omega_0 t})$，故有

$$f(t)\cos\omega_0 t=\frac{1}{2}[f(t)\mathrm{e}^{\mathrm{j}\omega_0 t}+f(t)\mathrm{e}^{-\mathrm{j}\omega_0 t}]$$

根据傅里叶变换的频移性质，有

$$f(t)\cos\omega_0 t\leftrightarrow\frac{1}{2}[F(\omega-\omega_0)+F(\omega+\omega_0)] \tag{4.3-6}$$

类似地，有

$$f(t)\sin\omega_0 t\leftrightarrow\frac{\mathrm{j}}{2}[F(\omega+\omega_0)-F(\omega-\omega_0)] \tag{4.3-7}$$

**例 4-13**　求信号 $f(t)=G_2(t)\cos 100\pi t$ 的频谱函数，并画出其频谱图。

**解**：，$G_2(t)$ 是一个幅度为 1、脉宽为 2 的门函数，其时域波形如图 4-27a 所示，根据常用信号的傅里叶变换，可得 $\mathcal{F}[G_2(t)]=2\mathrm{Sa}(\omega)$，故其频谱图如图 4-27b 所示。

图 4-27 门函数及其频谱图

根据式（4.3-6），可得

$$G_2(t)\cos100\pi t \leftrightarrow \frac{1}{2}\times[2\mathrm{Sa}(\omega+100\pi)+2\mathrm{Sa}(\omega-100\pi)]$$
$$=\mathrm{Sa}(\omega+100\pi)+\mathrm{Sa}(\omega-100\pi)$$

故信号 $f(t)$ 的频谱图如图 4-28 所示。可以看出，它是 $G_2(t)$ 的频谱左移 $100\pi$ 加上右移 $100\pi$，同时幅度变为原来一半的结果。

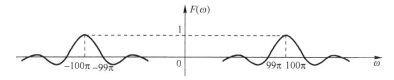

图 4-28 $f(t)$ 频谱图

在无线电通信中，为了将信号以电磁波的形式发射出去，实现远距离传输，需要把低频信号的频谱搬移到较高的发射频率附近。这种将信号的频谱搬移到所需的较高频段的过程称为调制，原理上就是发送方把待传输的信号 $s(t)$ 与高频信号 $\cos\omega_0 t$ 相乘，如图 4-29a 所示。其中 $\cos\omega_0 t$ 称为载波信号，$\omega_0$ 称为载波频率，通常远高于原信号的最高频率。

接收方收到调制信号 $g(t)$ 后，为了恢复原信号，就需要将调制信号的频谱再搬移回到原来的位置，此时可以再乘以 $\cos\omega_0 t$，如图 4-29b 所示，这个过程称为解调。

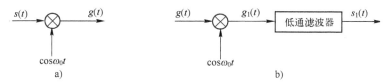

图 4-29 调制及解调过程

从图 4-29 可以看出，调制信号 $g(t)=s(t)\cos\omega_0 t$，故

$$g_1(t)=g(t)\cos\omega_0 t=s(t)\cos^2\omega_0 t=\frac{1}{2}s(t)(1+\cos2\omega_0 t)$$

信号 $g_1(t)$ 的频谱函数为

$$G_1(\omega)=\frac{1}{2}S(\omega)+\frac{1}{4}[S(\omega+2\omega_0)+S(\omega-2\omega_0)] \tag{4.3-8}$$

式中，$S(\omega)$ 是原信号 $s(t)$ 的频谱函数，$S(\omega+2\omega_0)$ 和 $S(\omega-2\omega_0)$ 分别是原信号频谱左移 $2\omega_0$ 和右移 $2\omega_0$ 的结果。所以 $g_1(t)$ 包含原信号的频率分量及其频移后的频率分量。通常原信号

频谱 $S(\omega)$ 主要集中在低频部分,而载波频率 $\omega_0$ 远大于原信号最高频率,所以 $S(\omega+2\omega_0)$ 和 $S(\omega-2\omega_0)$ 主要集中在高频部分,故在解调端加上一个低通滤波器,滤除高频,保留低频,即可恢复原信号。关于低通滤波器的相关知识,将在 4.4.4 节介绍。

**5. 时移微分性质**

若 $f(t) \leftrightarrow F(\omega)$,则

$$\frac{\mathrm{d}f(t)}{\mathrm{d}t} \leftrightarrow \mathrm{j}\omega F(\omega) \tag{4.3-9}$$

可进一步推广到高阶导数,即

$$\frac{\mathrm{d}^n f(t)}{\mathrm{d}t^n} \leftrightarrow (\mathrm{j}\omega)^n F(\omega) \tag{4.3-10}$$

从式(4.3-9)可以看出,信号在时域求一阶导数,其频谱函数变为原来的 $\mathrm{j}\omega$ 倍。这意味着经过微分运算,原信号的直流分量($\omega=0$)将完全被去除,频率越高的分量乘以的系数越大,故时域微分运算增强了信号中的高频成分,削弱了信号中的低频成分,滤除了信号中的直流成分。同时可以看出,时域上的微分运算对应着频域上的代数运算。若把此性质应用于解微分方程,可把时域微分方程变换为频域的代数方程,为微分方程的求解提供了一种新的方法。4.4.2 节将会介绍如何利用时域微分性质从频域上求解系统响应。

**例 4-14** 求信号 $f(t) = \dfrac{\mathrm{d}}{\mathrm{d}t}[\mathrm{e}^{-2(t-1)}\varepsilon(t-1)]$ 的频谱函数。

**解**:由于 $\mathrm{e}^{-2t}\varepsilon(t) \leftrightarrow \dfrac{1}{\mathrm{j}\omega+2}$,结合傅里叶变换的时移性质,可得

$$\mathrm{e}^{-2(t-1)}\varepsilon(t-1) \leftrightarrow \frac{1}{\mathrm{j}\omega+2}\mathrm{e}^{-\mathrm{j}\omega}$$

再根据傅里叶变换的时域微分性质,有

$$\frac{\mathrm{d}}{\mathrm{d}t}[\mathrm{e}^{-2(t-1)}\varepsilon(t-1)] \leftrightarrow \frac{\mathrm{j}\omega}{\mathrm{j}\omega+2}\mathrm{e}^{-\mathrm{j}\omega}$$

**6. 时域积分性质**

若 $f(t) \leftrightarrow F(\omega)$,则

$$\int_{-\infty}^{t} f(\tau)\mathrm{d}\tau \leftrightarrow \pi F(0)\delta(\omega) + \frac{F(\omega)}{\mathrm{j}\omega} \tag{4.3-11}$$

式中,$F(0) = F(\omega)|_{\omega=0} = \int_{-\infty}^{\infty} f(t)\mathrm{d}t$,其数值上等于信号 $f(t)$ 的面积。

若 $F(0) = 0$,则式(4.3-11)可以简写为

$$\int_{-\infty}^{t} f(\tau)\mathrm{d}\tau \leftrightarrow \frac{F(\omega)}{\mathrm{j}\omega} \tag{4.3-12}$$

**例 4-15** 求单位阶跃信号 $\varepsilon(t)$ 的频谱函数 $F(\omega)$。

**解**:由于单位阶跃信号 $\varepsilon(t)$ 不满足绝对可积条件,所以不能直接用定义式(4.2-3)求傅里叶变换,这里利用傅里叶变换的积分性质。

因为 $\delta(t) \leftrightarrow 1$,而 $\varepsilon(t) = \int_{-\infty}^{t}\delta(\tau)\mathrm{d}\tau$,所以有

$$F(\omega) = \mathcal{F}[\varepsilon(t)] = \pi\delta(\omega) + \frac{1}{\mathrm{j}\omega}$$

**例 4-16** 已知信号 $f(t)$ 的波形如图 4-30 所示，求其频谱函数 $F(\omega)$。

**解**：对信号 $f(t)$ 求导，其导数 $f'(t)$ 的波形如图 4-31 所示。

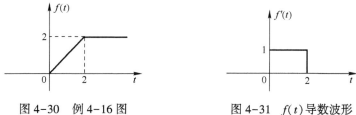

图 4-30　例 4-16 图　　　　图 4-31　$f(t)$ 导数波形

信号 $f'(t)$ 可看作是门函数 $G_2(t)$ 右移一个单位，即 $f'(t) = G_2(t-1)$，故有

$$F_1(\omega) = \mathcal{F}[f'(t)] = 2\text{Sa}(\omega)e^{-j\omega}$$

由于信号 $f(t)$ 是 $f'(t)$ 的积分，根据傅里叶变换的积分性质，则有

$$F(\omega) = \mathcal{F}\left[\int_{-\infty}^{t} f'(\tau)d\tau\right] = \pi F_1(0)\delta(\omega) + \frac{F_1(\omega)}{j\omega} = 2\pi\delta(\omega) + \frac{2\text{Sa}(\omega)}{j\omega}e^{-j\omega}$$

**7. 对称性**

若 $f(t) \leftrightarrow F(\omega)$，则

$$F(t) \leftrightarrow 2\pi f(-\omega) \tag{4.3-13}$$

若 $f(t)$ 为偶函数，则

$$F(t) \leftrightarrow 2\pi f(\omega) \tag{4.3-14}$$

从对称性可以看出，若信号 $f(t)$ 的频谱函数为 $F(\omega)$，则当时间函数为 $F(t)$ 时，其频谱函数只需要把 $f(t)$ 中的自变量 $t$ 换为 $\omega$，再反褶并乘以 $2\pi$ 即可。注意，$F(t)$ 和 $F(\omega)$、$f(t)$ 和 $f(\omega)$ 分别具有相同的函数形式，只是自变量不同。

**例 4-17** 求 $\text{Sa}(2t)$ 的傅里叶变换

**解**：因为 $EG_\tau(t) \leftrightarrow E\tau\text{Sa}\left(\dfrac{\omega\tau}{2}\right)$，故有

$$\frac{1}{4}G_4(t) \leftrightarrow \text{Sa}(2\omega)$$

根据傅里叶变换的对称性，则有

$$\text{Sa}(2t) \leftrightarrow 2\pi \times \frac{1}{4}G_4(-\omega) = \frac{\pi}{2}G_4(\omega)$$

可以看出，时域门函数的频谱函数是抽样函数，而时域抽样函数的频谱函数是门函数。例 4-17 的结论可进一步推广为

$$\text{Sa}(\omega_0 t) \leftrightarrow \frac{\pi}{\omega_0}G_{2\omega_0}(\omega) \tag{4.3-15}$$

**例 4-18** 已知信号 $f(t)$ 的频谱图如图 4-32 所示，求 $f(t)$ 的时域表达式。

**解**：从频谱图可以看出 $F(\omega) = G_8(\omega)$。根据式（4.3-15）可知

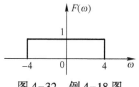

图 4-32　例 4-18 图

$$G_{2\omega_0}(\omega) \leftrightarrow \frac{\omega_0}{\pi}\text{Sa}(\omega_0 t)$$

故有
$$f(t) = \frac{4}{\pi}\text{Sa}(4t)$$

**8. 卷积定理**

(1) 时域卷积定理

若 $f_1(t) \leftrightarrow F_1(\omega)$, $f_2(t) \leftrightarrow F_2(\omega)$, 则

$$f_1(t) * f_2(t) \leftrightarrow F_1(\omega)F_2(\omega) \tag{4.3-16}$$

式 (4.3-16) 说明，两个信号在时域上卷积，其频谱函数做相乘运算。由于激励 $f(t)$ 通过系统所产生的零状态响应 $y(t)$ 等于 $f(t)$ 与系统单位冲激响应 $h(t)$ 的卷积，即

$$y(t) = f(t) * h(t)$$

若 $f(t) \leftrightarrow F(\omega)$, $h(t) \leftrightarrow H(\omega)$, $y(t) \leftrightarrow Y(\omega)$, 则根据时域卷积定理有

$$Y(\omega) = F(\omega)H(\omega)$$

所以求解系统零状态响应时，可以先计算出激励的频谱函数与单位冲激响应频谱函数的乘积，从而得到 $Y(\omega)$，再进行一次傅里叶反变换，即可得到零状态响应 $y(t)$。

**例 4-19** 已知某 LTI 系统的单位冲激响应 $h(t) = e^{-2t}\varepsilon(t)$，求当激励信号 $f(t) = e^{-t}\varepsilon(t)$ 时，系统的零状态响应 $y(t)$。

**解**：因为 $e^{-t}\varepsilon(t) \leftrightarrow \frac{1}{j\omega+1}$, $e^{-2t}\varepsilon(t) \leftrightarrow \frac{1}{j\omega+2}$，根据时域卷积定理，则零状态响应的频谱函数为

$$Y(\omega) = \frac{1}{j\omega+1} \cdot \frac{1}{j\omega+2} = \frac{1}{j\omega+1} - \frac{1}{j\omega+2}$$

所以系统的零状态响应为

$$y(t) = (e^{-t} - e^{-2t})\varepsilon(t)$$

(2) 频域卷积定理

若 $f_1(t) \leftrightarrow F_1(\omega)$, $f_2(t) \leftrightarrow F_2(\omega)$, 则

$$f_1(t)f_2(t) \leftrightarrow \frac{1}{2\pi}[F_1(\omega) * F_2(\omega)] \tag{4.3-17}$$

式 (4.3-17) 说明，两个信号时域相乘之后的频谱，是两个信号原频谱的卷积，幅度变为原来的 $1/(2\pi)$。

**例 4-20** 已知信号 $f(t)$ 的最高频率为 100 Hz，求信号 $f(t) * f(t/2)$ 和 $f(t)f(t/2)$ 的最高频率。

**解**：根据尺度变换性质，可知

$$f(t/2) \leftrightarrow 2F(2\omega)$$

所以 $f(t/2)$ 的最高频率为 50 Hz。

根据傅里叶变换的时域卷积定理，可知

$$f(t) * f(t/2) \leftrightarrow 2F(\omega)F(2\omega)$$

所以 $f(t) * f(t/2)$ 的最高频率 $f_{1m} = \min(100\text{ Hz}, 50\text{ Hz}) = 50\text{ Hz}$。

根据傅里叶变换的频域卷积定理，可知

$$f(t)f(t/2) \leftrightarrow \frac{1}{\pi}[F(\omega) * F(2\omega)]$$

所以 $f(t)f(t/2)$ 的最高频率 $f_{2m} = (100+50\text{ Hz}) = 150\text{ Hz}$。

表 4-1 汇总了常用傅里叶变换的性质和定理。

**表 4-1　常用傅里叶变换的性质和定理**

| 性　　质 | 时间函数 $f(t)$ | 频谱函数 $F(\omega)$ |
|---|---|---|
| 线性特性 | $k_1 f_1(t) + k_2 f_2(t)$ | $k_1 F_1(\omega) + k_2 F_2(\omega)$ |
| 对称性 | $F(t)$ | $2\pi f(-\omega)$ |
| 时移特性 | $f(t \pm t_0)$ | $F(\omega) e^{\pm j\omega t_0}$ |
| 尺度变换特性 | $f(at)$ | $\frac{1}{\|a\|} F\left(\frac{\omega}{a}\right)$ |
| 时域微分特性 | $\frac{d^n f(t)}{dt^n}$ | $(j\omega)^n F(\omega)$ |
| 频移特性 | $f(t) e^{\pm j\omega_0 t}$ | $F(\omega \mp \omega_0)$ |
| 时域积分特性 | $\int_{-\infty}^{t} f(\tau) d\tau$ | $\pi F(0)\delta(\omega) + \frac{1}{j\omega} F(\omega)$ |
| 时域卷积定理 | $f_1(t) * f_2(t)$ | $F_1(\omega) F_2(\omega)$ |
| 频域卷积定理 | $f_1(t) f_2(t)$ | $\frac{1}{2\pi} F_1(\omega) * F_2(\omega)$ |

## 4.4　系统频域分析

前面几节讨论了如何通过傅里叶变换获得信号的频谱函数,以及信号的时域特性和频率特性之间的对应关系。系统特性分析和系统响应求解也可以在频域进行。本节首先介绍系统函数的概念和求解方法,然后讨论如何利用频域分析方法求解系统响应,最后介绍信号通过线性时不变系统传输的一些重要概念,包括无失真传输和理想滤波器。

### 4.4.1　系统函数

**1. 系统函数及其意义**

从时域角度分析系统时,单位冲激响应 $h(t)$ 是体现系统自身特性的物理量。激励 $f(t)$ 通过系统产生零状态响应 $y(t)$ 可以用图 4-33 表示。

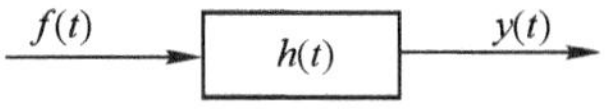

图 4-33　信号通过系统的时域模型

在系统的频域分析中,常用系统函数 $H(\omega)$ 来描述系统的作用和特性。系统函数是系统单位冲激响应的傅里叶变换,即

$$H(\omega) = \int_{-\infty}^{\infty} h(t) e^{-j\omega t} dt \tag{4.4-1}$$

系统函数也可以从系统输入/输出关系的角度来定义。在时域分析时,系统零状态响应 $y(t)=f(t)*h(t)$,根据傅里叶变换的时域卷积定理,可得 $Y(\omega)=F(\omega)H(\omega)$,故系统函数也可以定义为

$$H(\omega)=\frac{Y(\omega)}{F(\omega)} \qquad (4.4-2)$$

注意,系统函数体现系统自身特性,它与激励和响应无关,式(4.4-2)只是一种通过激励和响应来求解系统函数的方法,就如电阻可以通过电压除以电流来获得。

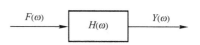

图4-34 信号通过系统的频域模型

采用频域分析方法时,信号通过系统产生响应可以用图4-34表示。

系统函数 $H(\omega)$ 有时也称为频响函数,其振幅谱称为幅频特性曲线,相位谱称为相频特性曲线,两者统称为频响特性曲线。

系统函数是如何体现系统自身特性的呢?假设输入信号的频谱函数为 $F(\omega)$,它可以写成模和辐角的形式,即

$$F(\omega)=|F(\omega)|\mathrm{e}^{j\varphi_\mathrm{f}(\omega)}$$

由于系统函数通常为复数,也可以写成模和辐角的形式,即

$$H(\omega)=|H(\omega)|\mathrm{e}^{j\varphi_\mathrm{h}(\omega)}$$

将系统响应 $Y(\omega)$ 也写为模和辐角的形式,即

$$Y(\omega)=F(\omega)H(\omega)=|Y(\omega)|\mathrm{e}^{j\varphi_\mathrm{y}(\omega)}$$

故有

$$|Y(\omega)|=|F(\omega)|\cdot|H(\omega)| \qquad (4.4-3)$$
$$\varphi_\mathrm{y}(\omega)=\varphi_\mathrm{f}(\omega)+\varphi_\mathrm{h}(\omega) \qquad (4.4-4)$$

从式(4.4-3)和式(4.4-4)可以看出,当信号通过系统时,系统会对输入信号的各频率分量进行处理,改变它们的幅度和相位,从而产生输出信号。幅度和相移具体改变多少,取决于系统函数在各频率点上的具体值。假设图4-35是某系统的幅频特性曲线和相频特性曲线。从幅频特性曲线可以看出,当激励通过该系统时,系统对激励信号中不同的频率分量幅度乘以不同的值,即放大不同的倍数,其中对直流分量($\omega=0$)幅度放大2倍,随着频率增加,幅度放大倍数逐渐减小,对激励信号中频率大于 $\omega_0$ 的分量则完全滤除。从相频特性曲线可以看出,当激励通过该系统时,系统对激励信号所有的频率分量相移都是 $-\pi/2$。所以从系统函数可以看出系统对输入信号不同频率分量的振幅和相位改变情况,这也是研究系统函数的意义所在。

图4-35 系统的幅频和相频特性曲线

**2. 系统函数的求解**

在分析实际系统时,有时需要根据给出的系统模型求解系统函数,以便进一步分析系统特性。这里主要讨论两种情况,一种是系统以数学模型(微分方程)的形式给出,另一种是系统以电路模型的方式给出。

(1) 已知系统微分方程,求系统函数

LTI 系统的数学模型为常系数线性微分方程,对于 $n$ 阶线性时不变系统,其数学模型为

$$a_n \frac{d^n y(t)}{dt^n} + a_{n-1} \frac{d^{n-1} y(t)}{dt^{n-1}} + \cdots + a_1 \frac{dy(t)}{dt} + a_0 y(t)$$
$$= b_m \frac{d^m f(t)}{dt^m} + b_{m-1} \frac{d^{m-1} f(t)}{dt^{m-1}} + \cdots + b_1 \frac{df(t)}{dt} + b_0 f(t) \quad (4.4\text{-}5)$$

由于式(4.4-5)给出的是系统激励和响应之间的时域关系,所以求取系统函数时,需要对微分方程两端同时进行傅里叶变换,以得到响应频谱函数与激励频谱函数的关系,再通过两者相除获得系统函数。

**例 4-21** 已知描述某系统的微分方程为

$$\frac{d^2 y(t)}{dt^2} + 4 \frac{dy(t)}{dt} + 3y(t) = f(t)$$

求该系统的系统函数 $H(\omega)$。

**解**:对微分方程两边同时进行傅里叶变换,根据傅里叶变换的微分性质可得

$$(j\omega)^2 Y(\omega) + 4(j\omega) Y(\omega) + 3Y(\omega) = F(\omega)$$
$$[(j\omega)^2 + 4(j\omega) + 3] Y(\omega) = F(\omega)$$

根据系统函数的定义,可得

$$H(\omega) = \frac{Y(\omega)}{F(\omega)} = \frac{1}{(j\omega)^2 + 4(j\omega) + 3}$$

在第 3 章讨论时域分析方法时,对于给出系统微分方程求解单位冲激响应的问题,采用的是冲激函数匹配法。由于系统函数是单位冲激响应的傅里叶变换,所以也可以采用频域求解方法,先求出系统函数,再进行一次傅里叶反变换以得到单位冲激响应。

将例 4-21 中的系统函数 $H(\omega)$ 进行部分分式分解,可得

$$H(\omega) = \frac{1}{(j\omega)^2 + 4(j\omega) + 3} = \frac{1/2}{j\omega + 1} - \frac{1/2}{j\omega + 3}$$

根据指数信号的傅里叶变换对 $e^{-at} \varepsilon(t) \leftrightarrow \frac{1}{j\omega + a}$,可得

$$h(t) = \frac{1}{2}(e^{-t} - e^{-3t}) \varepsilon(t)$$

(2) 已知系统电路模型,求系统函数

图 4-36 是一个 RLC 串联电路,假设激励为电压源 $e(t)$,响应为电容电压 $u_C(t)$。求该系统的系统函数,可以先写出描述该电路激励和响应关系的微分方程,再利用上面讨论的方法求系统函数。这里介绍一种利用频域电路模型求解系统函数的方法。

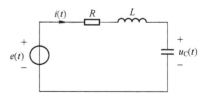

图 4-36 RLC 串联电路的时域模型

所谓频域电路模型，就是将电路中的元件、激励和响应全部表示为频域形式。电容元件的时域模型如图 4-37a 所示，在关联参考方向下，其伏安关系可以表示为

$$i_C(t) = C\frac{du_C(t)}{dt} \tag{4.4-6}$$

对式 (4.4-6) 两端同时进行傅里叶变换，根据傅里叶变换的时域微分性质，可得

$$I_C(\omega) = j\omega C U_C(\omega) \tag{4.4-7}$$

式 (4.4-7) 进一步可以改写为

$$U_C(\omega) = \frac{1}{j\omega C} I_C(\omega) \tag{4.4-8}$$

式 (4.4-8) 可以看作电容的频域伏安关系，即电容的频域电压 $U_C(\omega)$ 等于 $1/(j\omega C)$ 乘以频域电流 $I_C(\omega)$，其中 $1/(j\omega C)$ 为容抗。对应的电容频域模型如图 4-37b 所示。

图 4-37 电容元件的时域和频域模型

电感元件的时域模型如图 4-38a 所示，在关联参考方向下，其伏安关系可以表示为

$$u_L(t) = L\frac{di_L(t)}{dt} \tag{4.4-9}$$

对式 (4.4-9) 两端同时进行傅里叶变换，根据傅里叶变换的时域微分性质，可得

$$U_L(\omega) = j\omega L I_L(\omega) \tag{4.4-10}$$

式 (4.4-10) 可以看作电感的频域伏安关系，即电感的频域电压 $U_C(\omega)$ 等于 $j\omega L$ 乘以频域电流 $I_L(\omega)$，其中 $j\omega L$ 为感抗。对应的电感频域模型如图 4-38b 所示。

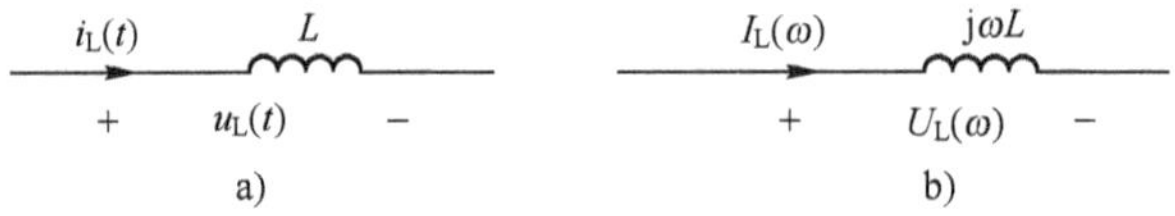

图 4-38 电感元件的时域和频域模型

电阻元件的时域模型如图 4-39a 所示，在关联参考方向下，其伏安可以表示为

$$u_R(t) = i_R(t)R \tag{4.4-11}$$

对式 (4.4-11) 两端进行傅里叶变换，可得

$$U_R(\omega) = I_R(\omega)R \tag{4.4-12}$$

所以电阻元件的频域模型如图 4-39b 所示。

图 4-39 电阻元件的时域和频域模型

有了元件的频域模型，再将电路中的其他变量都用频域形式表示，就可以得到频域电路模型。图 4-36 所示电路所对应的频域模型如图 4-40 所示。

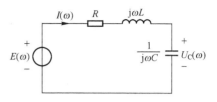

图 4-40 RLC 串联电路的频域模型

为了求取图 4-40 所示电路的系统函数，就需要建立响应 $U_C(\omega)$ 和激励 $E(\omega)$ 之间的关系，这需要列出电路方程。时域中的 KCL 和 KVL 方程分别为

$$\sum_{m=0}^{n} i_m(t) = 0, \quad \sum_{m=0}^{n} u_m(t) = 0$$

根据傅里叶变换的线性性质，可得

$$\sum_{m=0}^{n} I_m(\omega) = 0, \quad \sum_{m=0}^{n} U_m(\omega) = 0 \qquad (4.4\text{-}13)$$

式 (4.4-13) 可以看作为频域的 KCL 和 KVL 方程。再结合元件的频域模型，就可以根据具体电路结构建立电路的频域方程，从而实现从频域上分析电路。

**例 4-22** 已知 RC 串联电路如图 4-41 所示，其中激励为电压源 $f(t)$，响应为电阻电压 $u_R(t)$，求系统函数 $H(\omega)$。

**解**：RC 串联电路的频域模型如图 4-42 所示。列写频域电路的 KVL 方程，可得

$$I(\omega)\left(R + \frac{1}{j\omega C}\right) = F(\omega)$$

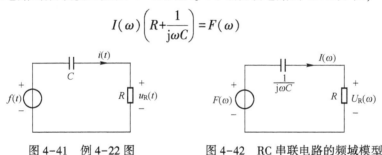

图 4-41 例 4-22 图 　　　图 4-42 RC 串联电路的频域模型

根据电阻元件的频域伏安关系，有

$$I(\omega) = \frac{U_R(\omega)}{R}$$

代入 KVL 方程，可得

$$U_R(\omega)\left(1 + \frac{1}{j\omega RC}\right) = F(\omega)$$

根据系统函数的定义，可得

$$H(\omega) = \frac{U_R(\omega)}{F(\omega)} = \frac{1}{1 + 1/(j\omega RC)}$$

## 4.4.2 系统响应的频域求解

信号通过系统会产生一定的响应。系统响应既可以采用第 3 章讨论的方法从时域上分析求解，也可以利用频域分析方法求解，本节主要讨论在已知激励和系统函数的情况下，如何利用频域分析方法求解系统响应。

**1. 激励包含有限个频率分量**

设激励为正弦信号 $f(t)=A\sin\omega_0 t$，系统函数为 $H(\omega)=|H(\omega)|e^{j\varphi(\omega)}$。当信号 $f(t)$ 通过该系统时，系统会对输入信号的不同频率分量进行幅度放大和相移。可以看出输入信号只有 $\omega_0$ 一个频率分量，而 $H(\omega_0)=|H(\omega_0)|e^{j\varphi(\omega_0)}$，所以系统对输入信号中 $\omega_0$ 的频率分量幅度放大 $|H(\omega_0)|$ 倍，相移为 $\varphi(\omega_0)$，故系统的输出为

$$y(t)=A|H(\omega_0)|\sin[\omega_0 t+\varphi(\omega_0)] \tag{4.4-14}$$

从式 (4.4-14) 可以看出，当激励为正弦信号时，系统响应为同频率的正弦信号，只是产生了幅度加权和相移。

类似地，当信号包含有限个频率时，只要找出系统函数对每个频率分量的幅度放大和相移情况，就可以直接写出系统响应。

**例 4-23** 已知某系统的系统函数 $H(\omega)=\dfrac{2+j\omega}{2-j\omega}$，求激励信号 $f(t)=2+\sin 2t$ 时系统的响应 $y(t)$。

**解**：激励信号 $f(t)$ 只包含 $\omega=0$ 和 $\omega=2$ 的频率成分，只需找出系统对这两个频率分量的幅度放大和相移量，即可获得系统响应。从系统函数的表达式可以看出

$$H(\omega)|_{\omega=0}=1, \quad H(\omega)|_{\omega=2}=\frac{2-2j}{2+2j}$$

故可得

$$|H(0)|=1, \quad \varphi(0)=0$$

$$|H(2)|=1, \quad \varphi(2)=\arctan(-1)-\arctan 1=-\frac{\pi}{2}$$

所以系统响应为

$$y(t)=2\times H(0)+H(2)\sin[2t-\varphi(2)]=2+\sin\left(2t-\frac{\pi}{2}\right)$$

**例 4-24** 已知某系统的幅频特性曲线和相频特性曲线如图 4-43 所示，求当激励 $f(t)=2+4\cos 5t+2\cos 10t$ 时，系统的输出 $y(t)$。

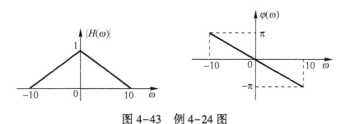

图 4-43 例 4-24 图

**解**：输入信号包含 $\omega=0$、$\omega=5$ 和 $\omega=10$ 三个频率分量。从系统的幅频特性和相频特性曲线可以看出，在这些频率点上系统函数的值分别为

$$|H(0)|=1, \quad \varphi(0)=0$$

$$|H(5)|=\frac{1}{2}, \quad \varphi(5)=-\frac{\pi}{2}$$

$$|H(10)|=0, \quad \varphi(10)=-\pi$$

所以系统输出为
$$y(t) = 2 + 4 \times \frac{1}{2}\cos\left(5t - \frac{\pi}{2}\right) = 2 + 2\cos\left(5t - \frac{\pi}{2}\right)$$

**例 4-25** 已知 RL 串联电路如图 4-44 所示，其中 $R = 10\,\Omega$，$L = 1\text{H}$，激励 $f(t) = 20\sin 10t\text{V}$，求电路中电流 $i(t)$。

**解**：RL 串联电路的频域模型如图 4-45 所示。列写电路的 KVL 方程，可得
$$I(\omega)(R + j\omega L) = F(\omega)$$

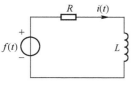
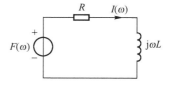

图 4-44  例 4-25 图　　　　图 4-45  RL 串联电路的频域模型

故系统函数为
$$H(\omega) = \frac{I(\omega)}{F(\omega)} = \frac{1}{j\omega L + R} = \frac{1}{j\omega + 10}$$

由于激励信号 $f(t)$ 只有 $\omega = 10$ 的频率成分，且有
$$H(\omega)\big|_{\omega=10} = \frac{1}{10 + 10j} = \frac{1}{10\sqrt{2}}e^{-j\frac{\pi}{4}}$$

即
$$|H(10)| = \frac{1}{10\sqrt{2}},\quad \varphi(10) = -\frac{\pi}{4}$$

故电路中的电流为
$$i(t) = 20 \times \frac{1}{10\sqrt{2}}\sin\left(10t - \frac{\pi}{4}\right)\text{A} = \sqrt{2}\sin\left(10t - \frac{\pi}{4}\right)\text{A}$$

**2. 激励为非周期信号**

非周期信号的频谱是连续谱，包含无穷多频率分量，所以不便独立求系统对每个频率分量的幅度加权和相移。故求系统零状态响应的一般步骤如下：

（1）根据已知条件，求得激励信号的频谱函数。
（2）结合系统的频域模型，求出系统响应的频谱函数 $Y(\omega)$。
（3）利用傅里叶反变换，求出系统响应的时域表示。

**例 4-26** 已知描述某 LTI 系统的微分方程为
$$\frac{d^2 y(t)}{dt^2} + 5\frac{dy(t)}{dt} + 6y(t) = \frac{df(t)}{dt} + f(t)$$

求激励 $f(t) = e^{-t}\varepsilon(t)$ 时，该系统的零状态响应 $y(t)$。

**解**：对微分方程两端同时进行傅里叶变换，根据时域微分性质可得
$$(j\omega)^2 Y(\omega) + 5j\omega Y(\omega) + 6Y(\omega) = j\omega F(\omega) + F(\omega)$$
$$Y(\omega) = \frac{j\omega + 1}{(j\omega)^2 + 5j\omega + 6}F(\omega) = \frac{j\omega + 1}{(j\omega + 2)(j\omega + 3)}F(\omega)$$

$$f(t) = e^{-t}\varepsilon(t) \leftrightarrow F(\omega) = \frac{1}{j\omega+1}$$

故系统响应的频谱函数为

$$Y(\omega) = \frac{j\omega+1}{(j\omega+2)(j\omega+3)} \cdot \frac{1}{j\omega+1} = \frac{1}{(j\omega+2)(j\omega+3)}$$

$$= \frac{1}{j\omega+2} - \frac{1}{j\omega+3}$$

所以系统的零状态响应为

$$y(t) = \mathcal{F}^{-1}[Y(\omega)] = e^{-2t}\varepsilon(t) - e^{-3t}\varepsilon(t) = (e^{-2t} - e^{-3t})\varepsilon(t)$$

**例 4-27** 已知图 4-46 所示的 RC 串联电路，其中 $R=0.5\,\Omega$，$C=2\,\mathrm{F}$，激励为 $f(t) = e^{-2t}\varepsilon(t)$，求电路中电流 $i(t)$。

**解**：RC 串联电路的频域模型如图 4-47 所示。列写回路方程，可得

$$I(\omega)\left(R + \frac{1}{j\omega C}\right) = F(\omega)$$

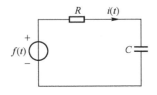
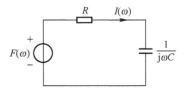

图 4-46　例 4-27 图　　　　图 4-47　RC 串联电路的频域模型

则电流 $i(t)$ 的频谱函数为

$$I(\omega) = \frac{F(\omega)}{R + 1/(j\omega C)} = \frac{j\omega C F(\omega)}{j\omega RC+1} = \frac{2j\omega F(\omega)}{j\omega+1}$$

由于 $e^{-2t}\varepsilon(t) \leftrightarrow \dfrac{1}{j\omega+2}$，可得

$$I(\omega) = \frac{2j\omega}{(j\omega+1)(j\omega+2)} = \frac{4}{j\omega+2} - \frac{2}{j\omega+1}$$

所以电路中电流为

$$i(t) = (4e^{-2t} - 2e^{-t})\varepsilon(t)$$

在时域分析法中，当求解任意激励作用于系统所产生的零状态响应时，采用了激励卷积单位冲激响应的方法，所以要先列出系统的微分方程，求出单位冲激响应，再进行卷积运算。频域分析中，利用了傅里叶变换的微分性质，将微分运算转换为代数运算，将时域卷积运算转换为频域相乘运算，在一定程度上简化了系统响应的求解。

### 4.4.3　无失真传输

信号通过系统传输时，系统通常会对输入信号进行某种处理，这使得输入和输出波形可能有所不同。例如，当图 4-48a 所示激励信号 $f(t) = \varepsilon(t)$ 通过图 4-48b 所示电路时，系统响应 $u_C(t)$ 的波形如图 4-48c 所示。可以看出输入信号与输出信号的波形形状不同，通常就称信号 $f(t)$ 通过该电路系统传输时产生了失真。

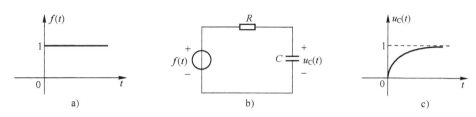

图 4-48 阶跃信号通过 RC 串联电路

在很多实际应用场合，希望系统能够无失真传输信号。例如，在使用扬声器时，就希望扬声器能够无失真地放大声音。无失真传输是指信号通过系统后，输出信号与输入信号相比，只有幅度大小和时延变化，而波形形状不变，如图 4-49 所示。若系统对任意输入信号都能进行无失真传输，则该系统称为无失真传输系统。

图 4-49 系统通过无失真传输系统

由于信号通过系统无失真传输时，幅度可以等比例放大，也可以存在一定的时延，所以输入 $f(t)$ 和输出 $y(t)$ 关系可以表示为

$$y(t) = Kf(t-t_0) \tag{4.4-15}$$

对式 (4.4-15) 两边同时进行傅里叶变换，可得

$$Y(\omega) = KF(\omega)e^{-j\omega t_0}$$

故无失真传输系统的系统函数为

$$H(\omega) = \frac{Y(\omega)}{F(\omega)} = Ke^{-j\omega t_0} \tag{4.4-16}$$

式 (4.4-16) 称为系统为无失真传输系统的频域条件。对式 (4.4-16) 两边同时进行傅里叶反变换，可得

$$h(t) = K\delta(t-t_0) \tag{4.4-17}$$

式 (4.4-17) 称为系统为无失真传输系统的时域条件。从式 (4.4-16) 还可以看出无失真传输系统的振幅谱函数和相位谱函数分别为

$$|H(\omega)| = K, \quad \varphi(\omega) = -\omega t_0 \tag{4.4-18}$$

所以无失真传输系统的幅频特性曲线和相频特性曲线如图 4-50 所示。

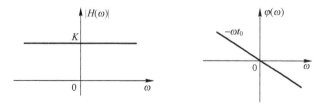

图 4-50 无失真传输系统幅频和相频特性曲线

从图 4-50 可以看出，无失真传输系统的幅频特性曲线是常数。由于信号通过系统时，输入信号各频率分量的振幅是与系统函数对应频率点的幅值相乘，振幅谱是常数，就意味着无失真传输系统对输入信号的所有频率分量的振幅放大同样的倍数。如果系统对输入信号各频率分量振幅放大倍数不同，就称为信号通过系统发生了幅度失真。

从图 4-50 也可以看出，无失真传输系统的相频特性曲线是一条过原点的直线。由于相频特性曲线体现了系统对输入信号各频率分量的相移情况，所以也就是意味着无失真传输系统对输入各频率分量产生的相移与频率成正比，频率越大，产生的相移也越大。为什么相移要与频率成正比？这里简单分析一下。

假设系统的输入信号为 $f(t)=\sin\omega_1 t+\sin\omega_2 t$，输出信号为 $y(t)=\sin(\omega_1 t+\varphi_1)+\sin(\omega_2 t+\varphi_2)$，这里不考虑幅度的变化。可以看出输入信号包含 $\omega_1$ 和 $\omega_2$ 两个频率分量，而系统对这两个频率分量产生的相移分别为 $\varphi_1$ 和 $\varphi_2$。输出信号 $y(t)$ 也可以改写为

$$y(t)=\sin\left[\omega_1\left(t+\frac{\varphi_1}{\omega_1}\right)\right]+\sin\left[\omega_2\left(t+\frac{\varphi_2}{\omega_2}\right)\right] \tag{4.4-19}$$

若系统是无失真传输系统，在不考虑幅度变化的情况下，系统输出是输入信号延时 $t_0$，故有

$$y(t)=f(t-t_0)=\sin[\omega_1(t-t_0)]+\sin[\omega_2(t-t_0)] \tag{4.4-20}$$

对比式（4.4-19）和式（4.4-20）可以看出，若系统是无失真传输系统，则有

$$\frac{\varphi_1}{\omega_1}=\frac{\varphi_2}{\omega_2}=-t_0,\ \varphi_1=-\omega_1 t_0,\ \varphi_2=-\omega_2 t_0 \tag{4.4-21}$$

即信号通过无失真传输系统时产生的相移与频率成正比。只有这样，才能保证各频率分量通过系统时有相同的延迟时间，叠加方能不失真。若不满足式（4.4-21），就称信号通过系统时产生了相位失真。

在通信系统中，通常用群时延 $\tau$ 来表示传输系统的相频特性，定义如下：

$$\tau=-\frac{\mathrm{d}\varphi(\omega)}{\mathrm{d}\omega} \tag{4.4-22}$$

故不产生相位失真的情况下，系统的群时延为常数。

**例 4-28** 已知某系统的幅频特性曲线和相频特性曲线如图 4-51 所示。（1）求当输入分别为 $f_1(t)=\cos t+\cos 8t$ 和 $f_2(t)=\cos 2t+\cos 4t$ 时，系统的输出 $y_1(t)$ 和 $y_2(t)$；（2）$y_1(t)$ 和 $y_2(t)$ 有无失真？若有失真，指出为何种失真。

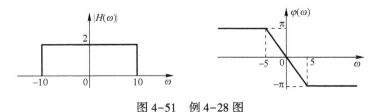

图 4-51 例 4-28 图

**解**：（1）输入信号 $f_1(t)$ 包含 $\omega=1$ 和 $\omega=8$ 的频率成分，从系统的幅频和相频特性曲线可以看出

$$|H(1)|=2, \quad \varphi(1)=-\frac{\pi}{5}$$

$$|H(8)|=2, \quad \varphi(8)=-\pi$$

故当输入信号为 $f_1(t)$ 时,系统输出为

$$y_1(t)=2\cos\left(t-\frac{\pi}{5}\right)+2\cos(8t-\pi)$$

输入信号 $f_2(t)$ 包含 $\omega=2$ 和 $\omega=4$ 的频率成分,从系统的幅频和相频特性曲线可以看出

$$|H(2)|=2, \quad \varphi(1)=-\frac{2\pi}{5}$$

$$|H(4)|=2, \quad \varphi(4)=-\frac{4\pi}{5}$$

故当输入信号为 $f_2(t)$ 时,系统输出为

$$y_2(t)=2\cos\left(t-\frac{2\pi}{5}\right)+2\cos\left(4t-\frac{4\pi}{5}\right)$$

(2)信号 $f_1(t)$ 通过系统时,系统对输入信号的两个频率分量幅度放大倍数相同,但是产生的相移与频率不成正比,所以输出信号 $y_1(t)$ 有失真,为相位失真。

信号 $f_2(t)$ 通过系统时,系统对输入信号的两个频率分量幅度放大倍数相同,产生的相移也与频率成正比,所以输出信号 $y_2(t)$ 无失真。

从图 4-52 可以看出,该系统并不符合式 (4.4-16) 的要求,所以它不是一个无失真传输系统,但这并不意味着所有信号通过该系统都会产生失真,例 4-28 中信号 $f_2(t)$ 通过该系统就实现了无失真传输。在实际工程应用中,并不一定要求严格意义上的无失真传输系统,通常只需要系统能够将给定范围的输入信号无失真传输即可。

**例 4-29** 已知电路结构如图 4-52 所示,其中 $R_1=2\Omega, R_2=1\Omega$,$C_1=1F$ 和 $C_2=2F$。若输入为电压 $u_1(t)$,输出为电压 $u_2(t)$,判断该电路是否为无失真传输系统。

**解**:电路的频域电路模型如图 4-53 所示。该电路的系统函数为

$$H(\omega)=\frac{U_2(\omega)}{U_1(\omega)}=\frac{\left(R_2//\dfrac{1}{j\omega C_2}\right)}{\left(R_1//\dfrac{1}{j\omega C_1}\right)+\left(R_2//\dfrac{1}{j\omega C_2}\right)}$$

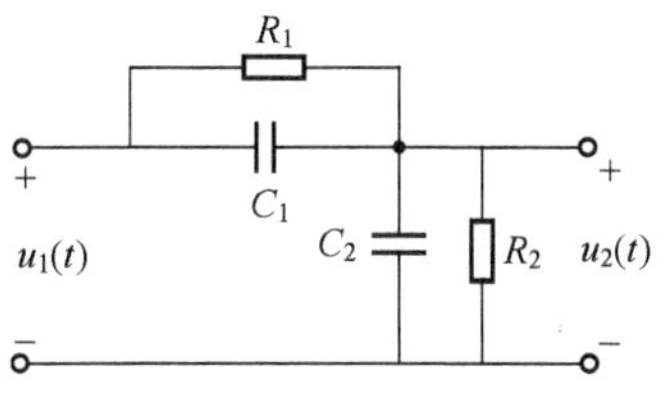

图 4-52 例 4-29 图 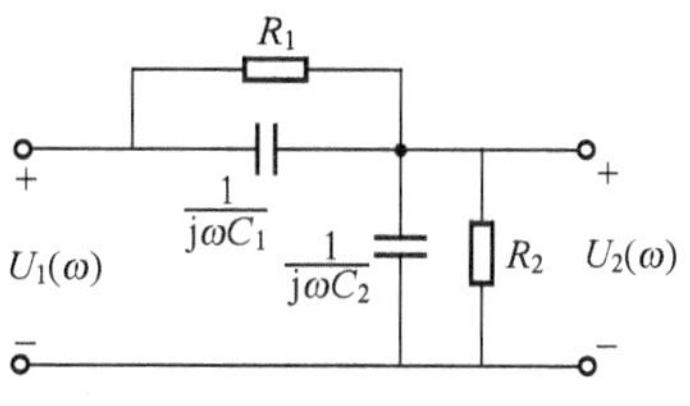　　图 4-53 例 4-29 频域电路模型

代入 $R_1=2\Omega$、$R_2=1\Omega$、$C_1=1F$ 和 $C_2=2F$,可得

$$H(\omega)=\frac{1//\dfrac{1}{2j\omega}}{\left(2//\dfrac{1}{j\omega}\right)+\left(1//\dfrac{1}{2j\omega}\right)}=\frac{1}{3}$$

由于系统函数为常数，所以该电路为无失真传输系统。

### 4.4.4 理想滤波器

信号在传输和处理过程中可能会遇到一些干扰，如电路和空气中的各种噪声，而去除这些干扰，有时可以采用滤波的方式。所谓滤波就是保留信号中所需要的频率分量，同时抑制不需要的频率分量的过程，而滤波器就是具有这种频率选择功能的电路或系统。

本节主要讨论理想滤波器。所谓理想滤波器就是将滤波器的某些特性理想化而定义的滤波网络，其幅频特性曲线在某一个或某几个频率段内为常数，而在其他频率段内为零。也就是说，理想滤波器只允许某一个或某几个频段范围内的信号分量完全通过，而在其他频段内的信号分量则完全被滤除。

根据要保留或滤除的频率范围，理想滤波器通常划分为4种，即理想低通滤波器、理想高通滤波器、理想带通滤波器和理想带阻滤波器。图 4-54 给出了 4 种理想滤波器的幅频特性曲线。由于信号通过滤波器时，输出信号的频谱是输入信号的频谱与滤波器的系统函数相乘，所以从幅频特性曲线可以看出，信号通过理想低通滤波器时，只保留了 $|\omega|<\omega_c$ 的低频分量，而滤除了其他高频分量；信号通过理想高通滤波器时，低频分量被滤除，只保留了 $|\omega|>\omega_c$ 的高频分量。类似地，理想带通滤波器只保留输入信号中 $\omega_l<|\omega|<\omega_h$ 的频率分量，而理想带阻滤波器只滤除 $\omega_l<|\omega|<\omega_h$ 的频率分量。通常把滤波器保留的频率范围称为滤波器的通带，把滤波器抑制（滤除）的频率范围称为滤波器的阻带。从图 4-54 可以看出，理想滤波器在通带内 $|H(\omega)|=1$，在阻带内 $|H(\omega)|=0$。

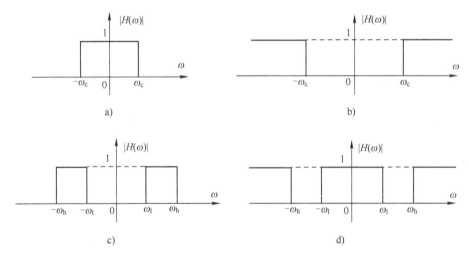

图 4-54 理想滤波器的幅频特性曲线
a) 理想低通滤波器　b) 理想高通滤波器　c) 理想带通滤波器　d) 理想带阻滤波器

下面重点对理想低通滤波器的特性进行分析。图 4-55 是理想低通滤波器的幅频特性曲线和相频特性曲线。

从图 4-55 的幅频和相频特性曲线可以看出，理想低通滤波器的幅度谱函数和相位谱函数分别为

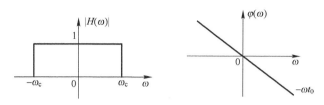

图 4-55 理想低通滤波器的幅频和相频特性曲线

$$|H(\omega)| = G_{2\omega_c}(\omega), \quad \varphi(\omega) = -\omega t_0 \tag{4.4-23}$$

当信号通过理想低通滤波器时，$|\omega|<\omega_c$ 的频率分量可以无失真传输，其他频率分量则完全被滤除。通常称 $\omega_c$ 为理想低通滤波器的截止频率。

信号通过理想低通滤波器输出时，其时域波形会是怎么的呢？这里以单位冲激信号为例。图 4-56 是单位冲激信号的时域波形。它通过理想低通滤波器后，产生的输出其实就是理想滤波器的单位冲激响应 $h(t)$。由式（4.4-23）可以看出，理想低通滤波器的系统函数为

$$H(\omega) = G_{2\omega_c}(\omega) e^{-j\omega t_0} \tag{4.4-24}$$

其单位冲激响应为系统函数的傅里叶反变换。由式（4.3-15）可知

$$G_{2\omega_c}(\omega) \leftrightarrow \frac{\omega_c}{\pi} \text{Sa}(\omega_c t)$$

结合傅里叶变换的时移性质，则理想滤波器的单位冲激响应为

$$h(t) = \frac{\omega_c}{\pi} \text{Sa}[\omega_c(t-t_0)] \tag{4.4-25}$$

理想低通滤波器的单位冲激响应波形如图 4-57 所示。可以看出单位冲激信号通过理想低通滤波器后产生了失真。这是因为 $\delta(t) \leftrightarrow 1$，也就是单位冲激信号包含从负无穷到正无穷的频率分量，而通过理想低通滤波器后，只保留了 $|\omega|<\omega_c$ 的频率分量，其他频率分量被完全滤除，故输出产生了失真。

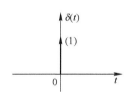 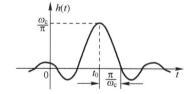

图 4-56 单位冲激信号波形　　图 4-57 理想低通滤波器的单位冲激响应波形

对比图 4-56 和图 4-57 可以看出，单位冲激信号是在 $t=0$ 时刻加入系统，而产生的响应在 $t<0$ 就存在了，也就是说，输出超前输入，所以理想低通滤波器是非因果系统，也称为物理不可实现系统。实际上如果系统的幅频特性在某段频带内为零，则该系统就是物理不可实现的。所以不仅理想低通滤波器是物理不可实现的，理想高通、理想带通、理想带阻滤波器都是物理不可实现的。

**例 4-30** 已知系统的结构如图 4-58a 所示，其中

$$H(\omega) = \begin{cases} 1, & |\omega|<6 \\ 0, & |\omega|>6 \end{cases}$$

若系统输入信号 $f(t)$ 的频谱如图 4-58b 所示,画出系统输出 $y(t)$ 的频谱图。

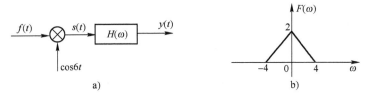

图 4-58 例 4-30 图

**解**:从图 4-58a 中可以看出,乘法器的输出为
$$s(t)=f(t)\cos 6t$$
根据傅里叶变换的频移性质,则 $s(t)$ 的频谱函数为
$$S(\omega)=\frac{1}{2}[F(\omega+6)+F(\omega-6)]$$
故 $s(t)$ 的频谱图如图 4-59 所示。

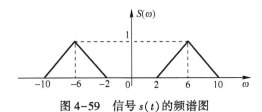

图 4-59 信号 $s(t)$ 的频谱图

根据 $H(\omega)$ 的表示式,可以看出该子系统是一个理想低通滤波器,其幅频特性曲线如图 4-60 所示。信号通过该滤波器后,只保留了 -6~6 的频率分量,故系统输出 $y(t)$ 的频谱图如图 4-61 所示。

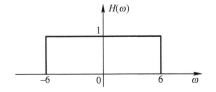 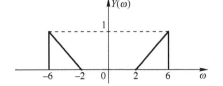

图 4-60 理想低通滤波器的幅频特性曲线    图 4-61 输出信号 $y(t)$ 的频谱图

**例 4-31** 已知电路结构如图 4-62 所示,其中激励为输入电压 $u(t)$,响应为 $u_R(t)$,求系统函数 $H(\omega)$,并画出系统的幅频特性曲线。

**解**:图 4-62 所示电路的频域模型如图 4-63 所示,故系统函数为

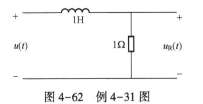 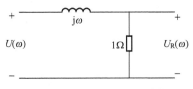

图 4-62 例 4-31 图    图 4-63 例 4-31 频域电路模型

$$H(\omega) = \frac{U_R(\omega)}{U(\omega)} = \frac{1}{j\omega+1}$$

其幅度谱函数为

$$|H(\omega)| = \left|\frac{1}{j\omega+1}\right| = \frac{1}{\sqrt{\omega^2+1}}$$

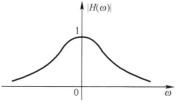

图 4-64 系统的幅频特性曲线

所以系统的幅频特性曲线如图 4-64 所示。

从图 4-64 可以看出，当信号通过该电路时，电路对低频分量衰减较小，对高频分量衰减较大，具有保留低频而抑制高频的功能，故可以作为一个实际的低通滤波器使用。

## 4.5 时域采样定理

随着大规模集成电路和信号处理技术的发展，数字信号处理的优势愈发明显，所以现有的通信系统和信号处理系统大都采用了数字信号处理技术。但很多实际的信号源都是模拟信号，如语音信号、图像信号等，有时就需要系统将模拟信号数字化，通过处理后，再恢复为模拟信号，如图 4-65 所示。其中 A/D 表示模拟信号到数字信号的转换，而 D/A 表示数字信号到模拟信号的转换。

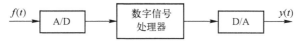

图 4-65 数字信号处理系统

模拟信号到数字信号的转换通过包括采样、量化和编码三个过程。本节主要介绍时域采样的概念，讨论采样信号的频谱特点，以及恢复原信号对采样的要求。

### 4.5.1 时域采样

**1. 时域采样的概念**

所谓时域采样，就是从连续时间信号 $f(t)$ 中获取一系列离散样值的过程，如图 4-66 所示。采样有时也称为"取样"或"抽样"。采样之后的信号称为采样信号，通常用 $f_s(t)$ 表示。

图 4-66 信号进行时域采样

采样过程可以通过一个乘法器来实现，如图 4-67 所示。此时乘法器的输出为

$$f_s(t)=f(t)p(t)=\begin{cases}f(t), & p(t)=1\\ 0, & p(t)=0\end{cases} \quad (4.5\text{-}1)$$

式中，$p(t)$ 称为采样脉冲，它通常为一个周期信号，可以有多种形式。当采样脉冲为图 4-68 所示的周期矩形脉冲时，这种采样方式称为自然采样。采样脉冲的周期 $T_s$ 通常称为采样间隔，表示多长时间采样一次，其倒数 $f_s=1/T_s$ 称为采样频率，表示每秒采样多少次。由于角频率 $\omega_s=2\pi f_s$ 和频率 $f_s$ 具有相同的变化规律，所以在信号的频域分析中，通常也将 $\omega_s$ 称为采样频率。

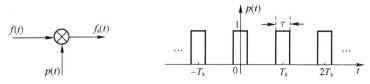

图 4-67 时域采样的乘法模型　　图 4-68 采样脉冲为周期矩形脉冲

**2. 采样信号的频谱**

对信号进行时域采样后，其频谱是怎样的呢？假设采样脉冲为周期信号 $p(t)$，周期为 $T_s$，其傅里叶级数展开式为

$$p(t)=\sum_{n=-\infty}^{+\infty}p_n e^{jn\omega_s t},\quad \omega_s=\frac{2\pi}{T_s} \quad (4.5\text{-}2)$$

其频谱函数为

$$P(\omega)=\mathcal{F}\left[\sum_{n=-\infty}^{+\infty}p_n e^{jn\omega_s t}\right]=\sum_{n=-\infty}^{+\infty}p_n\mathcal{F}\left[e^{jn\omega_s t}\right]$$

由于 $e^{jn\omega_s t}\leftrightarrow 2\pi\delta(\omega-n\omega_s)$，故有

$$P(\omega)=\sum_{n=-\infty}^{+\infty}2\pi p_n\delta(\omega-n\omega_s) \quad (4.5\text{-}3)$$

为了便于分析，这里以理想采样为例。理想采样的模型如图 4-69a 所示，其中采样脉冲为单位冲激序列 $\delta_{T_s}(t)$，其波形如图 4-69b 所示。由于采样间隔（周期）为 $T_s$，故采样频率 $\omega_s=2\pi/T_s$。

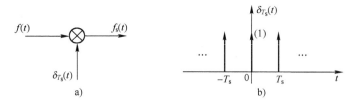

图 4-69 理想采样

单位冲激序列的时域表示式为

$$\delta_{T_s}(t)=\sum_{n=-\infty}^{+\infty}\delta(t-nT_s) \quad (4.5\text{-}4)$$

其傅里叶复系数为

$$p_n = \frac{1}{T_s} \int_{-\frac{T_s}{2}}^{\frac{T_s}{2}} \delta_{T_s}(t) e^{-jn\omega_s t} dt = \frac{1}{T_s} \int_{-\frac{T_s}{2}}^{\frac{T_s}{2}} \delta(t) dt = \frac{1}{T_s}$$

根据式（4.5-3），则 $\delta_{T_s}(t)$ 的频谱函数为

$$P(\omega) = 2\pi \sum_{n=-\infty}^{+\infty} \frac{1}{T_s} \delta(\omega - n\omega_s) = \omega_s \sum_{n=-\infty}^{+\infty} \delta(\omega - n\omega_s) \tag{4.5-5}$$

由图 4-69a 可知，理想采样信号的时域表示式为

$$f_s(t) = f(t)\delta_{T_s}(t) = f(t) \sum_{n=-\infty}^{+\infty} \delta(t - nT_s)$$

根据傅里叶变换的频域卷积定理，则 $f_s(t)$ 的频谱函数为

$$F_s(\omega) = \frac{1}{2\pi} F(\omega) * P(\omega) = \frac{1}{2\pi} F(\omega) * \omega_s \sum_{n=-\infty}^{+\infty} \delta(\omega - n\omega_s)$$

$$= \frac{\omega_s}{2\pi} \sum_{n=-\infty}^{+\infty} F(\omega) * \delta(\omega - n\omega_s)$$

$$= \frac{1}{T_s} \sum_{n=-\infty}^{\infty} F(\omega - n\omega_s) \tag{4.5-6}$$

由于 $F(\omega)$ 是原信号 $f(t)$ 的频谱函数，故从式（4.5-6）可以得出，理想采样信号的频谱是原信号频谱的加权周期重复，重复周期等于采样频率 $\omega_s$，幅度加权系数 $1/T_s$ 是一常数。

图 4-70 是时域信号 $f(t)$ 的时域波形及其频谱图，其中 $f(t)$ 的最高频率为 $\omega_m$。图 4-71 为采样频率 $\omega_s > 2\omega_m$、$\omega_s = 2\omega_m$ 和 $\omega_s < 2\omega_m$ 时，采样信号 $f_s(t)$ 的频谱图。可以看出采样信号的频谱是原信号频谱以 $\omega_s$ 为周期重复，幅度变为原来的 $1/T_s$，但是图 4-71a 和图 4-71b 中采样信号的频谱没有混叠，所以可以通过一个理想低通滤波器取出原信号的频谱，从而恢复原信号。而图 4-71c 中由于 $\omega_s < 2\omega_m$，出现了频谱混叠，无法通过滤波器恢复原信号。

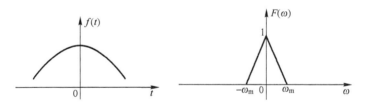

图 4-70 原信号的时域波形和频谱图

采用类似的方法也可以得出，当采样脉冲为图 4-68 所示的周期矩形脉冲时，即自然采样的情况下，采样信号的频谱也是原信号频谱的加权周期重复，重复周期为 $\omega_s = 2\pi/T_s$，只是此时幅度加权系数不为常数。当采样频率 $\omega_s \geq 2\omega_m$（原信号的最高频率）时，采样信号的频谱没有混叠，可以通过理想低通滤波器恢复原信号；当 $\omega_s < 2\omega_m$ 时，采样信号的频谱存在混叠，不能完全恢复原信号。

### 4.5.2 时域采样定理的应用

从 4.5.1 节的分析可以得出一个结论，即若信号 $f(t)$ 是一个带限信号，最高频率为 $f_m$，对其以采样间隔 $T_s \leq 1/(2f_m)$ 进行等间隔采样，则采样信号 $f_s(t)$ 将包含原信号的全部信息，

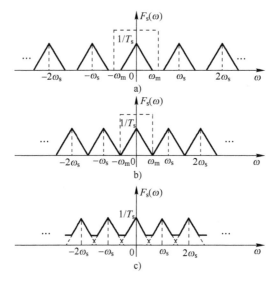

图 4-71 理想采样信号的频谱图
a) $\omega_s > 2\omega_m$ 时采样信号的频谱　b) $\omega_s = 2\omega_m$ 时采样信号的频谱　c) $\omega_s < 2\omega_m$ 时采样信号的频谱

故可以利用 $f_s(t)$ 恢复原信号。这个结论称为时域采样定理。

时域采样定理给出了采样后能恢复原信号的条件，对最大采样间隔提出了要求，如果用频率来表示，即采样频率 $f_s \geq 2f_m$（$\omega_s \geq 2\omega_m$），否则采样信号的频谱会发生混叠。

时域采样定理是由美国科学家奈奎斯特（Nyquist）提出的，所以通常也把该定理称为奈奎斯特采样定理，把信号最高频率（$f_m$）的两倍称为奈奎斯特采样频率，其倒数称为奈奎斯特采样间隔。

**例 4-32**　已知信号 $f_1(t)$ 的最高频率为 100 Hz，求对信号 $f_1(t/2)$ 和 $f_1(2t)$ 进行时域采样时，无失真恢复的最大采样间隔分别是多少？

**解**：根据傅里叶变换的尺度变换性质，可知

$$f_1(t/2) \leftrightarrow 2F(2\omega),\quad f_1(2t) \leftrightarrow \frac{1}{2}F\left(\frac{\omega}{2}\right)$$

故信号 $f_1(t/2)$ 的最高频率 $f_{m1} = 50$ Hz，$f_1(2t)$ 的最高频率 $f_{m2} = 200$ Hz。

根据时域采样定理，若对信号 $f_1(t/2)$ 进行采样，其无失真恢复的最大采样间隔为

$$T_{m1} = \frac{1}{2f_{m1}} = 0.01\,\text{s} = 10\,\text{ms}$$

若对信号 $f_1(2t)$ 进行采样，其无失真恢复的最大采样间隔为

$$T_{m2} = \frac{1}{2f_{m2}} = 0.0025\,\text{s} = 2.5\,\text{ms}$$

**例 4-33**　已知某系统结构如图 4-72a 所示。其中 $f(t)$ 的频谱如图 4-72b 所示，采样脉冲为 $\delta_{T_s}(t) = \sum_{n=-\infty}^{\infty} \delta\left(t - \frac{n\pi}{2}\right)$，理想低通滤波器的频响特性曲线如图 4-72c 所示。画出信号 $f_s(t)$ 和 $y(t)$ 的频谱图。

**解**：理想采样后信号 $f_s(t)$ 的频谱函数为

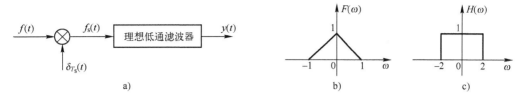

图 4-72 例 4-33 图

$$F_s(\omega) = \frac{1}{T_s} \sum_{n=-\infty}^{\infty} F(\omega - n\omega_s)$$

由于采样周期 $T_s = \dfrac{\pi}{2}$，故采样频率 $\omega_s = \dfrac{2\pi}{T_s} = 4$，所以采样信号 $f_s(t)$ 的频谱如图 4-73 所示。

经过理想低通滤波器后，输出信号 $y(t)$ 的频谱如图 4-74 所示。

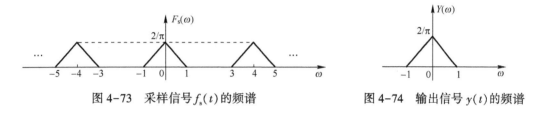

图 4-73 采样信号 $f_s(t)$ 的频谱      图 4-74 输出信号 $y(t)$ 的频谱

采样定理在模拟信号的数字化中有着理论指导意义。但是由于理想低通滤波器物理上不可实现，因此，在实际工程应用中采样频率的选择通常要大于信号最高频率的两倍。

# 习题 4

4-1 已知周期矩形信号 $f(t)$ 的波形如图 4-75 所示，已知 $\tau = 0.5\ \mu s$，$T = 1\ \mu s$，$E = 1\ V$ 时，求直流分量 $a_0$ 和基波频率 $\omega_1$。

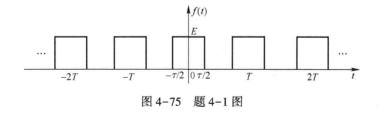

图 4-75 题 4-1 图

4-2 已知周期信号 $f(t) = 1 + \cos t + \sin t + 2\cos 2t + \sin 3t$，画出其三角形式和复指数形式的频谱图。

4-3 已知周期信号 $f(t)$ 只包含直流分量、基波和二次谐波，且傅里叶系数 $F_0 = 1$，$F_1 = 2e^{-j\frac{\pi}{4}}$，$F_{-2} = e^{-j\frac{\pi}{3}}$。若基波频率 $\omega_0 = 1$，写出该周期信号三角形式的傅里叶级数展开式，并画出频谱图。

4-4 已知周期信号 $f(t)$ 频谱图如图 4-76 所示，写出其三角形式的傅里叶级数展开式。

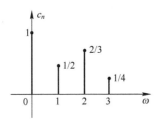
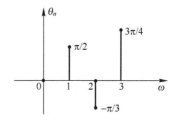

图 4-76 题 4-4 图

4-5 用可变中心频率的选频回路能否从图 4-77 所示的周期矩形信号中选取 5 kHz、12 kHz、50 kHz、80 kHz 和 100 kHz 频率分量,其中基波频率 $f_0 = 5$ kHz,$\tau = 20\ \mu s$,$E = 10$ V。

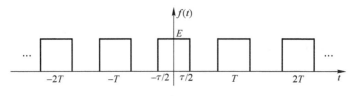

图 4-77 题 4-5 图

4-6 已知信号 $f(t)$ 波形如图 4-78 所示,其频谱函数为 $F(\omega)$,计算下列值。

(1) $F(\omega)|_{\omega=0}$　(2) $\int_{-\infty}^{\infty} F(\omega)\mathrm{d}\omega$

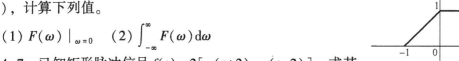

图 4-78 题 4-6 图

4-7 已知矩形脉冲信号 $f(t) = 2[\varepsilon(t+2) - \varepsilon(t-2)]$,求其频谱函数 $F(\omega)$,并画出频谱图。

4-8 求下列信号的傅里叶变换。

(1) $\mathrm{e}^{-2t}\varepsilon(t-3)$　(2) $2\dfrac{\mathrm{d}}{\mathrm{d}t}\left[\sin\left(2t-\dfrac{\pi}{6}\right)\delta(t)\right]$　(3) $G_2(t)\mathrm{e}^{\mathrm{j}2t}$　(4) $\mathrm{Sa}(50t)$

4-9 已知信号 $f(t)$ 的傅里叶变换为 $F(\omega)$,求下列各信号的傅里叶变换。

(1) $f(3t-5)$　(2) $f(t)\cos 100t$　(3) $\mathrm{e}^{\mathrm{j}2t}f(t-2)$

4-10 求下列信号的傅里叶反变换。

(1) $\dfrac{1}{(\mathrm{j}\omega+1)(\mathrm{j}\omega+2)}$　(2) $\mathrm{Sa}(\omega-2)$　(3) $2[\varepsilon(\omega+2) - \varepsilon(\omega-2)]$

4-11 求图 4-79 所示各信号的傅里叶变换。

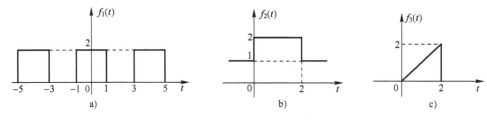

图 4-79 题 4-11 图

4-12 已知信号 $f_1(t)$ 和 $f_2(t)$ 的波形如图 4-80 所示。若 $f_1(t)$ 的频谱函数为 $F_1(\omega)$,求

$f_2(t)$ 的频谱函数 $F_2(\omega)$。

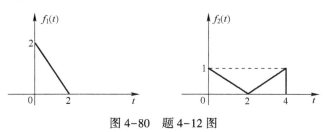

图 4-80　题 4-12 图

4-13　已知信号 $f(t)$ 的频谱图如图 4-81 所示，求信号 $f(t)$ 的时域表示式。

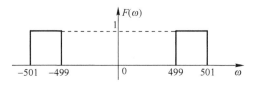

图 4-81　题 4-13 图

4-14　已知某系统的微分方程如下，求系统函数 $H(\omega)$ 和单位冲激响应 $h(t)$。

$$\frac{d^2 y(t)}{dt^2}+3\frac{dy(t)}{dt}+2y(t)=\frac{df(t)}{dt}+3f(t)$$

4-15　已知某系统的框图如图 4-82 所示，求该系统的系统函数 $H(\omega)$。

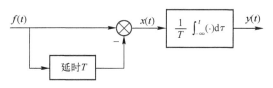

图 4-82　题 4-15 图

4-16　已知电路结构如图 4-83 所示，其中输入为 $f(t)$，输出为 $y(t)$，求该系统的系统函数，并画出系统幅频特性曲线。

4-17　求图 4-84 所示电路的系统函数。其中激励为 $u_1(t)$，响应为 $u_2(t)$，$R=1\Omega$，$L=1H$，$C=1F$。

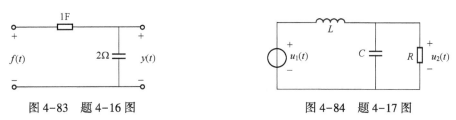

图 4-83　题 4-16 图　　　　　　　图 4-84　题 4-17 图

4-18　已知某系统的系统函数为 $H(\omega)=[\varepsilon(\omega+2)-\varepsilon(\omega-2)]e^{-j2\omega}$。当输入信号 $f(t)=1+\cos 2t+\sin 4t$ 时，求输出信号 $y(t)$。

4-19　已知某系统的幅频特性和相频特性曲线如图 4-85 所示。求信号 $f(t)=\sin t+\cos 3t$ 通过该系统时所产生的输出信号 $y(t)$。

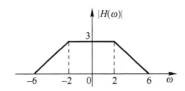
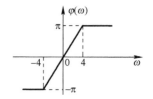

图 4-85　题 4-19 图

**4-20**　已知描述某 LTI 系统的微分方程为

$$\frac{d^2 y(t)}{dt^2}+3\frac{dy(t)}{dt}+2y(t)=\frac{df(t)}{dt}+3f(t)$$

当激励 $f(t)=e^{-3t}\varepsilon(t)$ 时，求该系统的零状态响应 $y(t)$。

**4-21**　已知某系统的系统函数 $H(\omega)=\dfrac{j\omega}{1+j\omega}$，求该系统的单位冲激响应，以及激励 $f(t)=e^{-2t}\varepsilon(t)$ 时的零状态响应 $y(t)$。

**4-22**　已知某系统的幅频和相频特性曲线如图 4-86 所示，当激励为 $f(t)=e^{-2t}\varepsilon(t)$ 时，该系统的输出 $y(t)$。

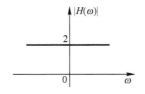
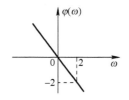

图 4-86　题 4-22 图

**4-23**　某 LTI 系统的系统函数 $H(\omega)=\dfrac{1-j\omega}{1+j\omega}$。

（1）判断该系统是否无失真传输系统，并说明原因。

（2）当系统输入 $f(t)=2+\cos t$ 时，求系统输出 $y(t)$，并判断输出是否失真。

**4-24**　已知某系统的幅频和相频特性曲线如图 4-87 所示，输入为 $f(t)$，输出为 $y(t)$。

（1）当输入分别为 $f_1(t)=2\cos 10\pi t+\sin 12\pi t$ 和 $f_2(t)=2\cos 10\pi t+\sin 25\pi t$ 时，求系统输出 $y_1(t)$ 和 $y_2(t)$。

（2）$y_1(t)$ 和 $y_2(t)$ 有无失真？若有失真，指出为何种失真。

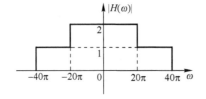
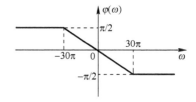

图 4-87　题 4-24 图

**4-25**　已知电路结构如图 4-88 所示，其中激励为电流源 $i_s(t)$，响应为电压 $u_0(t)$。若 $R_1=R_2=1\,\Omega$，判断该系统是否无失真传输系统。

4-26 已知某系统的结构如图 4-89 所示，其中低通滤波器的系统函数 $H(\omega)=\varepsilon(\omega+50)-\varepsilon(\omega-50)$。若信号 $f(t)=2\cos20t$，$g(t)=\cos100t$，求系统输出 $y(t)$。

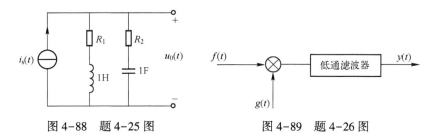

图 4-88 题 4-25 图　　　　图 4-89 题 4-26 图

4-27 已知某系统结构如图 4-90a 所示，输入信号 $f(t)$ 的频谱如图 4-90b 所示，画出系统 A、B、C、D 各点的频谱图。其中图 4-90a 的两滤波器的系统函数分别为

$$H_1(\omega)=\begin{cases}K,&|\omega|\geq|\omega_0|\\0,&|\omega|<|\omega_0|\end{cases},\quad H_2(\omega)=\begin{cases}K,&|\omega|\leq|\omega_0|\\0,&|\omega|>|\omega_0|\end{cases}$$

且 $\omega_0>\omega_1$。

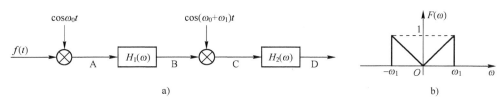

图 4-90 题 4-27 图

4-28 已知信号 $f(t)$ 的频谱 $F(\omega)$ 如图 4-91a 所示。若 $f(t)$ 通过图 4-91b 所示理想采样系统，为不失真恢复 $f(t)$，对采样频率 $\omega_s$ 有什么要求？此时恢复原信号所需的理想低通滤波器的截止频率 $\omega_c$ 为多少？

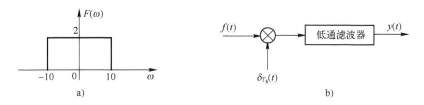

图 4-91 题 4-28 图

4-29 已知信号 $f(t)$ 的频谱如图 4-92a 所示，系统结构如图 4-92b 所示，其中 $\delta_T(t)=\sum_{n=-\infty}^{+\infty}\delta(t-nT)$。

（1）当 $f(t)$ 通过该系统时，求从 $f_s(t)$ 中无失真恢复 $f(t)$ 的最大采样间隔 $T_{\max}$。

（2）画出 $T=T_{\max}$ 时，$f_s(t)$ 的频谱图。

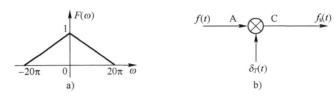

图 4-92 题 4-29 图

4-30 画出图 4-93a 所示系统中 B、C、D 各点频谱图。其中信号 $f(t)$ 的频谱如图 4-93b 所示，$\delta_T(t) = \sum\limits_{n=-\infty}^{\infty} \delta(t-nT)$，$T = 0.02\,\text{s}$。

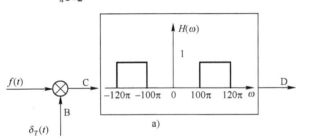
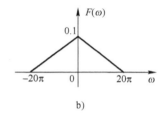

图 4-93 题 4-30 图

4-31 已知信号 $f_1(t)$ 的最高频率为 50 Hz，信号 $f_2(t)$ 的最高频率为 100 Hz。若对下列信号进行时域采样，求无失真恢复所需的最小采样频率 $f_s$。

(1) $f_1(t)+f_2(t)$ (2) $f_1(t)f_2(t)$ (3) $f_1(t)*f_2(t)$

# 第3篇 模拟电子技术基础

前面重点介绍了电路分析、信号系统分析的基本原理和方法,主要以电阻、电容和电感组成的电路为例进行讨论。实际中为了实现更丰富的系统功能,还需要其他的一些元件,在本篇中将会引入二极管、晶体管等元器件,以放大电路的构成与分析方法为重点,在分析的基础上利用相关电子元器件设计生产出符合要求的功能电路或系统。

# 第5章 二极管及其应用

前面章节中讨论电路时主要用到了电阻、电容和电感元件，而实际中构成电子电路的主要器件是半导体器件，它们所用的材料是经过特殊加工且性能可控的半导体材料。二极管、晶体管和场效应晶体管是最常用的半导体器件。

本章首先介绍半导体器件的基础知识，讨论 PN 结的形成及其特点；然后重点介绍二极管的结构、工作原理及其应用；最后介绍一些特殊二极管，如稳压二极管、发光二极管以及光电二极管等。

## 5.1 半导体基础知识

### 5.1.1 半导体

物质的导电性能是由其原子结构决定的。导体一般为低价元素，它们的最外层电子极易挣脱原子核的束缚成为自由电子，这种能够运载电荷的粒子称为载流子。载流子在外电场的作用下将产生定向移动，形成电流。而高价元素的最外层电子受原子核束缚力很强，很难成为自由电子，所以导电性极差，称为绝缘体。导电性能介于导体和绝缘体之间的物质称为半导体。常用的半导体材料硅（Si）和锗（Ge）均为四价元素，它们的最外层电子既不像导体那样容易挣脱原子核的束缚，也不像绝缘体那样被原子核紧紧束缚，所以导电性能介于两者之间。

在光照和热辐射条件下，半导体的导电性能会有明显变化；在形成晶体结构的半导体中人为掺入特定的杂质元素时，导电性能还具有可控性。这些特殊的性质就决定了半导体可以制成各种电子器件。

### 5.1.2 本征半导体

以硅半导体为例。将硅材料提纯后形成单晶体，这种完全纯净的具有晶体结构的半导体称为本征半导体。单晶体中的硅原子在空间排列成整齐的点阵（称为晶格），其二维结构如图 5-1 所示。由图可见，每个硅原子的最外层有 4 个电子，称为价电子。这 4 个价电子既受本身原子核的吸引，又受相邻原子核的吸引，从而使每个硅原子和相邻的 4 个硅原子通过共用价电子对形成牢固的共价键。这样，每个硅原子都有 4 个共价键，使硅单晶获得比较稳定的原子空间晶格结构。

常温下，仅有极少数的价电子因热运动获得足够的能量，挣脱共价键的束缚，游离出去，成为自由电子，同时在该共价键上留下一个空位，称为空穴。这个过程称为本征激发（热激发）。不难理解，自由电子由于可以在晶格结构中自由移动，因此是一种带负电的载流子，同时空穴也被视为一种带正电的载流子。这是因为，空穴很容易被邻近共价键中的价电子所填补，从而在这个价电子原来所在位置上产生一个新的空穴。常温下价电子的填补运动范围相当大，这个过程如果继续下去，从效果上看相当于空穴也能够在晶格结构中自由移动，且电荷极性与价电子相反。

可见，本征激发产生了两种载流子——带负电的自由电子和带正电的空穴，两者均参与导电，这是半导体导电的特殊性质（导体中只有一种载流子即自由电子参与导电）。

随着本征激发的进行，自由电子和空穴不断地成对产生。两者如果相遇，自由电子就会填补空穴，使两者同时消失，这种现象称为复合。在一定温度下，热激发和复合将达到动态平衡，于是载流子的浓度保持恒定，

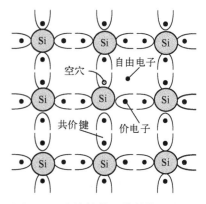

图 5-1 硅单晶的二维结构示意图

并且自由电子和空穴的浓度相等。室温下，本征半导体因热激发而产生的载流子数量极少，浓度很低，因此导电能力很弱，类似于绝缘体；当环境温度升高时，热激发加剧，载流子浓度升高，导电能力增强；反之，导电能力变差。上述半导体导电性能对温度的敏感性，既可以用来制作各种热敏元件和光敏元件，又是造成半导体器件温度稳定性差的原因。

## 5.2 杂质半导体

本征半导体中两种载流子的浓度很低，其导电能力很差。通过扩散工艺，在本征半导体中掺入微量的杂质元素，使其成为杂质半导体，其导电性能会发生显著变化。根据掺入杂质的不同，杂质半导体又分为 N 型半导体和 P 型半导体。控制掺入杂质元素的浓度，即可控制杂质半导体的导电性能。

### 5.2.1 N 型杂质半导体

通过某种工艺手段，在纯净的硅单晶中掺入五价元素比如磷，使之取代晶格中某些位置上的硅原子，如图 5-2 所示。由于磷原子有 5 个价电子，其中 4 个与周围的硅原子构成共价键，剩下一个就很容易挣脱磷原子核的束缚，游离出去变成自由电子，同时磷原子因在晶格上，且又失去一个价电子，故变为不能移动的正离子。可见，每掺入一个杂质磷原子就能提供一个自由电子，同时半导体本征激发会产生少量的自由电子和空穴对。因此，掺入五价元素后，导致半导体中自由电子数量大为增加，与此同时并不产生新的空穴，因此自由电子占多数，这种杂质半导体称为 N 型半导体。在 N 型半导体

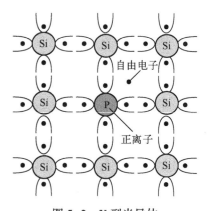

图 5-2 N 型半导体

中，自由电子占多数，称为多数载流子，简称多子；空穴占少数，称为少数载流子，简称少子。N 型半导体主要靠自由电子导电，掺入的杂质越多，多子（自由电子）浓度越高，导电能力越强。

## 5.2.2 P型杂质半导体

类似地,如果在纯净的硅单晶中掺入三价元素比如硼,使之取代晶格中某些位置上的硅原子,就形成了P型半导体,如图5-3所示。由于硼原子只有三个价电子,在和周围的硅原子构成共价键时会因缺少一个价电子而产生一个空位,于是邻近共价键中的价电子很容易填补这个空位,同时在原共价键中产生一个空穴,硼原子也因接受一个价电子而成为不能移动的负离子。因此,在P型半导体中,空穴为多子,自由电子为少子。P型半导体主要靠空穴导电,且掺入的杂质越多,多子(空穴)浓度就越高,导电能力越强。

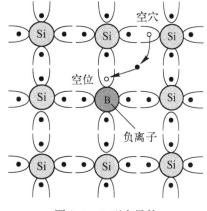

图5-3 P型半导体

可见,杂质半导体中多子浓度主要取决于掺入杂质的浓度,掺杂浓度越高,多子浓度就越高,导电能力就越强。而少子是由于本征热激发而产生的,其浓度很低,但对温度非常敏感。当温度改变时,少子浓度将发生显著变化,这是半导体器件温度稳定性差的主要原因。

## 5.2.3 PN结

杂质半导体主要依靠多子导电,所以导电能力增强。但单个的P型或N型半导体只能用来制造电阻元件,而真正构成各种半导体器件核心基础的,是将P型和N型半导体制作在一起时其交界面上所形成的PN结。

**1. PN结的形成**

当把P型半导体和N型半导体制作在一起时,交界面处P区的多子(空穴)和N区的多子(自由电子)都会因浓度差而向对方区域扩散,如图5-4a所示。由于扩散到P区的自由电子与空穴复合,扩散到N区的空穴与自由电子复合,导致交界面附近多子的浓度下降,P区出现负离子区,N区出现正离子区,它们是不能移动的,称为空间电荷区。由空间电荷区形成的电场称为内电场,方向由N区指向P区。内电场将阻止多子继续扩散,但却有利于少子的运动,即P区的自由电子向N区运动,N区的空穴向P区运动。通常,将这种载流子在电场作用下的定向移动称为漂移运动。

由上述分析可知,PN结中进行着两种载流子的运动,即多子的扩散运动和少子的漂移运动。扩散运动产生的电流称为扩散电流,漂移运动产生的电流称为漂移电流。随着扩散运动的进行,空间电荷区的宽度将逐渐增大;而随着漂移运动的进行,空间电荷区的宽度将逐渐减小。当两者达到动态平衡,即扩散电流与漂移电流大小相等时,空间电荷区的宽度便稳定下来,形成PN结,如图5-4b所示。

**2. PN结的单向导电性**

若给图5-4b中平衡状态下的PN结外接电源,则原有的平衡状态将被打破,并且面对不同的外部电压偏置,PN结会有完全不同的变化。

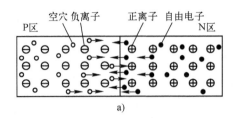
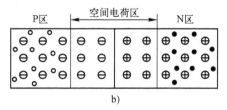

图 5-4 PN 结的形成
a) 多子的扩散运动  b) 动态平衡下的 PN 结

（1）正向偏置

正向偏置即 P 区接高电位、N 区接低电位，如图 5-5a 所示。此时外电场将多子推向空间电荷区，使其变窄，削弱了内电场，因此扩散运动加剧，漂移运动减弱，回路中的扩散电流将大大超过漂移电流，最后形成一个较大的正向电流 $I$，方向从 P 区流向 N 区，故称 PN 结导通。为防止 PN 结因电流过大而损坏，回路应串接限流电阻 $R$。

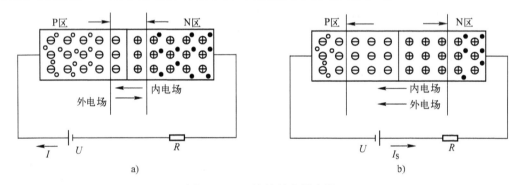

图 5-5 PN 结的单向导电性
a) 正偏导通  b) 反偏截止

（2）反向偏置

反向偏置即 P 区接低电位、N 区接高电位，如图 5-5b 所示。此时外电场使空间电荷区变宽，加强了内电场，因此扩散运动减弱而漂移运动加强，形成反向电流 $I_S$。由于少子数目极少，即使反偏电压足够大，令所有的少子都参与了漂移运动，所形成的反向电流 $I_S$ 也非常小，故称 PN 结截止，又称 $I_S$ 为反向饱和电流。

综上所述，当对 PN 结施加正向电压时，PN 结导通，其正向电阻很小；施加反向电压时，PN 结截止，反向电阻很大。这就是 PN 结的单向导电性。各种半导体器件的工作原理都是以 PN 结的单向导电性为基础的。

## 5.3 半导体二极管及其应用

将 PN 结用外壳封装起来，并分别从 P 区和 N 区引出电极引线，就构成半导体二极管，简称二极管。由 P 区引出的电极称为二极管的阳极或正极，由 N 区引出的电极称为阴极或负极，二极管的结构示意图和电路符号如图 5-6 所示。

图 5-6 二极管的结构示意图和电路符号
a) 结构示意图  b) 电路符号

## 5.3.1 二极管的伏安特性与主要参数

**1. 二极管的伏安特性**

所谓元器件的伏安特性是指这个元器件自身的端电压和端电流之间所满足的函数关系。二极管的伏安特性如图 5-7 所示，它可近似描述为

$$i = I_S(e^{\frac{u}{U_T}} - 1) \tag{5.3-1}$$

其中，$I_S$ 为二极管的反向饱和电流，常温下非常小，大约为 μA 级；$U_T$ 为电压温度当量，常温下 $U_T \approx 26\ \text{mV}$。由式（5.3-1）可知，二极管是一种非线性器件。

由图 5-7 可见，只有当二极管两端所加正向电压（$u>0$）超过某一数值时，电流才从零开始近似指数曲线增大，二极管导通，称该临界电压为导通电压，记作 $U_{on}$。为便于使用，通常近似认为二极管导通的正向电压降基本恒定，硅管约为 0.7 V，锗管约为 0.3 V。二极管导通后的直流电阻（静态电阻）$R_{VD} = U_{VD}/I_{VD}$，其中 $U_{VD}$、$I_{VD}$ 分别为二极管的直流端电压和端电流；当二极管的电压和电流在 $U_{VD}$、$I_{VD}$ 附近产生微小波动时，相应的交流电阻（动态电阻）为 $r_d = \Delta U_{VD}/\Delta I_{VD} \approx U_T/I_{VD}$。

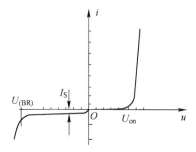

图 5-7 二极管的伏安特性

当反向电压（$u<0$）未达到击穿电压 $U_{(BR)}$ 时，反向电流 $I_S$ 很小（硅管小于 0.1 μA，锗管小于几十 μA），可忽略不计，二极管截止。但当反向电压（$u<0$）达到或超过击穿电压 $U_{(BR)}$ 时，反向电流 $I_S$ 将急剧增大，此时称二极管处于反向击穿状态。二极管的反向击穿状态可以用于稳压，但必须外加限流电阻，以防止损坏器件。

作为半导体器件，二极管对温度很敏感。当温度升高时，正向特性曲线将左移，反向特性曲线将下移；反之，当温度降低时，正向特性曲线将右移，反向特性曲线将上移。

**2. 主要参数**

二极管还有一些特性参数，这些参数是正确选择和安全使用二极管的依据。主要参数具体有以下几种。

（1）最大整流电流 $I_F$

最大整流电流 $I_F$ 指二极管长期工作时允许通过的最大正向平均电流。实际工作时，二极管的正向平均电流不应超过此值，否则将导致管子因过热而损坏。

（2）最大反向工作电压 $U_R$

最大反向工作电压 $U_R$ 指二极管正常工作时允许外加的最大反向电压，一般规定为击穿电压的一半。超过此值，二极管有可能因反向击穿而损坏。

(3) 反向电流 $I_R$

反向电流 $I_R$ 指二极管未被击穿时的反向电流，$I_R$ 越小，二极管的单向导电性越好。$I_R$ 对温度非常敏感，温度升高时，$I_R$ 将显著增大。通常近似认为，温度每升高 10℃，反向电流 $I_R$（或反向饱和电流 $I_S$）增大 1 倍。

(4) 最高工作频率 $f_M$

$f_M$ 是二极管工作的上限频率。当信号频率超过 $f_M$ 时，由于结电容的作用，二极管的单向导电性将变差。

### 5.3.2 二极管的等效电路模型及分析方法

二极管的伏安特性具有非线性特性，这给二极管应用电路的分析带来一定的困难。为了便于分析，在低频与中频范围内，常用折线化的伏安特性来反映二极管实际伏安特性的基本特点，由此获得的等效电路称为二极管的等效模型。其中应用最为广泛的是理想模型和恒电压降模型。

图 5-8a 中的两段粗实线就是最简单的折线化的伏安特性。其含义是，当端电压 $u_{VD}>0$ 时，二极管导通，且正向电压降为零；当端电压 $u_{VD}<0$ 时，二极管截止，且反向电流为零。这是一个理想的电子开关，故称为理想模型，可用一只理想二极管来表示，如图 5-8b 所示。

图 5-9a 所示折线化伏安特性的含义是，当端电压 $u_{VD}$ 大于导通电压 $U_{on}$ 时，二极管导通，且正向电压降恒为 $U_{on}$；当端电压 $u_{VD}$ 小于导通电压 $U_{on}$ 时，二极管截止，且反向电流为零。该模型称为恒电压降模型，可用理想二极管和恒电压源 $U_{on}$ 的串联来表示，如图 5-9b 所示。当与电源相比，二极管的导通电压 $U_{on}$ 不可忽略时，采用该模型。

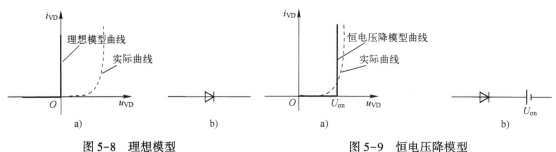

图 5-8 理想模型　　　　　　　　　图 5-9 恒电压降模型
a) 折线化的伏安特性　b) 电路模型　　a) 折线化的伏安特性　b) 电路模型

对于二极管应用电路的分析，首先要判断二极管的工作状态。具体方法是，断开二极管，求解其端口电压，若该电压使二极管正偏，则二极管导通；若使二极管反偏，则截止。当电路中有两只或两只以上二极管时，应用上述方法可分别判断每只管子的工作状态。当多只二极管的阳极相连时，求得其端口电压后，其阴极电位最低的管子将优先导通；同理，当多只二极管的阴极相连时，其阳极电位最高的管子将优先导通。

只要能够判断出二极管的工作状态，确定二极管处于哪一段直线上，就可以用线性电路的分析方法来分析二极管电路。

**例 5-1**　电路如图 5-10 所示，其中二极管为理想二极管。试判断图中二极管的工作状态，并确定电路的输出电压 $U_o$。

**解**：二极管为理想二极管，因此采用二极管的理想模型来分析电路。首先断开二极管，可知二极管的阳极电位为9V，阴极电位为5V，二极管端电压为4V，二极管正偏导通。由题意，二极管为理想二极管，故输出电压为 $U_o=9\text{V}$。

**例 5-2** 电路如图 5-11 所示，设 $VD_1$、$VD_2$ 的导通电压均为 0.7 V，试求当 $u_i$ 分别为 0 V、4 V 和 8 V 时 $u_o$ 的值。

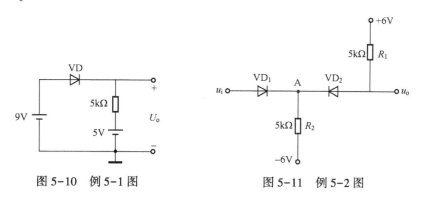

图 5-10 例 5-1 图　　　　图 5-11 例 5-2 图

**解**：当 $u_i$ 为 0 V 时，断开 $VD_1$、$VD_2$，则两管的阴极电位均为 -6 V，阳极电位分别为 0 V 和 6 V，故 $VD_2$ 优先导通，A 点电位为

$$u_A = 6\text{V} - \frac{6\text{V}-(-6\text{V})-U_{VD2}}{R_1+R_2} \times R_1 - U_{VD2} = \left(6-\frac{12-0.7}{5+5}\times 5 - 0.7\right)\text{V} = 0.35\text{V}$$

于是 $VD_1$ 截止，输出电压为

$$u_o = u_A + U_{VD2} = (0.35+0.7)\text{V} = 1.05\text{V}$$

当 $u_i$ 为 4 V 时，断开 $VD_1$、$VD_2$，采用同样的方法进行判断，$VD_2$ 仍然优先导通，并将 A 点电位钳制在 0.35 V，但此时 $VD_1$ 也将导通，故输出电压为

$$u_o = 4\text{V} - U_{VD1} + U_{VD2} = 4\text{V}$$

当 $u_i$ 为 8 V 时，断开 $VD_1$、$VD_2$，则两管的阴极电位均为 -6 V，阳极电位分别为 8 V 和 6 V，故 $VD_1$ 优先导通，并将 A 点电位钳制在 7.3 V，于是 $VD_2$ 截止，输出电压 $u_o=6\text{V}$。

### 5.3.3 二极管的基本应用

二极管的应用很多，大多数是基于其单向导电性原理，如限幅、整流、检波等。这里介绍二极管限幅电路、开关电路和整流电路。

**1. 二极管限幅电路**

基本的二极管限幅电路如图 5-12a 所示。假设二极管的导通电压 $U_{on}=0.7\text{V}$，输入电压 $u_i$ 为正弦波，且 $u_i=5\sin\omega t(\text{V})$。

$u_i$ 正半周时，因 $u_i>0$，故 $VD_2$ 始终反偏，即截止；$VD_1$ 则在 $u_i>U_{on}$ 时导通，$u_i<U_{on}$ 时截止。$u_i$ 负半周的情况正好相反，于是得到输入、输出波形如图 5-12b 所示。由图可见，输出电压的正、负输出幅值始终被限制在 ±0.7 V 以内，故称为限幅电路。形象地看，限幅相当于把 $u_i$ 超出 +0.7 V 或 -0.7 V 的部分削去，所以限幅电路又称为削波电路。图 5-12b 为双向限幅，此外还有上限幅或下限幅。二极管限幅电路常用作输入、输出保护电路。

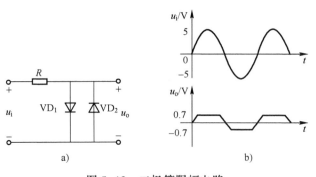

图 5-12 二极管限幅电路
a) 电路　b) 输入、输出波形

**2. 二极管开关电路**

二极管开关电路常用于数字电路,如图 5-13a 所示。假设输入电压 $u_{i1}$、$u_{i2}$ 只有两种可能,不是高电平 3 V,就是低电平 0 V(电位也称电平);二极管 $VD_1$、$VD_2$ 的导通电压为 0.7 V。

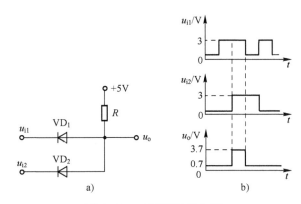

图 5-13 二极管与门电路
a) 电路　b) 输入、输出波形示例

由图可知,当 $u_{i1}$、$u_{i2}$ 均为 0 V 时,$VD_1$、$VD_2$ 同时导通,输出电压 $u_o = 0.7$ V;当 $u_{i1}$、$u_{i2}$ 中有一个为 3 V、另一个为 0 V 时,输入端和 0 V 相连的二极管优先导通,将 $u_o$ 钳制在 0.7 V,从而使得输入端与 3 V 相连的二极管因反向偏置而截止;当 $u_{i1}$、$u_{i2}$ 均为 3 V 时,$VD_1$、$VD_2$ 同时导通,$u_o = 0.7$ V。将上述所有情况列于表 5-1 中,分析该表可见,只有当输入全部为高电平时,输出才是高电平;而只有一个输入为低电平,输出就是低电平。

表 5-1　输入、输出对应关系及二极管的工作状态

| $u_{i1}$/V | $u_{i2}$/V | $u_o$/V | $VD_1$ 状态 | $VD_2$ 状态 |
| --- | --- | --- | --- | --- |
| 0 | 0 | 0.7 | 导通 | 导通 |
| 0 | 0 | 0.7 | 导通 | 截止 |
| 3 | 0 | 0.7 | 截止 | 导通 |
| 3 | 3 | 3.7 | 导通 | 导通 |

在数字电路中将上述逻辑关系称为"与"逻辑,将这种输出电压与输入电压之间满足一定逻辑关系的电路称为门电路,所以图 5-13a 所示电路称为"与"门电路。图 5-13b 给出了"与"门电路的一种可能的输入、输出波形关系。

**3. 二极管整流电路**

整流电路的作用是将变压得到的低压交流电变换为单一方向的脉动电压。单向桥式整流电路的电路结构如图 5-14a 所示,其中二极管 $VD_1 \sim VD_4$ 构成整流桥

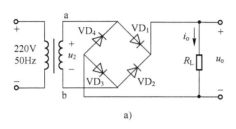 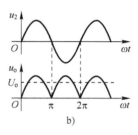

图 5-14 单相桥式整流电路
a) 电路结构  b) 工作波形

当 $u_2$ 处于正半周时,变压器二次电压极性为上正下负,a 端电位最高,b 端电位最低,因此 $VD_1$、$VD_3$ 导通,$VD_2$、$VD_4$ 截止,电流流经的路径为 a→$VD_1$→$R_L$→$VD_3$→b。

当 $u_2$ 处于负半周时,变压器二次电压极性为下正上负,b 端电位最高,a 端电位最低,因此 $VD_2$、$VD_4$ 导通,$VD_1$、$VD_3$ 截止,电流流经的路径为 b→$VD_2$→$R_L$→$VD_4$→a。

由此可见,无论 $u_2$ 处于正半周还是负半周,流过负载电阻 $R_L$ 上的电流方向始终都是一致的,因此负载电阻 $R_L$ 上的电压 $u_o$ 的极性始终是上正下负,如图 5-14a 所示。

单相桥式整流电路的工作波形如图 5-14b 所示。由图 5-14b 可见,单相桥式整流电路将正弦交流电 $u_2$ 转换成了单向脉动电压 $u_o$,$u_o$ 中具有较大的直流成分。

## 5.4 稳压二极管及其应用

稳压二极管又称为齐纳二极管,是利用 PN 结反向击穿后所表现出来的稳压特性制作而成的,其电路符号与伏安特性如图 5-15 所示。

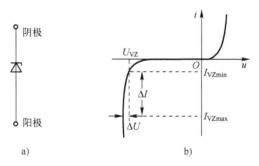

图 5-15 稳压二极管
a) 电路符号  b) 伏安特性

当稳压二极管所加的反向电压值超过击穿电压 $U_{VZ}$ 时，稳压管被击穿，反向电流急剧增大，但反向电压基本保持恒定，因此稳压管工作在反向击穿区时可以起到稳压作用，稳定电压值就是稳压管的反向击穿电压值。需要注意的是，为保证稳压管的稳压状态，必须将稳压管的反向击穿电流控制在 $I_{VZmin}$ 至 $I_{VZmax}$ 之间。其中，$I_{VZmin}$ 称为最小稳定电流，$I_{VZmax}$ 称为最大稳定电流。如果 $I_{VZ} < I_{VZmin}$，则稳压管的稳压效果变差，将不能正常稳压；$I_{VZ} > I_{VZmax}$ 时管子将因过热而损坏。因此，稳压管在实际使用时应当配以阻值合适的限流电阻。

**例 5-3** 稳压管电路如图 5-16 所示，已知稳压管 VZ 的稳定电压 $U_{VZ} = 8\,\text{V}$，最小稳定电流 $I_{VZmin} = 5\,\text{mA}$，最大稳定电流 $I_{VZmax} = 20\,\text{mA}$。

（1）试分别计算 $u_i$ 为 10 V 和 30 V 时，输出电压 $u_o$ 的值。

（2）若 $u_i$ 为 40 V，会出现什么情况？此时应如何重新选择限流电阻 $R$？

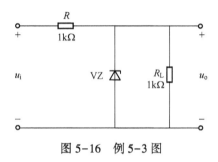

图 5-16 例 5-3 图

**解**：为求输出电压 $u_o$，同样需要判断稳压管的工作状态，判断方法与普通二极管类似。

（1）当 $u_i$ 为 10 V 时，断开 VZ，其端口电压为

$$u_{VZ} = \frac{R_L}{R + R_L} u_i = \frac{1}{1+1} \times 10\,\text{V} = 5\,\text{V}$$

$u_{VZ} < U_{VZ}$，故 VZ 截止，输出电压 $u_o = 5\,\text{V}$。

当 $u_i$ 为 30 V 时，断开 VZ，其端口电压为

$$u_{VZ} = \frac{R_L}{R + R_L} u_i = \frac{1}{1+1} \times 30\,\text{V} = 15\,\text{V}$$

$u_{VZ} > U_{VZ}$，故 VZ 反向击穿，且

$$I_{VZ} = I_R - I_L = \frac{u_i - U_{VZ}}{R} - I_L = (22 - 8)\,\text{mA} = 14\,\text{mA}$$

即 $I_{VZmin} < I_{VZ} < I_{VZmax}$，VZ 正常工作，输出电压 $u_o = U_{VZ} = 8\,\text{V}$。

（2）当 $u_i$ 为 40 V 时，断开 VZ，其端口电压为

$$u_{VZ} = \frac{R_L}{R + R_L} u_i = \frac{1}{1+1} \times 40\,\text{V} = 20\,\text{V}$$

$u_{VZ} > U_{VZ}$，故 VZ 反向击穿，但此时的反向击穿电流为

$$I_{VZ} = I_R - I_L = \frac{u_i - U_Z}{R} - I_L = (32 - 8)\,\text{mA} = 24\,\text{mA}$$

即 $I_{VZ} > I_{VZmax}$，此时 VZ 将因过热而损坏。为保证 $u_i$ 为 40 V 时稳压管仍能正常工作，应有输出电压 $u_o = U_{VZ} = 8\,\text{V}$。

$$\begin{cases} R_{\min} = \dfrac{u_i - U_{VZ}}{I_{VZ\max}} = \dfrac{40-8}{20}\,\text{k}\Omega = 1.6\,\text{k}\Omega \\ R_{\max} = \dfrac{u_i - U_{VZ}}{I_{VZ\min} + \dfrac{U_{VZ}}{R_L}} = \dfrac{40-8}{5+8}\,\text{k}\Omega \approx 2.5\,\text{k}\Omega \end{cases}$$

因此，$1.6\,\text{k}\Omega < R < 2.5\,\text{k}\Omega$，可选择阻值介于该范围之内的合适的限流电阻。

## 5.5 特殊二极管

### 5.5.1 发光二极管

发光二极管是目前最为流行的显示器件，常用作指示灯、照明灯、七段数码管和大屏幕矩阵式显示器等，电路符号如图 5-17a 所示。

发光二极管与普通二极管一样具有单向导电性，但开启电压比普通二极管大（一般为 1.5 V 以上），当有足够的正向电流通过（10~30 mA）时便会发光，这是自由电子与空穴复合而放出能量的结果。发光二极管有多种外形、尺寸和颜色可供选择，尽管其正向电压降及工作电流不尽相同，但绝大多数情况下都应串接一个限流电阻。只有限流电阻 $R$ 取值合适，发光二极管才能正常发光且不损坏，如图 5-17b 所示。

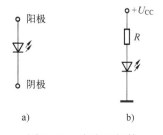

图 5-17 发光二极管
a) 电路符号 b) 电路接法

发光二极管因其具有驱动电压低、功耗小、寿命长、可靠性高等优点而被广泛应用于显示电路中。

### 5.5.2 光电二极管

光电二极管可接收可见光或不可见光，电路符号和伏安特性如图 5-18 所示。由图 5-18b 可见，光电二极管正常工作时应外加反向电压。无光照时，只有很小的反向饱和电流，称为暗电流；有光照时，光电二极管将因热激发而产生大量的自由电子-空穴对，并通过外电路形成较大的反向电流，称为光电流。照度越大，光电流越大，当光电流大于几十 μA 后，即与照度成良好的线性关系。光电二极管的上述特性被广泛应用于遥控、报警以及光电传感器中。

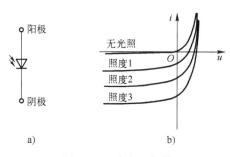

图 5-18 光电二极管
a) 电路符号 b) 伏安特性

## 习题 5

**5-1 填空题**

(1) 本征半导体中两种载流子为＿＿＿＿和＿＿＿＿。温度升高，其载流子的数目将

_____。

(2) 在本征半导体中加入_____价元素可形成 N 型半导体，加入_____价元素可形成 P 型半导体。N 型半导体中，多数载流子是_____，少数载流子是_____；P 型半导体中，多数载流子是_____，少数载流子是_____。

(3) 在杂质半导体中，多数载流子的浓度主要取决于_____，而少数载流子的浓度受_____影响较大。

(4) PN 结的单向导电性为：外加正向电压时_____，外加反向电压时_____。

(5) 锗二极管导通时的正向电压降约为_____V，硅二极管导通时的正向电压降约为_____V。

(6) 已知温度为 15℃时，PN 结的反向饱和电流 $I_S$ = 10 μA。当温度为 35℃时，PN 结的反向饱和电流 $I_S$ 约为_____。

(7) 当温度升高时，二极管的正向电压_____，反向电流_____。

(8) 对于理想二极管，其正向导通电阻为_____，反向截止电阻为_____。

(9) 稳压二极管的稳压区实际是其工作在_____状态。

5-2 由理想二极管组成的电路如图 5-19 所示。试确定各电路的输出电压 $U_o$。

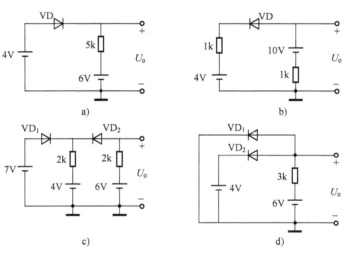

图 5-19 题 5-2 图

5-3 理想二极管电路如图 5-20 所示，试确定二极管的工作状态，以及电路的输出电压 $U_o$。

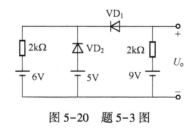

图 5-20 题 5-3 图

5-4 电路如图 5-21a 所示，设二极管是理想的。输入信号 $u_A$、$u_B$ 波形如图 5-21b 所示，试画出输出信号 $u_Y$ 的波形。

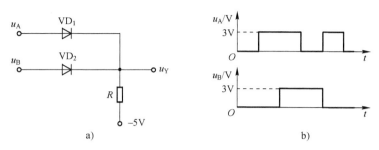

图 5-21 题 5-4 图

5-5 理想二极管电路如图 5-22a 所示，设输入电压 $u_i(t)$ 波形如图 5-22b 所示，在 $0<t<10\,\text{s}$ 的时间间隔内，试画出输出电压 $u_o(t)$ 的波形。

5-6 电路如图 5-23 所示，二极管导通电压为 0.7 V，试分别计算开关断开和闭合时的输出电压 $U_o$。

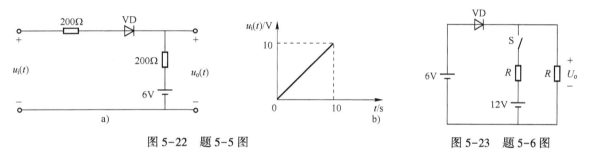

图 5-22 题 5-5 图 　　　　　　　　　　图 5-23 题 5-6 图

5-7 稳压管电路如图 5-24 所示，设稳压管的稳定电压分别为 5 V 和 10 V，正向电压降均为 0.7 V，试确定各电路稳压管的工作状态，并求各电路的输出电压。

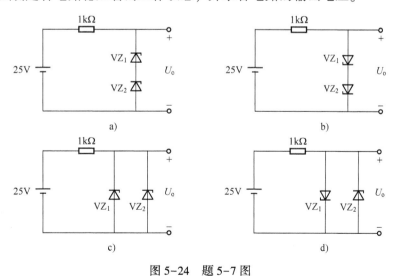

图 5-24 题 5-7 图

5-8 电路如图 5-25 所示，稳压管的稳定电压 $U_{VZ}=3\,\text{V}$，$R$ 的取值合适，$u_i$ 的波形如

图 5-25c 所示。试分别画出 $u_{o1}$ 和 $u_{o2}$ 的波形。

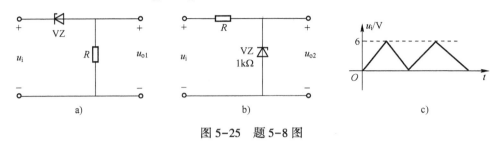

图 5-25 题 5-8 图

5-9 已知两只硅稳压管的稳定电压值分别是 4 V 和 8 V，正向电压降都是 0.7 V。若将它们串联使用，可获得几种不同的稳定电压？若将它们并联使用，又可获得几种不同的稳定电压？

5-10 稳压管电路如图 5-26 所示，其中稳压管的稳定电压值 $U_{VZ}=8$ V，最小稳定电流 $I_{VZmin}=5$ mA，最大稳定电流 $I_{VZmax}=20$ mA。

（1）试分别计算 $U_i$ 为 10 V 和 30 V 时输出电压 $U_o$ 的值。

（2）当负载开路时，为保证电路正常工作，$U_i$ 的最大允许输入值为多少？

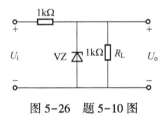

图 5-26 题 5-10 图

# 第6章 晶体管和放大电路

1947年肖克利发明的晶体管属于双极型晶体管,是具有放大功能的电子器件。晶体管放大电路是目前应用最广泛的放大电路,掌握放大电路的基本原理、基本分析方法是模拟电子电路的重要内容之一。

本章首先介绍晶体管的放大作用、特性曲线和主要参数;然后讨论晶体管共射放大电路的工作原理以及基本指标,并以晶体管共射放大电路为例介绍放大电路的两种基本分析方法,即图解法和小信号模型分析法;最后介绍差分放大电路的特点和分析方法。

## 6.1 晶体管

晶体管是半导体器件中最重要的元件之一。双极型晶体管(Bipolar Junction Transistor,BJT)因其有自由电子和空穴两种极性的载流子参与导电而得名,以下简称晶体管。它的种类很多,按照所用的半导体材料分,有硅管和锗管;按照工作频率分,有低频管和高频管;按照功率分,有小功率管、中功率管和大功率管等。

### 6.1.1 晶体管的结构与伏安特性

**1. 晶体管的结构与符号**

晶体管的结构示意图如图6-1a所示。从内部组成看,晶体管可分NPN型和PNP型两类,前者是一个P区夹在两个N区中间,后者是一个N区夹在两个P区中间。无论哪一类,均含有两个PN结,基区与发射区之间的PN结称为发射结,基区与集电区之间的PN结称为集电结。从外部引脚看,晶体管是一种三端器件,它有三个电极,分别从发射区、基区和集电区引出,称为发射极e(Emitter)、基极b(Base)和集电极c(Collector)。晶体管的电路符号如图6-1b所示。

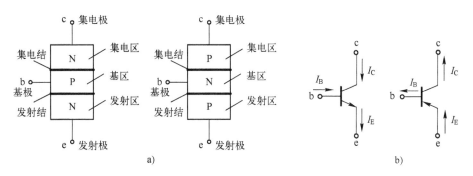

图6-1 晶体管的结构示意图和电路符号
a) 结构示意图 b) 电路符号

由图可见，NPN 型和 PNP 型电路符号的箭头指向不同，若将晶体管视为一个广义节点，NPN 型的箭头指向表示其发射极电流 $I_E$ 是"流出"管子的，则基极电流 $I_B$ 和集电极电流 $I_C$ 必为"流入"；而 PNP 型的各极电流的方向则相反。因此，无论哪一种晶体管，均有

$$I_E = I_B + I_C \tag{6.1-1}$$

**2. 晶体管的伏安特性与极限参数**

晶体管的伏安特性是指其各极间电压与电流之间的关系曲线，它是研究晶体管外部特性的重要依据。NPN 型晶体管的伏安特性测试电路如图 6-2a 所示，图中 $U_{BB}$ 为基极电源，$U_{CC}$ 为集电极电源，$U_{CC} > U_{BB}$；b-e 回路为输入回路，c-e 回路为输出回路，因此 e 极是输入、输出回路的公共电极，称为共射电路。

（1）输入特性

晶体管的输入特性是指在管压降 $U_{CE}$ 一定的情况下，基极电流 $i_B$ 与基-射电压 $u_{BE}$ 之间的函数关系，即

$$i_B = f(u_{BE}) \big|_{U_{CE}=常数} \tag{6.1-2}$$

输入特性如图 6-2b 所示。图中，当 $U_{CE} = 0$ 时，发射结和集电结并联，因此输入特性与二极管的正向特性类似，即只要 $u_{BE}$ 超过导通电压 $U_{on}$，$i_B$ 就从零开始近似按指数曲线增大，晶体管导通。随着 $U_{CE}$ 的增大，曲线右移，当 $U_{CE} > 1\text{V}$ 后，所有曲线几乎重合，故通常用 $U_{CE} = 1\text{V}$ 的曲线来代替 $U_{CE} > 1\text{V}$ 的所有曲线。当晶体管导通后，其发射结电压降一般取为恒定值，硅管约为 0.7V，锗管约为 0.2V。

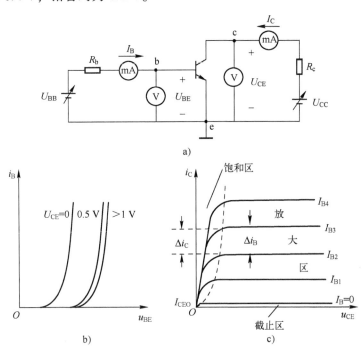

图 6-2 NPN 型 BJT 的共射测试电路和伏安特性
a）共射测试电路 b）输入特性 c）输出特性

（2）输出特性

晶体管的输出特性是指在基极电流 $I_B$ 一定的情况下，集电极电流 $i_C$ 与集-射电压 $u_{CE}$ 之

间的函数关系，即

$$i_C = f(u_{CE})\big|_{I_B=常数} \quad (6.1\text{-}3)$$

输出特性如图 6-2c 所示。当 $I_B$ 取为不同数值时将得到一簇曲线，可将之划分为三个区域，即截止区、饱和区和放大区。

a）截止区

截止区指 $I_B=0$ 以下的区域。可通过将 $U_{BB}$ 反接的方式，将晶体管的发射结设为反向偏置，从而使其工作在这一区域。由图 6-2c 可见，当 $I_B=0$ 时，$i_C=I_{CEO}$，$I_{CEO}$ 称为穿透电流，意为当基极开路时，在 $U_{CC}$ 作用下，晶体管的 c、e 间所形成的电流。小功率硅管的 $I_{CEO}$ 小于 1 μA，锗管的 $I_{CEO}$ 小于几十 μA，近似分析时可忽略不计，故 c、e 间近似开路，集电结也反偏。

b）饱和区

饱和区即图中虚线以左的区域。虚线表示饱和区和放大区的临界线，称为临界饱和或临界放大，相应的管压降称为临界饱和管压降，记作 $U_{CES}$，即 $U_{CES}=U_{BE}\approx U_{on}$。而在虚线以左的饱和区内，相应的管压降称为饱和管压降，记作 $U_{CE(sat)}$，显然 $U_{CE(sat)}<U_{CES}$，说明当晶体管工作在饱和区时，其发射结、集电结均正偏。又由于 $U_{CE(sat)}\approx 0$，c、e 间近似短路，故集电极电流趋于饱和，记作 $I_{C(sat)}$，即

$$I_{C(sat)} = \frac{U_{CC}-U_{CE(sat)}}{R_c} \approx \frac{U_{CC}}{R_c} \quad (6.1\text{-}4)$$

c）放大区

放大区指虚线以右的区域。显然 $u_{CE}>U_{BE}$，说明当晶体管工作在放大区时，其发射结正偏、集电结反偏。放大区的特点是当 $i_B$ 等差变化时，各条输出特性曲线近似平行且间距几乎相等，故定义直流电流放大系数为

$$\overline{\beta} \approx \frac{I_C}{I_B} \quad (6.1\text{-}5)$$

交流电流放大系数为

$$\beta \approx \frac{\Delta i_C}{\Delta i_B}\bigg|_{U_{CE}=常数} \quad (6.1\text{-}6)$$

近似分析时可认为 $\beta \approx \overline{\beta}$，即

$$I_C \approx \beta I_B \quad (6.1\text{-}7)$$
$$I_E \approx (1+\beta)I_B \quad (6.1\text{-}8)$$

式（6.1-7）~式（6.1-8）描述了放大状态下晶体管的电流分配关系，据此可知，$U_{BB}$ 只需向输入回路提供较小的电流 $I_B$，便可使 $U_{CC}$ 向输出回路提供较大的电流 $I_C$，从而实现近似线性的电流放大。

综上所述，通过对 BJT 的两个 PN 结外加不同的偏置，就可令其工作在不同的区域，从而呈现出不同的特性，具体见表 6-1。

表 6-1 晶体管的三个工作区域及其外部偏置

| 工 作 区 域 | 外 部 偏 置 |
| --- | --- |
| 截止区 | 发射结反偏、集电结反偏 |
| 饱和区 | 发射结正偏、集电结正偏 |
| 放大区 | 发射结正偏、集电结反偏 |

(3) 极限参数

极限参数是指为使晶体管安全工作而对它的电压、电流和功率所作出的限制。

a) 最大集电极耗散功率 $P_{CM}$

$P_{CM}$ 决定于晶体管的温升,当硅管的结温度大于150℃时,锗管的结温度大于70℃时,管子特性明显变坏,甚至烧坏。对于确定型号的晶体管,$P_{CM}$ 是一个确定值,即 $P_{CM} = i_C u_{CE}$ =常数。

b) 最大集电极电流 $I_{CM}$

在 $i_C$ 相当大的范围内 $\beta$ 值基本不变,但当 $i_C$ 的数值大到一定程度时 $\beta$ 值将减小,使 $\beta$ 明显减小的 $i_C$ 即为 $I_{CM}$。实际上,当晶体管的 $i_C$ 大于 $I_{CM}$ 时,晶体管不一定损坏,但 $\beta$ 明显下降。

c) 极间反向击穿电压

晶体管的某一电极开路时,另外两个电极间所允许加的最高反向电压即为极间反向击穿电压,超过此值时管子会发生击穿现象。下面是各种击穿电压的定义:

$U_{CBO}$ 是发射极开路时集电极-基极间的反向击穿电压,这是集电结所允许加的最高反向电压。

$U_{CEO}$ 是基极开路时集电极-发射极间的反向击穿电压,此时集电结承受反向电压。

$U_{EBO}$ 是集电极开路时发射极-基极间的反向击穿电压,这是发射结所允许加的最高反向电压。

## 6.1.2 晶体管的基本应用

通过对晶体管伏安特性的分析可以看出,当其工作在截止区和饱和区时,相当于一个开关;当其工作在放大区时,相当于一个电流控制电流源,即集电极电流将基极电流放大了 $\beta$ 倍。因此,晶体管具有开关和放大两个基本作用。其中,开关作用主要用于数字电路,来产生高、低电平;放大作用主要用于模拟电路,以实现输入信号对输出信号的控制。下面分别对这两种基本应用加以讨论。

**1. 开关作用**

晶体管的开关作用对应于有触点开关的"断开"与"闭合",但在速度与可靠性方面比机械开关优越得多。如图 6-3a 所示,当 $u_i = 0$ V 时,发射结零偏,管子截止,$i_B = 0$,$i_C \approx 0$,这时三个电极 b、c、e 之间就像开关断开一样,等效电路如图 6-3b 所示,$u_o \approx U_{CC}$;当 $u_i = U_{CC}$ 时,发射结正偏,若 $I_B$ 足够大,则 BJT 工作在饱和区,饱和管压降 $U_{CE(sat)} \approx 0$,b、c、e 之间类似于开关闭合,等效电路如图 6-3c 所示,$u_o \approx 0$ V。

由以上分析可知,若电路输入为低电平,则输出为高电平;反之,若输入为高电平,则输出为低电平,这在数字电路中称为"非"逻辑,所以图 6-3a 所示电路也称为"非"门电路。"非"门电路又称为反相器,意为输出电压 $u_o$ 与输入电压 $u_i$ 相位相反。

**例 6-1** 电路如图 6-4 所示。已知 $R_c = 0.3$ kΩ,$R_b = 20$ kΩ,$U_{BE} = 0.7$ V,$\beta = 100$,$U_{CE(sat)} = 0.2$ V,发光二极管的正向电压降 $U_F = 1$ V,试求发光二极管正常工作时的工作电流 $I_F$。

**解:** 当 $u_i = 0$ V 时,晶体管截止,发光二极管不发光。

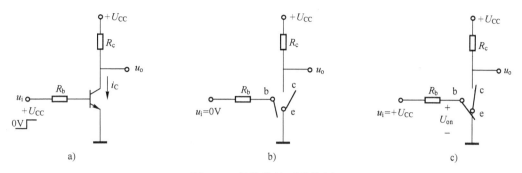

图 6-3 晶体管的开关作用
a) 电路  b) 晶体管的"关"状态  c) 晶体管的"开"状态

当 $u_i = 5\,\text{V}$，晶体管导通，发光二极管发光。为判断此时晶体管的工作状态（放大或饱和），首先求出临界饱和集电极电流为

$$I_{CS} = \frac{U_{CC} - U_F - U_{CES}}{R_c} = \frac{5 - 1 - 0.7}{0.3}\,\text{mA} = 11\,\text{mA}$$

则相应的临界饱和基极电流为

$$I_{BS} = \frac{I_{CS}}{\beta} = \frac{11}{100}\,\text{mA} = 0.11\,\text{mA}$$

而实际基极电流为

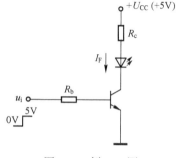

图 6-4 例 6-1 图

$$i_B = \frac{u_i - U_{BE}}{R_b} = \frac{5 - 0.7}{20}\,\text{mA} = 0.215\,\text{mA}$$

$i_B > I_{BS}$，据此可知晶体管为饱和状态，故发光二极管的工作电流为

$$I_F = \frac{U_{CC} - U_F - U_{CE(sat)}}{R_c} = \frac{5 - 1 - 0.2}{0.3}\,\text{mA} \approx 12.7\,\text{mA}$$

**2. 放大作用**

晶体管的另一重要功能是放大。晶体管的内部结构特点是发射区高掺杂、基区很薄、集电结面积大，若再满足发射结正偏、集电结反偏的外部偏置条件，就可实现电流放大。

（1）放大状态下的载流子传输过程

下面以 NPN 管共射放大电路为例，讨论放大状态下晶体管内部载流子的传输过程。如图 6-5 所示，$U_{BB}$ 使发射结正偏，而 $U_{CC} > U_{BB}$，使集电结反偏。由于发射结正偏，故发射区多子自由电子大量扩散到基区，形成发射区扩散电流 $I_{EN}$，$I_{EN}$ 基本等于外部的发射极电流 $I_E$；自由电子在穿越基区的过程中会与基区多子空穴复合掉一小部分，损失的空穴则由 $U_{BB}$ 源源不断地补充，从而形成基区复合电流 $I_{BN}$，该电流基本等于外部的基极电流 $I_B$；而到达基区的自由电子成为基区的少子，因集电结反偏，吸引这部分自由电子继续漂移，到达集电极，形成集电区漂移电流 $I_{CN}$，该电流基本等于外部的集电极电流 $I_C$。

在上述载流子的传输过程中，基区每复合掉一个自由电子，就有 $\beta$ 个自由电子被集电区收集，即 $I_{CN}$ 为 $I_{BN}$ 的 $\beta$ 倍，则

$$\beta = \frac{I_{CN}}{I_{BN}} \approx \frac{I_C}{I_B} \tag{6.1-9}$$

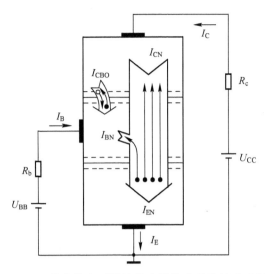

图 6-5 放大状态下晶体管内部载流子的运动过程

$\beta$ 反映出晶体管的电流放大能力。应当指出,由于 $I_B=0$ 时 $I_C$ 并不为零,而是等于穿透电流 $I_{CEO}$,所以准确地说,放大状态下晶体管的电流分配关系应为

$$I_C = \beta I_B + I_{CEO} \tag{6.1-10}$$

而

$$I_{CEO} = (1+\beta) I_{CBO} \tag{6.1-11}$$

其中,$I_{CBO}$ 称为集电极-基极反向饱和电流,是由基区和集电区原有少子的漂移运动形成的,如图 6-5 中所示。

(2) 放大状态下的偏置电路

那么,怎样才能将晶体管偏置在放大状态呢?由于晶体管属电流控制器件,需要建立合适的偏置电流,常见偏置电路如图 6-6 所示。由图可见,若 $I_1 \gg I_B$,则 b 点电位为

$$U_B \approx \frac{R_{b1}}{R_{b1}+R_{b2}} U_{CC} \tag{6.1-12}$$

故有

$$I_C \approx I_E = \frac{U_B - U_{BE}}{R_e} \approx \frac{U_B}{R_e} \tag{6.1-13}$$

$$I_B \approx \frac{I_C}{\beta} \tag{6.1-14}$$

$$U_{CE} \approx U_{CC} - I_C(R_c + R_e) \tag{6.1-15}$$

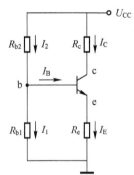

图 6-6 晶体管偏置电路

式 (6.1-13)~式 (6.1-15) 表示直流情况下晶体管的各个极电流和极间电压的大小,这些电流、电压的数值可用 BJT 特性曲线上一个确定的点表示,该点习惯上称为晶体管的静态工作点,也称为 Q 点 (Quiescent),分别记作 $I_{CQ}$、$I_{BQ}$、$U_{CEQ}$ 和 $U_{BEQ}$,其中 $U_{BEQ}$ 通常作为已知条件,硅管约为 0.7 V,锗管约为 0.3 V。由式 (6.1-13) 可见,当环境温度变化或更换管子时,集电极偏置电流 $I_{CQ}$ 能够基本保持稳定,即 Q 点保持稳定,故图 6-6 电路称为静态工作点稳定电路。

## 6.2 放大的概念和放大电路的主要性能指标

### 6.2.1 放大的概念

放大现象存在于各种场合，例如，利用放大镜放大微小物体，这是光学中的放大；利用杠杆原理用小力移动重物，这是力学中的放大；利用变压器将低电压变换为高电压，这是电学中的放大。研究它们的共同点，一是都将"原物"形状或大小按一定比例放大了，二是放大前后能量守恒，例如，杠杆原理中前后端做功相同，理想变压器的一、二次功率相同等。

利用扬声器放大声音，是电子学中的放大。传声器（传感器）将微弱的声音转换成电信号，经放大电路放大成足够强的电信号后，驱动扬声器（执行机构），使其发出较原来强得多的声音。这种放大与上述放大的相同之处是放大的对象均是变化量（差异），不同之处在于扬声器所获得的能量（或输出功率）远大于传声器送出的能量（或输入功率）。可见，放大电路放大的本质是能量的控制和转换；是在输入信号作用下，通过放大电路将直流电源的能量转换成负载所获得的能量，使负载从电源获得的能量大于信号源所提供的能量。因此，电子电路放大的基本特征是功率放大，即负载上总是获得比输入信号大得多的电压或电流，有时兼而有之。这样，在放大电路中必须存在能够控制能量的元件，即有源元件，如晶体管。

放大的前提是不失真，即只有在不失真的情况下放大才有意义。晶体管是放大电路的核心元件，只有其工作在放大区，才能使输出量与输入量始终保持线性关系，即电路不会发生失真。

### 6.2.2 放大电路的性能指标

图 6-7 所示为放大电路的示意图。任何一个放大电路都可以看成是一个二端口网络。左边为输入端口，当内阻为 $R_s$ 的信号源 $u_s$ 作用时，放大电路得到输入电压 $u_i$，同时产生输入电流 $i_i$；右边为输出端口，输出电压为 $u_o$，输出电流为 $i_o$，$R_L$ 为负载电阻。不同放大电路在 $u_s$ 和 $R_L$ 相同的条件下，$i_i$、$u_o$、$i_o$ 将不同，说明不同放大电路从信号源索取的电流不同，且对同样的信号的放大能力也不同；同一放大电路在幅值相同、频率不同的 $u_s$ 作用下，$u_o$ 也将不同，即对不同频率的信号同一放大电路的放大能力也存在差异。为了反映放大电路的各方面性能，引出如下主要指标。

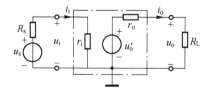

图 6-7 放大电路模型

**1. 放大倍数**

放大倍数是直接衡量放大电路放大能力的重要指标，其值为输出量与输入量之比。对于小功率放大电路，人们常常只关心电路单一指标的放大倍数，如电压放大倍数，而不研究其功率放大能力。

电压放大倍数是输出电压 $u_o$ 与输入电压 $u_i$ 之比，即

$$A_u = \frac{u_o}{u_i} \tag{6.2-1}$$

$A_u$ 表示输入电压对输出电压的控制，即放大电压的能力。

**2. 输入电阻**

放大电路与信号源相连就成为信号源的负载，必然从信号源索取电流，电流的大小表明放大电路对信号源的影响程度。输入电阻 $r_i$ 是从放大电路输入端看进去的等效电阻，定义为输入电压 $u_i$ 与输入电流 $i_i$ 之比，即

$$r_i = \frac{u_i}{i_i} \tag{6.2-2}$$

$r_i$ 越大，表明放大电路从信号源索取的电流越小，放大电路所取得的输入电压 $u_i$ 越接近于信号源电压 $u_s$。即信号源内阻上的电压越小，信号电压损失越小。然而，如果信号源内阻 $R_s$ 为一常量，那么为了使输入电流大一些，则应使 $r_i$ 小一些。因此，放大电路输入电阻的大小需视需要而定。

**3. 输出电阻**

任何放大电路的输出都可以等效成一个有内阻的电压源，从放大电路输出端看进去的等效内阻称为输出电阻 $r_o$，如图 6-7 所示，$u_o'$ 为空载时的输出电压，$u_o$ 为带负载后的输出电压，因此

$$u_o = \frac{R_L}{r_o + R_L} u_o'$$

输出电阻为

$$r_o = \left(\frac{u_o'}{u_o} - 1\right) R_L \tag{6.2-3}$$

$r_o$ 越小，负载电阻 $R_L$ 变化时，$u_o$ 变化越小，称为放大电路的带负载能力越强。

输入电阻与输出电阻是描述电子电路在相互连接时所产生的影响而引入的参数。当两个放大电路相互连接时（见图 6-8），放大电路Ⅱ的输入电阻 $r_{i2}$ 是放大电路Ⅰ的负载电阻，而放大电路Ⅰ可以看成放大电路Ⅱ的信号源，内阻就是放大电路Ⅰ的输出电阻 $r_{o1}$。因此，输入电阻和输出电阻均会直接或间接地影响放大电路的放大能力。

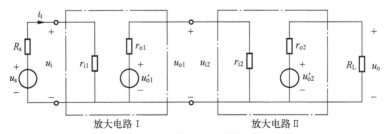

图 6-8 放大电路的级联

## 6.3 基本放大电路

基本放大电路是指由一只放大管构成的单管放大电路。本节以基本共射放大电路为例，阐明放大电路的组成原则及电路中各元件的作用。

### 6.3.1 基本共射放大电路的组成及各元件的作用

图 6-9 所示为基本共射放大电路，它由 NPN 型硅管及若干电阻组成，其中晶体管是起放大作用的核心元件。输入信号 $u_i$ 为正弦波电压。

当 $u_i=0$ 时，称放大电路处于静态。在输入回路中，基极电源 $U_{BB}$ 使晶体管 b-e 间电压 $U_{BE}$ 大于开启电压 $U_{on}$，并与基极电阻 $R_b$ 共同决定基极电流 $I_B$；在输出回路中，集电极电源 $U_{CC}$ 应足够高，使晶体管的集电结反向偏置，以保证晶体管工作在放大状态，因此集电极电流 $I_C=\beta I_B$；集电极电阻 $R_c$ 上的电压为 $I_C R_c$，从而确定了 c-e 间电压 $U_{CE}=U_{CC}-I_C R_c$。

当 $u_i$ 不为 0 时，在输入回路中，必将在静态值的基础上产生一个动态的基极电流 $i_b$；当然，在输出回路就可得到动态电流 $i_c$；集电极电阻 $R_c$ 将集电极电流的变化转换成电压的变化，即使得管压降 $u_{CE}$ 产生变化，管压降的变化量就是输出动态电压 $u_o$，从而实现了电压放大。直流电源 $U_{CC}$ 为输出提供所需能量。

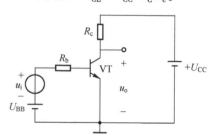

图 6-9 基本共射放大电路

由于图 6-9 所示电路的输入回路与输出回路以发射极为公共端，故称为共射放大电路，并称公共端为"地"。

### 6.3.2 设置静态工作点的必要性

**1. 静态工作点**

由以上分析可知，在放大电路中，当有信号输入时，交流量与直流量共存。当输入信号为零时，晶体管的基极电流 $I_B$、集电极电流 $I_C$、b-e 间电压 $U_{BE}$、管压降 $U_{CE}$ 称为放大电路的静态工作点 $Q$（Quiescent），常将这 4 个物理量记作 $I_{BQ}$、$I_{CQ}$、$U_{BEQ}$、$U_{CEQ}$。在近似估算中常认为 $U_{BEQ}$ 为已知量，对于硅管，取 $|U_{BEQ}|$ 为 0.6~0.8 V 中的某一值，如 0.7 V；对于锗管，取 $|U_{BEQ}|$ 为 0.1~0.3 V 中的某一值，如 0.2 V。

在图 6-9 所示电路中，令 $u_i=0$，根据回路方程，便可得到静态工作点的表达式如下：

$$\begin{cases} I_{BQ}=\dfrac{U_{BB}-U_{BEQ}}{R_b} \\ I_{CQ}=\bar{\beta} I_{BQ} \\ U_{CEQ}=U_{CC}-I_{CQ}R_c \end{cases} \quad (6.3\text{-}1)$$

**2. 设置静态工作点的必要性**

既然放大电路要放大的对象是动态信号，那么为什么要设置静态工作点呢？为了说明这一问题，不妨将基极电源去掉，如图 6-10 所示，电源 $U_{CC}$ 的负端接"地"。

在图 6-10 所示电路中，静态时将输入端短路，必然得到 $I_{BQ}=0$、$I_{CQ}=0$、$U_{CEQ}=U_{CC}$ 的结

论，因而晶体管处于截止状态。当加入输入电压 $u_i$ 时，$u_{BE}=u_i$，若其峰值小于 b-e 间电压 $U_{on}$，则在信号的整个周期内晶体管始终工作在截止状态，因而输出电压毫无变化；即使 $u_i$ 的幅值足够大，晶体管也只可能在信号正半周大于 $U_{on}$ 的时间间隔内导通，所以输出电压必然严重失真。

对于放大电路的最基本要求，一是不失真，二是能够放大。如果输出波形严重失真，放大就毫无意义。只有在信号的整个周期内晶体管始终工作在放大状态，输出信号才不会产生失真。因此，设置合适的静态工作点，以保证放大电路不产生失真是非常必要的。

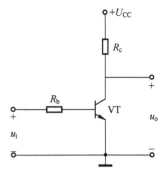

图 6-10 静态工作点说明电路

应当指出，$Q$ 点不仅影响电路是否会产生失真，而且影响着放大电路几乎所有的动态参数。

### 6.3.3 基本共射放大电路的工作原理及波形分析

在图 6-9 所示的基本放大电路中，静态时的 $I_{BQ}$、$I_{CQ}$、$U_{CEQ}$ 如图 6-11b、c 中虚线所标注。

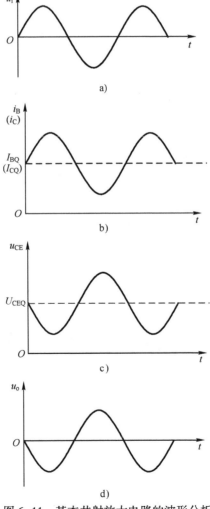

图 6-11 基本共射放大电路的波形分析

当有输入电压时，基极电流是在原来直流分量 $I_{BQ}$ 的基础上叠加一个正弦交流电流 $i_b$，因而基极总电流 $i_B = I_{BQ} + i_b$，见图 6-11b 中实线所画波形。根据晶体管基极电流对集电极电流的控制作用，集电极电流也会在直流分量 $I_{CQ}$ 的基础上产生一个正弦交流电流 $i_c$，而且 $i_c = \beta i_b$，集电结总电流 $i_C = I_{CQ} + \beta i_b$，不难理解，集电结动态电流 $i_c$ 必将在集电极电阻 $R_c$ 上产生一个与 $i_c$ 波形相同的交变电压。而由于 $R_c$ 上的电压增大时，管压降 $u_{CE}$ 必然减小；$R_c$ 上的电压减小时，管压降 $u_{CE}$ 必然增大，所以管压降是在直流分量 $U_{CEQ}$ 的基础上叠加上一个与 $i_c$ 变化方向相反的交变电压 $u_{ce}$，即管压降总量 $u_{CE} = U_{CEQ} + u_{ce}$，见图 6-11c 所示波形。将管压降中的直流分量 $U_{CEQ}$ 去掉，就得到一个与输入电压 $u_i$ 相位相反且放大了的交流电压 $u_o$，如图 6-11d 所示。

从以上分析可知，对于基本共射放大电路，只有设置合适的静态工作点，使交流信号叠加在直流分量之上，以保证晶体管在输入信号的整个周期内始终工作在放大状态，输出电压波形才不会产生非线性失真。基本共射放大电路的电压放大作用是利用晶体管的电流放大作用，并依靠 $R_c$ 将电流的变化转化成电压的变化来实现的。

### 6.3.4 放大电路的组成原则

通过对基本共射放大电路的简单分析可以总结出，在组成放大电路时必须遵循以下几个原则：

（1）必须根据所用放大管的类型提供直流电源，以便设置合适的静态工作点，并作为输出的能源。对于晶体管放大电路，电源的极性和大小应使晶体管基极与发射极之间处于正向偏置，而集电极与基极之间处于反向偏置，即保证晶体管工作在放大区。

（2）电阻取值得当，与电源配合，使放大管有合适的静态工作电流。

（3）输入信号必须能够作用于放大管的输入回路。对于晶体管，输入信号必须能够改变基极与发射极之间的电压，产生 $\Delta u_{BE}$，或改变基极电流，产生 $\Delta i_B$（$\Delta i_E$）。这样，才能改变放大管输出回路的电流，从而放大输入信号。

（4）当负载接入时，必须保证放大管输出回路的动态电流（晶体管的 $\Delta i_C$）能够作用于负载，从而使负载获得比输入信号大得多的信号电流或信号电压。

### 6.3.5 晶体管放大电路的三种基本组态

晶体管是三端元件，实际使用时可视为双口网络。由于其中任何一个电极都可作为输入口或输出口的公共端，因此有共射、共集和共基三种基本连接方式，又称为组态，如图 6-12 所示。

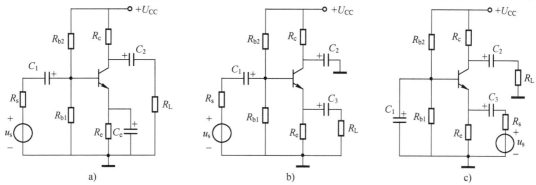

图 6-12 晶体管放大电路的三种基本组态
a）共射组态　b）共集组态　c）共基组态

## 6.4 放大电路的分析方法

分析放大电路就是在理解放大电路工作原理的基础上求解静态工作点和各项动态参数。本节以基本共射放大电路为例,针对电子电路中存在着非线性器件(如晶体管),而且直流量与交流量同时作用的特点,提出分析方法。

**1. 直流通路与交流通路**

一般情况下,在放大电路中,直流量(静态电流与电压)和交流信号(动态电流与电压)总是共存的。但是由于电容、电感等电抗元件的存在,直流量所流经的通路与交流量所流经的通路是不完全相同的。因此,为了研究问题方便起见,常把直流电源对电路的作用和输入信号对电路的作用区分开来,分成直流通路和交流通路。

所谓直流通路,是指仅在直流电源的作用下,直流电流所流经的路径;因此为得到直流通路,应将电路中的交流信号源除源(但保留内阻),电容视为开路,电感视为短路。所谓交流通路,是指仅在输入信号源的作用下,交流电流所流经的路径;因此为得到交流通路,应将电路中的直流电源除源,电容视为短路,电感视为开路。

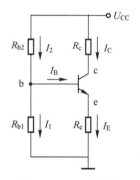

图 6-13 三种基本组态的直流通路

根据直流通路的定义可知,图 6-12 所示晶体管放大电路的三种基本组态的直流通路是一样的,如图 6-13 所示,三种组态的交流通路如图 6-14 所示。由图可见,所谓共射组态,是指基极为信号输入端、集电极为信号输出端、发射极为输入回路和输出回路的公共端;所谓共集组态,是指基极为信号输入端、发射极为信号输出端、集电极为输入回路和输出回路的公共端;所谓共基组态,是指发射极为信号输入端、集电极为信号输出端、基极为输入回路和输出回路的公共端。应当指出,交流通路并不是实际的工作电路,因为如果没有直流电源,放大电路是无法正常工作的,所以得到图 6-14 的前提是假设电路已有合适的静态工作点。

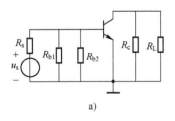 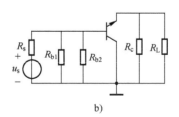 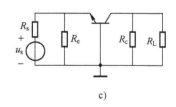

a)　　　　　　　　　　　　b)　　　　　　　　　　　　c)

图 6-14 晶体管放大电路三种基本组态的交流通路
a) 共射组态交流通路　b) 共集组态交流通路　c) 共基组态交流通路

**2. 晶体管共射放大电路**

现将图 6-12a 所示的晶体管共射放大电路及其直流通路、交流通路重画于图 6-15。

如图 6-15a 所示,$U_{CC}$ 为供电的直流电源,$u_s$ 为正弦电压信号源,其内阻为 $R_s$;$u_i$ 为放大电路的正弦输入电压,$u_o$ 为负载上获得的正弦输出电压。电容 $C_1$ 用于连接信号源与放大电路,电容 $C_2$ 用于连接放大电路与负载。这种利用电容连接电路的方式称为阻容耦合,$C_1$、

$C_2$ 称为耦合电容。由于电容的作用是隔直流通交流，因此阻容耦合能够在保证交流信号正常流通的情况下，将放大电路的直流偏置电路、信号源和负载相互隔离、互不影响。另外，为了不削弱电路的放大作用，常在发射极电阻 $R_e$ 两端并联电容 $C_e$，称为旁路电容。旁路电容对静态工作点没有影响，但对交流信号起旁路作用，即在交流信号作用时，相当于 $R_e$ 短接。

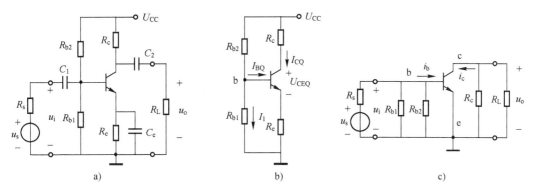

图 6-15 分压式偏置共射放大电路
a) 晶体管共射放大电路　b) 直流通路　c) 交流通路

图 6-15b 所示直流通路是在 $u_i = 0$ 时得到的，当 $u_i = 0$ 时，称放大电路处于静态。在 6.3.2 节已对静态工作点进行过分析，此处不再赘述。下面主要对图 6-15c 进行交流分析，假设电路已有合适的静态工作点 $Q$。交流分析的基本方法有两种，即图解法和小信号模型分析法。

（1）图解法

在已知放大管的输入特性、输出特性以及放大电路中其他各元件参数的情况下，利用作图的方法对放大电路进行分析的方法即为图解法。由于晶体管的输入特性曲线不易准确测量，因此所谓图解法，主要是对其输出特性进行图解分析。

首先在输出特性坐标系中，确定静态工作点 $Q$ 的位置。显然，$Q$ 点应位于 $I_B = I_{BQ}$ 的那条输出特性曲线上，同时它还应满足输出电路的 KVL 方程，即

$$U_{CE} = U_{CC} - I_C(R_c + R_e) \tag{6.4-1}$$

式（6.4-1）所确定的直线称为输出回路的直流负载线，描述的是直流量 $I_C$ 和 $U_{CE}$ 之间的关系，其横轴截距为 $U_{CC}/(R_c+R_e)$，斜率为 $-1/(R_c+R_e)$。直流负载线与 $I_B = I_{BQ}$ 那条输出特性曲线的交点就是静态工作点 $Q(I_{CQ}, U_{CEQ})$，如图 6-16a 中所标注。

当 $u_i$ 加入后，称放大电路处于动态。由图 6-15c 所示的交流通路可见，输入信号 $u_i$ 作用于晶体管的发射结上，发射结电压将在原来直流分量 $U_{BEQ}$ 的基础上叠加一个正弦电压 $u_i$，即发射结电压的瞬时总量为

$$u_{BE} = U_{BEQ} + u_i \tag{6.4-2}$$

在输入特性坐标系中画出 $u_{BE}$ 的波形，如图 6-16b 所示。由图可见，只要 $u_i$ 的幅值足够小，$i_b$ 与 $u_i$ 就近似成线性关系，故基极电流的瞬时总量为

$$i_B = I_{BQ} + i_b \tag{6.4-3}$$

式（6.4-2）和式（6.4-3）说明瞬时工作点将以 $Q$ 点为中心，沿输入特性曲线在 $Q'$ 与 $Q''$ 之间上下移动，从而产生正弦电流 $i_b$。

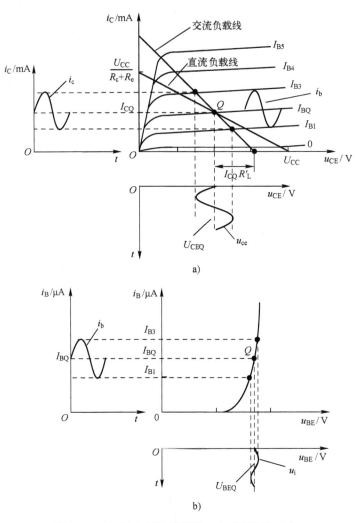

图 6-16 分压式偏置共射放大电路的图解分析
a) 输出回路的工作波形　b) 输入回路的工作波形

根据基极电流对集电极电流的控制作用，集电极电流也会在直流分量 $I_{CQ}$ 的基础上产生一个正弦电流 $i_c$，且 $i_c=\beta i_b$，集电极电流的瞬时总量为

$$i_C = I_{CQ} + i_c \tag{6.4-4}$$

而管压降是在直流分量 $U_{CEQ}$ 的基础上叠加一个正弦电压 $u_{ce}$，其瞬时总量为

$$u_{CE} = U_{CEQ} + u_{ce} \tag{6.4-5}$$

式（6.4-4）和式（6.4-5）说明在输出特性曲线上，瞬时工作点也将以 $Q$ 为中心，在 $Q'$ 与 $Q''$ 间上下移动。但需注意的是，由于直流通路和交流通路的路径不同，瞬时工作点并不是沿着直流负载线移动，而是沿着交流负载线移动。所谓交流负载线，是指描述瞬时总量 $i_C$ 和 $u_{CE}$ 之间关系的直线。那么，怎样得到交流负载线呢？

一方面，在正弦信号 $u_i$ 经过零点的瞬间，即 $u_i=0$ 时，晶体管工作在 $Q$ 点，故交流负载线必过 $Q$ 点；另一方面，由图 6-15c 所示的交流通路还可看出，交流信号

$$u_{ce} = -i_c(R_c // R_L) = -i_c R'_L \tag{6.4-6}$$

说明交流负载线的斜率为

$$k = \frac{\Delta i_C}{\Delta u_{CE}} = \frac{i_c}{u_{ce}} = -\frac{1}{R_c // R_L}$$

根据以上两点，即可作出交流负载线，如图 6-16a 中所标注。

交流信号 $u_i$、$i_b$、$i_c$ 相位相同，但 $u_{ce}$ 与它们相位相反，即输出电压 $u_o$ 不但得到了放大，而且与输入电压 $u_i$ 反相，所以共射放大电路属于反相电压放大电路。

(2) 小信号模型分析法

从图解法的分析过程可知，欲使放大电路能够不失真地放大，交流信号幅度必须远小于静态值，即所谓的"小信号"。这样，不仅能保证晶体管的各个极电流和极间电压的方向始终不变，即在 Q 点上叠加一个小信号，而且能保证这些电流、电压间的线性关系。晶体管在 Q 点附近小范围内所等效的线性模型称为小信号等效模型，当晶体管被等效的线性模型取代后，整个放大电路就转化为线性电路，就可以用求解线性电路的分析方法对放大电路进行定量分析了，这就是小信号模型分析法。

a) 晶体管的简化小信号等效模型

晶体管的简化小信号等效模型（H 参数模型）如图 6-17 所示。由图可见，当晶体管为共射连接时，对于输入端口而言，其输入电压为 $u_{be}$，输入电流为 $i_b$，只要 $u_{be}$ 的幅值足够小，$u_{be}$ 与 $i_b$ 之间就近似成线性关系，因此输入端口对小信号所呈现出来的作用就如同一只线性电阻，称为 b-e 间的动态电阻 $r_{be}$，即

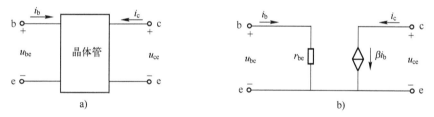

图 6-17 晶体管的简化小信号等效模型
a) 晶体管共射连接时的双端口网络  b) 小信号等效模型

$$r_{be} \approx \frac{\Delta u_{BE}}{\Delta i_B} \approx \frac{u_{be}}{i_b} \tag{6.4-7}$$

可以证明

$$r_{be} \approx r_{bb'} + (1+\beta)\frac{U_T}{I_{EQ}} \tag{6.4-8}$$

式中，$r_{bb'}$ 为晶体管基区体电阻，典型阻值约为 300 Ω；$U_T$ 为电压温度当量，常温下约为 26 mV；$I_{EQ}$ 为晶体管的静态发射极偏置电流。实际上，$r_{be}$ 为输入特性曲线上 Q 点处切线斜率的倒数，因此其数值大小与 Q 点的位置密切相关。由于输入特性曲线的非线性，$r_{be}$ 并非常数，Q 点的位置越高，$r_{be}$ 越小。

对于输出端口而言，其输出电压为 $u_{ce}$，输出电流为 $i_c$。由晶体管的输出特性可知，放大区的输出特性曲线为一簇近似平行于横轴的直线，说明输出口对小信号所呈现出来的作用相当于一个电流控制电流源，即 $i_c = \beta i_b$，受控源的内阻为

$$r_{ce} \approx \frac{\Delta u_{CE}}{\Delta i_C}$$

$r_{ce}$ 称为晶体管的交流输出电阻。近似分析时，若认为曲线完全平行于横轴，则 $r_{ce} \to \infty$，$i_c = \beta i_b$ 为理想受控源。需要注意的是，$i_b$ 对 $i_c$ 的控制作用不仅体现在控制其数值大小，还体现在控制其方向，当 $i_b$ 流入发射极 e 时，$i_c$ 也流入发射极 e。

图 6-17 并未标注晶体管的管型，这是因为小信号等效模型是用来描述叠加在直流量之上的交流量之间的依存关系的，与直流量的极性或流向无关。也就是说，虽然 NPN 型管和 PNP 管上各直流量的极性和流向恰好相反，但它们的小信号等效模型却是相同的。

b）基本共射放大电路的小信号模型分析

在图 6-15c 所示交流通路的基础上，将其中的晶体管用简化小信号等效模型取代，即可得到其小信号等效电路（微变等效电路），如图 6-18a 所示。下面讨论如何利用小信号等效电路求解放大电路的电压放大倍数、输入电阻和输出电阻。

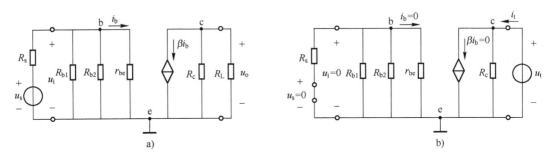

图 6-18　分压式偏置共射放大电路的小信号模型分析

a）图 6-15a 电路的小信号等效电路　b）输出电阻求解电路

- 电压放大倍数

由图 6-18a 可知，电路的输出电压为

$$u_o = -i_c(R_c // R_L) = -i_c R'_L = -\beta i_b R'_L$$

输入电压为

$$u_i = i_b r_{be}$$

则电压放大倍数为

$$A_u = \frac{u_o}{u_i} = -\beta \frac{R'_L}{r_{be}} \qquad (6.4\text{-}9)$$

式中，负号表示 $u_o$ 与 $u_i$ 反相。

- 输入电阻

根据输入电阻的定义，有

$$r_i = R_{b1} // R_{b2} // r_{be} \qquad (6.4\text{-}10)$$

一般情况下，$R_{b1} // R_{b2} // r_{be} \approx r_{be}$，故

$$r_i \approx r_{be} \qquad (6.4\text{-}11)$$

- 输出电阻

根据输出电阻的定义，将图 6-18a 中的信号源置零（将 $u_s$ 短接，但保留 $R_s$），同时负载开路（$R_L \to \infty$），外加测试电压 $u_t$，产生测试电流 $i_t$，如图 6-18b 所示，则输出电阻为

$$r_\mathrm{i} = \left.\frac{u_\mathrm{t}}{i_\mathrm{t}}\right|_{\substack{u_\mathrm{s}=0 \\ R_\mathrm{L}\to\infty}} = R_\mathrm{c} \tag{6.4-12}$$

综上所述，基本共射放大电路既能放大电流又能放大电压，输出电压与输入电压反相；输入电阻居中，输出电阻较大。共射放大电路常作为低频电压放大电路的单元电路。

**例 6-2** 电路如图 6-19 所示。已知晶体管的 $\beta=50$，$U_\mathrm{BE}=0.7\,\mathrm{V}$。试求：

(1) 电路的静态工作点 $Q$。

(2) 电路的电压放大倍数 $A_u = \dfrac{u_\mathrm{o}}{u_\mathrm{i}}$。

(3) 当信号源内阻 $R_\mathrm{s}=2\,\mathrm{k}\Omega$ 时，电路的源电压放大倍数 $A_{us}=\dfrac{u_\mathrm{o}}{u_\mathrm{s}}$。

(4) 当输入电压 $u_\mathrm{i}$ 的有效值 $U_\mathrm{i}$ 增至多大时，输出电压 $u_\mathrm{o}$ 开始出现失真？

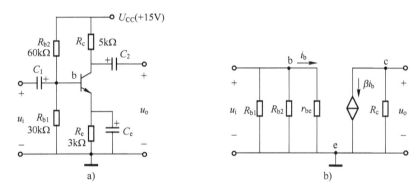

图 6-19 例 6-2 图
a) 电路图　b) 小信号等效电路

**解：**(1) 由图 6-19a 可见，b 点电位为

$$U_\mathrm{BQ} \approx \frac{R_\mathrm{b1}}{R_\mathrm{b1}+R_\mathrm{b2}}U_\mathrm{CC} = \frac{30}{30+60}\times 15\,\mathrm{V} = 5\,\mathrm{V}$$

故 $Q$ 点为

$$I_\mathrm{CQ} \approx I_\mathrm{EQ} = \frac{U_\mathrm{BQ}-U_\mathrm{BEQ}}{R_\mathrm{e}} = \frac{5-0.7}{3}\,\mathrm{mA} \approx 1.43\,\mathrm{mA}$$

$$I_\mathrm{BQ} = \frac{I_\mathrm{CQ}}{\beta} = \frac{1.43}{50}\,\mathrm{mA} = 28.6\,\mathrm{\mu A}$$

$$U_\mathrm{CEQ} \approx U_\mathrm{CC}-I_\mathrm{CQ}(R_\mathrm{c}+R_\mathrm{e}) = [15-1.43\times(5+3)]\,\mathrm{V} = 3.56\,\mathrm{V}$$

(2) 小信号等效电路如图 6-19b 所示，其中 $r_\mathrm{be}$ 为

$$r_\mathrm{be} \approx r_\mathrm{bb'}+(1+\beta)\frac{U_\mathrm{T}}{I_\mathrm{EQ}} \approx \left[300+(1+50)\times\frac{26}{1.43}\right]\Omega \approx 1.2\,\mathrm{k}\Omega$$

由于负载开路，故电压放大倍数为

$$A_u = -\beta\frac{R_\mathrm{c}}{r_\mathrm{be}} = -50\times\frac{5}{1.2} \approx -208$$

(3) 根据 $A_\mathrm{us}$ 的定义，源电压放大倍数为

$$A_\mathrm{us} = \frac{u_\mathrm{o}}{u_\mathrm{s}} = \frac{u_\mathrm{o}}{u_\mathrm{i}} \cdot \frac{u_\mathrm{i}}{u_\mathrm{s}} = A_\mathrm{u} \frac{r_\mathrm{i}}{R_\mathrm{s}+r_\mathrm{i}}$$

可见 $|A_\mathrm{us}|$ 总是小于 $|A_\mathrm{u}|$，且输入电阻 $r_\mathrm{i}$ 越大，$|A_\mathrm{us}|$ 越接近于 $|A_\mathrm{u}|$。由于输入电阻为

$$r_\mathrm{i} = R_\mathrm{b1} // R_\mathrm{b2} // r_\mathrm{be} = 30 // 60 // 1.2 \approx r_\mathrm{be} = 1.2\,\mathrm{k\Omega}$$

因此，源电压放大倍数为

$$A_\mathrm{us} = -208 \times \frac{1.2}{2+1.2} \approx -78$$

(4) 失真情况分析如图 6-20 所示。当电流空载时，交流负载线的斜率为

$$k = -\frac{1}{R_\mathrm{c}} = \tan\theta_2$$

由图可见，交流负载线和横轴交于 $A$ 点，和最高一条输出特性曲线交于 $B$，$B$ 点的横坐标值为临界饱和管压降 $U_\mathrm{CES} = U_\mathrm{BE} = 0.7\,\mathrm{V}$。因此，只要 $u_\mathrm{i}$ 的幅度限于一定范围之内，使得瞬时工作点的运动轨迹不超出 $AB$ 段，输出电压 $u_\mathrm{o}$ 就不会失真。图中 $x_1$ 和 $x_2$ 的线段长度分别为

$$x_1 = U_\mathrm{CEQ} - U_\mathrm{CES}$$

$$x_2 = \frac{I_\mathrm{CQ}}{\tan\theta_1} = -\frac{I_\mathrm{CQ}}{\tan\theta_2} = I_\mathrm{CQ} R_\mathrm{c}$$

而 $I_\mathrm{CQ} \approx 1.43\,\mathrm{mA}$，$U_\mathrm{CEQ} \approx 3.56\,\mathrm{V}$，故

$$x_1 \approx (3.56 - 0.7)\,\mathrm{V} = 2.86\,\mathrm{V}$$

$$x_2 = 1.43 \times 5\,\mathrm{V} = 7.17\,\mathrm{V}$$

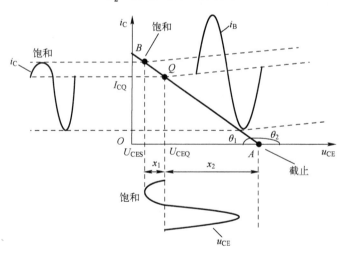

图 6-20 例 6-2 的失真情况分析

即 $x_1 < x_2$，说明随着 $u_\mathrm{i}$ 的增大，瞬时工作点将首先进入饱和区，造成输出电压出现饱和失真，因此电路的最大不失真输出电压为 2.86 V。此时，输入电压的有效值为

$$U_\mathrm{i} = \frac{1}{\sqrt{2}} \cdot \frac{u_\mathrm{o}}{|A_\mathrm{u}|} = \frac{1}{\sqrt{2}} \cdot \frac{x_1}{|A_\mathrm{u}|} = \frac{1}{\sqrt{2}} \times \frac{2.86}{208}\,\mathrm{V} \approx 9.7\,\mathrm{mV}$$

显然，饱和失真是 $Q$ 点偏高所致；相反，若 $Q$ 点偏低，则瞬时工作点易进入截止区，使得输出波形出现截止失真。无论饱和失真还是截止失真，都是由于晶体管进入非线性区造成的，故合称为非线性失真。在一般情况下，为了得到尽可能大的最大不失真输出电压，应将 $Q$ 点设置在交流负载线的中点附近。

对共集、共基组态的分析读者可自行推导，此处从略。表 6-2 列出了晶体管三种基本组态的性能比较，以供参考。

表 6-2 晶体管的三种基本组态

| 组 态 | 典型电路 | 主要性能指标 | 性能特点及用途 |
|---|---|---|---|
| 共射 | 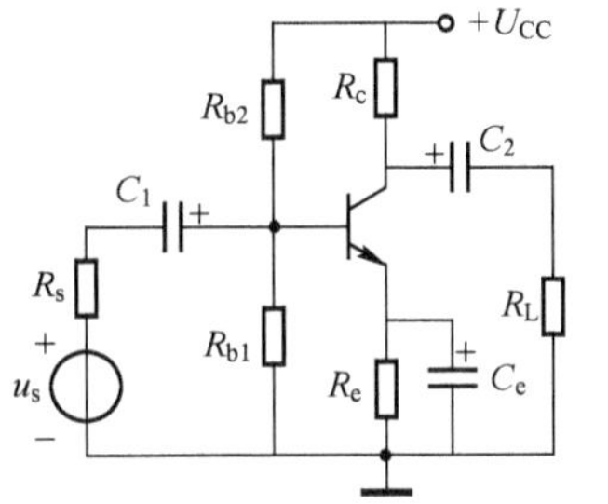 | $A_u = -\beta \dfrac{R_c // R_L}{r_{be}}$<br>$R_i = R_{b1} // R_{b2} // r_{be}$<br>$R_o = R_e$ | 既能放大电流又能放大电压，输出电压与输入电压反相；输入电阻居中，输出电阻较大，频带较窄。适用于低频，常作为多级放大电路的中间级 |
| 共集 | 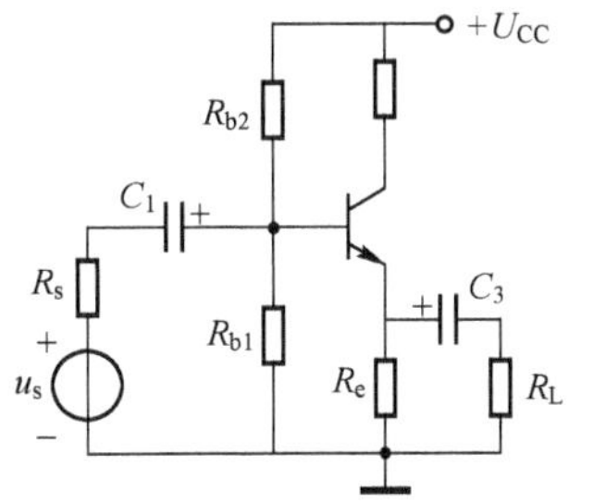 | $A_u = \dfrac{(1+\beta)(R_e // R_L)}{r_{be} + (1+\beta)(R_e // R_L)}$<br>$R_i = R_{b1} // R_{b2} // [r_{be} + (1+\beta)(R_e // R_L)]$<br>$R_o = R_e // \dfrac{R_s // R_{b1} // R_{b2} // r_{be}}{1+\beta}$ | 只能放大电流不能放大电压，具有电压跟随的特点；输入电阻大，输出电阻小；高频特性好。常作为多级放大电路的输入级和输出级，或者起隔离作用的缓冲级 |
| 共基 | 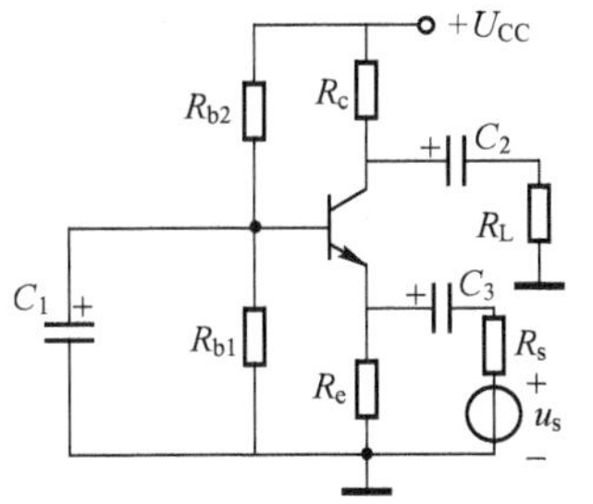 | $A_u = \beta \dfrac{R_c // R_L}{r_{be}}$<br>$R_i = R_e // \dfrac{r_{be}}{1+\beta}$<br>$R_o = R_e$ | 只能放大电压不能放大电流，具有电流跟随的特点；输入电阻小，输出电阻较大；高频特性好。常作为宽频带放大电路 |

## 6.5 差分放大电路

基本放大电路仅有一个信号源输入，故称为单端输入放大电路。下面要讨论的是具有两个信号源输入的双端输入放大电路，由于这种电路放大的是两个输入信号电压之差，故又称为差分放大电路（Differential Amplifier）。差分放大电路是一种非常有用的放大器，在许多工程应用中，为了提高系统的抗干扰能力以获取微弱的有用信号，常常采用差分放大器进行放大。下面以图 6-21 为例进行说明。

图 6-21a 使用的是非差分输出型传感器，假设检测到的信号需要经过一段较长的传输

线后进入单端输入放大器进行放大，如果传输过程中受到干扰，使得传输线中的信号出现一个尖峰，则这个多余的干扰信号会与有用信号一起被放大，显然这是人们所不愿意看到的。图 6-21b 使用的是差分输出型传感器，它有正、负两个输出端，两输出端的信号之差才是检测信号。如果传输过程受到同样的干扰，使得两条传输线同时出现了尖峰，当进入差分放大器后，由于只放大两输入信号之差，因此放大的恰好是检测信号，而两条传输线上同时出现的尖峰干扰则被相互抵消了。上述利用差分型传感器与差分放大器进行信号采集的方法在实际电路中获得了广泛应用。

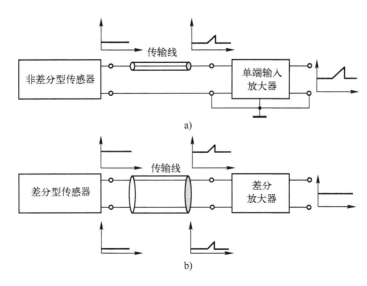

图 6-21 利用差分放大器抑制干扰
a) 非差分型传感器与单端输入放大器  b) 差分型传感器与差分放大器

## 6.5.1 差分放大器的通用结构

根据差分放大电路的定义，可以得到通用结构的差分放大电路，如图 6-22 所示。

图中两个放大器的性能完全相同，可以是共射、共集、共基中的任何一种，或其中任意两种的组合；两个放大器之间通过电流源（或电阻）将它们原来的接地端耦合在一起。

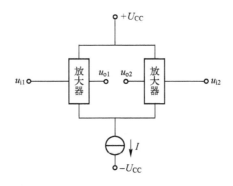

图 6-22 差分放大电路的通用结构

## 6.5.2 共模信号与差模信号

对差分放大器两个输入端信号 $u_{i1}$、$u_{i2}$ 可分解如下：

$$\begin{cases} u_{i1} = \dfrac{u_{i1}+u_{i2}}{2} + \dfrac{u_{i1}-u_{i2}}{2} \\ u_{i2} = \dfrac{u_{i1}+u_{i2}}{2} - \dfrac{u_{i1}-u_{i2}}{2} \end{cases} \tag{6.5-1}$$

式中，第一项均为 $\dfrac{u_{i1}+u_{i2}}{2}$，表示一对大小相等、极性相同的信号，称为共模信号，记作 $u_{ic}$，即 $u_{ic} = \dfrac{u_{i1}+u_{i2}}{2}$；第二项为 $\pm\dfrac{u_{i1}-u_{i2}}{2}$，这是一对大小相等、极性相反的信号，称为差模信号，而它们的差值

$$\left(+\dfrac{u_{i1}-u_{i2}}{2}\right) - \left(-\dfrac{u_{i1}-u_{i2}}{2}\right) = u_{i1} - u_{i2} \tag{6.5-2}$$

恰为两输入信号 $u_{i1}$、$u_{i2}$ 之差，称为差模输入电压，记作 $u_{id}$，即 $u_{id} = u_{i1} - u_{i2}$。

显然，差模信号携带着有用信息，是需要被放大的信号；而共模信号代表着附加在两输入端上的一对无用信号（例如，环境温度变化或外部干扰在两个输入端上产生的影响几乎是相同的，可等效为一对共模信号），对它们不但不需放大，反而应当加以抑制。根据叠加原理，差分放大电路输出端上的总输出电压为

$$u_o = A_{ud} u_{id} + A_{uc} u_{ic} \tag{6.5-3}$$

式中，$A_{ud}$ 为差模电压放大倍数，其数值越大越好；$A_{uc}$ 为共模电压放大倍数，其数值越小越好。为此定义共模抑制比

$$K_{CMR} = \left|\dfrac{A_{ud}}{A_{uc}}\right| \tag{6.5-4}$$

有时也用分贝表示，即

$$K_{CMR}(dB) = 20\lg\left|\dfrac{A_{ud}}{A_{uc}}\right| \tag{6.5-5}$$

$K_{CMR}$ 可综合衡量差分放大电路对差模信号的放大能力和对共模信号的抑制能力，$K_{CMR}$ 越大，表示电路的综合性能越好，理想情况下 $K_{CMR} \to \infty$。

## 6.5.3 射极耦合差分放大电路

射极耦合差分放大电路如图 6-23a 所示。由图可见，两个完全对称的共射放大电路通过电流源 $I$ 耦合而成，正、负双电源供电。电路有两个输入端，输入信号分别为 $u_{i1}$、$u_{i2}$。若两端都有信号输入，则称为双端输入；若一端有信号输入，另一端接地，则称为单端输入。电路有两个输出端，若输出信号从 $VT_1$、$VT_2$ 两管的集电极之间取出，则称为双端输出；若输出信号从 $VT_1$ 或 $VT_2$ 的一个集电极取出，则称为单端输出。

图中电流源 $I$ 可以是镜像电流源或其他类型的电流源。静态时 $u_{i1} = u_{i2} = 0$，该电流源为 $VT_1$、$VT_2$ 提供静态发射极偏置电流，即

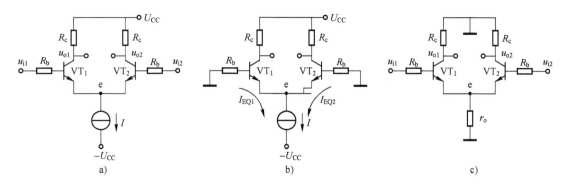

图 6-23 射极耦合差分放大电路
a) 电路图  b) 直流通路  c) 交流通路

$$I_{EQ1}=I_{EQ2}=\frac{1}{2}I \tag{6.5-6}$$

静态偏置电流可以保证 $VT_1$、$VT_2$ 工作在放大区，直流通路如图 6-23b 所示。

动态时，由于实际电路中的电流源不可能是理想电流源，故设其内阻为 $r_o$，得到交流通路如图 6-23c 所示。以下讨论均以交流通路为研究对象。

**1. 对共模信号的抑制**

当图 6-23c 的两个输入端上所加信号为 $u_{i1}=u_{i2}=u_{ic}$ 时，称为共模输入，如图 6-24a 所示。此时 $VT_1$、$VT_2$ 的各个交流分量将在 $Q$ 点的基础上产生等值同向变化，即 $i_{b1}=i_{b2}$，$i_{c1}=i_{c2}$，$u_{o1}=u_{o2}$。那么，当将耦合在一起的 $VT_1$、$VT_2$ 拆开时，根据并联原理，相当于每管发射极都接入了一个阻值为 $2r_o$ 的等效电阻，如图 6-24b 所示。

若电路的结构和参数完全对称，则双端输出时的共模电压放大倍数为

$$A_{uc}=\frac{u_o}{u_{ic}}=\frac{u_{o1}-u_{o2}}{u_{ic}}=0 \tag{6.5-7}$$

单端输出时，由于每管发射极上均带有 $2r_o$ 的电阻，故共模电压放大倍数也大大降低，即

$$A_{uc1}=A_{uc2}=-\frac{\beta R_c}{R_b+r_{be}+2(1+\beta)r_o}\approx -\frac{R_c}{2r_o} \tag{6.5-8}$$

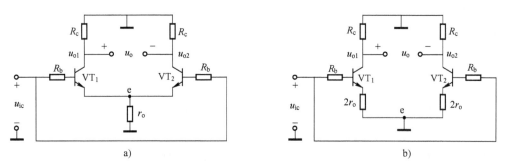

图 6-24 差分放大电路对共模信号的抑制
a) 共模输入方式  b) 共模输入的交流通路

式（6.5-7）和式（6.5-8）表明，无论双端输出还是单端输出，差分放大电路的共模放大倍数都很小，对共模信号的抑制作用很强，且 $r_o$ 越大，$|A_{uc1}|$、$|A_{uc2}|$ 越小。若 $r_o \to \infty$，则 $A_{uc1}$、$A_{uc2}$ 趋于零，共模信号将被完全抑制掉。

**2. 对差模信号的放大**

当图 6-23c 的两个输入端之间所加信号为 $u_{id}$ 时，两个输入端上的实际电压为

$$\begin{cases} u_{i1} = +\dfrac{u_{id}}{2} \\ u_{i2} = -\dfrac{u_{id}}{2} \end{cases}$$

这是一对差模信号，相应的输入方式称为差模输入，如图 6-25a 所示。此时 $VT_1$、$VT_2$ 的各个交流分量将在 $Q$ 的基础上产生等值异向变化，即 $i_{b1} = -i_{b2}$，$i_{c1} = -i_{c2}$，$i_{e1} = -i_{e2}$，$u_{o1} = -u_{o2}$，故 $r_o$ 上没有交流电压降，发射极 e 可视为"交流地"，如图 6-25b 所示。由于发射极直接接地，无论双端输出还是单端输出，该电路均具有一定的电压放大能力。

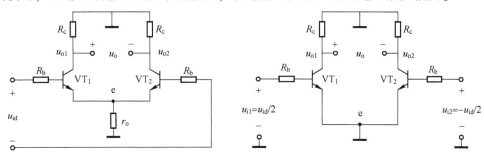

图 6-25 差分放大电路对差模信号的放大
a) 差模输入方式　b) 差模输入的交流通路

双端输入时，差模电压放大倍数为

$$A_{ud} = \frac{u_o}{u_{id}} = \frac{u_{o1} - u_{o2}}{u_{id}} \qquad (6.5\text{-}9)$$

由于 $u_{i1} = -u_{i2}$，故 $u_{id} = u_{i1} - u_{i2} = 2u_{i1} = -2u_{i2}$；又由于 $u_{o1} = -u_{o2}$，故 $u_{o1} - u_{o2} = 2u_{o1} = -2u_{o2}$。代入式（6.5-9），得

$$A_{ud} = \frac{u_{o1}}{u_{i1}} = \frac{u_{o2}}{u_{i2}} \qquad (6.5\text{-}10)$$

单端输出时，有

$$\begin{cases} A_{ud1} = \dfrac{u_{o1}}{u_{id}} = \dfrac{1}{2} \dfrac{u_{o1}}{u_{i1}} \\ A_{ud2} = \dfrac{u_{o2}}{u_{id}} = \dfrac{1}{2} \dfrac{u_{o2}}{u_{i2}} \end{cases} \qquad (6.5\text{-}11)$$

式（6.5-10）和式（6.5-11）表明，双端输出时的差模电压放大倍数相当于单边共射；而单边输出时的差模电压放大倍数为双端输出时的一半，且输出电压的极性与信号的取出位置有关。以图 6-25 所示情况为例，若在两个输出端之间接负载 $R_L$，则 $R_L$ 的中点相当于交流接地点，即

$$A_{ud} = -\frac{\beta\left(R_c // \frac{R_L}{2}\right)}{R_b + r_{be}} \qquad (6.5\text{-}12)$$

$$A_{ud1} = -\frac{1}{2}\frac{\beta\left(R_c // \frac{R_L}{2}\right)}{R_b + r_{be}} \qquad (6.5\text{-}13)$$

$$A_{ud2} = \frac{\beta\left(R_c // \frac{R_L}{2}\right)}{R_b + r_{be}} \qquad (6.5\text{-}14)$$

**例 6-3** 电路如图 6-26 所示，其中 $\pm U_{CC} = \pm 6\,\text{V}$，$R_c = 7.5\,\text{k}\Omega$，$R_b \approx 0$，$I = 0.54\,\text{mA}$，$\beta_1 = \beta_2 = 50$，$U_{BE1} = U_{BE2} = 0.6\,\text{V}$，$r_{bb'} = 300\,\Omega$。试：

(1) 估算静态工作点。
(2) 若 $u_{i1} = 0.1\,\text{V}$，则输出电压 $u_o = ?$
(3) 若输入信号不变，仅将负载接在 $VT_2$ 管的集电极与地之间，试求输出动态电压 $u_{o2} = ?$

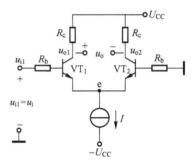

图 6-26 单端输入差分放大电路

**解**：(1) 静态时，$u_{i1} = 0$。故有

$$I_{EQ1} = I_{EQ2} = \frac{I}{2} = 0.27\,\text{mA}$$

$$U_{CQ1} = U_{CQ2} = U_{CC} - I_{CQ}R_c \approx (6 - 0.27 \times 7.5)\,\text{V} \approx 4\,\text{V}$$

$$U_{EQ} \approx -U_{BEQ} = -0.6\,\text{V}$$

$$U_{CEQ1} = U_{CEQ2} = U_{CQ} - U_{EQ} = (4 + 0.6)\,\text{V} = 4.6\,\text{V}$$

$$I_{BQ} = \frac{I_{EQ}}{1+\beta} = \frac{0.27}{51}\,\text{mA} \approx 5.3\,\mu\text{A}$$

(2) 
$$r_{be1} = r_{be2} = r_{be} = r_{bb'} + (1+\beta)\frac{26}{I_{EQ}} = \left[300 + (1+50) \times \frac{26}{0.27}\right]\Omega \approx 5.1\,\text{k}\Omega$$

将单端输入的 $u_{i1} = 0.1\,\text{V}$、$u_{i2} = 0$ 分解为一对差模信号和一对共模信号 $\pm\frac{u_i}{2} = \pm 0.05\,\text{V}$ 和 $\frac{u_i}{2} = 0.05\,\text{V}$，由于采用双端输出方式，故共模信号被完全抑制掉，只有差模信号得到放大。而空载时双端输出的差模电压放大倍数为

$$A_{ud1} = -\beta \frac{R_c}{r_{be}} = -50 \times \frac{7.5}{5.1} \approx -73.5$$

故输出动态电压为

$$u_{o1} = A_{ud1} u_{i1} = -73.5 \times 0.1 \text{ V} = -7.35 \text{ V}$$

(3) 将 $R_L$ 接在 $VT_2$ 管的集电极与地之间，则电路为单端输出，但由于电流源 $I$ 的动态内阻无穷大，故共模信号 $\frac{u_i}{2} = 0.05$ V 仍被完全抑制掉，而只放大差模信号 $\pm\frac{u_i}{2} = \pm 0.05$ V。带载时，从 $VT_2$ 管集电极输出的差模电压放大倍数为

$$A_{ud2} = \frac{1}{2}\beta \frac{R_c // R_L}{r_{be}} = \frac{1}{2} \times 50 \times \frac{7.5 // 20}{5.1} \approx 26.7$$

故输出动态电压为

$$u_{o2} = A_{ud2} u_{i1} = 26.7 \times 0.1 \text{ V} = 2.67 \text{ V}$$

# 习题 6

6-1 有两个晶体管，一个管子的 $\beta = 200$，$I_{CEO} = 3$ μA；另一个管子的 $\beta = 50$，$I_{CEO} = 10$ μA，其他参数相同，试问在用作放大时，应选用哪个管子比较合适？

6-2 已知晶体管的极电流如图 6-27 中所标注。试标注另一极电流的大小和方向，并在圆圈中画出晶体管的电路符号。

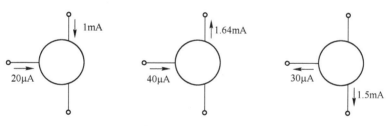

图 6-27 题 6-2 图

6-3 在晶体管放大电路中，测得晶体管的各个电极的对地静态电位如图 6-28 所示，试判断各晶体管的类型（NPN、PNP、硅、锗），并注明电极 e、b、c 的位置。

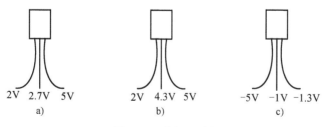

图 6-28 题 6-3 图

6-4 晶体管工作在放大区，已知 $\overline{\beta} = 70$，$I_B = 20$ μA，温度 25℃ 时，$I_{CBO} = 3$ μA。求：

(1) 集电极电流 $I_C$ 的值。

(2) 设 $\overline{\beta}$ 不随温度变化，而 $I_{CBO}$ 因温度每升高 10℃ 要增加一倍，求温度为 75℃ 时 $I_C$

6-5 试判断图 6-29 示电路能否正常放大，并说明理由。

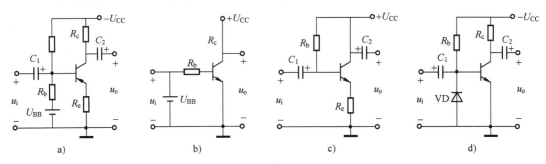

图 6-29 题 6-5 图

6-6 共射放大电路如图 6-30 所示。已知 $R_1=430\,\text{k}\Omega$，$R_c=R_L=5\,\text{k}\Omega$，$R_s=300\,\Omega$，晶体管的 $U_{BE}=0.7\,\text{V}$，$\beta=50$，$r_{bb'}=300\,\Omega$，试求：

（1）静态工作点 $Q$。

（2）电压放大倍数 $A_u$ 和源电压放大倍数 $A_{us}$。

6-7 电路如图 6-31 所示。已知 $R_{b1}=5\,\text{k}\Omega$，$R_{b2}=25\,\text{k}\Omega$，$R_{e1}=300\,\Omega$，$R_{e2}=1\,\text{k}\Omega$，$R_c=R_L=5\,\text{k}\Omega$，晶体管的 $\beta=100$，$r_{bb'}=100\,\Omega$。试求：

（1）静态工作点 $Q$。

（2）电压放大倍数 $A_u$、输入电阻 $r_i$ 和输出电阻 $r_o$。

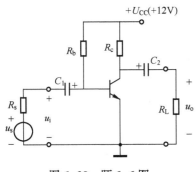

图 6-30 题 6-6 图

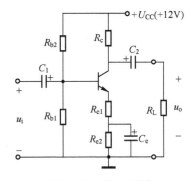

图 6-31 题 6-7 图

6-8 共射放大电路如图 6-32 所示，已知晶体管的 $U_{BE}=0.7\,\text{V}$，$\beta=50$，$r_{bb'}=300\,\Omega$。

（1）求静态工作点 $Q$。

（2）画出小信号等效电路。

（3）求放大电路的输入电阻 $R_i$ 和输出电阻 $R_o$。

（4）求电压放大倍数 $A_u$ 和源电压放大倍数 $A_{us}$。

6-9 如图 6-33 所示电路中，已知晶体管的 $\beta=30$，$U_{BE}=0.6\,\text{V}$，$U_{CC}=12\,\text{V}$，$R_c=3\,\text{k}\Omega$，$R_e=1\,\text{k}\Omega$，$R_{b1}=10\,\text{k}\Omega$，$R_{b2}=50\,\text{k}\Omega$。

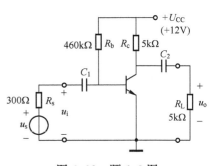

图 6-32 题 6-8 图

(1) 计算电路的静态工作点 $I_{CQ}$、$U_{CEQ}$。

(2) 如果换一只 $\beta=60$ 的同类型管子，放大电路能否正常工作？

(3) 如果温度由 10℃ 升至 50℃，试说明 $U_{CQ}$ 将如何变化（增大、减小或不变）？为什么？

6-10　电路如图 6-34 所示，已知 $R_b=560\text{ k}\Omega$，$R_e=5.6\text{ k}\Omega$，晶体管的 $r_{be}=2.7\text{ k}\Omega$，$\beta=100$，试计算：

(1) 当 $R_L=\infty$ 和 $R_L=1.2\text{ k}\Omega$ 时的电压放大倍数 $A_u$。

(2) 当 $R_L=\infty$ 和 $R_L=1.2\text{ k}\Omega$ 时的输入电阻 $r_i$。

(3) 输出电阻 $r_o$。

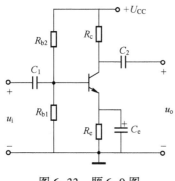
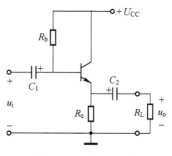

图 6-33　题 6-9 图　　　图 6-34　题 6-10 图

# 第7章 集成运算放大器及其应用

第6章介绍的放大电路是由晶体管、电阻以及电容实现的,这种电路称为分立电路,用这种电路可以实现功能简单的电路。但是,一旦电路功能复杂,需要大量分立元器件时,体积大、设计复杂、功耗大、成本高的缺点就显现出来了。与分立电路相对应的是集成电路(Integrated Circuit, IC),它是将电子器件和电路集成在一块芯片上。集成放大电路最初多用于各种模拟信号的运算,故被称为集成运算放大电路,简称集成运放或运放。

本章首先介绍集成运算放大器的性能特点、分析方法,反馈的基本概念和极性判断;然后讨论负反馈对放大电路性能的影响;最后重点讨论集成运算放大器的基本应用。

## 7.1 集成运算放大器

集成电路是一种将"管"和"路"紧密结合的器件,它以半导体单晶硅为芯片,采用专门的制造工艺,把晶体管、二极管、电阻和电容等元件及它们之间的连线所组成的完整电路制作在一起,使之具有特定的功能。与此对应,人们把由二极管、晶体管和电阻、电容等分立元件构成的电子电路称为分立元件电路。与分立元件电路相比,集成电路具有体积小、功能强、功耗低、可靠性高和使用方便、价格低廉等众多优点。

集成电路技术是20世纪人类最伟大的发明之一,以它命名的IC产业如今已成为衡量一个国家的信息化水平和综合国力的重要标志。从工业民用的电子通信设备和互联网,到国防尖端的太空站和宇宙飞船,无处没有集成电路的身影。可以毫不夸张地说,如果没有集成电路,今天的高效率生产和信息化生活将是难以想象的。

根据实现功能不同,集成电路可以划分为模拟集成电路(Analog Integrated Circuit)和数字集成电路(Digital Integrated Circuit)两大类。本节所介绍的集成运算放大器(Integrated Operation Amplifier),是模拟集成电路中应用最广泛的一种通用型模拟电子器件,其名字来源于它不仅能够实现"放大",而且还能够实现加、减和微积分等模拟"运算"功能。

集成运算放大器的基本特点是直接耦合、多级放大、增益极高,电压增益可以高达数十甚至数百万倍,因此是一种非常理想的放大器件,在实际电子通信系统中使用极其广泛。

### 7.1.1 集成运放的电路结构

集成运放电路由4部分组成,包括输入级、中间级、输出级和偏置电路,如图7-1所示。它有两个输入端、一个输出端,图中所标 $u_P$、$u_N$、$u_o$ 均以"地"为公共端。

输入级又称为前置级,它往往是一个双端输入的高性能差分放大电路。一般要求其输入电阻高,差模放大倍数大,抑制共模信号的能力强,静态电流小。输入级的好坏直接影响集成运放的大多数性能参数,如输入电阻、共模抑制比等。

*182*

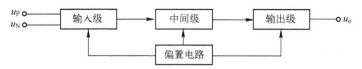

图 7-1 集成运放的电路结构框图

中间级是整个放大电路的主放大器,其作用是使集成运放具有较强的放大能力,多采用共射放大电路。

输出级应具有电压线性范围宽、输出电阻小(即带负载能力强)、非线性失真小等特点。集成运放的输出级多采用互补对称输出电路。

偏置电路常用于设置集成运放各级放大电路的静态工作点。与分立元件不同,集成运放采用电流源电路为各级提供合适的集电极(或发射极)静态工作电流,从而确定了合适的静态工作点。

### 7.1.2 集成运放的电压传输特性与主要性能指标

从外部看,集成运放可以等效为一个双端输入、单端输出的差分放大电路,它具有极高的输入电阻、差模增益、共模抑制比和极低的输出电阻,其电路符号与电压传输特性如图 7-2 所示。

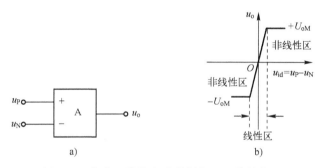

图 7-2 集成运放的电路符号与电压传输特性
a)电路符号 b)电压传输特性

图 7-2a 中,$u_P$(也可标记为 $u_+$)为集成运放的同相输入端,$u_N$(也可标记为 $u_-$)为集成运放的反相输入端,表示输出 $u_o$ 与 $u_P$ 同相、与 $u_N$ 反相。图 7-2b 中,$u_{id}=u_P-u_N$ 为集成运放的差模输入电压,$\pm U_{oM}$ 为集成运放的饱和输出电压,$\pm U_{oM}$ 的数值接近集成运放的电压 $\pm U_{CC}$。

从图 7-2b 中不难看出,集成运放的电压传输特性分为线性区和非线性区两个区域。在线性区,集成运放可看作一个线性元件,其输出电压 $u_o$ 与 $u_{id}=u_P-u_N$ 呈线性关系,满足

$$u_o=A_{ud}u_{id}=A_{ud}(u_P-u_N) \tag{7.1-1}$$

其中,$A_{ud}$ 为集成运放的开环差模电压增益,其数值通常极大,说明集成运放的输入动态范围很小,必须采用负反馈措施才能保证集成运放工作于线性放大区。

在非线性区,集成运放工作在饱和状态,输出电压为 $\pm U_{oM}$,因而不能用于放大,但可以用于电压比较。

集成运放的主要性能指标如下。

**1. 开环差模电压增益**

开环差模电压增益 $A_{ud}$ 是集成运放在没有外加反馈（即开环）情况下的差模电压增益，可描述为

$$A_{ud} = \frac{u_o}{u_{id}} \qquad (7.1-2)$$

$A_{ud}$ 实际上是集成运放内部各级电路电压放大倍数的乘积，其值相当高，通用型集成运放的 $A_{ud}$ 通常在 $10^5$（即 $20\lg|A_{ud}| = 100 \text{ dB}$）左右，特殊用途集成运放的 $A_{ud}$ 甚至高达 $10^7$（即 $20\lg|A_{ud}| = 140 \text{ dB}$）。

**2. 共模抑制比 $K_{CMR}$**

共模抑制比 $K_{CMR}$ 定义为集成运放差模电压增益 $A_{ud}$ 与共模电压增益 $A_{uc}$ 之比的绝对值，用于表征集成运放放大差模信号、抑制共模信号的能力，通常用分贝（即 dB）表示，其值为 $20\lg K_{CMR}$。$K_{CMR}$ 可以描述为

$$K_{CMR} = \left|\frac{A_{ud}}{A_{uc}}\right| \qquad (7.1-3)$$

对于集成运放而言，$K_{CMR}$ 越大越好。

**3. 差模输入电阻 $r_{id}$**

差模输入电阻 $r_{id}$ 是输入差模信号时集成运放两输入端之间的输入电阻，其值取决于输入级的差分放大电路，越大越好。通用型集成运放的 $r_{id}$ 均在兆欧级以上。

**4. 差模输出电阻 $r_{od}$**

差模输出电阻 $r_{od}$ 是输入差模信号时从集成运放输出端和地之间看进去的输出电阻，其值取决于输出级的功率放大电路，越小越好。通用型集成运放的 $r_{od}$ 一般为 $100 \sim 1000 \text{ }\Omega$。

**5. 最大差模输入电压 $U_{idmax}$**

最大差模输入电压 $U_{idmax}$ 指集成运放所允许施加的差模输入电压的最大值。超过此值，将导致输入级差动放大器加反向电压的 PN 结反向击穿，并最终损坏输入级差动放大器。

**6. 最大共模输入电压 $U_{icmax}$**

最大共模输入电压 $U_{icmax}$ 指集成运放在正常放大差模信号的情况下所允许输入的最大共模信号。超过此值，集成运放的共模抑制比将明显下降，甚至不能工作直至损坏输入级差动放大器。

除了上述性能指标外，集成运放还有输入失调电流 $I_{iO}$、输入失调电压 $U_{iO}$、输入偏置电流 $I_{iB}$、输入失调电流温漂 $dI_{iO}/dT$、输入失调电压温漂 $dU_{iO}/dT$、上限频率 $f_H$、单位增益带宽 $f_c$、转换速率（压摆率）SR 等性能指标，此处不再一一介绍。

## 7.1.3 理想集成运算放大器

在分析各种实用电路时，通常都将集成运放的性能指标理想化，即将其看成为理想运放。而随着微电子设计与工艺水平的提高，集成运放的性能指标也越来越趋于理想化。因此，理想化集成运放不会带来太大的分析误差。

理想运放的性能指标如下：
（1）开环差模电压增益 $A_\mathrm{ud} \to \infty$。
（2）差模输入电阻 $r_\mathrm{id} \to \infty$。
（3）开环输出电阻 $r_\mathrm{od} \to 0$。
（4）共模抑制比 $K_\mathrm{CMR} \to \infty$。
（5）其他指标，如带宽无穷大，失调电压、电流为0，失调电压、电流温漂为0，输入偏置电流为0。

理想集成运放的电路符号与电压传输特性如图7-3所示。

理想集成运放在线性区具有"虚短"和"虚断"两个重要特性。

虚短特性：$u_\mathrm{P} = u_\mathrm{N}$。根据理想集成运放开环差模电压增益 $A_\mathrm{ud} \to \infty$ 和式（7.1-1）有

$$u_\mathrm{P} - u_\mathrm{N} = \frac{u_\mathrm{o}}{A_\mathrm{ud}} \tag{7.1-4}$$

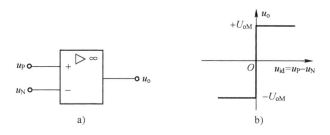

图7-3 理想集成运放的电路符号与电压传输特性
a）电路符号　b）电压传输特性

虚断特性：$i_\mathrm{P} = i_\mathrm{N} = 0$。根据理想集成运放的差模输入电阻 $r_\mathrm{id} \to \infty$，有

$$\begin{cases} i_\mathrm{P} = \dfrac{u_\mathrm{P}}{r_\mathrm{id}} = 0 \\ i_\mathrm{N} = \dfrac{u_\mathrm{N}}{r_\mathrm{id}} = 0 \end{cases} \tag{7.1-5}$$

但在非线性区，由于运放工作于饱和区，输出电压为 $\pm U_\mathrm{oM}$，因此理想集成运放只有"虚断"特性，没有"虚短"特性。从图7-3b不难看出，当 $u_\mathrm{P} > u_\mathrm{N}$ 时 $u_\mathrm{o} = +U_\mathrm{oM}$；当 $u_\mathrm{P} < u_\mathrm{N}$ 时 $u_\mathrm{o} = -U_\mathrm{oM}$，这种特性可以用于电压比较。

## 7.2 反馈

在实用的放大电路中，几乎都要引入这样或那样的反馈，以改善放大电路某些方面的性能。因此，掌握反馈的基本概念和判断方法是研究实用电路的基础。

### 7.2.1 反馈的基本概念

在电学系统中，将输出量（输出电压或输出电流）的一部分或全部通过一定的形式回

送到输入回路,和原输入信号合并形成净输入信号,进而影响输入/输出性能的措施称为反馈。

按照反馈放大电路各部分电路的主要功能,可将其分为基本放大电路和反馈网络两部分,如图7-4所示,其中,$x_i$ 为输入电压或电流,$x_o$ 为输出电压或电流,$x_f$ 为反馈回输入端的电压或电流,$x_d$ 为净输入电压或电流,且

$$x_d = x_i - x_f \tag{7.2-1}$$

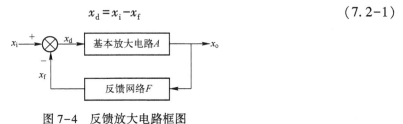

图7-4 反馈放大电路框图

从图7-4可见,是否存在从输出到输入的反馈网络,是判断一个电路是否存在反馈的根本方法。不存在反馈时称为开环(Open Loop);存在反馈时称为闭环(Closed Loop)。开环情况下,$x_f = 0$,$x_d = x_i$。

**1. 反馈放大电路的基本关系式**

根据图7-4,可以得到反馈放大电路的一些基本关系式。

(1)开环增益 $A$

开环增益 $A$ 定义为基本放大电路的输出量 $x_o$ 与输入量 $x_d$ 的比值,即

$$A = \frac{x_o}{x_d} \tag{7.2-2}$$

(2)反馈系数

反馈系数 $F$ 定义为反馈网络的输出量 $x_f$ 与输入量 $x_o$ 的比值,即

$$F = \frac{x_f}{x_o} \tag{7.2-3}$$

$F$ 越大,反馈越强。综合式(7.2-2)和式(7.2-3),此时反馈信号 $x_f$ 也可以描述为

$$x_f = F x_o = AF x_d \tag{7.2-4}$$

(3)环路增益 $AF$

环路增益 $AF$ 定义为反馈网络的输出量 $x_f$ 与基本放大电路的输入量 $x_d$ 的比值,它也是开环增益 $A$ 与反馈系数 $F$ 的乘积,即

$$AF = \frac{x_f}{x_d} \tag{7.2-5}$$

(4)闭环增益 $A_f$

闭环增益 $A_f$ 定义为闭环条件下放大电路的输出量 $x_o$ 与输入量 $x_i$ 的比值,即

$$A_f = \frac{x_o}{x_i} \tag{7.2-6}$$

综合式(7.2-2)~式(7.2-6),闭环增益 $A_f$ 可描述为

$$A_f = \frac{A}{1 + AF} \tag{7.2-7}$$

因为

$$A_f = \frac{x_o}{x_i} = \frac{x_o}{x_d + x_f} = \frac{\dfrac{x_o}{x_d}}{1+\dfrac{x_f}{x_d}} = \frac{A}{1+AF}$$

式（7.2-7）反映了反馈放大电路中闭环增益 $A_f$ 与开环增益 $A$ 之间的定量关系，人们将其中的 $(1+AF)$ 定义为反馈深度。

**2. 反馈深度的讨论**

反馈深度 $(1+AF)$ 既反映反馈的极性，也反映反馈的强度，是反馈放大电路中的一个非常重要的概念。

若 $|1+AF|<1$，则说明 $|A_f|>|A|$，表明电路引入了正反馈。正反馈虽然增大了闭环增益，但却会导致放大电路性能恶化甚至失去正常放大功能。特别是当 $|1+AF|=0$ 时，闭环增益 $A_f$ 将趋于无穷大，从式（7.2-6）可见，电路即使在无输入（$x_i=0$）的情况下，也会有输出（$x_o\neq 0$），这种现象称为自激振荡。自激振荡是正反馈的极端情况，信号产生电路正是利用自激振荡原理来产生各种波形信号。放大电路中应该坚决避免正反馈。

若 $|1+AF|>1$，则说明 $|A_f|<|A|$，表明电路中引入了负反馈。负反馈以降低闭环增益为代价，换来放大电路其他性能的改善。$|1+AF|$ 越大，负反馈程度越深，对电路性能的改善越明显。$|1+AF|\gg 1$ 的情况称为深度负反馈，根据式（7.2-7），此时放大电路的闭环增益 $A_f$ 简化为

$$A_f \approx \frac{1}{F} \tag{7.2-8}$$

式（7.2-8）表明，深度负反馈条件下的闭环增益 $A_f$ 几乎仅仅取决于反馈网络的反馈系数 $F$，而与基本放大电路的增益 $A$ 无关。这不仅为人们估算反馈放大电路的增益提供了一条捷径，而且可以有效提高放大电路增益的稳定性，因为反馈网络通常为无源网络，受环境温度的影响极小。

### 7.2.2 反馈的类型及判别方法

如前所述，反馈有正反馈与负反馈之分。除了这种反馈极性之分外，反馈电路还有直流反馈与交流反馈、电压反馈与电流反馈、串联反馈与并联反馈等不同的类型。下面简单介绍反馈类型的判别方法。

**1. 正反馈与负反馈**

根据反馈极性的不同，反馈可以划分为正反馈与负反馈两类。使放大电路净输入信号增大因而输出信号也增大的反馈称为正反馈；反之，使放大电路净输入信号减小因而输出信号也减小的反馈称为负反馈。

判断反馈极性的基本方法是瞬时极性法。首先假设接地点的参考电位为零，电路中某点的瞬时电位高于零电位者极性为正（用符号 ⊕ 表示）、瞬时电位低于零电位者极性为负（用符号 ⊖ 表示），然后假设输入信号的瞬时极性（通常假设为 ⊕），并以此为依据，逐级判断电路中各相关点的瞬时电位极性，包括输出信号和反馈信号的瞬时极性。若反馈信号使净输入信号增大，则为正反馈；若反馈信号使净输入信号减小，则为负反馈。

**例 7-1** 判断图 7-5 所示各电路中的反馈极性，指出电路中所有的反馈元件。

**解**：图 7-5a 电路中各点电位的瞬时极性如图 7-6a 所示。假设 $u_i$ 的瞬时极性为 ⊕，则运放的同相输入端 $u_P$ 的瞬时极性为 ⊕，输出端 $u_o$ 的瞬时极性也为 ⊕，经 $R_f$ 和 $R_1$ 引回反相输入端 $u_N$ 的瞬时极性也为 ⊕。因为反馈使运放输入端净输入 $u_{id}=u_P-u_N$ 减小，所以本电路中引入的反馈是负反馈。电路中的反馈元件除了将输出与输入相连的反馈电阻 $R_f$ 外，还有电阻 $R_1$。

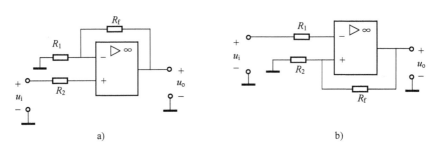

图 7-5 例 7-1 图

图 7-5b 电路中各点电位的瞬时极性如图 7-6b 所示。假设 $u_i$ 的瞬时极性为 ⊕，则运放的反相输入端 $u_N$ 的瞬时极性为 ⊕，输出端 $u_o$ 的瞬时极性为 ⊖，经 $R_f$ 和 $R_2$ 引回同相输入端 $u_P$ 的瞬时极性也为 ⊖。因为反馈使运放输入端净输入 $u_{id}=u_P-u_N$ 增大，所以本电路中引入的反馈是正反馈。电路中的反馈元件除了将输出与输入相连的反馈电阻 $R_f$ 外，还有电阻 $R_2$。

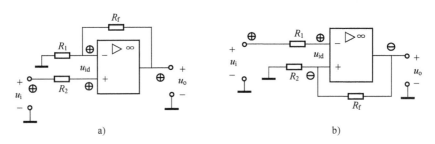

图 7-6 例 7-1 电路的反馈极性判断

**2. 直流反馈与交流反馈**

根据反馈量的交、直流性质的不同，反馈可以划分为直流反馈和交流反馈两大类。只有直流成分的反馈或者说电路中只有直流反馈通路的反馈称为直流反馈；只有交流成分的反馈或者说电路中只有交流反馈通路的反馈称为交流反馈。直流负反馈用于改善放大电路的静态性能，例如，稳定放大电路的静态工作点；交流负反馈用于改善放大电路的动态性能，例如，稳定放大电路的电压增益。放大电路中不少的负反馈往往既是直流反馈又是交流反馈，因而具有同时改善放大电路的静态性能和动态性能的优点。

判断直流反馈和交流反馈的方法非常简单，只需要判断电路中存在的反馈通路是直流反馈通路还是交流反馈通路。

**例 7-2** 判断图 7-7 所示各电路中的反馈是直流反馈还是交流反馈。

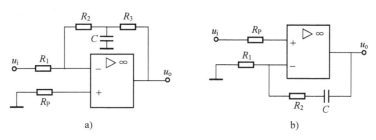

图 7-7　例 7-2 电路

**解**：图 7-7a 电路中，输出 $u_o$ 中的交流分量被电容 $C$ 短路接地，只存在直流反馈通道，所以由反馈网络 $R_2$、$R_3$ 和电容 $C$ 引入的反馈是直流反馈。图 7-7b 电路中，输出 $u_o$ 中的直流分量被电容 $C$ 隔断，只存在交流反馈通道，所以由反馈网络 $R_1$、$R_2$ 和电容 $C$ 引入的反馈是交流反馈。

**3. 电压反馈与电流反馈**

根据反馈量在放大电路输出端采样方式的不同，反馈可以划分为电压反馈和电流反馈两类。取自放大电路输出电压的反馈称为电压反馈，此时反馈信号依赖于输出电压；取自放大电路输出电流的反馈称为电流反馈，此时反馈信号依赖于输出电流。因为反馈量来源的不同，电压负反馈只能稳定输出电压，电流负反馈只能稳定输出电流。

判断电压反馈与电流反馈的基本方法是负载短路法。如果将负载短路（即输出电压为 0）时反馈信号消失，则说明反馈信号来源于输出电压，因而是电压反馈；反之，如果将负载短路（即输出电压为 0）时反馈信号依然存在，则说明反馈信号来源于输出电流而不是输出电压，因而是电流反馈。

**例 7-3**　判断图 7-8 所示各电路中的反馈是电压反馈还是电流反馈。

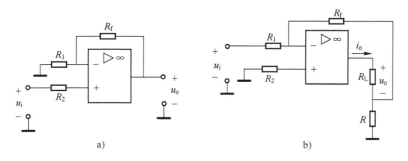

图 7-8　例 7-3 电路

**解**：图 7-8a 电路中，当负载被短路时，$R_f$ 相当于接在运放反向输入端到地之间，此时反馈信号消失，说明反馈信号取自输出电压 $u_o$，因此由反馈网络 $R_f$ 和 $R_1$ 引入的反馈是电压反馈。图 7-8b 电路中，当负载 $R_L$ 被短路时，输出电流 $i_o$ 在 $R$ 上产生的电压依然会通过反馈电阻 $R_f$ 引回到运放输入端，反馈信号依然存在，说明反馈信号取自电流 $i_o$ 而不是 $u_o$，所以由反馈网络 $R$、$R_f$ 引入的反馈是电流反馈。

**4. 串联反馈与并联反馈**

根据反馈量与净输入量在放大电路输入端连接方式的不同，反馈可以分为串联反馈和并联反馈两类。反馈量与净输入量相串联的反馈是串联反馈，此时反馈量在输入端与输入量进行电压比较，净输入电压 $u_{id}$ 与输入电压 $u_i$ 和反馈电压 $u_f$ 的关系为 $u_{id}=u_i-u_f$；反馈量与净输入量相并联的反馈是并联反馈，此时反馈量在输入端与输入量进行电流比较，净输入量 $i_{id}$ 与输入电流 $i_i$ 和反馈电流 $i_f$ 的关系为 $i_{id}=i_i-i_f$。

判断串联反馈与并联反馈的基本方法是反馈节点对地短接法。如果将反馈接入点对地短路，输入信号依然能够施加到运放输入端去进行放大，则属于串联反馈；如果将反馈接入点对地短路，输入信号不能够施加到运放输入端去进行放大，则属于并联反馈。此外，从输入端电路结构看，串联反馈的反馈信号与输入信号不在一条路上交汇，并联反馈的反馈信号与输入信号在一条路上交汇，这也可以作为串联反馈与并联反馈的直接判断依据。

**例 7-4** 判断图 7-9 所示各电路中的反馈是串联反馈还是并联反馈。

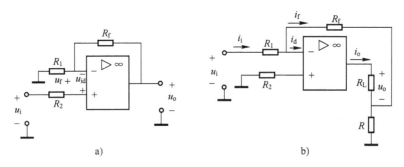

图 7-9 例 7-4 电路

**解**：图 7-9a 电路中，当反馈接入点对地短路后，输入信号依然能够施加到运放输入端去进行放大，因此是串联反馈。图 7-9b 电路中，当反馈接入点对地短路后，输入信号不能够施加到运放输入端去进行放大，因此是并联反馈。

从输入端电路结构也可直接判断图 7-9 电路的反馈类型。图 7-9a 电路的反馈信号与输入信号不在一条路上交汇，因此是串联反馈；图 7-9b 电路的反馈信号与输入信号在一条路上交汇，因此是并联反馈。

### 7.2.3 负反馈对放大电路性能的影响

根据式（7.2-7）可知，采用负反馈后，放大电路的闭环增益 $A_f$ 下降为开环增益 $A$ 的 $\dfrac{1}{1+AF}$。负反馈除了使增益下降外，还会对放大电路的性能产生如下影响。

**1. 稳定静态工作点**

放大电路的核心器件是半导体晶体管，其特性受温度影响比较明显。如果不采取电路措施，可能会严重影响放大电路的正常工作。图 7-10a 所示的固定偏置共射放大电路，由于

$$I_{BQ}=\frac{U_{CC}-U_{BEQ}}{R_b}\approx\frac{U_{CC}}{R_b} \tag{7.2-9}$$

当温度变化引起晶体管的电流放大系数 $\beta$ 发生变化时，因为基极静态电流 $I_{BQ}$ 基本固定，晶体管的集电极静态电流 $I_{CQ}$ 和静态电压 $U_{CEQ}$ 都将随 $\beta$ 变化而发生变化，从而造成静态工作点发生漂移。

而图 7-10b 所示的分压式偏置共射放大电路中，由于采用了分压式偏置和发射极反馈

电阻 $R_e$，温度变化时晶体管的静态工作点将基本保持不变，从而达到稳定静态工作点的目的。下面简单介绍它稳定静态工作点的原理。

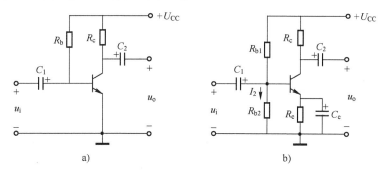

图 7-10 不同偏置的共射放大电路
a）固定偏置  b）分压式偏置

在图 7-10b 所示的分压式偏置共射放大电路中，由于流过电阻 $R_{b2}$ 的静态电流 $I_2$ 远大于基极电流 $I_{BQ}$，因此晶体管基极电位 $U_{BQ}$ 可近似由 $R_{b2}$ 和 $R_{b1}$ 分压确定，且

$$U_{BQ} = \frac{R_{b2}}{R_{b1}+R_{b2}} U_{CC} \qquad (7.2\text{-}10)$$

当温度变化如升高引起晶体管的 $\beta$ 增大，进而引起 $I_{CQ}$ 增大时，因为 $U_{BQ}$ 保持不变且发射极存在反馈电阻 $R_e$，电路将发生一系列负反馈调整过程：

$$T(\text{℃})\uparrow \rightarrow I_{CQ}\uparrow \rightarrow I_{EQ}\uparrow \rightarrow U_{EQ}\uparrow \rightarrow U_{BEQ}\downarrow \rightarrow I_{BQ}\downarrow$$
$$I_{CQ}\downarrow \leftarrow \phantom{xxxxxxxxxxxxxxxxxxxxxxxxxxxxxxxxxxx}$$

调整的结果是晶体管的 $I_{CQ}$ 基本不变，进而 $U_{CEQ}$ 也基本保持不变，从而稳定了电路的静态工作点。

为了保证良好的静态工作点稳定效果，分压式偏置共射放大电路中通常选择

$$I_2 = (5\sim 10)I_{BQ}, \quad U_{BQ} = (5\sim 10)U_{BEQ}$$

图 7-10b 所示的分压式偏置共射放大电路中，反馈电阻 $R_e$ 引入的直流反馈为电流串联负反馈，两端并联的旁路电容 $C_e$ 用于保证电路的交流电压增益不因稳定静态工作点而下降。如果不接 $C_e$，放大电路的交流通路中同时存在电流串联负反馈，在稳定输出电流的同时会导致电压增益下降。

**2. 提高增益的稳定性**

将式（7.2-7）中的开环增益 $A$ 和闭环增益 $A_f$ 均看作变量，两端同时求微分，有

$$dA_f = \frac{(1+AF)dA - AFdA}{(1+AF)^2} = \frac{dA}{(1+AF)^2} \qquad (7.2\text{-}11)$$

由于

$$A_f = \frac{A}{1+AF}$$

因此式（7.2-11）可以变换为

$$\frac{dA_f}{A_f} = \frac{1}{1+AF} \frac{dA}{A} \qquad (7.2\text{-}12)$$

由式（7.2-12）可见，负反馈时放大电路闭环增益 $A_f$ 的相对变化量 $\frac{dA_f}{A_f}$ 仅仅为放大电路开环增益 $A$ 的相对变化量 $\frac{dA}{A}$ 的 $\frac{1}{1+AF}$。换句话说，采用负反馈后，放大电路闭环增益 $A_f$ 的稳定性是开环增益 $A$ 的稳定性的 $(1+AF)$ 倍。

**3. 改变输入电阻和输出电阻**

根据电阻串联变大、并联变小的原理，引入串联负反馈将增大放大电路的输入电阻，引入并联负反馈将减小放大电路的输入电阻。同理，引入电流负反馈将增大放大电路的输出电阻，引入电压负反馈将减小放大电路的输出电阻。

上述分析表明，负反馈以牺牲增益为代价，换来了放大电路性能的全面改善。这也是使用的放大电路都要采用负反馈电路措施的根本原因。

## 7.3 集成运算放大器的应用

集成运放的应用首先表现在它能构成各种运算电路上，并因此而得名。本节重点介绍信号运算电路和电压比较器。

### 7.3.1 基本运算电路

在运算电路中，以输入电压作为自变量，以输出电压作为函数；当输入电压变化时，输出电压将按一定的数学规律变化，即输出电压反映输入电压某种运算的结果。因此，集成运放必须工作在线性区，在深度负反馈条件下，利用反馈网络能够实现各种数学运算。信号运算电路主要包括比例运算、加法运算、减法运算、积分运算以及微分运算等。

**1. 比例运算电路**

比例运算电路包括同相比例运算电路和反相比例运算电路，基本特点是输出电压信号与输入电压信号呈现一种"比例"关系，它们实际上都是电压负反馈放大电路。

同相比例运算电路如图 7-11 所示。根据理想运放的"虚短""虚断"特性，有

$$u_N = u_P = u_i, \quad i_1 = i_f$$

因此，有

$$\frac{u_o - u_i}{R_f} = \frac{u_i}{R_1}$$

所以，$u_o$ 与 $u_i$ 的关系为

$$u_o = \left(1 + \frac{R_f}{R_1}\right) u_i \qquad (7.3\text{-}1)$$

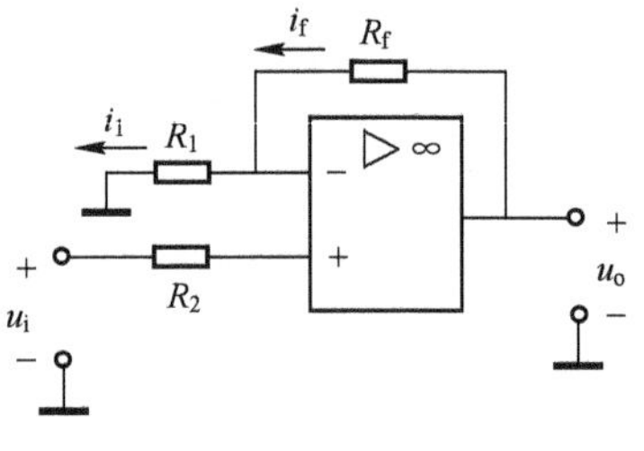

图 7-11 同相比例运算电路

可见 $u_o$ 与 $u_i$ 是一种同相比例关系，比例系数为 $\left(1 + \frac{R_f}{R_1}\right)$，这实际上也是同相比例运算电路的闭环电压增益。

容易判定，同相比例运算电路是一种电压串联负反馈。当 $R_1$ 断开或 $R_f$ 短路时，式（7.3-1）将变为 $u_o=u_i$，表明输出电压 $u_o$ 完全跟随输入电压 $u_i$ 变化，因此将其称为电压跟随器。

同相比例运算电路中的电阻 $R_2$ 起平衡运放输入端电阻、保证输入电流对称性的作用，称为平衡电阻。理想情况下，要求 $R_2=R_1//R_f$。

反向比例运算电路如图 7-12 所示。根据理想运放的"虚短""虚断"特性，有

$$u_N=u_P=0, \quad i_1=i_f$$

因此，有

$$\frac{u_i}{R_1}=-\frac{u_o}{R_f}$$

所以，$u_o$ 与 $u_i$ 的关系为

$$u_o=-\frac{R_f}{R_1}u_i \tag{7.3-2}$$

可见 $u_o$ 与 $u_i$ 是一种反相比例关系，比例系数为 $-\frac{R_f}{R_1}$，这实际上也是反相比例运算电路的闭环电压增益。

容易判定，反相比例运算电路是一种电压并联负反馈。

反相比例运算电路中的电阻 $R_2$ 也是平衡电阻。理想情况下，要求 $R_2=R_1//R_f$。

**2. 加法运算电路**

加法运算电路如图 7-13 所示，它是一种反相加法运算电路，同相输入端的平衡电阻 $R_P=R_1//R_2//R_3//R_f$。根据理想运放的"虚短""虚断"特性，有

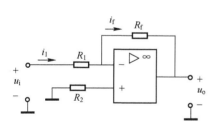
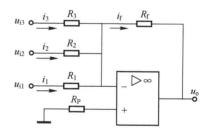

图 7-12 反相比例运算电路　　　图 7-13 反相加法运算电路

$$u_P=u_N=0, \quad i_f=i_1+i_2+i_3$$

因此，有

$$-\frac{u_o}{R_f}=\frac{u_{i1}}{R_1}+\frac{u_{i2}}{R_2}+\frac{u_{i3}}{R_3}$$

所以，$u_o$ 与 $u_{i1}$、$u_{i2}$、$u_{i3}$ 的关系为

$$u_o=-\left(\frac{R_f}{R_1}u_{i1}+\frac{R_f}{R_2}u_{i2}+\frac{R_f}{R_3}u_{i3}\right) \tag{7.3-3}$$

可见 $u_o$ 与 $u_{i1}$、$u_{i2}$、$u_{i3}$ 是一种反相比例加法关系。当 $R_1=R_2=R_3=R_f$ 时，$u_o$ 与 $u_{i1}$、$u_{i2}$、$u_{i3}$ 的关系简化为

$$u_o=-(u_{i1}+u_{i2}+u_{i3}) \tag{7.3-4}$$

如果需要实现同相加法运算，可在反相加法运算电路后面再接一级反相比例运算电路。

### 3. 减法运算电路

减法运算电路如图 7-14 所示，它实际上由一个同相比例运算电路和一个反相比例运算电路组合而成。为了获得较好的性能，要求运放两个输入端的电阻应该相对平衡，即满足 $R_1//R_f=R_2//R_3$。

根据理想运放的"虚短""虚断"特性，有

$$u_N = u_P = \frac{R_3}{R_2+R_3}u_{i2}$$

$$\frac{u_o-u_N}{R_f}=\frac{u_N-u_{i1}}{R_1}$$

因此，$u_o$ 与 $u_{i1}$、$u_{i2}$ 的关系为

$$u_o=\left(1+\frac{R_f}{R_1}\right)\frac{R_3}{R_2+R_3}u_{i2}-\frac{R_f}{R_1}u_{i1} \tag{7.3-5}$$

可见 $u_o$ 与 $u_{i1}$、$u_{i2}$ 是一种比例减法关系。当 $R_1=R_2$、$R_3=R_f$ 时，$u_o$ 与 $u_{i1}$、$u_{i2}$ 的关系简化为

$$u_o=\frac{R_f}{R_1}(u_{i2}-u_{i1}) \tag{7.3-6}$$

当 $R_1=R_2=R_3=R_f$ 时，$u_o$ 与 $u_{i1}$、$u_{i2}$ 的关系进一步简化为

$$u_o=u_{i2}-u_{i1} \tag{7.3-7}$$

利用叠加定理及同相比例运算电路和反相比例运算电路的结论，可方便地推导出减法运算电路的关系式。

### 4. 积分运算电路

积分运算电路如图 7-15 所示，由于集成运放的同相输入端通过 $R_P$ 接地，$u_P=u_N=0$，为"虚地"。

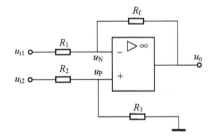

图 7-14 减法运算电路

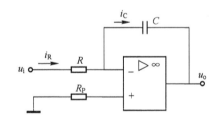

图 7-15 积分运算电路

根据"虚断"可知，电容 $C$ 中电流等于电阻 $R$ 中电流，即

$$i_C=i_R=\frac{u_i}{R}$$

根据"虚短"可知，输出电压与电容上电压的关系为

$$u_o=-u_C$$

根据电容上电压和电流的关系，可得

$$u_o=-\frac{1}{C}\int i_C \mathrm{d}t=-\frac{1}{RC}\int u_i \mathrm{d}t \tag{7.3-8}$$

**5. 微分运算电路**

将积分运算电路中的 $R$ 与 $C$ 位置互换，构成微分运算电路，如图 7-16 所示。

根据"虚短""虚断"可知，$u_N = u_P = 0$、$i_R = i_C = C\dfrac{du_i}{dt}$，因此输出电压为

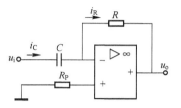

$$u_o = -i_R R = -RC\dfrac{du_i}{dt} \qquad (7.3-9)$$

图 7-16 微分运算电路

在自动控制系统中，常用积分和微分电路作为调节环节；此外，它们还广泛应用于波形的产生和变换以及仪器仪表之中。

### 7.3.2 电压比较器

电压比较器是对输入信号进行鉴幅与比较的电路，广泛应用于波形整形、波形变换以及信号发生等领域。

**1. 单限比较器**

集成运放处于开环状态即可构成单限比较器，如图 7-17a 所示。对于理想运放，由于差模增益无穷大，只要同相输入端与反相输入端之间有无穷小的差值电压，输出电压就将达到正的最大值或负的最大值，即输出电压 $u_o$ 与输入电压 $(u_P - u_N)$ 不再是线性关系，称集成运放工作在非线性区。此时集成运放只有"虚断"特性，没有"虚短"特性。当 $u_P > u_N$ 时，$u_o = +U_{oM}$；当 $u_P < u_N$ 时，$u_o = -U_{oM}$。单限电压比较器的电压传输特性如图 7-17b 所示。

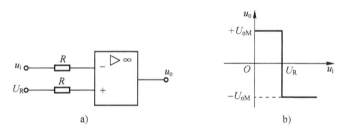

图 7-17 单限比较器
a）电路图 b）电压传输特性

由图 7-17b 可知，单限比较器只有一个门限电压，是使输出电压从高电平跳变为低电平或从低电平跳变为高电平时的输入电压，也称为阈值电压，记作 $U_T$。显然，在本电路中，阈值电压 $U_T$ 为

$$U_T = U_R \qquad (7.3-10)$$

在实用电路中为了满足负载的需要，常在集成运放的输出端加稳压管限幅电路，从而获得合适的 $U_{oL}$ 和 $U_{oH}$，电路如图 7-18a 所示。图中 VZ 表示两只特性相同且制作在一起的稳压管。

分析图 7-18a 可知，当 $u_i < U_R = -2\,\text{V}$ 时，$u_o = +U_{VZ} = 6\,\text{V}$；当 $u_i < U_R = -2\,\text{V}$ 时，$u_o = -U_{VZ} = -6\,\text{V}$。电压传输特性如图 7-18b 所示。

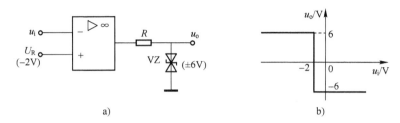

图 7-18 单限比较器
a) 电路图　b) 电压传输特性

### 2. 迟滞比较器

在单限比较器中，输入电压在阈值电压附近的任何微小变化，都将引起输出电压的跃变，不管这种微小变化是来源于输入信号还是外部干扰。因此，虽然单限比较器很灵敏，但是抗干扰能力差。解决方案是引入正反馈，构成迟滞比较器，电路图如图 7-19a 所示。

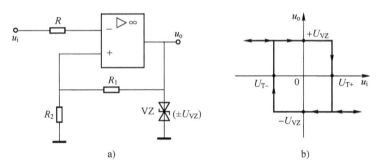

图 7-19 迟滞比较器
a) 电路图　b) 电压传输特性

由图 7-19a 可知，$u_o = \pm U_{VZ}$、$u_N = u_i$，而同相输入端 $u_P$ 为

$$u_P = \pm \frac{R_2}{R_1+R_2} U_{VZ} \tag{7.3-11}$$

令 $u_N = u_P$，可得两个阈值电压，即上门限电压 $U_{T+}$ 和下门限电压 $U_{T-}$ 分别为

$$U_{T+} = +\frac{R_2}{R_1+R_2} U_{VZ} \tag{7.3-12}$$

$$U_{T-} = -\frac{R_2}{R_1+R_2} U_{VZ} \tag{7.3-13}$$

$u_i$ 从反相输入端输入，故 $u_o$ 具有下行迟滞特性：在 $u_i$ 增大的过程中，一旦满足 $u_i > U_{T+}$，$u_o$ 就跳变为 $-U_{VZ}$；反之，在 $u_i$ 减小的过程中，一旦满足 $u_i < U_{T-}$，就跳变为 $+U_{VZ}$。可画出电压传输特性，如图 7-19b 所示。

# 习题 7

7-1　填空题

(1) 理想运放工作在线性区时，有两个重要特点是_____和_____。

(2) 理想运放的差模电压放大倍数 $A_{ud}$ = _____，共模电压放大倍数 $A_{uc}$ = _____，

差模输入电阻 $r_{id}$ = _____，输出电阻 $r_{od}$ = _____。

(3) 集成运放的输入级通常采用差分放大电路，主要是为了_____。

(4) 集成运放一般都采用_____耦合方式。

(5) 要实现电压放大倍数 $A_{uf} = 80$ 的放大电路，应选用_____运算电路。

(6) 在运算电路中，集成运放一般工作在_____。

7-2 根据要求选择合适的反馈类型或组态。

(1) 为了稳定静态工作点，应选择_____。

(2) 为了稳定输出电压，应选择_____。

(3) 为了将输入电压转换为电流，应选择_____。

(4) 为了提高输入电阻，减小输出电阻，应选择_____。

(5) 为了产生自激振荡，应选择_____。

7-3 一个负反馈放大电路 $A = 10^4$，$F = 10^{-2}$，计算 $A_f = \dfrac{A}{1+AF}$ 和 $A_f \approx \dfrac{1}{F}$，并比较两种计算结果的误差。若 $A = 10$，$F = 10^{-2}$，重复以上计算，再次比较它们的计算结果。为什么后者的计算误差比前者大？

7-4 反馈电路如图 7-20 所示。找出电路中的反馈网络元件，判断它们的反馈极性和组态，并计算其中负反馈电路的电压增益。

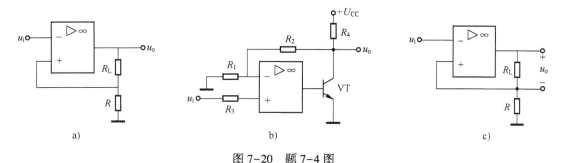

图 7-20 题 7-4 图

7-5 找出图 7-21 所示反馈放大电路的级间反馈网络，判断其反馈极性和组态，并推导电路的闭环增益和输入、输出电阻表达式。如果级间反馈电阻 $R_f$ 开路，分析电路的闭环电压增益会如何变化，并简单说明理由。

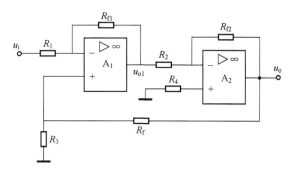

图 7-21 题 7-5 图

7-6 某运算电路如图 7-22 所示，已知 $R_3//R_1=R_4//R_5$，试求电路的运算表达式。

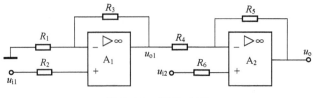

图 7-22 题 7-6 图

7-7 某运算电路如图 7-23 所示，试求电路的运算表达式，并说明电路的功能。

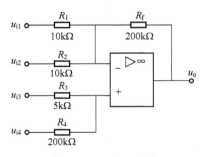

图 7-23 题 7-7 图

7-8 反馈电路如图 7-24 所示，试：
（1）判断 $A_2$ 支路对 $u_i$ 构成的反馈极性和组态。
（2）写出 $u_{o2}$ 与 $u_o$ 的关系式。
（3）推导出 $u_o$ 与 $u_i$ 的关系式。

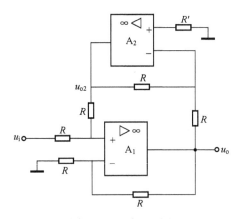

图 7-24 题 7-8 图

7-9 反馈电路如图 7-25 所示，试：
（1）判断级间反馈的反馈极性和组态。
（2）写出 $u_{o3}$ 与 $u_o$ 的关系式。
（3）推导出 $u_o$ 与 $u_i$ 的关系式。

7-10 试设计一个反相放大器电路，要求输入电阻 $R_i$ 为 20 kΩ，放大倍数为-100。

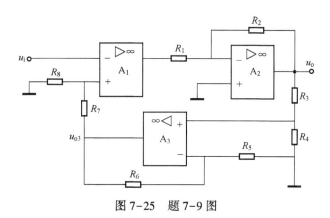

图 7-25 题 7-9 图

7-11 试设计一反相加法电路,要求输入/输出关系为 $u_o = -5(u_{i1} + 5u_{i2} + 3u_{i3})$,电路中最大的电阻阻值不超过 $100\,\text{k}\Omega$,试画出电路图,并计算各电阻阻值。

7-12 试设计一反相减法电路,要求输入/输出关系为 $u_o = -10(u_{i1} - u_{i3})$,电路中最大的电阻阻值不超过 $200\,\text{k}\Omega$,试画出电路图,并计算各电阻阻值。

# 第4篇 数字电子技术基础

随着科技的不断进步,集成电路和信号处理技术的成熟,数字电子技术越来越广泛地应用于通信、自动控制、测量仪器及计算机等诸多领域。由于模拟信号容易受到干扰,模拟器件难以保证较高的精度。而数字信号由于波形种类有限,具有极强的抗干扰性,并且数字电路有着结构简单、维护方便,精度高等优点。本篇将介绍数字系统中信息的表示和运算、逻辑电路的分析和设计。

# 第8章 数字逻辑基础

前面讨论了模拟电路,从本章开始学习数字电路的相关知识。模拟电路和数字电路共同构成现代电子技术的基石。数字电路所处理的数字信号一般是只有高、低两种电平的电压信号,构成数字电路的晶体管一般交替工作于截止状态和饱和状态。

1958年,美国德州仪器公司(TI)的工程师杰克·基尔比(Jack Kilby)将5个元件(1个晶体管、1个电容和3个电阻)制作在一个1.2 cm长的锗晶片上,实现了人类历史上的第一块集成电路。此后,集成电路,尤其是数字集成电路进入了一个快速发展的时期,现在已经渗透到生产和生活的各个角落,几乎所有电器和电子设备中都包含有数字集成电路,人们已进入一个数字化的时代,计算机、移动电话、电视机、汽车等,这些设备中无不包含大量的数字电路和数字技术。数字电路的快速发展和广泛应用,已成为现代信息社会的突出特征和必然结果。

## 8.1 数字信号与数字电路

自然界中存在的物理量可以分为模拟量和数字量。模拟量是指取值连续的物理量,如自然界中变化的温度、马路上汽车行驶的速度等。数字量是指取值不连续的物理量,如教室中的人数、一本书的页数等。用电子电路处理物理量时,必须首先将物理量变换为电路易于处理的信号形式,一般用变化的电压(或电流)表示。

### 8.1.1 模拟信号和数字信号

随时间连续变化的信号是模拟信号,其典型例子是正弦电压信号,如图8-1所示。

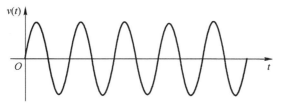

图8-1 正弦信号波形图

数字信号的变化在时间上是不连续的,总是发生在一系列离散的瞬间;同时,数字信号的取值也是不连续的,只能取有限个值。最广泛应用的数字信号是二值信号,图8-2所示是一个二值电压信号的波形,该信号只有0 V和+5 V两种电压取值。二值电压信号的波形只有低电平和高电平两种有效电平,如图8-2中的"0 V"和"+5 V"。在逻辑分析和设计中,通常用两个抽象的符号"0"和"1"加以表示。当用"0"表示低电平,用"1"表示高电平时,称为正逻辑表示法;若用"0"表示高电平,用"1"表示低电平,则称为负逻辑表示法。本书采用正逻辑表示法。

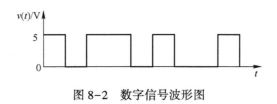

图 8-2 数字信号波形图

## 8.1.2 模拟电路和数字电路

处理模拟信号的电路是模拟电路，运算放大器是典型的模拟电路。处理数字信号的电路是数字电路，编码器、计数器等都是典型的数字电路。

相对于模拟电路，数字电路具有以下特点：

（1）集成度高。数字电路便于实现大规模集成，从而可以有效地减小体积、降低功耗、提高可靠性。

（2）实现信息的存储和检索。数字系统天生具有对数字信息的存储能力和快速、灵活的检索机制，计算机的信息存储和多样化的寻址方式充分体现了这种能力。

（3）易于实现检错、纠错机制。信息在传输、变换和处理时，不可避免地受到噪声的干扰和存在传输损耗，模拟信号由于其取值的连续性对这种影响难以根除。而数字信号的离散取值特性有利于克服这种影响，便于实现信号的再生。数字通信系统中还可以采用各种检错和纠错编码，确保信号的可靠传输。

（4）灵活的可编程特性。数字系统的可编程能力包含两层含义，一层含义是传统的软件可编程能力，即通过计算机的程序设计，使系统完成特定的任务；另一层含义是指通过对数字系统中的可编程逻辑器件（Programmable Logic Device，PLD）的编程来改变数字系统的硬件结构，实现完成特定任务的"专用"硬件结构，用可编程逻辑器件构建数字系统是当前数字系统研究与应用最活跃的领域之一。

## 8.2 数制与编码

在数字系统中，所有信息都以高、低两种电平的形式存在，其抽象的处理对象就是"0""1"这两个符号。在计算机中，指令、数据、字母等所有信息都必须变换成硬件系统可以接收的信号形式"0"和"1"。本节介绍数字系统中的信息表示法，以及如何将人们习惯使用的信息形式变换为数字系统可以接受的信息形式。

### 8.2.1 数制

数值计算是计算机的基本功能，数字系统中的数值表示法是数字系统应用的最基本问题。人们熟悉的计数体制是十进制计数法，简称十进制，这是一种"按位计数制"。

**1. 十进制**

十进制表示法中，用一串数码表示一个数，每个数码所表示的数值由该数码所处的位置"加权"，整个数的数值就等于每个数码被加权后的数值之和，例如：

$$1734.75 = 1 \times 1000 + 7 \times 100 + 3 \times 10 + 4 \times 1 + 7 \times 0.1 + 5 \times 0.01$$

上式右边称为按位计数法的"按权展开式"。显然，十进制数的权（Weight）按 10 的

幂次变化，一般地，对于形如 $d_2d_1d_0.d_{-1}d_{-2}$ 的十进制数 $D$，其按权展开式为

$$D = d_2 \times 10^2 + d_1 \times 10^1 + d_0 \times 10^0 + d_{-1} \times 10^{-1} + d_{-2} \times 10^{-2}$$

通常将十进制的进制数"10"称为该进制的基数（Base 或 Radix），所以十进制数中第 $i$ 位的权为 $10^i$。一个有着 $n$ 位整数、$m$ 位小数的十进制数 $D$ 可以表示为

$$D = \sum_{i=-m}^{n-1} d_i \times 10^i \tag{8.2-1}$$

其中，$d_i$ 是第 $i$ 位数码，可以取 0、1、2、…、9 中的任何一个值。至此，可以将十进制按位计数法归纳如下：

(1) 基数是 10，使用 0、1、2、3、4、5、6、7、8、9 共 10 个字符。
(2) 第 $i$ 位的权是 $10^i$。
(3) 计数时逢 10 进 1。

**2. 二进制**

套用十进制表示法中归纳的按位计数法有关概念，二进制表示法应具有以下特性：

(1) 基数是 2，只使用 0、1 两个字符。
(2) 第 $i$ 位的权是 $2^i$。
(3) 计数时逢 2 进 1。

二进制数可以通过按权展开的方法方便地转换为相应的十进制数形式。

**例 8-1** 将二进制数 $(101.101)_2$ 转换为十进制数。

**解：**

$(101.101)_2 = 1 \times 2^2 + 0 \times 2^1 + 1 \times 2^0 + 1 \times 2^{-1} + 0 \times 2^{-2} + 1 \times 2^{-3} = (5.625)_{10}$

表达式中数的下标用于指示数的进制，二进制数的最左边的位叫最高有效位（Most Significant Bit，MSB），最右边的位叫最低有效位（Least Significant Bit，LSB）。

**3. 十六进制**

十六进制表示法具有以下特性：

(1) 基数是 16，使用 0、1、2、3、4、5、6、7、8、9、A、B、C、D、E、F 共 16 个字符，其中字符 A、B、C、D、E、F 分别表示十进制数值 10、11、12、13、14、15。
(2) 第 $i$ 位的权是 $16^i$。
(3) 计数时逢 16 进 1。

1 位十六进制数和 4 位二进制数之间有着一一对应的关系，见表 8-1。根据这种关系，可以方便地进行二进制数和十六进制数之间的转换。二进制数转换为十六进制数时，以小数点为基准，整数部分由右向左每 4 位分为一组，高位不足 4 位时添"0"补足 4 位；小数部分由左向右每 4 位一组，低位不足 4 位时也添"0"补足 4 位，每组 4 位二进制数对应于 1 位十六进制数。十六进制数转换为二进制数时，只要将每位十六进制数展开成 4 位二进制数，并去掉头尾多余的"0"即可。

表 8-1 1 位十六进制数和 4 位二进制数对照表

| $D_{16}$ | $D_2$ |
|---|---|
| 0 | 0000 |
| 1 | 0001 |
| 2 | 0010 |
| 3 | 0011 |
| 4 | 0100 |
| 5 | 0101 |
| 6 | 0110 |
| 7 | 0111 |
| 8 | 1000 |
| 9 | 1001 |
| A | 1010 |
| B | 1011 |
| C | 1100 |
| D | 1101 |
| E | 1110 |
| F | 1111 |

**例 8-2**  完成下列二进制数和十六进制数的转换。

(1) $(1110110111.0101001)_2$

(2) $(3AB.C8)_{16}$

**解**：$(1110110111.0101001)_2 = (0011\ 1011\ 0111.0101\ 0010)_2 = (3B7.52)_{16}$

$(3AB.C8)_{16} = (0011\ 1010\ 1011.1100\ 1000)_2 = (1110101011.11001)_2$

**4. 十进制数转换为二进制数**

十进制数转换为二进制数时，整数部分和小数部分分别转换，一般整数部分除 2 取余，小数部分乘 2 取整。

**例 8-3**  将十进制数 218 转换为二进制数。

**解**：十进制整数用除 2 取余法，如图 8-3 所示，采用竖式计算，最先产生的余数是最低位，最后产生的余数是最高位，转换结果为

$$(218)_{10} = (11011010)_2$$

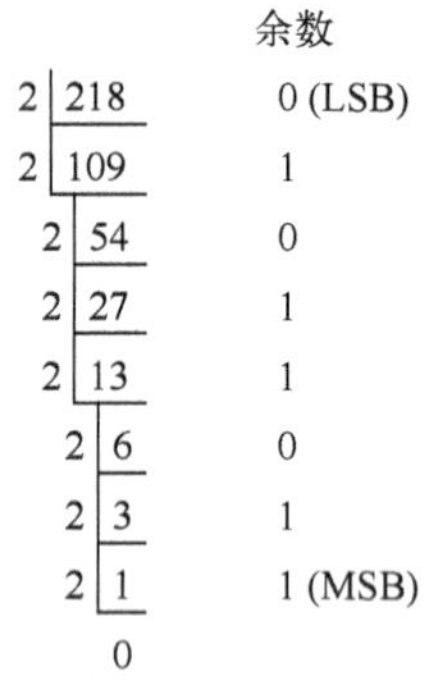

|  | 余数 |
|---|---|
| 2⌋218 | 0 (LSB) |
| 2⌋109 | 1 |
| 2⌋54 | 0 |
| 2⌋27 | 1 |
| 2⌋13 | 1 |
| 2⌋6 | 0 |
| 2⌋3 | 1 |
| 2⌋1 | 1 (MSB) |
| 0 | |

图 8-3  除 2 取余竖式计算

**例 8-4**  将十进制数 0.6625 转换为二进制数。

**解**：采用乘 2 取整法。

|  | 整数部分 |
|---|---|
| $0.6625 \times 2 = 1.325$ | 1（MSB） |
| $0.325 \times 2 = 0.65$ | 0 |
| $0.65 \times 2 = 1.5$ | 1 |
| $0.5 \times 2 = 1.0$ | 1（LSB） |

因此，$(0.6625)_{10} = (0.1011)_2$。

大多数十进制小数转换为二进制数时不会像例 8-4 那么幸运，而是难以得到准确的结果，此时可以根据精度要求只保留若干位小数。

**例 8-5**  将十进制数 0.4 转换为二进制数（保留 5 位小数）。

**解**：采用乘 2 取整法。

|  | 整数部分 |
|---|---|
| $0.4 \times 2 = 0.8$ | 0 |
| $0.8 \times 2 = 1.6$ | 1 |
| $0.6 \times 2 = 1.2$ | 1 |
| $0.2 \times 2 = 0.4$ | 0 |
| $0.4 \times 2 = 0.8$ | 0 |
| $0.8 \times 2 = 1.6$ | 1 |

本例计算到小数点后第 6 位，对第 6 位采用"0 舍 1 入"的方法，只保留 5 位小数。因此，$(0.4)_{10} \approx (0.01101)_2$。

## 8.2.2 带符号数表示法

对于带符号数，在普通代数中采用的表示法是用符号"+"表示正数（通常省略），"-"表示负数；在数字系统中，带符号数的表示包括两部分内容，一是符号的表示，二是数值的表示。考虑到数字系统中的所有信息都必须用"0""1"来表示，符号也不例外，通

常规定:在数字系统中,设置一个符号位,位于所有数值位的前面,符号位为"0"表示相应的二进制数是正数,符号位为"1"表示相应的二进制数是负数,如图8-4所示。

图 8-4 带符号数的格式

带符号二进制数的数值位通常有三种表示方法,即原码表示法(Sign Magnitude System)、反码表示法(One's Complement System)和补码表示法(Two's Complement System)。

**1. 原码表示法**

原码表示法采用符号位加上原有的二进制数值位的格式。

**例 8-6** 分别计算$(+13)_{10}$和$(-13)_{10}$的8位二进制原码。

**解:** $(+13)_{10} = (+1101)_2 = (+0001101)_2 = (00001101)_{原码}$

$(-13)_{10} = (-1101)_2 = (-0001101)_2 = (10001101)_{原码}$

**2. 反码表示法**

带符号数的反码表示法的符号位表示与原码相同,数值位表示法规则如下:对于正数,其数值位表示与原码表示法中相同,就是该二进制数的绝对值;对于负数,将二进制绝对值的各位取反就得到了数值位。

**例 8-7** 分别计算$(+13)_{10}$和$(-13)_{10}$的8位二进制反码。

**解:** $(+13)_{10} = (+1101)_2 = (+0001101)_2 = (00001101)_{反码}$

$(-13)_{10} = (-1101)_2 = (-0001101)_2 = (11110010)_{反码}$

**3. 补码表示法**

带符号数的补码表示法的符号位表示与原码和反码相同,数值位表示法规则如下:对于正数,其数值位表示与原码和反码表示法中相同,就是该二进制数的绝对值;对于负数,将二进制绝对值的各位取反后加1就得到了数值位,也就是在反码的基础上加1。

**例 8-8** 分别计算$(+13)_{10}$和$(-13)_{10}$的8位二进制补码。

**解:** $(+13)_{10} = (+1101)_2 = (+0001101)_2 = (00001101)_{补码}$

$(-13)_{10} = (-1101)_2 = (-0001101)_2 = (11110011)_{补码}$

对于带符号的二进制小数,其符号位仍用最高位表示,负数补码的数值位在反码基础上加1时注意是末位加1。

**例 8-9** 分别计算$(0.01101)_2$和$(-0.01101)_2$的8位二进制原码、反码和补码。

**解:** $(0.01101)_2 = (0.0110100)_{原码} = (0.0110100)_{反码} = (0.0110100)_{补码}$

$(-0.01101)_2 = (1.0110100)_{原码} = (1.1001011)_{反码} = (1.1001100)_{补码}$

带符号二进制数的原码、反码和补码表示法可以归纳如下:正数的原码、反码和补码相同,其符号位为0,数值位就是该符号数的二进制绝对值。负数的原码、反码和补码的符号位都是1,原码的数值位就是该符号数的二进制绝对值,反码的数值位是原码数值位的逐位取反,补码数值位是反码数值位的末位加1。

表8-2给出了带符号十进制整数与相应的4位原码、反码和补码的取值对照表。

表 8-2  4 位原码、反码和补码的取值对照表

| 十进制数 | 原码 | 反码 | 补码 |
| --- | --- | --- | --- |
| +7 | 0111 | 0111 | 0111 |
| ⋮ | ⋮ | ⋮ | ⋮ |
| +2 | 0010 | 0010 | 0010 |
| +1 | 0001 | 0001 | 0001 |
| +0 | 0000 | 0000 | 0000 |
| −0 | 1000 | 1111 | — |
| −1 | 1001 | 1110 | 1111 |
| −2 | 1010 | 1101 | 1110 |
| ⋮ | ⋮ | ⋮ | ⋮ |
| −7 | 1111 | 1000 | 1001 |
| −8 | — | — | 1000 |

注：表中"—"表示超出有符号数的 4 位二进制表示范围。

### 8.2.3 数的编码表示法

数还可以采用编码表示，常用的编码表示方法有 BCD（Binary Coded Decimal）码、格雷码等。

**1. BCD 码**

BCD 码将一个具体的十进制数看作十进制符号的组合，对每个字符加以编码表示。例如，十进制数 $(259)_{10}$ 可以看作 3 个十进制字符 2、5、9 的组合，对每个字符分别用二进制代码 0010、0101、1001 替换，就得到该十进制数的一种二进制编码表示，这种方法避免了十进制数转换为二进制数时比较烦琐的计算过程，具有简单、直观的优点。

十进制数中可能出现的字符是 0~9，对这 10 个符号进行编码，至少需要 4 位二进制代码。4 位二进制代码可以有 0000~1111 共 16 种不同的组合，原则上可以从中任取 10 种进行二-十进制编码。显然，这样的编码可以有许多种，数字系统中常用的 BCD 码见表 8-3。

表 8-3  常用 BCD 码

| 十进制数 | 8421 码 | 5421 码 | 余 3 码 |
| --- | --- | --- | --- |
| 0 | 0000 | 0000 | 0011 |
| 1 | 0001 | 0001 | 0100 |
| 2 | 0010 | 0010 | 0101 |
| 3 | 0011 | 0011 | 0110 |
| 4 | 0100 | 0100 | 0111 |

(续)

| 十进制数 | 8421 码 | 5421 码 | 余 3 码 |
|---|---|---|---|
| 5 | 0101 | 1000 | 1000 |
| 6 | 0110 | 1001 | 1001 |
| 7 | 0111 | 1010 | 1010 |
| 8 | 1000 | 1011 | 1011 |
| 9 | 1001 | 1100 | 1100 |

(1) 8421BCD 码

8421BCD 码是最常用的 BCD 码，其编码方法与 10 个十进制字符等值的二进制数完全相同，是一种有权码，各位的权值由高到低依次为 8、4、2、1。8421BCD 码和对应十进制数的相互转换十分方便，只要按照编码表逐字符转换即可，例如

$$(179.8)_{10} = (000101111001.1000)_{8421BCD}$$

(2) 5421BCD 码

5421BCD 码也是有权码，各位的权值依次为 5、4、2、1。5421BCD 码的特点是编码的最高位先为 5 个连续的 0，后为 5 个连续的 1，从而在十进制 0~9 的计数过程时，最高位对应的输出端可以产生方波信号。

(3) 余 3 码

余 3 码是一种无权 BCD 码，所谓无权码，就是找不到一组权值，满足所有码字。例如，设余 3 码的 4 位是 $b_3b_2b_1b_0$，由 $(1)_{10} = (0100)_{余3码}$，按照权值的定义，$b_2$ 的权值是 1；由 $(5)_{10} = (1000)_{余3码}$，$b_3$ 的权值是 5；按有权码的规则，应有 $(1100)_{余3码} = (6)_{10}$，这与余 3 码定义不符（1100 是十进制符号 9 的编码），所以余 3 码不是有权码。

余 3 码的码字比对应的 8421 码的码字大 3，这就是余 3 码名称的由来。余 3 码是一种自补码，它也可以由表 8-3 中的 4 位自然二进制码去掉头尾 3 组编码后得到，由表 8-4 容易看出余 3 码的自补特性。

**例 8-10** 分别用 8421 码、5421 码、余 3 码表示十进制数 206.94。

**解：**

$$(206.94)_{10} = (001000000110.10010100)_{8421BCD}$$
$$= (001000001001.11000100)_{5421BCD}$$
$$= (010100111001.11000111)_{余3码}$$

**2. 格雷码**

二进制数表示法是按权计数体制下的一种用 0、1 表示数值的方法，格雷码用 0、1 的另一种组合方式来表示数值，表 8-4 给出了十进制数 0~15 分别用 4 位二进制数和 4 位格雷码来表示的编码表。

格雷码又叫典型循环码，不再具有按权计数的特性，即格雷码不像自然二进制码那样，每个位置具有固定的权值，所以格雷码是一种无权码。格雷码具有一般循环码的相邻性和循环性，相邻性是指任意两个相邻的码字之间仅有 1 位取值不同，循环性是指首尾两个码字也相邻。循环码的这种特性可用于提高计数器工作可靠性或者提高通信抗干扰能力。

表 8-4 十进制数 0~15 的两种二进制编码表示

| 十进制数 | 二进制编码 | | 十进制数 | 二进制编码 | |
| --- | --- | --- | --- | --- | --- |
| | 自然二进制码 | 格雷码 | | 自然二进制码 | 格雷码 |
| 0 | 0000 | 0000 | 8 | 1000 | 1100 |
| 1 | 0001 | 0001 | 9 | 1001 | 1101 |
| 2 | 0010 | 0011 | 10 | 1010 | 1111 |
| 3 | 0011 | 0010 | 11 | 1011 | 1110 |
| 4 | 0100 | 0110 | 12 | 1100 | 1010 |
| 5 | 0101 | 0111 | 13 | 1101 | 1011 |
| 6 | 0110 | 0101 | 14 | 1110 | 1001 |
| 7 | 0111 | 0100 | 15 | 1111 | 1000 |

## 8.3 逻辑代数基础

逻辑代数（Logic Algebra），又称为布尔代数（Boolean），是英国数学家乔治·布尔（George Boole）于 1849 年提出的，用于研究逻辑变量和逻辑运算的代数系统。今天，逻辑代数已经成为数字系统分析和设计的数学基础，数字系统中的信号被抽象表示为逻辑变量，信号之间的相互关系被抽象表示为逻辑运算。有了逻辑代数，数字系统中的信号变换与处理过程就可以用数学的方法加以研究。基于数字信号的二值特征，本节只研究逻辑代数中的二值逻辑，在数字系统应用范畴内，介绍逻辑变量、逻辑运算和逻辑函数的有关概念。

### 8.3.1 逻辑变量与基本的逻辑运算

一个代数体系最基本的问题是变量和运算，人们熟悉的初等代数中，变量通常可以取整数值、有理数值、实数值等；变量之间的运算包括加、减、乘、除等；参与运算的变量称为自变量。变量经运算后产生函数，函数也是变量，称为因变量，函数可以与自变量有不同的取值范围。而适用于数字系统的逻辑代数中的变量和运算却有不同的特征。

**1. 逻辑变量**

逻辑代数中的变量称为逻辑变量，逻辑变量用字符或字符串表示，一个逻辑变量只有两种可能的取值：0、1，这两个取值称为逻辑值，通常用来表示数字电路中某条信号线上的电平，例如，低电平表示为逻辑值"0"，高电平表示为逻辑值"1"。由此可以看出，逻辑值不同于前面介绍的二进制数的数值，逻辑值"0"和"1"没有大小之分，只表示两种相对的状态。逻辑值可以用来表示开关的开和关、指示灯的亮和灭、命题的真与假这类只有两种取值的事件。

**2. 基本的逻辑运算**

逻辑代数定义了三种基本的逻辑运算：与运算、或运算和非运算。

(1) 与运算（AND）

"所有前提都为真，结论才为真"的逻辑关系称为与逻辑。图8-5是与逻辑的电路示意图，只有当开关A、B都闭合时，灯L才亮。电路中开关和灯的控制与被控制关系，可以抽象表示为自变量和函数关系：定义逻辑变量A和B，分别用来表示开关A和B的开、闭。当开关打开时，相应的逻辑变量取值为"0"；否则为"1"。又定义逻辑变量L表示灯的亮与灭，当灯灭时，L=0；否则L=1。显然，L是A和B的函数。

逻辑代数中将符合图8-5的函数关系定义为与运算，又叫逻辑乘，运算符号为"·"，两变量的与运算表达式为

$$L = A \cdot B \tag{8.3-1}$$

在不致混淆的场合下，A和B的与运算也可以表示为AB。由于每个自变量都只有0、1两种可能的取值，可以将自变量的各种取值和相应的函数值用表格表示，并将这种表格称为真值表。与运算的真值表见表8-5，由真值表可看出，与运算的运算规则是

$$0 \cdot 0 = 0, \quad 0 \cdot 1 = 0, \quad 1 \cdot 0 = 0, \quad 1 \cdot 1 = 1$$

表8-5 与运算真值表

| A | B | L |
|---|---|---|
| 0 | 0 | 0 |
| 0 | 1 | 0 |
| 1 | 0 | 0 |
| 1 | 1 | 1 |

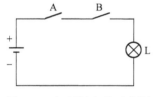

图8-5 与逻辑电路示意图

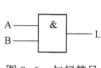

图8-6 与门符号

实现与运算的逻辑电路称为与门，一个2输入与门的逻辑符号如图8-6所示，符号中的"&"是与门定性符。

(2) 或运算（OR）

"只要有一个前提为真，结论就为真"的逻辑关系称为或逻辑。图8-7是或逻辑的电路示意图，只要开关A或B闭合，灯L就亮。逻辑代数中将或逻辑定义为或运算，又叫逻辑加，运算符号为"+"，对于图8-7所示电路，有

$$L = A + B \tag{8.3-2}$$

或运算的真值表见表8-6。由真值表可以看出，或运算的运算规则是

$$0+0=0, \quad 0+1=1, \quad 1+0=1, \quad 1+1=1$$

实现或运算的逻辑电路称为或门，一个2输入或门的逻辑符号如图8-8所示，符号中的"≥1"是或门定性符。

表8-6 或运算真值表

| A | B | L |
|---|---|---|
| 0 | 0 | 0 |
| 0 | 1 | 1 |
| 1 | 0 | 1 |
| 1 | 1 | 1 |

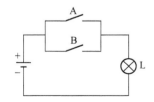

图8-7 或逻辑电路示意图

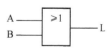

图8-8 或门符号

（3）非运算（NOT）

"非"就是否定。由于每个逻辑变量都只有"0"和"1"两种取值，非此即彼。对"0"或"1"取相反值的运算称为非运算。变量 A 的非运算表示为 $\bar{A}$，称为"A 非"，$\bar{A}$ 的含义就是取值与 A 的值相反。通常将 A 称为原变量，$\bar{A}$ 称为反变量。非运算的真值表见表 8-7，其运算规则为

$$\bar{0}=1, \quad \bar{1}=0$$

实现非运算的逻辑电路称为非门，其逻辑符号如图 8-9 所示。

表 8-7 非运算真值表

| A | $\bar{A}$ |
|---|---|
| 0 | 1 |
| 1 | 0 |

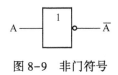

图 8-9 非门符号

三种基本逻辑运算的运算次序由高到低为非运算、与运算、或运算。例如，在函数 $F=A+\bar{B}C$ 中，首先计算 $\bar{B}$，然后是与运算 $\bar{B}C$，最后用或运算求出 F。可通过加括号来更改运算次序，例如，函数 $G=(A+\bar{B})C$ 中，计算次序为非运算、或运算、与运算。

前面给出的三种逻辑门符号符合国家标准 GB/T 4728.12-2008（简称国标），也是国际电工委员会在 IEC 60617-12 推荐使用的标准符号。在国际上还广泛采用另一种逻辑门符号，即符合美国 MIL-STD-806B（简称美标）的逻辑门符号，也称为特定外形符号，如图 8-10 所示。以上两种符号都被 IEEE（Institute of Electrical and Electronics Engineers）采纳为国际标准。

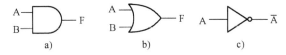

图 8-10 逻辑门特定外形符号
a）与门 b）或门 c）非门

**3. 逻辑函数的基本概念**

逻辑变量通过逻辑运算就构成了逻辑函数。例如，L=AB 中，A 和 B 是自变量，L 是 A、B 的函数；$F=\bar{A}$ 中，F 是 A 的函数。给定自变量的取值，就可以求出相应的函数值。逻辑代数中，每个自变量只能取 0、1 两种值，逻辑函数也只能取 0 和 1 两种值。在数字电路中，逻辑代数中的自变量用于表示电路的输入信号、逻辑函数用于表示电路的输出信号。

## 8.3.2 复合逻辑运算与常用逻辑门

虽然与、或、非这三种基本逻辑运算构成了运算的完备集，但只用与、或、非门实现逻辑电路却不够方便。从方便电路实现的角度出发，人们又在基本逻辑运算的基础上，定义了与非、或非、与或非、异或和同或这几种新的逻辑运算，并将其称为复合逻辑运算，这些逻辑运算对应的逻辑门称为常用逻辑门。表 8-8 给出了这些逻辑运算的表达式、真值表、逻辑门符号及运算特征。表中每种逻辑门的两种符号从上到下依次为国标符号和特定外形符号。

表 8-8 复合逻辑运算及其逻辑门符号

| 运算名称 | 逻辑表达式 | 真值表 | 逻辑门符号 | 运算特征 |
|---|---|---|---|---|
| 与非 | $F=\overline{A \cdot B}$ | AB F<br>0 0  1<br>0 1  1<br>1 0  1<br>1 1  0 | | 输入全为1时，输出F=0 |
| 或非 | $F=\overline{A+B}$ | AB F<br>0 0  1<br>0 1  0<br>1 0  0<br>1 1  0 | | 输入全为0时，输出F=1 |
| 与或非 | $F=\overline{AB+CD}$ | AB CD F<br>0 0  0<br>0 1  1<br>1 0  1<br>1 1  0 | | 与项全为0时，输出F=1 |
| 异或 | $F=A\oplus B$<br>$=A\overline{B}+\overline{A}B$ | AB F<br>0 0  0<br>0 1  1<br>1 0  1<br>1 1  0 | | 输入奇数个1时，输出F=1 |
| 同或<br>（异或非） | $F=A\odot B$<br>$=\overline{A\oplus B}$<br>$=AB+\overline{A}\ \overline{B}$ | AB F<br>0 0  1<br>0 1  0<br>1 0  0<br>1 1  1 | | 输入偶数个1时，输出F=1 |

在各种逻辑运算中，除了非运算是单变量运算符，其他运算都是多变量运算符，多变量的与运算、或运算、与非运算、或非运算都很容易理解。而异或运算是一种对参与运算的"1"的个数的奇偶性敏感的运算，多变量做异或运算时，若参与运算的变量中有奇数个取值为"1"，则结果为"1"，否则结果为"0"。同或运算是对参与运算的"0"的个数的奇偶性敏感，多变量做同或运算时，若其中有偶数个"0"，则运算结果为"1"，否则为"0"。

### 8.3.3 逻辑代数的基本定律与运算规则

逻辑代数的基本运算定律见表 8-9。其中交换律、结合律和分配律含义与初等代数中的相应定律相同，而互补律、0-1律、对合律、重叠律、吸收律和反演律是逻辑代数特有的。其中反演律又称为摩根（De. Morgan）定律，可以实现与、或运算的转换，十分有用。

表 8-9 逻辑代数的基本定律

| 名　　称 | 公式1 | 公式2 |
|---|---|---|
| 交换律 | A+B=B+A | AB=BA |
| 结合律 | A+(B+C)=(A+B)+C | A(BC)=(AB)C |
| 分配律 | A+BC=(A+B)(A+C) | A(B+C)=AB+AC |

(续)

| 名　　称 | 公式1 | 公式2 |
|---|---|---|
| 互补律 | $A+\bar{A}=1$ | $A \cdot \bar{A}=0$ |
| 0-1律 | $A+0=A$ | $A \cdot 1=A$ |
|  | $A+1=1$ | $A \cdot 0=0$ |
| 对合律 | $\bar{\bar{A}}=A$ | $\bar{\bar{A}}=A$ |
| 重叠律 | $A+A=A$ | $A \cdot A=A$ |
| 吸收律 | $A+AB=A$ | $A(A+B)=A$ |
|  | $A+\bar{A}B=A+B$ | $A(\bar{A}+B)=AB$ |
|  | $AB+A\bar{B}=A$ | $(A+B)(A+\bar{B})=A$ |
|  | $AB+\bar{A}C+BC=AB+\bar{A}C$ | $(A+B)(\bar{A}+C)(B+C)=(A+B)(\bar{A}+C)$ |
| 反演律 | $\overline{A+B}=\bar{A}\bar{B}$ | $\overline{AB}=\bar{A}+\bar{B}$ |

证明逻辑等式有两种方法。一是真值表法，即如果不论自变量取什么值，等式两边的函数值都相等，则等式成立；二是表达式变换法，通过运用逻辑代数的相关定律和运算规则，对表达式进行恒等变换，使等式两边的函数表达式相同。下面通过例子说明。

**例 8-11** 用表达式变换的方法证明吸收律中的公式。

$$AB+\bar{A}C+BC=AB+\bar{A}C$$

**解：**
$$\begin{aligned}
AB+\bar{A}C+BC &= AB+\bar{A}C+(A+\bar{A})BC & \text{(添加项)} \\
&= AB+\bar{A}C+ABC+\bar{A}BC & \text{(去括号)} \\
&= (AB+ABC)+(\bar{A}C+\bar{A}BC) & \text{(重新合并)} \\
&= AB(1+C)+\bar{A}C(1+B) & \text{(提取公因子)} \\
&= AB+\bar{A}C & \text{(吸收)}
\end{aligned}$$

左边=右边，等式得证。

下面介绍逻辑代数中的两个运算规则：代入规则和对偶规则。

**1. 代入规则**

代入规则：对于任何逻辑等式，以任意一个逻辑变量或逻辑函数同时取代等式两边的某个变量后，等式仍然成立。

对于一个逻辑等式，其中任何一个逻辑变量的两种取值（0和1）都满足该等式，而任意的逻辑函数也是一个逻辑变量，也只有0和1两种取值，以它取代等式中逻辑变量时，等式自然成立。

利用代入规则可以方便地将前面定义的各种逻辑运算和表8-9中的公式推广到多变量。

**例 8-12** 用代入规则将反演律公式 $\overline{A+B}=\bar{A}\bar{B}$ 推广到三变量的形式。

**解：** 用 (B+C) 取代等式中的变量B，由代入规则，有 $\overline{A+(B+C)}=\bar{A} \cdot \overline{(B+C)}$，对等式右边的 $\overline{B+C}$ 运用反演律，可得 $\overline{A+B+C}=\bar{A}\bar{B}\bar{C}$，显然，这就是反演律的三变量形式。

**2. 对偶规则**

将逻辑表达式F中出现的所有"·"和"+"互换，"0"和"1"互换，就得到了一个新的函数表达式F′（也可以写作$F_d$），该表达式F′和原表达式F互为对偶式。

如果两个逻辑函数相等，则它们的对偶表达式也相等。这就是对偶规则。

**例 8-13** 分别写出 $F_1 = AB + \overline{A}C + BC$ 和 $F_2 = AB + \overline{A}C$ 的对偶表达式。

**解：**
$$F_1' = (A+B)(\overline{A}+C)(B+C), \quad F_2' = (A+B)(\overline{A}+C)$$

计算对偶表达式时，应该注意保持原有的计算次序不变，必要时应在对偶式中加上括号。

由对偶表达式的定义可知，与运算和或运算是具有对偶关系的两个运算。相应地，与非运算和或非运算也是对偶的。不太直观的是，异或运算和同或运算也是互为对偶关系的运算。

例 8-13 中的函数 $F_1$ 和 $F_2$ 就是表 8-9 中吸收律公式 1 的最后一个等式两边的表达式，该等式成立已在例 8-11 中得到证明。根据对偶规则，若 $F_1 = F_2$，则 $F_1' = F_2'$。即
$$(A+B)(\overline{A}+C)(B+C) = (A+B)(\overline{A}+C)$$

该等式就是表 8-9 中吸收律公式 2 的最后一个等式，通过对偶规则，间接证明了该等式的成立。

显然表 8-9 的公式 1 和公式 2 中相应的等式都是互为对偶关系的等式，证明了一个，另一个自然成立。

## 8.4 逻辑函数的描述方式

逻辑函数有两种基本的表示方法：表达式和真值表。表达式通过变量和运算表示函数，真值表通过自变量和函数的取值关系表示函数。除此之外，把逻辑代数应用于数字电路时，还有逻辑函数的电路图表示法和函数关系反映为输入、输出信号关系时的波形图表示法，以及为了实现电路化简而采用的卡诺图表示法。

### 8.4.1 逻辑表达式与真值表

逻辑函数表达式就是把函数关系表示为变量的与、或、非、异或等运算的形式。

**例 8-14** 在举重比赛中，安排了三个裁判，一个主裁判和两个副裁判，只有主裁判同意且至少有一个副裁判同意时，运动员的动作才算合格。试将判决结果表示成逻辑表达式形式。

**解**：首先定义三个自变量 A、B、C，分别表示主裁判和两个副裁判的判决，A=0 表示主裁判认为动作不合格，A=1 表示主裁判认为动作合格；B 和 C 的取值含义类似。定义变量 Z 表示最终判决结果，Z=0 表示运动员动作不合格，Z=1 表示动作合格。

显然，Z 是 A、B、C 的函数。函数关系是只有当 A=1，且 B 和 C 中至少有一个是 1 时，Z=1；否则，Z=0。满足该函数关系的表达式为
$$Z = A(B+C)$$

例 8-14 的函数关系比较简单，可以直接写出表达式。而实际的函数关系很多比这复杂，通常无法直接得到函数表达式。

真值表（Truth Table）通过罗列自变量的取值和相应的函数值，得到反映函数关系的表格，这种方法是用逻辑代数描述实际设计问题的基本方法。

**例 8-15** 设计一个三人表决电路，参加表决的三个人中有任意两人或三人同意，则提案通过；否则，提案不能通过。

**解**：定义自变量 A、B、C 和函数 Z，其含义与例 8-14 类似。三个自变量共有 8 种可能取值。由题意可知，当自变量中有两个或两个以上取值为 1 时，函数值为 1。完整反映题目要求的真值表见表 8-10。

表 8-10 例 8-15 的真值表

| A | B | C | Z |
|---|---|---|---|
| 0 | 0 | 0 | 0 |
| 0 | 0 | 1 | 0 |
| 0 | 1 | 0 | 0 |
| 0 | 1 | 1 | 1 |
| 1 | 0 | 0 | 0 |
| 1 | 0 | 1 | 1 |
| 1 | 1 | 0 | 1 |
| 1 | 1 | 1 | 1 |

### 8.4.2 逻辑图

由于逻辑表达式中的各种逻辑运算都有相应的实现电路——逻辑门，所以，任意给定的函数表达式都存在一个逻辑电路与之对应，或者说，逻辑电路图也是逻辑函数的一种表示方法。例 8-14 求出的函数表达式中包含一次或运算和一次与运算，直接实现该表达式的逻辑电路图如图 8-11a 所示。不同的表达式形式对应于不同的电路，若将该函数写作 Z=AB+AC，则相应的逻辑图就变成了图 8-11b。显然，具有相同逻辑功能的电路图 8-11b 因为多用了一个逻辑门而不如电路图 8-11a 简单。由此可以看到，表达式的简化程度与电路的简化程度相对应。为了获得尽量简单的电路，应该尽可能化简函数表达式。

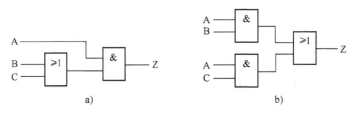

图 8-11 例 8-14 的逻辑图
a) Z=A(B+C) 的逻辑图  b) Z=AB+AC 的逻辑图

### 8.4.3 积之和式与最小项表达式

一个逻辑函数既可以用表达式，也可以用真值表来描述，表达式表示的是变量间的运算关系，真值表表示的是变量间的取值关系。这两种表示方法的相互转换十分重要，但其对应关系却不十分明显。从前面对真值表的说明可以知道，真值表对逻辑函数的描述是唯一的，一个确定的逻辑函数只有一个真值表；而一个逻辑函数的表达式却可以有多种形式。下面首先介绍积之和式，然后从真值表出发，建立一种与之相对应的逻辑函数标准形式——最小项表达式。

积之和式又称为与或式，是若干个乘积项的和（逻辑加）。所谓乘积项（Product Term），就是几个自变量的与运算，参与与运算的是自变量的原变量形式或反变量形式，如 AB、$\overline{A}$B、ABC、$\overline{A}$ C $\overline{D}$，显然，实现乘积项的逻辑电路就是与门。下面是几个积之和式的例子：

$$AB+\overline{A}BC$$
$$ABC+CDE+\overline{B}C\overline{D}$$
$$A+\overline{A}\,\overline{B}C+BC\overline{D}$$

最小项又称为标准积项，是一种特殊的乘积项，其中包含了所有的自变量，每个自变量以原变量或反变量的形式出现，且仅出现一次。由于每个变量只有原变量和反变量两种形式，三个自变量 A、B、C 能并且只能构成 8 个最小项，它们是 $\overline{A}\,\overline{B}\,\overline{C}$、$\overline{A}\,\overline{B}C$、$\overline{A}B\overline{C}$、$\overline{A}BC$、$A\overline{B}\,\overline{C}$、$A\overline{B}C$、$AB\overline{C}$、$ABC$。每个最小项与变量的一组取值有着一一对应的关系，例如，能使最小项 $\overline{A}\,\overline{B}\,\overline{C}=1$ 的变量取值只有 ABC=000，而且"000"只能使该最小项的值为 1，即最小项 $\overline{A}\,\overline{B}\,\overline{C}$ 和变量取值"000"相对应；其他 7 个最小项和另 7 组变量取值相对应。为了简化最小项的表示，通常用 $m_i$ 表示最小项，其中 m 是最小项标识符，下标 i 是与该最小项对应的自变量取值的十进制数。下标 i 也可以这样确定：将一个最小项中的原变量替换为 1、反变量替换为 0，得到一个二进制数，其等值的十进制数就是 i。上述 ABC 三变量构成的最小项也可以记作 $m_0$、$m_1$、$m_2$、$m_3$、$m_4$、$m_5$、$m_6$、$m_7$。

最小项表达式又叫标准积之和式，是积之和式中的一种，其中的每个乘积项都是最小项。下面是两个最小项表达式的例子，从中可以看到，最小项表达式中的最小项除了写成乘积项的形式外，还有两种简写形式：

$$F(A,B)=\overline{A}B+A\overline{B}=m_1+m_2=\sum m(1,2)$$

$$L(A,B,C)=\overline{A}\,\overline{B}\,\overline{C}+A\overline{B}C+ABC=m_0+m_5+m_7=\sum m(0,5,7)$$

最小项表达式之所以称为函数的标准表达式，是因为每个逻辑函数的最小项表达式都是唯一的，就像函数的真值表是唯一的一样。任何逻辑函数表达式都可以写成最小项表达式形式。

**例 8-16** 写出函数 $F(A,B,C)=AB+AC+BC$ 的最小项表达式。

**解：**
$$\begin{aligned}F(A,B,C)&=AB+AC+BC\\&=AB(\overline{C}+C)+A(\overline{B}+B)C+(\overline{A}+A)BC\\&=AB\overline{C}+ABC+A\overline{B}C+ABC+\overline{A}BC+ABC\\&=\overline{A}BC+A\overline{B}C+AB\overline{C}+ABC\\&=\sum m(3,5,6,7)\end{aligned}$$

若函数表达式不是积之和式，则应该首先将其变换为积之和式，然后再求最小项表达式。

## 8.4.4 和之积式与最大项表达式

和之积式又称为或-与式，是若干个和项的乘积（逻辑乘）。所谓和项，就是几个自变量的或运算，参与或运算的是自变量的原变量形式或反变量形式，如 $(A+\overline{B})$、$(\overline{A}+\overline{C}+D)$，实现和项的逻辑电路就是或门。下面是两个和之积式的例子：

$$(A+B)(\overline{A}+\overline{B})$$
$$A(B+C)(C+\overline{D}+E)(\overline{A}+\overline{B}+\overline{C}+D)$$

和之积式跟前面介绍的积之和式都是逻辑函数的表达式形式，它们之间可以进行相互转换。但是，一般的和之积式和积之和式之间并没有简单的对应关系。与最小项表达式相对应，也有最大项表达式。最大项表达式和最小项表达式之间有着简单的转换关系。

最大项又称为标准和项，是一种特殊的和项，其中包含了所有的自变量，每个自变量以原变量或反变量的形式出现，且仅出现一次。两个变量 A、B 构成的 4 个最大项是 $(A+B)$、$(A+\overline{B})$、$(\overline{A}+B)$、$(\overline{A}+\overline{B})$。每个最大项与变量的一组取值有着一一对应的关系，例如，能使最大项$(A+\bar{B})=0$的变量取值只有AB=01，在两变量的4个最大项中，变量取值"01"只能使该最大项的值为0，即最大项$(A+\bar{B})$和变量取值"01"相对应；其他三个最大项和另外三组变量取值相对应。最大项的简写形式为$M_i$，下标$i$是与该最大项对应的自变量取值的十进制数。下标$i$的确定方法：将一个最大项中的原变量替换为0、反变量替换为1，得到一个二进制数，其等值的十进制数就是$i$。

最大项表达式又叫标准和之积式，是和之积式中的一种，其中的每个和项都是最大项。下面是两个最大项表达式的例子。从中可以看到，除了变量形式外，最大项表达式还有两种简写形式：

$$F(A,B)=(A+B)(\bar{A}+\bar{B})=M_0M_3=\prod M(0,3)$$

$$Z(A,B,C)=(A+B+\bar{C})(\bar{A}+\bar{B}+C)(\bar{A}+\bar{B}+\bar{C})=M_1M_6M_7=\prod M(1,6,7)$$

最大项表达式是函数的标准表达式之一，一个逻辑函数只有唯一的最大项表达式。最大项表达式和真值表也是一一对应的，对于一个给定的真值表，可以直接写出相应的最大项表达式，反之亦然。

**例 8-17** 求出最大项表达式$Z(A,B,C)=\prod M(1,6,7)$对应的函数真值表，并进一步求出该函数的最小项表达式。

**解**：$Z(A,B,C)=\prod M(1,6,7)$
$=(A+B+\bar{C})(\bar{A}+\bar{B}+C)(\bar{A}+\bar{B}+\bar{C})$

对于一个或与式，任何一个和项的值为"0"时，都使函数值为"0"，而使一个最大项的值为"0"的自变量取值只有一组。所以，对于函数$Z(A,B,C)$，只有当自变量ABC的取值为001、110和111时，才有$Z=0$；自变量取其他值时，函数值都是"1"。由此可得真值表见表8-11。

表 8-11 例 8-17 的真值表

| A | B | C | Z |
|---|---|---|---|
| 0 | 0 | 0 | 1 |
| 0 | 0 | 1 | 0 |
| 0 | 1 | 0 | 1 |
| 0 | 1 | 1 | 1 |
| 1 | 0 | 0 | 1 |
| 1 | 0 | 1 | 1 |
| 1 | 1 | 0 | 0 |
| 1 | 1 | 1 | 0 |

根据真值表和最小项表达式的对应关系，在表8-11中找出函数值为"1"的行，这些行对应的最小项包含在最小项表达式中，最小项的下标就是自变量取值的十进制数，所以，最小项表达式为

$$Z(A,B,C)=\sum m(0,2,3,4,5)$$
$$=\bar{A}\bar{B}\bar{C}+\bar{A}B\bar{C}+\bar{A}BC+A\bar{B}\bar{C}+A\bar{B}C$$

比较函数的最小项表达式和最大项表达式可以看出，最大项表达式包含的最大项的下标和最小项表达式中包含的最小项的下标分别对应于真值表中函数值为"0"或"1"时自变量的取值。至此建立了函数的表达式和真值表之间的对应关系，从而进一步明确了变量运算和变量取值之间的联系。

## 8.5 逻辑函数的化简

函数表达式不同则对应的电路也不同，完成同样的逻辑功能，自然是电路越简单越好。简单的电路成本低、功耗低，故障率也低。采用逻辑门实现的数字电路的最简标准是所用的逻辑门数量最少，每个逻辑门的输入端个数最少。

## 8.5.1 代数法化简逻辑函数

由最简逻辑电路的概念可以导出最简表达式的概念。对于常用的与或式和或与式来说，最少的逻辑门就意味着与或式中乘积项个数最少、或与式中和项个数最少；输入端个数最少对应着每个乘积项或和项中包含的变量个数最少。

逻辑函数的化简有多种方法，几种常用的化简方法是基于表达式变换的代数化简法、基于图形的卡诺图化简法。

代数化简法就是利用逻辑代数的基本公式，通过项的合并（$AB+A\bar{B}=A$）、项的吸收（$A+AB=A$）、消去冗余变量（$A+\bar{A}B=A+B$）等手段使表达式中的项（与或式中的乘积项和或与式中的和项）的个数达到最少，同时也使每项所含变量的个数最少。

**例 8-18** 试用代数法化简下列逻辑函数。

$$F_1 = A\bar{B}+ACD+\bar{A}\ \bar{B}+\bar{A}CD$$
$$F_2 = AB+AB\bar{C}+AB(\bar{C}+D)$$
$$F_3 = A\bar{B}+\bar{A}B+B\bar{C}+\bar{B}C$$

**解：**
$$F_1 = A\bar{B}+ACD+\bar{A}\ \bar{B}+\bar{A}CD = A(\bar{B}+CD)+\bar{A}(\bar{B}+CD) = \bar{B}+CD$$
$$F_2 = AB+AB\bar{C}+AB(\bar{C}+D) = AB[\,1+\bar{C}+(\bar{C}+D)\,] = AB$$
$$F_3 = A\bar{B}+\bar{A}B+B\bar{C}+\bar{B}C = A\bar{B}(C+\bar{C})+\bar{A}B+(A+\bar{A})B\bar{C}+\bar{B}C$$
$$= A\bar{B}C+A\bar{B}\ \bar{C}+\bar{A}B+AB\bar{C}+\bar{A}B\bar{C}+\bar{B}C$$
$$= \bar{B}C(A+1)+A\bar{C}(\bar{B}+B)+\bar{A}B(1+\bar{C}) = \bar{B}C+A\bar{C}+\bar{A}B$$

用代数法化简逻辑函数时，必须熟悉逻辑代数基本公式，当表达式比较复杂、项数较多时，求解困难，而且不易判断结果是否最简。代数化简法只能作为函数化简的辅助手段。

## 8.5.2 卡诺图法化简逻辑函数

当逻辑函数的自变量个数较少（小于 6 个）时，卡诺图法是化简逻辑函数的有效工具。由代数化简法可知，若两个乘积项只有一个变量不同，即存在($A+\bar{A}$)的情形时，这两个乘积项可以合并，例如，($ABC+AB\bar{C}$)= $AB$，符合这种条件的项称为逻辑相邻项。逻辑函数的化简实际上就是寻找相邻项、合并相邻项的过程。

卡诺图（Karnaugh Map）是变形的真值表，用方格图表示自变量取值和相应的函数值。其构造特点是自变量取值按循环码方式排列，使卡诺图中任意两个相邻的方格对应的最小项（或最大项）只有一个变量不同，从而将逻辑相邻项转换为几何相邻项，方便相邻项的合并。三变量和四变量的卡诺图结构如图 8-12 所示。卡诺图中的每个方格对应于真值表中的一行，方格中应填入具体函数的函数值"0"或"1"。方格中的编号是自变量取值对应的十进制数，也就是相应最小项（或最大项）的下标。卡诺图中的相邻关系不仅是图中相邻的方格，也包括第一行和最后一行（第一列和最后一列）对应的方格，如四变量卡诺图中的方格 1 和 9、方格 4 和 6 等，这些方格也都是逻辑相邻的。

**1. 在卡诺图上合并最小项（或最大项）**

卡诺图上任意两个相邻的最小项（或最大项）可以合并为一个乘积项（或一个和项），并消去其中取值不同的变量。两个相邻项合并的例子如图 8-13 所示。

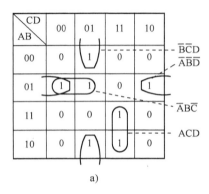

图 8-12 卡诺图的结构
a) 三变量　b) 四变量

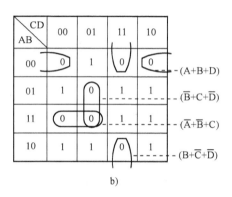

图 8-13 卡诺图中两个相邻项的合并
a) 两个最小项的合并　b) 两个最大项的合并

卡诺图中 4 个相邻项可以合并为一项，并消去其中两个取值不同的变量。4 个相邻项合并如图 8-14 所示。

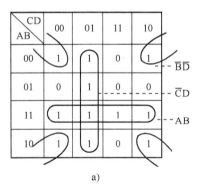

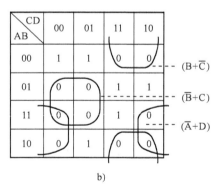

图 8-14 卡诺图中 4 个相邻项的合并
a) 4 个最小项的合并　b) 4 个最大项的合并

卡诺图中的 $2^n$ 个相邻的最小项（或最大项）可以合并为一项，并可以消去 $n$ 个取值不同的变量。卡诺图方格中填入的"1"或"0"在合并中可以被多个圈使用，这种用法符合重叠律（$A+A=A$）。

卡诺图中圈"1"是进行最小项的合并，每个圈中的最小项合并为一个乘积项，所有卡诺圈对应的乘积项之和就是最简与或式。书写乘积项的规则：该圈对应的某个自变量取值为"1"时，则该自变量在乘积项中取原变量形式；自变量取值为"0"时，该自变量为反变量形式。

卡诺图中圈"0"则对应于最大项的合并，每个圈中的最大项合并为一个和项，所有卡诺圈对应的和项之积就是最简或与式。和项中变量的书写规则：取值为"0"的自变量写成原变量形式，取值为"1"的自变量写成反变量形式。

**2. 卡诺图上圈"1"（或圈"0"）的原则**

卡诺图中圈"1"可以得到最简与或式，圈"0"可以得到最简或与式。最简与或式是指表达式中的乘积项个数最少，每个乘积项中的变量个数最少。最简或与式是指表达式中的和项最少，每个和项中的变量个数最少。最简表达式的定义在卡诺图化简中体现为圈的个数最少，每个圈尽可能大（包含的"1"或"0"最多）。为了防止化简后的表达式中出现冗余项，必须保证卡诺图的每个圈中至少有一个"1"（或"0"）是没有被其他圈圈过的。

**3. 卡诺图化简举例**

**例 8-19** 用卡诺图化简函数 $F(A,B,C,D) = \sum m(0,3,9,11,12,13,15)$，写出最简与或式。

**解**：首先画出 4 变量卡诺图，然后将最小项填入图中。为防止造成圈不够大或产生冗余圈（其中的每个"1"都被其他圈圈过），画圈时先圈孤立的"1"，其含义是该最小项（$m_0$）无法和其他最小项合并，该圈对应的乘积项是 $\bar{A}\bar{B}\bar{C}\bar{D}$。然后寻找只有一个合并方向的两个"1"，在图 8-15 中，最小项 $m_3$ 只能和最小项 $m_{11}$ 合并，所以这个圈是必需的，该圈对应的化简结果是 $\bar{B}CD$；另外，最小项 $m_{12}$ 只能和 $m_{13}$ 合并，结果是 $AB\bar{C}$。最后是 4 个"1"的合并，卡诺图中的最小项 $m_9$ 只能和它周围的另外三个"1"合并，结果是 AD。至此，卡诺图中所有的"1"都被圈过了。最简与或式就是图上 4 个圈对应的乘积项之和，即最简与或式为

$$F = \bar{A}\bar{B}\bar{C}\bar{D} + \bar{B}CD + AB\bar{C} + AD$$

在这个例子中，为了帮助读者理解圈"1"和最小项合并的概念，在每个圈后都写出了对应的乘积项，实际化简中不必如此，只要在所有的"1"都圈过之后，分别读出每个圈对应的乘积项即可。

**例 8-20** 用卡诺图化简函数 $F(A,B,C,D) = \sum m(1,2,4,5,6,7,11)$，分别求出最简与或式和最简或与式。

**解**：根据函数 F 的最小项表达式填写卡诺图中的"1"，其余位置填写"0"，如图 8-16 所示。

圈"1"求最简与或式：首先圈孤立的"1"（$m_{11}$）；然后为了化简 $m_1$ 和 $m_2$ 所画的两个圈；最后为了化简 $m_4$ 所画的圈。

圈"0"求最简或与式：首先圈孤立的"0"（$M_3$）；然后为了化简 $M_0$，将表示 $M_0$ 和 $M_8$ 的两个"0"合并；剩下的"0"都可以用更大的圈来覆盖，为了化简最大项 $M_9$，将它和相邻的另三个"0"合并；为了化简 $M_{10}$ 和 $M_{15}$，也分别画了两个圈。至此，所有的"0"都已圈过。注意：为了使每个圈尽量大，卡诺图中有多个"0"都被圈过多次，但每个圈都有至少一个"0"只属于该圈。这样做就满足了卡诺图画圈的原则：所有的"0"都要被圈

到，圈的数目尽可能少，每个圈尽可能大。

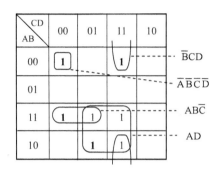

图 8-15 例 8-19 的卡诺图

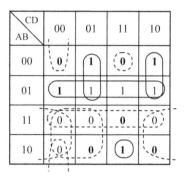

图 8-16 例 8-20 的卡诺图

最后一步就是根据卡诺图中的圈写出最简表达式：对于最简与或式，选择圈"1"的圈，每个圈对应最简与或式中的一个乘积项，该圈中的自变量取值为"1"时，乘积项中的该自变量为原变量形式，否则为反变量形式。对于最简或与式，应该选择圈"0"的圈，每个圈对应最简或与式中的一个和项，该圈中的自变量取值为"0"时，和项中的该自变量为原变量形式，否则为反变量形式。

最简与或式：$F = A\bar{B}CD + \bar{A}\,\bar{C}D + \bar{A}CD + AB$

最简或与式：$F = (A+B+\bar{C}+\bar{D})(B+C+D)(\bar{A}+C)(\bar{A}+D)(\bar{A}+\bar{B})$

# 习题 8

8-1 将下列二进制数转换为十进制数。
(1) $(1101)_2$    (2) $(10110110)_2$    (3) $(0.1101)_2$    (4) $(11011011.101)_2$

8-2 将下列十进制数转换为二进制数和十六进制数。
(1) $(39)_{10}$    (2) $(0.625)_{10}$    (3) $(0.24)_{10}$    (4) $(237.375)_{10}$

8-3 将下列十六进制数转换为二进制数和十进制数。
(1) $(6F.8)_{16}$    (2) $(10A.C)_{16}$    (3) $(0C.24)_{16}$    (4) $(37.4)_{16}$

8-4 求出下列各数的 8 位二进制原码和补码。
(1) $(-39)_{10}$    (2) $(0.625)_{10}$    (3) $(5B)_{16}$    (4) $(-0.10011)_2$

8-5 已知 $X=(-92)_{10}$，$Y=(42)_{10}$，利用补码计算 $X+Y$ 和 $X-Y$ 的数值。

8-6 分别用 8421 码、5421 码和余 3 码表示下列数据。
(1) $(309)_{10}$    (2) $(63.2)_{10}$    (3) $(5B.C)_{16}$    (4) $(2004.08)_{10}$

8-7 用逻辑代数的基本定律和公式证明。
(1) $AB + \bar{A}C + \bar{B}\,\bar{C} = \bar{A}\,\bar{B} + A\bar{C} + BC$
(2) $(A+B)(\bar{A}+C)(B+C) = (A+B)(\bar{A}+C)$
(3) $(A+B+C)(A+B+C)(\bar{A}+B+C) = \bar{A}C + B$
(4) $\overline{A} \oplus B = A \oplus \bar{B}$

8-8 判断下列命题是否正确。
(1) 若 $A+B = A+C$，则 $B=C$      (2) 若 $AB = AC$，则 $B=C$

(3) 若 A+B=A,则 B=0　　　　　(4) 若 A=B,则 A+B=A
(5) 若 A+B=A+C, AB=AC, 则 B=C　(6) 若 A⊕B⊕C=1, 则 A⊙B⊙C=0

**8-9** 根据对偶规则,写出下列函数的对偶函数。

(1) $W=\overline{A}\,\overline{B}+A\overline{C}+BC$　　　　(2) $X=\overline{AC+\overline{B}C+A(\overline{B+CD})}$

(3) $Y=(\overline{A}+\overline{B})\cdot\overline{(B+C)(A+\overline{C})}$　(4) $Z=\overline{AB}\cdot\overline{\overline{B}C+D}+A(B+\overline{C})$

**8-10** 列出逻辑函数 $F=\overline{ABC}+\overline{B}C+A(B+\overline{C})$,$G=A(B+\overline{C})(\overline{A}+B+C)$ 的真值表,并分别用变量形式和简写形式写出标准积之和式与标准和之积式。

**8-11** 求出下列函数的标准积之和式与标准和之积式。

(1) $F=A+\overline{BC}+\overline{A}C$　　　　(2) $F=B(A+\overline{C})(A+\overline{B}+C)$

(3) $F=(A\oplus B)\overline{\overline{A}\,\overline{B}+AB}+AB$　(4) $F=\overline{A(\overline{B}+C)}$

**8-12** 用代数法化简逻辑函数。

(1) $W=AB+\overline{A}C+\overline{B}C$　　　　(2) $X=(A\oplus B)\overline{\overline{A}\,\overline{B}+AB}+AB$

(3) $Y=\overline{A}+\overline{B}+\overline{C}+ABCD$　　(4) $Z=A(B+\overline{C})+\overline{A}(\overline{B}+C)+\overline{B}\,\overline{C}D+BCD$

**8-13** 用卡诺图化简下列函数,写出最简与或式。

(1) $F(A,B,C)=\sum m(0,1,3,4,6)$

(2) $F(A,B,C,D)=\sum m(1,2,4,6,10,12,13,14)$

(3) $F(A,B,C,D)=\sum m(0,3,5,7,9,11,13,15)$

(4) $F(A,B,C,D)=ABC+C\overline{D}+\overline{A}BC+A\overline{B}D+\overline{A}\,\overline{B}CD+AB\overline{C}\,\overline{D}+\overline{A}BCD$

(5) $F(A,B,C,D)=(\overline{B}+C+\overline{D})(\overline{B}+\overline{C})(A+B+C+D)$

(6) $F(A,B,C,D)=\overline{\overline{AD}+ABC+A\overline{CD}+\overline{A}\,\overline{B}\,\overline{C}\,\overline{D}+\overline{A}\,\overline{BCD}}$

**8-14** 某工厂有4个股东,分别拥有40%、30%、20%和10%的股份。一个议案要获得通过,必须至少有超过一半股权的股东投赞成票。试列出该厂股东对议案进行表决的电路的真值表,并求出最简与或式。

**8-15** 某厂有15 kW、25 kW 两台发电机和10 kW、15 kW、25 kW 三台用电设备。已知三台用电设备可以都不工作或部分工作,但不可能三台同时工作。请设计一个供电控制电路,使用电负荷最合理,以达到节电目的。试列出该供电控制电路的真值表,求出最简与或式,并用与非门实现该电路。

# 第 9 章 组合逻辑电路

数字电路从结构和功能上可以分为组合逻辑电路和时序逻辑电路,其中组合逻辑电路是由逻辑门组合而成的,组合电路的功能可以用真值表完全描述,其特点是电路在任意时刻的输出完全由该时刻的输入信号确定,而与输入信号以往的取值没有关系。时序逻辑电路中包含记忆元件,其输出信号的取值与输入信号的历史有关。

本章首先从晶体管级简单介绍逻辑门的结构及其电气特性,进而介绍组合逻辑电路的各种功能电路和常用芯片,并讨论组合逻辑电路的分析和设计方法。

## 9.1 集成逻辑门

实现逻辑电路的方法很多,早在集成电路出现之前的 20 世纪 30 年代,贝尔实验室用电磁继电器构造逻辑电路;20 世纪 40 年代出现的第一台电子计算机(名叫 ENIAC)则是基于真空电子管逻辑电路的,这是一个长达 30 m、重量超过 30 t 的庞然大物,每秒 5000 次加法的运算能力与目前的个人计算机相去甚远。20 世纪 60 年代出现的 TTL 是第一个成功的商用数字集成电路系列,随后出现的 CMOS 和 ECL 等逻辑系列也各有其特点。

通常用一个芯片中包含逻辑门或晶体管数量的多少来衡量数字集成电路的规模。回顾 50 多年来电子技术的发展历程,数字集成电路经历了小规模集成电路(Small Scale Integration,SSI)、中规模集成电路(Medium Scale Integration,MSI)、大规模集成电路(Large Scale Integration,LSI)、超大规模集成电路(Very Large Scale Integration,VLSI)、特大规模集成电路(Ultra Large Scale Integration,ULSI)到目前的片上系统(System on a Chip,SoC)等发展阶段,如图 9-1 所示。

图 9-1 数字集成电路的发展

集成逻辑门是最基本的数字集成电路,按制作工艺和工作机理的不同可以分为 TTL、CMOS 和 ECL 三种主要类型。TTL(Transistor-Transistor Logic,晶体管-晶体管逻辑)是由双极型晶体管构成的数字集成电路,TTL 电路在 20 世纪 70 年代和 80 年代占据了统治地位;ECL(Emitter Coupled Logic)也是由双极型晶体管构成的数字集成电路,ECL 电路在高速应用领域一枝独秀。而 CMOS（Complementary MOS）则是由单极型的场效应晶体管构成的集成电路，目前，CMOS 器件已经基本取代 TTL 器件，占领了绝大部分 IC 市场。

## 9.1.1 集成逻辑门系列

**1. CMOS 逻辑门**

最简单的集成逻辑门是 CMOS 非门，它是由两个互补的场效应晶体管构成的，如图 9-2 所示。

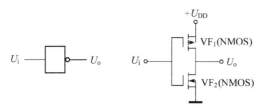

图 9-2 CMOS 反相器的场效应晶体管电路图

场效应晶体管（Field Effect Transistor，FET）是一种用输入电压控制输出电流的半导体器件。由于参与导电的只有一种载流子（多子），所以又称为单极型晶体管。MOS 晶体管是 FET 中的一种，全称是金属-氧化物-半导体场效应晶体管（Metal-Oxide Semiconductor FET，MOSFET）。在数字集成电路中，MOS 器件通过隔离的栅极电压控制沟道导电，实现开关功能。NMOS 管是 N 沟道 MOS 管的简称，其结构是在 P 型半导体上制作两个 N 型电极（源极 S 和漏极 D）和一个隔离的金属栅极 G。当栅源电压 $U_{GS}$ 大于开启电压 $U_T$（阈值电压）时，在源、漏极之间产生 N 型导电沟道，源漏电阻较小（几百欧姆以内），称为导通。当 $U_{GS}$ 小于 $U_T$ 时，导电沟道消失，源漏电阻很大（MΩ 以上），称为截止。PMOS 管是在 N 型半导体上制作两个 P 型电极和隔离栅极实现的，P 沟道 MOS 管的工作原理与 N 沟道 MOS 管完全相同，只不过导电的载流子不同，电压极性不同而已。

图 9-2 中的 VF$_1$ 和 VF$_2$ 分别是 P 沟道增强型 MOS 管（PMOS 管）和 N 沟道增强型 MOS 管（NMOS 管），所谓增强型，简单地说，就是栅源电压 $U_{GS}=0$ 时，不存在导电沟道。一个 PMOS 管和一个 NMOS 管构成互补 MOS 结构，简称 CMOS。

在图 9-2 所示电路中，当输入电压 $U_i=+U_{DD}$ 时，NMOS 管 VF$_2$ 的栅源电压 $U_{GS}=+U_{DD}$，沟道导通，漏极和源极之间呈现低电阻；而 PMOS 管 VF$_1$ 的栅源电压 $U_{GS}=0$ V，沟道夹断，漏极和源极之间呈现高阻抗，从而电路输出低电平。当输入电压 $U_i=0$ V 时，NMOS 管的 $U_{GS}=0$ V，NMOS 管截止；PMOS 管的 $U_{GS}=-U_{DD}$，PMOS 管导通，从而电路输出高电平。上述分析可以归纳如下：输入高电平则输出低电平，输入低电平则输出高电平，该电路是一个非门。

图 9-3 是 CMOS 两输入与非门电路原理图，两个 NMOS 管（VF$_3$ 和 VF$_4$）串联，只有当两个输入端 A、B 都是高电平时，VF$_3$ 和 VF$_4$ 才都导通，而 VF$_1$ 和 VF$_2$ 都截止，从而输出端为低电平；任意一个输入端为低电平时，输出都是高电平。

图 9-4 是 CMOS 两输入或非门电路原理图，两个 NMOS 管（VF$_3$ 和 VF$_4$）并联，显然，任何一个输入端为高电平都将使相应的 NMOS 管（VF$_3$ 或 VF$_4$）导通，而相应的 PMOS 管（VF$_1$ 或 VF$_2$）截止，从而输出低电平。

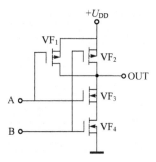
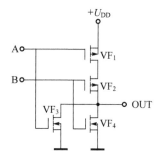

图 9-3 CMOS 与非门电路原理图　　图 9-4 CMOS 或非门电路原理图

CMOS 非门是最简单的门电路，其次是与非门和或非门。其他 CMOS 门电路都是在此基础上组合而成的。例如，CMOS 与门是由与非门和非门级联得到的，或门是由或非门和非门级联得到的。

率先在市场上获得成功的 CMOS 逻辑系列是 4000 系列，CD4001B 芯片是 2 输入四或非门；CD4009B 是六非门芯片；CD4011B 是 2 输入四与非门。该系列电路采用单电源供电（3~18 V），具有低功耗的优点，但速度较慢。随后出现的 74HC 系列和 74HCT 系列是高性能 CMOS 器件，它们在保持低功耗优点的基础上，进一步提高了响应速度和负载驱动能力。74HC 系列的逻辑功能和引脚排列与原 74 系列 TTL 芯片完全相同，电源电压为 2~6 V，电源电压的降低可以使芯片的功耗更低；74HCT 系列采用 5 V 电源电压，输入电平与 TTL 电平相同，完全兼容原有的 74 系列 TTL 器件。

相比于其他逻辑系列，CMOS 逻辑电路具有以下优点：

(1) 允许的电源电压范围宽，方便电源电路的设计。

(2) 逻辑摆幅大（输出高电平接近 $U_{DD}$，低电平接近 0），使电路抗干扰能力强。

(3) 静态功耗低。

(4) 隔离栅结构使 CMOS 器件的输入电阻极大，从而使 CMOS 器件驱动同类型逻辑门的能力比其他系列强得多。

由于 CMOS 器件采用隔离栅结构，容易因静电感应造成器件击穿而损坏。虽然芯片内部有一定的保护措施，使用中还是应该注意防止静电的产生和积累。常用的保护措施包括：器件用防静电材料包装、保证人员和设备良好接地、CMOS 逻辑门不用的输入端不能悬空（应接电源、地或其他输入端）等。

**2. TTL 逻辑门**

TTL 是最常用的双极型逻辑系列。74/54 系列 TTL 逻辑电路是由美国 TI 公司（Texas Instruments）于 20 世纪 60 年代推出的逻辑系列，已经成为国际标准逻辑系列。74 商用系列和 54 军用系列芯片具有完全相同的逻辑功能和引脚排列，区别在于工作温度范围（74 系列：0~70℃，54 系列：-55~125℃）、电源电压（74 系列：5 V±5%，54 系列：5 V±10%），以及个别电气指标上。总体来说，54 系列比 74 系列更能适应恶劣的自然环境和电气环境。74/54 系列中按电气性能特点的不同，又进一步分为多个子系列，几个传统的子系列是

| | | | |
|---|---|---|---|
| 74×××　 | 标准 TTL 系列 | 74LS××× | 低功耗肖特基 TTL 系列 |
| 74L××× | 低功耗 TTL 系列 | 74F××× | 高速 TTL 系列 |
| 74S××× | 肖特基 TTL 系列 | 74AS××× | 先进的肖特基 TTL 系列 |

不同子系列在功耗、速度或其他特性上有所不同，但是相同型号的芯片的逻辑功能和引脚排列是完全相同的。TTL系列中有代表性的是低功耗-肖特基TTL（即LS-TTL），该子系列在功耗和速度方面都有较好的表现，是应用最广泛的TTL器件。

实际应用需要和芯片技术的发展使数字芯片的种类越来越多，74/54系列中进一步出现了电源电压为3.3 V、2.5 V、1.8 V的低压系列，先进的高速系列、低功耗系列、强驱动系列等。目前，仅TI公司的74系列就有几十个子系列。由于74系列的成功，后来的高性能CMOS逻辑电路也有了与其兼容的产品，即前面介绍的74HC和74HCT系列，例如，74HCT00是与7400全面兼容的CMOS工艺的2输入四与非门。

TTL集成电路采用单电源5 V供电，构成逻辑门的晶体管工作于饱和或截止状态，起到电子开关的作用。TTL逻辑门的输出逻辑电平不如CMOS器件，高电平约为3.6 V，低电平约为0.3 V，使其具有逻辑摆幅偏小，抗干扰能力不够高的缺点。TTL器件的静态功耗比CMOS器件高得多，不适合电池供电场合；工作速度比传统的CMOS器件快，但与目前先进的CMOS技术相比，已没有优势。TTL处理多余输入端的方法与使用CMOS逻辑门时相同。

**3. ECL逻辑门**

ECL也是用双极型晶体管构成的逻辑电路，与TTL不同的是，ECL中的晶体管工作于截止或放大状态，并不进入饱和状态，从而有效地提高了状态转换速度，使其适用于对速度要求特别高的场合。ECL系列逻辑电路具有下列特点：

（1）ECL的基本逻辑门是"或/或非门"，该逻辑电路同时具有"或"和"或非"输出端。

（2）ECL电路既可以采用+5 V，也可以采用-5 V供电，方便了不同系列逻辑器件的互联。

（3）强调高速度的ECL系列存在高功耗的缺点。

（4）ECL逻辑门的"或"输出端具有"线与"功能、"或非"输出端具有"线或"功能。两个"或"输出端的直接连接可以实现两个输出信号的与运算；两个"或非"输出端的直接连接可以实现两个输出信号的或运算。

## 9.1.2 集成逻辑门的主要电气指标

在电气指标规定的范围内正确使用集成逻辑门，是实现电路逻辑功能的重要保证。集成逻辑门的主要电气指标包括以下几个。

**1. 逻辑电平**

逻辑电平就是指逻辑电路的输入、输出电平，可以分为输入低电平、输入高电平、输出低电平和输出高电平四种。图9-5是CMOS非门的电压传输特性示意图，该图描述了当输入电压$U_i$由低到高变化时，输出电压$U_o$由高到低的变化过程。

输入低电平$U_{iL}$：指逻辑门允许输入的低电平。

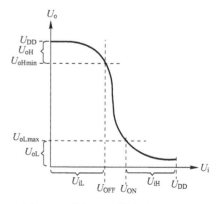

图9-5 非门电压传输特性示意图

$U_{iL}$ 不是一个取值，而是一个取值范围。当输入电平在该范围内变化时，逻辑门将输入电平识别为低电平。一个重要的指标是输入低电平的最大值 $U_{iLmax}$，大于该值的输入电平不再是可靠的逻辑低电平。$U_{iLmax}$ 又叫关门电平 $U_{OFF}$。在图 9-5 中，定义 $U_{iLmax}=1.5\text{ V}$。当输入电平在 0~1.5 V 之间时，输入为低电平。

输入高电平 $U_{iH}$：指逻辑门允许输入的高电平。$U_{iH}$ 也是一个取值范围。当输入电平在该范围内变化时，逻辑门将输入电平识别为高电平。一个重要的指标是输入高电平的最小值 $U_{iHmin}$，输入高电平不应小于该值。$U_{iHmin}$ 又叫开门电平 $U_{ON}$。图 9-5 中，定义 $U_{iHmin}=3.5\text{ V}$。当输入电平在 3.5~5.0 V 之间时，输入为高电平。

输出低电平 $U_{oL}$：指在正常使用条件下，该逻辑电路输出低电平时的取值范围，其上限是输出低电平的最大值 $U_{oLmax}$，正常使用时，输出低电平的值不会高于 $U_{oLmax}$。对于 CMOS 器件，$U_{oLmax}$ 约为 0.1 V。

输出高电平 $U_{oH}$：指在正常使用条件下，该逻辑电路输出高电平时的取值范围，$U_{oH}$ 的下限是输出高电平的最小值 $U_{oHmin}$，正常使用时，输出高电平的值不会低于 $U_{oHmin}$。对于 CMOS 器件，$U_{oHmin}$ 约为 $U_{DD}-0.1\text{ V}$。

**2. 噪声容限**

叠加在输入端的噪声会改变输入电平的取值，严重时会影响电路的逻辑动作。衡量一个逻辑电路抗干扰能力的指标是电路的噪声容限，其可以分为低电平输入时的噪声容限 $U_{NL}$ 和高电平输入时的噪声容限 $U_{NH}$。

$U_{NL}$：一般情况下，逻辑门的输入低电平 $U_{iL}$ 就是前级逻辑门的输出低电平 $U_{oL}$，$U_{oL}$ 最坏的情况是 $U_{oLmax}$。而允许输入的低电平最大值是 $U_{iLmax}$，也就是关门电平 $U_{OFF}$。噪声的作用使实际输入电平发生变化，只要实际输入电平低于关门电平，就不会影响电路的输出。因此，低电平输入时的噪声容限为

$$U_{NL}=U_{OFF}-U_{oLmax}$$

$U_{NH}$：一般情况下，逻辑门的输入高电平 $U_{iH}$ 就是前级逻辑门的输出高电平 $U_{oH}$，$U_{oH}$ 最坏的情况是 $U_{oHmin}$。而允许输入的高电平最小值是 $U_{iHmin}$，也就是开门电平 $U_{ON}$。只要实际输入高电平不低于开门电平，就不会影响电路的输出。因此，高电平输入时的噪声容限为

$$U_{NH}=U_{oHmin}-U_{ON}$$

由于 TTL 逻辑电路的输出高电平的下限较低（2.4 V），使其噪声容限较低，只有 0.3~0.4 V；而 CMOS 逻辑电路的电平分布比较均匀，更接近理想电压特性，其噪声容限超过 1.0 V。

**3. 输出驱动能力**

逻辑电路的驱动能力（也叫负载能力）通常用其输出电流的大小加以表示。当逻辑电路驱动负载时，会有电流从负载中流过，并在负载上产生电压降，从而使电路的输出逻辑电平发生变化。当输出高电平低于 $U_{oHmin}$ 或输出低电平高于 $U_{oLmax}$ 时，就意味着负载太重了，超出了该电路的负载能力。

扇出系数 $N_o$：逻辑电路的驱动能力也可以用扇出系数 $N_o$ 表示。所谓扇出系数，是指逻辑电路在正常工作条件下，一个输出端可以同时驱动同系列逻辑电路输入端数目的最大值。当逻辑电路的输出端驱动同类逻辑电路的输入端时，逻辑电路的输入电流就是输出端的负载电流。逻辑门正常工作时，输入端所需电流分为输入高电平时的电流 $I_{iH}$ 和输入低电平时的

电流 $I_{iL}$，从而高电平输出时的扇出系数是小于或等于 $I_{oH}/I_{iH}$ 的整数，低电平输出时的扇出系数是小于或等于 $I_{oL}/I_{iL}$ 的整数，该逻辑门的扇出系数 $N_o$ 就是两者之中较小的一个。

**4. 功耗**

逻辑电路的功耗是指逻辑电路消耗的电源功率。电路的工作状态不同时，消耗的功率也不同。通常将功耗分为静态功耗和动态功耗。所谓静态功耗，就是电路的输出状态不变时的功率损耗，通常逻辑电路在输入高电平和输入低电平时的静态功耗并不相同，所以常用平均静态功耗表示。而动态功耗则是电路状态变化时产生的功耗，由于电路状态变化所需时间很短（ns 量级），对于低速电路，其动态功耗很小，芯片的功耗以静态功耗为主。而对于高速电路，状态变化所需时间变得突出了，从而动态功耗成为电路功耗的主要部分。CMOS 电路的静态功耗很低，在 μW 量级以下，使其可以用于电池供电的场合。TTL 电路的静态功耗则较高，通常在 mW 量级。而 ECL 电路为了达到高速度，其功耗非常高。

**5. 时延**

任何电路对信号的传输与处理都会产生时延。所谓时延 $t_{pd}$（Propagation Delay Time），就是从输入信号达到电路输入端，到相应的输出信号出现在电路输出端之间所需要的时间。信号时延又进一步分为上升时延 $t_{pLH}$ 和下降时延 $t_{pHL}$，图 9-6 是非门的传输时延示意图。$t_{pHL}$ 是指输入信号的变化引起输出信号由高到低变化对应的时延，而 $t_{pLH}$ 则

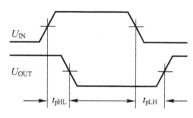

图 9-6 非门的传输时延示意图

是输出信号由低到高变化对应的时延。时延测量的时刻是由输入信号幅度变化的中间值到输出信号幅度变化的中间值，如图 9-6 所示。上升时延和下降时延通常并不相等，其均值称为平均时延 $t_{pd}$，$t_{pd}=(t_{pHL}+t_{pLH})/2$。

## 9.1.3 逻辑电路的三态输出结构

正常的逻辑输出有两种可能的状态（低电平和高电平），分别对应于逻辑值 0 和 1。电路中，有时还需要输出端处于类似于"断开连接"的高阻抗状态。所谓三态输出（Three States Output），就是逻辑电路的输出端不仅可以输出 0 和 1，还可以呈现高阻抗状态（High Impedance State），简写作 Z 状态，也称为悬浮状态（Floating State）。呈现高阻抗的输出端只有很小的漏电流（可以忽略）流过输出端，输出端就好像没有和外部电路连接。

实现三态输出需要一个额外的输入端，称为输出使能端（Output Enable），常记作 EN，用它来控制电路输出是否处于高阻态。图 9-7 是具有三态输出结构的非门的逻辑符号和真值表，国标符号中的"▽"符号是三态输出的定性符。当使能信号 EN=1 时，电路执行正常的非门逻辑；当 EN=0 时，电路输出呈现高阻态。真值表中的希腊字母 $\Phi$ 表示任意态（0 或 1）。

三态输出是一种独立于电路逻辑功能的输出结构，不同逻辑功能的电路，可以根据需要设置三态输出端。

将多个三态输出端接在一起就形成了三态总线，如图 9-8 所示，电路中的逻辑门 $G_1$~$G_n$ 称为三态缓冲器（Buffer），当相应的三态缓冲器被使能时，输出与输入相同。三态缓冲器的工作方式就像一个开关，当开关闭合时，输入的数字信号直接传送到输出端；当开关打开时，输入信号不能通过，输出端呈现"悬空"状态。在三态总线中，"输出使能"控制电

路必须保证任何时刻最多只能有一个三态缓冲器被使能,其他三态输出端都工作于高阻抗状态。若多于一个三态输出端同时有效,将导致总线逻辑混乱,甚至造成逻辑电路因输出电流过大而损坏。

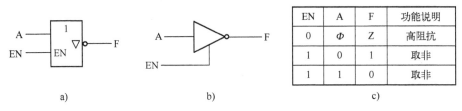

图 9-7 三态输出非门的逻辑符号和真值表
a) 国标符号 b) 特定外形符号 c) 真值表

利用三态门还能实现数据的双向传输,如图 9-9 所示。三态缓冲器 $G_1$ 的使能信号 EN 是高电平有效,即当 EN=1 时,$G_1$ 导通。三态缓冲器 $G_2$ 的使能信号 EN 是低电平有效($G_2$ 逻辑符号使能端的圆圈表示该输入信号低电平有效),当 EN=0 时,$G_2$ 导通。因此,当 EN=1 时,$G_1$ 导通而 $G_2$ 为高阻抗状态,数据 $D_i$ 被送上总线;当 EN=0 时,$G_2$ 导通而 $G_1$ 为高阻抗状态,来自总线的数据经三态缓冲器 $G_2$ 送往 $D_i$。

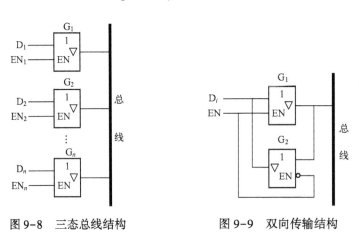

图 9-8 三态总线结构　　　图 9-9 双向传输结构

## 9.2 组合逻辑电路分析

组合电路的分析,就是分析组合电路输入变量和输出变量的取值关系和函数关系,进而确定电路的功能。

组合电路的基本分析步骤如下:
(1) 根据给定的组合电路,写出输出函数表达式。
(2) 根据表达式,列出真值表。
(3) 分析电路的逻辑功能。

**例 9-1** 分析图 9-10 所示电路。

**解**:该电路是一个简单的两级与非门电路,由输入端开始,将逻辑门所表示的逻辑运算写成表达式形式,一直写到输出端,就得到了输出函数表达式。此过程中,可以随时对表达式进行代数变换,使之具有适当的形式。本例中,将表达式写成易于理解的与或式:

$$F = \overline{\overline{AB} \cdot \overline{BC} \cdot \overline{AC}} = AB + BC + AC$$

根据求出的表达式列出真值表,见表 9-1。由真值表可以看出,只有当自变量中有两个或两个以上取值为 1 时,函数值才为 1,此电路的功能可解释为 3 人表决电路。该逻辑函数也可以解释为全加器的进位输出信号。一个逻辑电路的功能是什么,有时孤立地来看,很不容易说清楚,但在具体的系统环境中,各部分电路的含义和用途都是明确的。

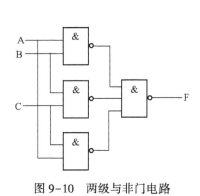

图 9-10 两级与非门电路

表 9-1 例 9-1 真值表

| A | B | C | F |
|---|---|---|---|
| 0 | 0 | 0 | 0 |
| 0 | 0 | 1 | 0 |
| 0 | 1 | 0 | 0 |
| 0 | 1 | 1 | 1 |
| 1 | 0 | 0 | 0 |
| 1 | 0 | 1 | 1 |
| 1 | 1 | 0 | 1 |
| 1 | 1 | 1 | 1 |

**例 9-2** 试分析图 9-11 所示逻辑电路。

**解**:该电路由 2 个 2 输入异或门、1 个与或非门和 1 个非门组成,电路有 3 个输入信号 A、B、C,2 个输出信号 X 和 Y。首先写出函数表达式

$$X = A \oplus B \oplus C$$

$$Y = \overline{\overline{(A \oplus B)C + AB}} = (A \oplus B)C + AB$$
$$= (A\overline{B} + \overline{A}B)C + AB = AB + \overline{A}BC + A\overline{B}C$$

由此可得出函数的真值表见表 9-2。由真值表可看出,若将输入 A、B 看作两个 1 位二进制数,将 C 看作来自低位的进位输入,则输出 X 就是 A、B 带进位加的和,Y 就是向高位的进位,完成这种功能的器件称为全加器。因此,该电路的功能是 1 位全加器。

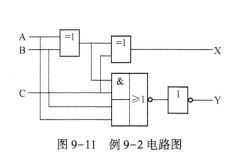

图 9-11 例 9-2 电路图

表 9-2 例 9-2 真值表

| A | B | C | Y | X |
|---|---|---|---|---|
| 0 | 0 | 0 | 0 | 0 |
| 0 | 0 | 1 | 0 | 1 |
| 0 | 1 | 0 | 0 | 1 |
| 0 | 1 | 1 | 1 | 0 |
| 1 | 0 | 0 | 0 | 1 |
| 1 | 0 | 1 | 1 | 0 |
| 1 | 1 | 0 | 1 | 0 |
| 1 | 1 | 1 | 1 | 1 |

## 9.3 用 SSI 设计组合逻辑电路

组合逻辑电路设计就是根据功能要求设计相应的逻辑电路。设计的基本要求是功能正确，电路尽可能简化。

直接采用逻辑门实现数字电路的方法通常称为数字电路的 SSI 设计。采用逻辑门设计两级门电路时，通常采用下列设计步骤：

（1）根据功能要求，确定输入、输出变量，列出相应的真值表。

（2）根据设计要求，采用适当的化简方法求出与所要求的逻辑门相适应的输出函数的最简表达式。

（3）画出与最简表达式相对应的逻辑电路图。

下面通过一个例子来说明以上步骤。

**例 9-3** 设计一个组合电路，该电路能够判断一位 BCD 码是否 8421 码。若是 8421 码，则当该码能被 4 或 5 整除时，输出有所指示。要求分别用与非门、或非门、与或非门实现该电路（允许反变量输入）。

**解：**（1）定义输入、输出变量并列出真值表。用输入变量 ABCD 表示一位 8421BCD 码，定义输出变量 $F_1=1$ 表示输入的是 8421 码，输出变量 $F_2=1$ 表示输入的 8421 码可以被 4 或 5 整除。真值表见表 9-3。

（2）用卡诺图化简法求最简表达式。用与非门实现时，应圈 1 得最简与或式，再转换为最简与非式；用或非门实现时，应圈 0 得最简或与式，再转换为最简或非式；用与或非门实现时，应圈 0 得最简或与式，再转换为最简与或非式。本例有两个输出函数，还应注意多输出函数化简中整体最简的问题。函数 $F_1$ 和 $F_2$ 的卡诺图如图 9-12 所示。

表 9-3 例 9-3 真值表

| A | B | C | D | $F_1$ | $F_2$ |
|---|---|---|---|---|---|
| 0 | 0 | 0 | 0 | 1 | 1 |
| 0 | 0 | 0 | 1 | 1 | 0 |
| 0 | 0 | 1 | 0 | 1 | 0 |
| 0 | 0 | 1 | 1 | 1 | 0 |
| 0 | 1 | 0 | 0 | 1 | 1 |
| 0 | 1 | 0 | 1 | 1 | 1 |
| 0 | 1 | 1 | 0 | 1 | 0 |
| 0 | 1 | 1 | 1 | 1 | 0 |
| 1 | 0 | 0 | 0 | 1 | 1 |
| 1 | 0 | 0 | 1 | 1 | 0 |
| 1 | 0 | 1 | 0 | 0 | $\Phi$ |
| 1 | 0 | 1 | 1 | 0 | $\Phi$ |
| 1 | 1 | 0 | 0 | 0 | $\Phi$ |
| 1 | 1 | 0 | 1 | 0 | $\Phi$ |
| 1 | 1 | 1 | 0 | 0 | $\Phi$ |
| 1 | 1 | 1 | 1 | 0 | $\Phi$ |

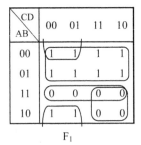
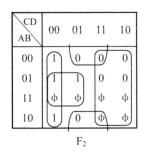

图 9-12 例 9-3 的卡诺图

输出函数的最简与或式和最简与非式为

$F_1 = \overline{A} + \overline{B}\,\overline{C}$ （最简与或式） $\qquad F_2 = \overline{C}\,\overline{D} + B\overline{C}$ （最简与或式）

$\quad = \overline{\overline{A} \cdot \overline{\overline{B}\,\overline{C}}}$ （最简与非式） $\qquad \quad = \overline{\overline{\overline{C}\,\overline{D}} \cdot \overline{B\overline{C}}}$ （最简与非式）

输出函数的最简或与式、最简或非式和最简与或非式为

$F_1 = (\overline{A}+\overline{B})(\overline{A}+\overline{C})$  （最简或与式）  $\qquad F_2 = \overline{C}(B+\overline{D})$  （最简或与式）

$\quad = \overline{\overline{\overline{A}+\overline{B}}+\overline{\overline{A}+\overline{C}}}$  （最简或非式）  $\qquad = \overline{\overline{\overline{C}}+\overline{B+\overline{D}}}$  （最简或非式）

$\quad = \overline{\overline{AB}+\overline{AC}}$  （最简与或非式）  $\qquad = \overline{C+B\overline{D}}$  （最简与或非式）

（3）根据上述表达式可以画出实现该逻辑功能的三种不同的门电路形式，与非门电路如图 9-13a 所示，或非门电路如图 9-13b 所示，与或非门电路如图 9-13c 所示。

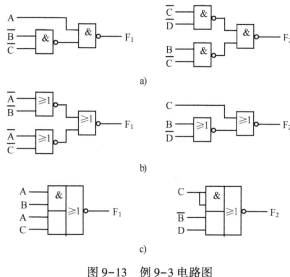

图 9-13　例 9-3 电路图

a）与非门电路　b）或非门电路　c）与或非门电路

## 9.4　常用 MSI 组合逻辑模块

本节介绍常用的组合逻辑模块，这些模块各自具有特定的逻辑功能，构成这些模块通常需要数十个逻辑门，因此被称为 MSI 模块。在结构化、层次化数字系统设计中，这些功能模块是实现较大规模数字系统的单元电路。

### 9.4.1　加法器

加法器是用于实现两个二进制数加法运算的电路。加法器按其功能和电路复杂度可以进一步分为：不考虑低位进位时两个 1 位二进制数相加的半加器；考虑低位进位时两个 1 位二进制数相加的全加器；实现两个多位二进制数相加的加法器等。

**1. 半加器（Half Adder）**

实现两个 1 位二进制数相加的电路称为半加器，其真值表和逻辑符号如图 9-14 所示。其中自变量 A 和 B 的取值表示输入的两个 1 位二进制数。相加结果为十进制数 0~2，用 2 位二进制数表示。两个输出函数中，S 表示和输出（Sum），C 表示进位输出（Carry）。国标符号中，"$\sum$" 是加法器的定性符。惯用符号中，"HA" 是半加器的英文缩写。

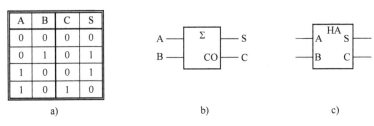

图 9-14 半加器真值表和逻辑符号
a) 真值表　b) 国标符号　c) 惯用符号

由真值表可以看出，半加器的两个输出函数表达式为

$$C = AB, \quad S = A \oplus B$$

显然，用一个或门和一个异或门就可以实现半加器。

**2. 全加器（Full Adder）**

两个多位二进制数相加时，常用的方法是由低位到高位逐位相加，除最低位之外，各位相加时还要加上低位送上来的进位。所谓全加器，就是带有低位进位输入的 1 位加法器。1 位全加器的真值表见表 9-4，自变量 $A_i$、$B_i$ 是两个加数，$C_i$ 是相邻低位加法器送来的进位。函数 $S_i$ 是本位的和输出，$C_{i+1}$ 是向高位的进位输出。与该真值表对应的一种函数表达式为

$$S_i = A_i \oplus B_i \oplus C_i$$
$$C_{i+1} = A_i B_i + A_i C_i + B_i C_i$$

1 位全加器的逻辑符号如图 9-15 所示。国标符号中 CI 和 CO 分别是进位输入和进位输出的定性符，惯用符号中的 FA 是全加器的英文缩写。

表 9-4　全加器真值表

| $A_i$ | $B_i$ | $C_i$ | $C_{i+1}$ | $S_i$ |
|---|---|---|---|---|
| 0 | 0 | 0 | 0 | 0 |
| 0 | 0 | 1 | 0 | 1 |
| 0 | 1 | 0 | 0 | 1 |
| 0 | 1 | 1 | 1 | 0 |
| 1 | 0 | 0 | 0 | 1 |
| 1 | 0 | 1 | 1 | 0 |
| 1 | 1 | 0 | 1 | 0 |
| 1 | 1 | 1 | 1 | 1 |

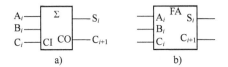

图 9-15　1 位全加器逻辑符号
a) 国标符号　b) 惯用符号

**3. 4 位二进制全加器 7483/74283**

将 $n$ 个 1 位全加器级联，就可以实现两个 $n$ 位二进制数的加法电路，图 9-16 是由 4 个 1 位全加器级联构成的 4 位二进制数加法器，称为串行加法器。

4 位串行加法器可以实现两个 4 位二进制数 $A_3A_2A_1A_0$ 和 $B_3B_2B_1B_0$ 的加法运算，和是 5 位二进制数 $C_4S_3S_2S_1S_0$，最低位相加时的进位输入 $C_0$ 应置为 0。由于进位逐级传递，串行加法器的时延较大，使电路的工作速度较慢。

7483和74283是具有先行进位功能的4位二进制全加器,先行进位设计改变了加法器的进位产生方式,使电路的工作速度有了很大提高。7483/74283的逻辑符号如图9-17所示,7483和74283只在芯片的引脚排列顺序上有所区别,逻辑功能完全相同。

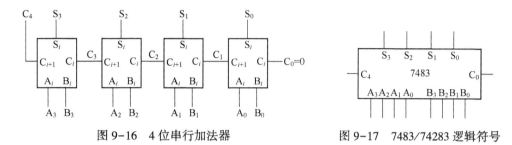

图9-16　4位串行加法器　　　　　图9-17　7483/74283逻辑符号

### 9.4.2　译码器

译码器(Decoder)输入的 $n$ 位二进制代码有 $2^n$ 种取值,称为 $2^n$ 种不同的编码值,若将每种编码分别译出,则译码器有 $2^n$ 个译码输出端,这种译码器称为全译码器。若译码器的输入编码是一位BCD码,则不是输入取值的所有组合都有意义,此时只需要与输入BCD码相对应的十个译码输出端,这种译码器称为部分译码器。

74138是3位自然二进制编码的全译码器,将输入的3位自然二进制编码的8种取值分别译码输出,译码输出端的个数是 $2^3=8$ 个。74138的逻辑符号如图9-18所示,功能表见表9-5。74138有一个高电平使能信号 $G_1$、两个低电平有效的使能信号 $\overline{G_{2A}}$ 和 $\overline{G_{2B}}$,由功能表可知,只有当 $G_1\overline{G_{2A}}\overline{G_{2B}}=100$ 时,该译码器才使能。

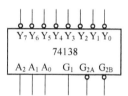

图9-18　74138的逻辑符号

表9-5　74138功能表

| 使能输入 | | | 编码输入 | | | 输　　出 | | | | | | | |
|---|---|---|---|---|---|---|---|---|---|---|---|---|---|
| $G_1$ | $\overline{G_{2A}}$ | $\overline{G_{2B}}$ | $A_2$ | $A_1$ | $A_0$ | $Y_0$ | $Y_1$ | $Y_2$ | $Y_3$ | $Y_4$ | $Y_5$ | $Y_6$ | $Y_7$ |
| × | H | × | × | × | × | H | H | H | H | H | H | H | H |
| × | × | H | × | × | × | H | H | H | H | H | H | H | H |
| L | × | × | × | × | × | H | H | H | H | H | H | H | H |
| H | L | L | L | L | L | L | H | H | H | H | H | H | H |
| H | L | L | L | L | H | H | L | H | H | H | H | H | H |
| H | L | L | L | H | L | H | H | L | H | H | H | H | H |
| H | L | L | L | H | H | H | H | H | L | H | H | H | H |
| H | L | L | H | L | L | H | H | H | H | L | H | H | H |
| H | L | L | H | L | H | H | H | H | H | H | L | H | H |
| H | L | L | H | H | L | H | H | H | H | H | H | L | H |
| H | L | L | H | H | H | H | H | H | H | H | H | H | L |

74138 的译码输出信号低电平有效，当芯片未被选中（不使能）时，译码输出端都是无效的高电平。当芯片被选中时，与 $A_2A_1A_0$ 输入的编码相应的输出端为低电平，其余输出端为高电平。由功能表还可以看出，芯片使能时，74138 的每个输出函数都是编码输入变量的一个最大项（或称为最小项的非，因为 $M_i = \overline{m_i}$）。74138 可以产生编码输入变量的所有最大项的性质使之可以被用作函数发生器。

### 9.4.3 数据选择器

数据选择器的概念可以用一个简单的多路开关电路加以描述，如图 9-19 所示，左边的多路开关实现从 4 路信号中选择 1 路信号输出，实现了 4 选 1 的功能，称为多路选择器（Multiplexer，MUX），也叫数据选择器。

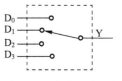

图 9-19 数据选择器示意图

74151 是 8 选 1 数据选择器，其逻辑符号和功能表分别如图 9-20 和表 9-6 所示。

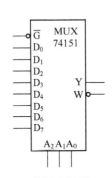

图 9-20 8 选 1 数据选择器 74151 逻辑符号

表 9-6 74151 功能表

| 输入 | | | | 输出 | |
|---|---|---|---|---|---|
| $\overline{G}$ | $A_2$ | $A_1$ | $A_0$ | Y | W |
| H | × | × | × | L | H |
| L | L | L | L | $D_0$ | $\overline{D_0}$ |
| L | L | L | H | $D_1$ | $\overline{D_1}$ |
| L | L | H | L | $D_2$ | $\overline{D_2}$ |
| L | L | H | H | $D_3$ | $\overline{D_3}$ |
| L | H | L | L | $D_4$ | $\overline{D_4}$ |
| L | H | L | H | $D_5$ | $\overline{D_5}$ |
| L | H | H | L | $D_6$ | $\overline{D_6}$ |
| L | H | H | H | $D_7$ | $\overline{D_7}$ |

该芯片有一个低电平有效的使能信号输入端 $\overline{G}$，当 $\overline{G} = 1$ 时，芯片未使能，输出处于无效电平。地址输入信号（又叫选择输入信号）$A_2A_1A_0$ 用于指定从 8 个数据输入端 $D_0 \sim D_7$ 中选择一个输出，当地址值为 $i$ 时，被输出的数据是 $D_i$。两个输出端 Y 和 W 是相互反相的信号，Y 是高电平有效的输出端，当芯片未使能时，输出低电平；当芯片使能时，输出 $D_i$。W 的输出总与 Y 相反。从真值表可以看出，只要给定一个具体的地址值，就可以从 $D_0 \sim D_7$ 选择一个信号，以原变量（Y）或反变量（W）形式输出。

在 $\overline{G} = 0$，芯片被使能时，选择输出信号 Y 是输入数据 $D_0 \sim D_7$ 和地址信号 $A_2A_1A_0$ 的函数，函数表达式为

$$Y = \sum_{i=0}^{7} D_i \cdot m_i$$
$$= D_0\overline{A_2}\,\overline{A_1}\,\overline{A_0} + D_1\overline{A_2}\,\overline{A_1}A_0 + D_2\overline{A_2}A_1\overline{A_0} + D_3\overline{A_2}A_1A_0$$
$$+ D_4A_2\overline{A_1}\,\overline{A_0} + D_5A_2\overline{A_1}A_0 + D_6A_2A_1\overline{A_0} + D_7A_2A_1A_0$$

显然，表达式中包含地址变量 $A_2A_1A_0$ 的所有最小项，可以通过数据输入端 $D_0 \sim D_7$ 控制函数 Y 中包含的最小项，数据选择器的这种特性使其可以被用来实现逻辑函数。

## 9.5 用 MSI 模块设计组合电路

可以采用前面介绍的 MSI 模块来设计实现组合逻辑电路，下面通过几个例子，介绍基于 MSI 的数字电路设计方法。

4 位二进制全加器 7483/74283 可以用于需要加法运算特性的场合，如 BCD 码加法、带符号数加法、减法运算和编码转换电路。

**例 9-4**　试用 4 位全加器芯片 7483 实现 5421BCD 码到 8421BCD 码的转换。

**解**：由表 9-7 可以看出 8421 码和 5421 码的对应关系。

当十进制数 $N_{10}\leqslant 4$ 时，8421 码和 5421 码相同；当 $N_{10}\geqslant 5$ 时，8421 码比相应的 5421 码小 3。当采用 7483 实现该编码转换电路时，基本思路是将 5421 码作为一个加数输入加法器，加法器的和输出端输出 8421 码。当 $N_{10}\leqslant 4$ 时，应在另一个加数输入端输入 0；当 $N_{10}\geqslant 5$ 时，应将输入的 5421 码减 3。对于 4 位二进制数来说，减 3 等价于加 13（在 4 位二进制数的计算中，3 和 13 对模 16 互为补码）。判断输入的 5421 码是否小于或等于 4，只要看其最高位即可。以上分析可以表示为

表 9-7　例 9-4 真值表

| 5 | 4 | 2 | 1 | 8 | 4 | 2 | 1 |
|---|---|---|---|---|---|---|---|
| A | B | C | D | W | X | Y | Z |
| 0 | 0 | 0 | 0 | 0 | 0 | 0 | 0 |
| 0 | 0 | 0 | 1 | 0 | 0 | 0 | 1 |
| 0 | 0 | 1 | 0 | 0 | 0 | 1 | 0 |
| 0 | 0 | 1 | 1 | 0 | 0 | 1 | 1 |
| 0 | 1 | 0 | 0 | 0 | 1 | 0 | 0 |
| 1 | 0 | 0 | 0 | 0 | 1 | 0 | 1 |
| 1 | 0 | 0 | 1 | 0 | 1 | 1 | 0 |
| 1 | 0 | 1 | 0 | 0 | 1 | 1 | 1 |
| 1 | 0 | 1 | 1 | 1 | 0 | 0 | 0 |
| 1 | 1 | 0 | 0 | 1 | 0 | 0 | 1 |

$$\text{WXYZ} = \begin{cases} \text{ABCD}+0000, & N_{10}\leqslant 4 \\ \text{ABCD}-0011, & N_{10}\geqslant 5 \end{cases}$$

$$= \begin{cases} \text{ABCD}+0000, & A=0 \\ \text{ABCD}+1101, & A=1 \end{cases}$$

$$= \text{ABCD}+AA0A$$

实现 5421 码到 8421 码的转换电路如图 9-21 所示。

**例 9-5**　试用输出高电平有效的 3-8 译码器实现逻辑函数。

$$F(A,B,C)=\sum m(0,1,2,4,5,6)$$

**解**：输出高电平有效的译码器的输出函数是输入变量的最小项，直接实现该最小项表达式需要外接一个 6 输入的或门。对函数表达式稍加变换，就可以使电路更简单，如图 9-22 所示。

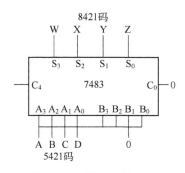

图 9-21　例 9-4 的电路

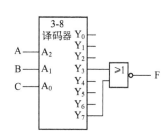

图 9-22　例 9-5 的电路图

$$F(A,B,C) = \sum m(0,1,2,4,5,6) = Y_0+Y_1+Y_2+Y_4+Y_5+Y_6 (用6输入或门实现)$$
$$= \prod M(3,7) = M_3 M_7 = \overline{\overline{M_3}+\overline{M_7}} = \overline{m_3+m_7} = \overline{Y_3+Y_7}(用2输入或非门实现)$$

数据选择器的输出函数是地址变量的全部最小项和对应的各路输入数据的与或式，其表达式形式为 $Y = \sum m_i D_i$，其中，$D_i$ 是输入数据，$m_i$ 是地址变量形成的最小项。用数据选择器实现逻辑函数的基本方法是将逻辑函数表达式变换为 MUX 输出函数表达式形式，从而确定地址变量和输入数据变量。降维卡诺图是另一种有效的方法。

**例 9-6** 试用 8 选 1 数据选择器实现逻辑函数 $F(A,B,C,D) = \sum m(0,5,7,9,14,15)$。

**解**：首先将函数 F 写成最小项表达式的变量形式，然后从四个自变量中选择三个作为 MUX 的地址变量（本例选 ABC），并将表达式写成 MUX 输出函数的表达式形式。

$$F(A,B,C,D) = \overline{A}\,\overline{B}\,\overline{C}\,\overline{D} + \overline{A}BC\overline{D} + \overline{A}BCD + A\overline{B}\,\overline{C}D + AB\overline{C}\,\overline{D} + ABCD$$
$$= \overline{A}\,\overline{B}\,\overline{C} \cdot \overline{D} + \overline{A}BC \cdot \overline{D} + \overline{A}BC \cdot D + A\overline{B}\,\overline{C} \cdot D + AB\overline{C} \cdot \overline{D} + ABC \cdot D$$
$$= \overline{A}\,\overline{B}\,\overline{C} \cdot \overline{D} + \overline{A}BC \cdot \overline{D} + \overline{A}BC \cdot D + A\overline{B}\,\overline{C} \cdot D + AB\overline{C} \cdot \overline{D} + ABC \cdot 1$$

显然，当 MUX 的地址变量 $A_2 A_1 A_0 = ABC$ 时，输入数据端 $D_0 \sim D_7 = \overline{D}, 0, D, D, D, 0, 0, 1$。电路图如图 9-23 所示。

**例 9-7** 试用 4 选 1 数据选择器实现例 9-6 中的逻辑函数。

**解**：4 选 1 数据选择器只有两个地址输入端，一般来说，用 4 选 1 实现四变量逻辑函数时，有两个变量要放在数据输入端，从而有可能需要附加逻辑门。本例选 AB 作为 MUX 的地址变量，按 AB 两个变量的最小项形式变换函数 F 的表达式。

$$F(A,B,C,D) = \overline{A}\,\overline{B} \cdot \overline{C}\,\overline{D} + \overline{A}B \cdot \overline{C}D + \overline{A}B \cdot CD + A\overline{B} \cdot \overline{C}D + AB \cdot \overline{C}\,\overline{D} + AB \cdot CD$$
$$= \overline{A}\,\overline{B} \cdot \overline{C}\,\overline{D} + \overline{A}B \cdot (\overline{C}D+CD) + A\overline{B} \cdot \overline{C}D + AB \cdot (\overline{C}\,\overline{D}+CD)$$
$$= \overline{A}\,\overline{B} \cdot \overline{C}\,\overline{D} + \overline{A}B \cdot D + A\overline{B} \cdot \overline{C}D + AB \cdot C$$

当 4 选 1 数据选择器的地址变量 $A_1 A_0 = AB$ 时，MUX 的数据输入端 $D_0 = \overline{C}\,\overline{D}$，$D_1 = D$，$D_2 = \overline{C}D$，$D_3 = C$。实现 $D_0$ 和 $D_2$ 需要附加两个与门，函数的逻辑电路图如图 9-24 所示。

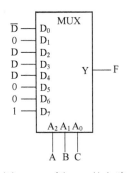

图 9-23 例 9-6 的电路

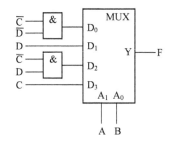

图 9-24 例 9-7 的电路

## 9.6 用 Verilog 语言设计组合电路

在现代数字电路的设计中，EDA 技术已经成为一种普遍的工具。采用 EDA 技术，可以有效提高设计效率，起到事半功倍的效果。因此，有必要了解和学习基本的采用 EDA 技术设计常用数字电路的方法。

### 9.6.1 EDA 技术

EDA（Electronic Design Automation，电子设计自动化）技术是指以计算机为工具，设计者基于 EDA 软件工具，采用图形或者硬件描述语言（HDL）完成设计输入，然后由计算机自动完成逻辑综合、优化、布局布线，直至对目标芯片（FPGA/CPLD）的适配和编程等工作，上述辅助进行电子设计的软件工具及技术统称 EDA。

EDA 技术的发展以计算机科学、微电子技术的发展为基础，融合了应用电子技术、人工智能（Artificial Intelligence，AI），以及计算机图形学、拓扑学、计算数学等众多学科的最新成果。EDA 技术经历了一个由简单到复杂、由初级到高级不断发展进步的阶段。20 世纪 70 年代，人们就已经开始基于计算机开发出一些软件工具帮助设计者完成电路系统的设计任务，以代替传统的手工设计方法。随着计算机软件和硬件技术水平的提高，EDA 技术也在不断进步。

硬件描述语言（HDL）是一种用文本形式描述、设计电路的语言，目前已广泛应用于数字电路设计中。最常用的硬件描述语言是 Verilog HDL 和 VHDL。本节介绍基本组合电路的 Verilog 设计方法。

### 9.6.2 用 Verilog 语言设计组合电路

Verilog 设计的基本单元是"模块"（module），一个模块由几个部分组成。例如，图 9-25 所示的三人表决电路，可用 Verilog 语言对该电路描述如例 9-8 所示。

**例 9-8** 三人表决电路的 Verilog 描述。

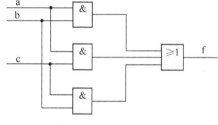

图 9-25 三人表决电路

```
module vote(a,b,c,f);        //模块名与端口列表
input a,b,c;                 //输入端口
output f;                    //输出端口
wire a,b,c,f;                //定义信号的数据类型
assign f=(a&b)|(a&c)|(b&c);  //逻辑功能描述,f=ab+ac+bc
endmodule
```

通过例 9-8 可对 Verilog 程序得出一个初步的印象，从书写形式上看，Verilog 程序具有以下特点：

（1）Verilog 程序是由模块构成的。每个模块的内容都嵌在 module 和 endmodule 两个关键字之间；每个模块实现特定的功能。

（2）每个模块首先要进行端口定义，并说明输入和输出口（input、output 或 inout），之后对模块的功能进行定义。

（3）Verilog 程序书写格式自由，一行可以写几个语句，一个语句也可以分多行写。

（4）除 endmodule 等少数语句外，每个语句的最后必须有分号。

（5）可以用 /*……*/ 和 //…… 对 Verilog 程序做注释。好的源程序都应当加上必要的注释，以增强程序的可读性和可维护性。

以下是常用组合电路模块的 Verilog 描述举例,包括 7420、7483、74138、74151 等。

**1. 用 Verilog 描述 7420**

**例 9-9**  7420(双 4 输入与非门)的 Verilog 描述。

```
module ls7420(
    input wire a1,b1,c1,d1,a2,b2,c2,d2,
    output wire y1,y2
    );
    nand (y1,a1,b1,c1,d1);      //4 输入与非门
    nand (y2,a2,b2,c2,d2);      //4 输入与非门
endmodule
```

**2. 用 Verilog 描述 7483(4 位二进制加法器)**

例 9-10 是 4 位二进制加法器 7483 的 Verilog 描述,其功能是实现两个 4 位二进制数相加,并产生进位。

**例 9-10**  4 位二进制加法器 7483 的 Verilog 描述。

```
module ls7483(
    input a4,a3,a2,a1,b4,b3,b2,b1,
    input c0,
    output sum4,sum3,sum2,sum1,
    output c4
    );
    assign {c4,sum4,sum3,sum2,sum1} = {a4,a3,a2,a1}+{b4,b3,b2,b1}+{{3{0}},c0};
endmodule
```

**3. 3-8 译码器(74138)**

例 9-11 中用 case 语句描述了一个 3-8 译码器(功能与 74138 相同),74138 有一个高电平使能信号 g1、两个低电平使能信号 g2a 和 g2b,只有当 g1、g2a、g2b 为 100 时,译码器才使能;其输出低电平有效。

**例 9-11**  74138 的 Verilog 描述。

```
module ttl74138(a,y,g1,g2a,g2b);
input[2:0]a; input g1,g2a,g2b; output reg[7:0]y;
always @(*)
  begin if(g1 & ~g2a & ~g2b)      //译码器使能信号
    begin  case(a)
    3'b000:y = 8'b11111110;
    3'b001:y = 8'b11111101;
    3'b010:y = 8'b11111011;
    3'b011:y = 8'b11110111;
    3'b100:y = 8'b11101111;
    3'b101:y = 8'b11011111;
    3'b110:y = 8'b10111111;
```

```
            3'b111:y = 8'b01111111;
            default:y = 8'b11111111;
        endcase   end
        else   y = 8'b11111111;
    end
endmodule
```

#### 4. 8 选 1 多路选择器（74151）

例 9-12 是 8 选 1 多路选择器 74151 的 Verilog 描述，其功能与 9.4 节中的 74151 模块相同。

**例 9-12**  8 选 1 多路选择器 74151 的 Verilog 描述。

```
module ttl74151(
    input s_n,a2,a1,a0,d7,d6,d5,d4,d3,d2,d1,d0,
    output Q,Q_n
    );
    reg Q_r;
    wire [2:0]A;
    assign A = {a2,a1,a0};
    always@( * ) begin
        if(s_n)
            Q_r <= 1'b0;
        else
            case(A)
                3'b000: Q_r <= d0;
                3'b001: Q_r <= d1;
                3'b010: Q_r <= d2;
                3'b011: Q_r <= d3;
                3'b100: Q_r <= d4;
                3'b101: Q_r <= d5;
                3'b110: Q_r <= d6;
                3'b111: Q_r <= d7;
            endcase
    end
    assign   Q = Q_r;
    assign   Q_n = ~Q;
endmodule
```

# 习题 9

9-1　已知 74S00 是 2 输入四与非门，$I_{oL} = 20$ mA，$I_{oH} = 1$ mA，$I_{iL} = 2$ mA，$I_{iH} = 50$ μA；7410 是 3 输入三与非门，$I_{oL} = 16$ mA，$I_{oH} = 0.4$ mA，$I_{iL} = 1.6$ mA，$I_{iH} = 40$ μA。试分别计算 74S00 和 7410 的扇出系数。理论上，一个 74S00 逻辑门的输出端最多可以驱动几个 7410 逻

辑门，一个 7410 逻辑门的输出端最多可以驱动几个 74S00 逻辑门？

9-2　某组合逻辑电路如图 9-26a 所示。

（1）写出输出函数 F 的表达式。

（2）列出真值表。

（3）对应图 9-26b 所示输入波形，画出输出信号 F 的波形。

（4）用图 9-26c 所示与或非门实现函数 F（允许反变量输入）。

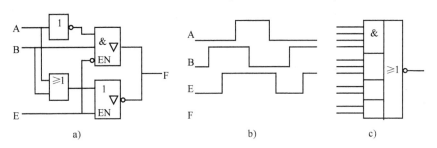

图 9-26　题 9-2 图

9-3　用与非门实现逻辑函数 $F=AB+\overline{A}+C \cdot BD+B\overline{CD}$，允许反变量输入。

9-4　试用 3 输入与非门实现函数 $F=\overline{A}\overline{B}\overline{D}+B\overline{C}+AB\overline{D}+BD$。

9-5　改用最少的与非门实现图 9-27 所示电路的功能。

9-6　设有 A、B、C 三个输入信号通过排队逻辑电路分别由三路输出，在任意时刻，输出端只能输出其中的一个信号。如果同时有两个以上的输入信号时，输出选择的优先顺序：首先 A，其次 B，最后 C。列出该排队电路的真值表，并写出输出函数表达式。

9-7　学校举办游艺会，规定男生持红票入场，女生持绿票入场，持黄票的人无论男女都可入场。如果一个人同时持有几种票，只要有符合条件的票就可以入场。试分别用与非门和或非门设计入场控制电路。

9-8　一个走廊的两头和中间各有一个开关控制同一盏灯。无开关闭合时，电灯不亮；当电灯不亮时，任意拨动一个开关都使灯亮；当灯亮时，任意拨动一个开关都使灯熄灭。试用异或门实现该电灯控制电路。

9-9　设 A、B、C、D 分别代表四对话路，正常工作时最多只允许两对同时通话，并且 A 路和 B 路、C 路和 D 路、A 路和 D 路不允许同时通话。试用或非门设计一个逻辑电路（不允许反变量输入），用以指示不能正常工作的情况。

9-10　用与非门为医院设计一个血型配对指示器，当供血和受血血型不符合表 9-8 所列情况时，指示灯亮。

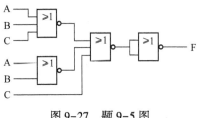

图 9-27　题 9-5 图

表 9-8　题 9-10 表

| 供血血型 | 受血血型 |
| --- | --- |
| A | A，AB |
| B | B，AB |
| AB | AB |
| O | A，B，AB，O |

9-11 分别用 3-8 译码器 74138 和必要的逻辑门实现下列逻辑函数。

(1) $F(A,B,C)= \sum m(0,3,6,7)$

(2) $F(A,B,C)= ABC+A(B+C)$

9-12 分析图 9-28 所示电路，列出真值表，写出表达式，并说明其逻辑功能。

9-13 用 4 选 1 和 8 选 1 数据选择器实现逻辑函数 $F(A,B,C)= \sum m(0,1,2,6,7)$。

9-14 4 选 1 数据选择器构成电路如图 9-29 所示，当 WX = 01 时，F = (　　)；F(W,X,Y,Z) 的与或表达式为 (　　)。

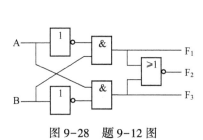

图 9-28 题 9-12 图　　　　图 9-29 题 9-14 图

9-15 74138 是 3-8 译码器，译码输出低电平有效，即 $A_2A_1A_0 = 000$ 时 $Y_0 = 0$，其他输出端都为 1；依次类推。图 9-30 所示电路中 74138 已使能，则输出函数 F 的最小项表达式为 $F(A,B,C)= \sum m(\ \ \ )$。

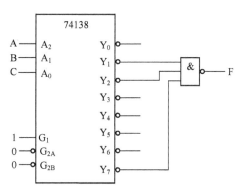

图 9-30 题 9-15 图

9-16 用三个继电器 A、B、C 控制两个指示灯 R、G。R 和 G 不能同时亮；当三个继电器都动作时 R 亮；当 A 不动作且 B 和 C 中至少有一个动作时 G 亮；如果 A、B、C 均不动作，则 R 和 G 均不亮；其他情况下 R 都亮。试根据以上要求列出反映此控制关系的真值表。

# 第 10 章 时序逻辑电路

第 9 章介绍的组合逻辑电路，由于内部不存在输出到输入的反馈，其输出只与当时的输入有关，与过去的输入无关，因而不具备记忆功能；时序逻辑电路（Sequential Logic Circuit）则不同，它通过在电路内部引入反馈来"记住"输入信号的历史，从而解决了组合逻辑电路无法解决的"记忆"问题。

本章介绍常用的时序逻辑部件触发器、计数器和移位寄存器，举例说明其使用方法，并在此过程中说明用于描述时序逻辑电路的术语和概念，最后简要介绍怎样用 Verilog 语言设计常用的时序电路。

## 10.1 触发器

作为时序逻辑电路最基本的存储器件，触发器（Flip-Flop）具有高电平和低电平两种稳定的输出状态和"不触不发，一触即发"的工作特点。只有在一定的外部信号作用下，触发器的状态才会发生变化。

### 10.1.1 基本 RS 触发器

基本 RS 触发器电路及逻辑符号如图 10-1 所示，它由两个与非门交叉耦合构成。输入变量符号上的非号表示低电平有效，输入、输出端的小圆圈表示逻辑非。Q 和 $\overline{Q}$ 是触发器的两个互补输出端，规定 Q 输出端的逻辑值表示触发器的状态，即 Q=1 表示触发器处于 1 状态，Q=0 表示触发器处于 0 状态，并将使 Q=1 的操作称为置位（Set）或置 1，使 Q=0 的操作称为复位（Reset）或清 0（Clear）。

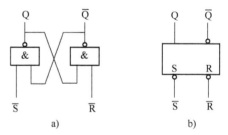

图 10-1 基本 RS 触发器
a) 电路  b) 逻辑符号

根据与非门的特点，不难得到基本 RS 触发器的真值表，见表 10-1。

表 10-1 中第一种情况比较特殊，下面进行必要的说明。当 $\overline{S}$ 和 $\overline{R}$ 端同时为 0 时，从电路可见，触发器的两个互补输出端 Q 和 $\overline{Q}$ 都为 1，这违背了触发器的两个输出信号 Q 和 $\overline{Q}$ 应该互补的规定。而且，当 $\overline{S}$ 和 $\overline{R}$ 同时从 0 变为 1 时，触发器的输出状态将取决于与非门的工作速度，速度快的那个与非门输出为 0，速度慢的那个与非门输出为 1。由于无法确知两个与非门的延迟时间差异，因此说不清触发器的稳定状态到底是 0 还是 1，这违背了电路设计的确定性原则。因此，应该坚决禁止出现这种情况。

需要注意的是，表 10-1 中的 $Q^n$ 表示触发器的现态，$Q^{n+1}$ 表示触发器的次态。上标 $n$ 和 $n+1$ 用以标记时间上的先后顺序：$n$ 对应于现在时刻 $t^n$，$n+1$ 对应于下一个时刻 $t^{n+1}$。

现态（Present State）和次态（Next State）是一个相对的概念，针对每一次的状态转移，状态转移前电路所处的状态为现态，状态转移后电路所处的状态为次态。

从表 10-1 可以看出，基本 RS 触发器具有置位（Q=1）、复位（Q=0）和保持三种功能，输入信号 $\overline{S}$、$\overline{R}$ 分别起置位和复位作用，且都是低电平有效。

基本 RS 触发器的工作波形如图 10-2 所示，其中阴影部分表示 Q 和 $\overline{Q}$ 状态不确定，既可能为 1，也可能为 0。

表 10-1 基本 RS 触发器真值表

| $\overline{S}$ | $\overline{R}$ | $Q^{n+1}$ | 功能说明 |
|---|---|---|---|
| 0 | 0 | $\Phi$ | 禁止使用 |
| 0 | 1 | 1 | 置位（置1） |
| 1 | 0 | 0 | 复位（清0） |
| 1 | 1 | $Q^n$ | 保持 |

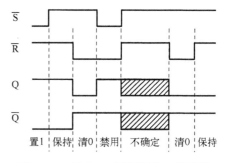

图 10-2 基本 RS 触发器的工作波形

## 10.1.2 同步 RS 触发器

基本 RS 触发器虽然具有直接置 1 和清 0 功能，能够用来存储二进制信息，但因为状态随输入信号 $\overline{S}$ 或 $\overline{R}$ 有效而立即发生相应变化，在实际使用时并不方便。因为实际使用过程中，通常要求触发器的状态按照一定的时间节拍变化，其翻转时刻必须受一个称为时钟脉冲的信号 CP（Clock Pulse）控制。每来一个 CP 脉冲，触发器才能发生一次状态变化（也可以不变化，即保持原状态不变）。

将基本 RS 触发器进行适当改造，就可以构成各种时钟控制触发器的基本电路——时钟同步 RS 触发器，其电路、逻辑符号和真值表如图 10-3 所示。电路图中，$G_1$、$G_2$ 构成基本 RS 触发器，$G_3$、$G_4$ 为导引电路；由于时钟信号 CP 只是触发器状态变化的时间基准，所以真值表中没有将其列入输入栏。

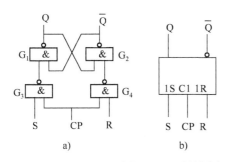

图 10-3 时钟同步 RS 触发器
a）电路 b）国标符号 c）真值表

当时钟信号 CP=0 时，导引门 $G_3$、$G_4$ 关闭（输出 1），由 $G_1$、$G_2$ 构成的基本 RS 触发器保持原状态不变；当 CP=1 时，导引门 $G_3$、$G_4$ 打开，S、R 信号取反后加到基本 RS 触发器上，触发器的状态根据 S 和 R 的取值相应变化，S、R 仍然分别起置位和复位作用，但均为高电平有效。由此可见，时钟同步 RS 触发器的状态转换分别由 S、R 和 CP 控制。S、R

控制状态转换的方向，即触发器的次态是什么由 S、R 的取值决定；CP 控制状态转换的时刻，即触发器何时发生状态转换由 CP 决定。CP 脉冲作用前的状态称为现态，CP 脉冲作用后的状态称为次态。和基本 RS 触发器相似，当 S、R 同时为 1 时，在 CP 为高电平期间，Q 和 $\overline{Q}$ 都为 1；CP 下降沿到来后，Q 和 $\overline{Q}$ 状态无法确定。因此，也应该禁止出现这种输入情况。

用卡诺图化简真值表，可以得到描述该触发器状态转换规律的次态方程（也称状态方程或特征方程）及对输入信号 S、R 的约束条件：

$$\begin{cases} Q^{n+1}=S^n+\overline{R^n}Q^n \\ S^n R^n=0 \quad （约束条件） \end{cases} \quad (10.1-1)$$

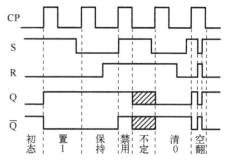

图 10-4 时钟同步 SR 触发器的工作波形

时钟同步 RS 触发器的工作波形如图 10-4 所示。

从波形图可见，在最后一个 CP 脉冲的高电平期间，S、R 的变化引起触发器状态发生了 3 次变化。这种在一个 CP 脉冲作用期间触发器发生多次状态变化的现象称为空翻。空翻违背了每来一个 CP 脉冲触发器最多发生一次状态翻转的原则，必须坚决避免。解决的办法是采用只对 CP 边沿而不是电平进行响应的边沿触发器。现在的集成触发器大多采用这种边沿触发的电路结构，触发器的状态只可能在 CP 脉冲的上升沿或下降沿发生翻转，从而有效地防止了空翻。

### 10.1.3 集成触发器

集成触发器的内部电路一般比较复杂，为了突出重点，本书将从使用的角度出发介绍它们的外部特性，主要包括逻辑符号、真值表、激励表、次态方程以及工作波形等。

**1. 集成触发器的功能描述**

各种集成触发器的外部特性见表 10-2。

表 10-2 集成触发器的外部特性

| 触发器 | 国标符号 | 真值表 | 状态图 | 次态方程 | 激励表 |
|---|---|---|---|---|---|
| D 触发器 | D—1D—Q，CP—C1—$\overline{Q}$ | $D^n$ \| $Q^{n+1}$ <br> 0 \| 0 <br> 1 \| 1 | D—1D—Q，CP—C1—$\overline{Q}$ | $Q^{n+1}=D^n$ | $Q^n$ \| $Q^{n+1}$ \| $D^n$ <br> 0 \| 0 \| 0 <br> 0 \| 1 \| 1 <br> 1 \| 0 \| 0 <br> 1 \| 1 \| 1 |
| JK 触发器 | J—1J—Q，CP—C1，K—1K—$\overline{Q}$ | $J^n$ \| $K^n$ \| $Q^{n+1}$ <br> 0 \| 0 \| $Q^n$ <br> 0 \| 1 \| 0 <br> 1 \| 0 \| 1 <br> 1 \| 1 \| $\overline{Q^n}$ | 00,10→0；11,01↔；10,00→1；11,01 | $Q^{n+1}=J^n\overline{Q^n}+\overline{K^n}Q^n$ | $Q^n$ \| $Q^{n+1}$ \| $J^n$ \| $K^n$ <br> 0 \| 0 \| 0 \| $\Phi$ <br> 0 \| 1 \| 1 \| $\Phi$ <br> 1 \| 0 \| $\Phi$ \| 1 <br> 1 \| 1 \| $\Phi$ \| 0 |

(续)

| 触发器 | 国标符号 | 真值表 | 状态图 | 次态方程 | 激励表 |
|---|---|---|---|---|---|
| T 触发器 | T—1T—Q<br>CP—C1—$\bar{Q}$ | T \| $Q^{n+1}$<br>0 \| $Q^n$<br>1 \| $\overline{Q^n}$ | 0↻0 ⇄ 1 ↻0 | $Q^{n+1} = Q^n \oplus T^n$ | $Q^n$ \| $Q^{n+1}$ \| $T^n$<br>0 \| 0 \| 0<br>0 \| 1 \| 1<br>1 \| 0 \| 1<br>1 \| 1 \| 0 |

首先对表 10-3 中的用于描述时序电路的常用术语进行解释。

(1) 真值表与激励表

真值表反映输入的激励信号取值与电路次态之间的关系；激励表则用来反映时序电路从某个现态转向规定的次态时，在其输入端所必须施加的激励信号。

(2) 状态图与状态表

状态图（State Diagram）是状态转换图的简称，状态图是分析和设计时序逻辑电路的重要工具。图 10-5 是状态图的画法示意图，状态名外加圆圈表示电路的状态，箭头表示状态转换的方向，状态转换所需的输入条件 X 和相应的输出信号 Z 以 X/Z 的形式标于箭头旁。

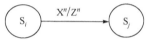

图 10-5 状态图的画法

状态表（State Table）是状态转换表的简称，它是描述时序逻辑电路的另一有效工具。状态图和状态表可以相互转换。例如，图 10-5 所示的状态图可以用表 10-3 所示的状态表来表示，反过来也一样。状态表的上方为电路的所有可能输入组合，表的左列为电路所有的可能状态（现态），表栏中为现态和输入产生的结果——次态/输出。图 10-5 和表 10-3 均表示当电路在时刻 $t^n$ 处于现态 $S_i$ 而输入为 X 时，在时刻 $t^{n+1}$，电路将转换到次态 $S_j$，同时输出为 Z。

表 10-3 状态表

| 现态＼输入 | $X^n$ |
|---|---|
|  |  |
| $S_i$ | $S_j/Z^n$ |
|  |  |

(3) 次态方程

次态方程用于表示电路次态和输入信号之间的函数关系。

表 10-2 中展示了如下 3 种集成触发器。

D 触发器（Delay Flip-Flop）一般采用时钟脉冲 CP 上升沿触发翻转的边沿触发电路结构，D 为激励信号输入端。国标符号中，符号 ">" 表示动态输入，说明触发器响应于该输入端的 CP 信号的边沿，输入端无小圈表示上升沿触发（有小圈则表示下降沿触发）。从真值表可见，D 触发器是一种延迟型触发器，不管触发器的现态是 0 还是 1，CP 脉冲上升沿到来后，触发器的状态都将变成与此时的 D 端输入值相同，相当于将数据 D 存入了 D 触发器中。

JK 触发器（JK Flip-Flop）一般采用时钟脉冲 CP 下降沿触发翻转的边沿触发电路结构，J、K 是触发器的两个激励信号输入端，时钟输入端的小圆圈表示下降沿触发。从真值表可见，JK 触发器的逻辑功能相当丰富，可以实现保持、清 0、置 1 和翻转等操作。J、K 的作用分别与 RS 触发器中 S（置位）和 R（复位）的作用相当，均为高电平有效，但允许同时有效。

T 触发器（Toggle Flip-Flop）是一种只有保持和翻转功能的翻转触发器，也称为计数触发器，T 是它的激励信号输入端。将 T 端固定接逻辑 1，则可得只有翻转功能的触发器，称为 T′触发器，每来一个时钟脉冲，T′触发器的状态就翻转一次。但通用数字集成电路中并无 T 触发器或 T′触发器，一般需要用 D 触发器或 JK 触发器转换。用 D 触发器构成 T 触发器时，D 触发器的激励函数表达式为 $D=Q\oplus T$；用 JK 触发器构成 T 触发器时，JK 触发器的激励函数表达式为 $J=K=T$。此时，T 触发器的触发类型与所使用的触发器相同。如果是在 CP 脉冲的下降沿触发，逻辑符号的 CP 输入端应有小圆圈。

激励表用来反映触发器从某个现态转向规定的次态时，在其激励输入端所必须施加的激励信号，常在设计时序逻辑电路时使用。激励表可由真值表反向推导得到。JK 触发器的激励表中，激励函数 $J^n$、$K^n$ 取值为 $\Phi$ 表示 0、1 均可，对状态转换没有影响。

表 10-2 中各种集成触发器的工作波形如图 10-6 所示。从图中可见，D 触发器和 T 触发器的状态在 CP 脉冲的上升沿才能发生变化，JK 触发器的状态在 CP 脉冲的下降沿才能发生变化。

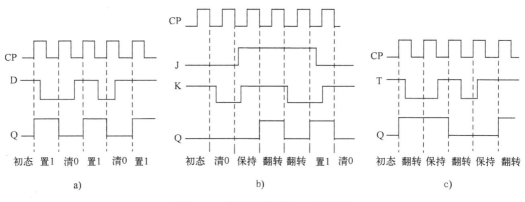

图 10-6　集成触发器的工作波形
a）D 触发器　b）JK 触发器　c）T 触发器

**2. 集成触发器的异步置位端和异步复位端**

为了便于给触发器设置确定的初始状态，集成触发器除了具有受时钟脉冲 CP 控制的激励输入端 D、T、JK 外，还设置了优先级更高的异步置位端 S 和异步复位端 R。带有异步端的 D 触发器的逻辑符号、真值表和工作波形如图 10-7 所示，异步置位信号 $\overline{PR}$、异步复位信号 $\overline{CLR}$ 低电平有效。当异步置位或复位信号有效时，触发器将立即被置位（Q=1）或复位（Q=0），时钟 CP 和激励信号都不起作用。只有当异步信号无效时，时钟和激励信号才起作用。和基本 RS 触发器的用法一样，不允许异步置位与复位信号同时有效。

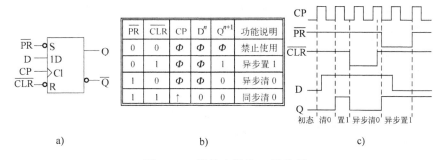

图 10-7 带异步端的 D 触发器
a) 国标符号 b) 真值表 c) 工作波形

## 10.2 计数器

计数器（Counter）是用来累计输入脉冲个数的逻辑电路，在计算机和各类数字设备中应用非常广泛。微机系统中使用的各种定时器和分频电路，电子表、电子钟和交通控制系统中使用的计时电路，本质上都是计数器。

计数器的种类很多，常见的有模 $M$ 计数器、加法计数器、减法计数器、双向计数器、BCD 计数器和变模计数器等。模 $M$ 计数器也称为 $M$ 进制计数器，它的状态图中包含 $M$ 个状态，每来 $M$ 个 CP 脉冲，状态循环一次；加法计数器的计数状态按照递增的规律变化，减法计数器的计数状态按照递减的规律变化；双向计数器既可以按照加法规律计数，也可以按照减法规律计数，也称为可逆计数器；BCD 计数器的状态按照某种 BCD 码编码，实际上是特殊编码的十进制计数器；变模计数器的进制或模可以随控制变量变化，例如，$X=0$ 时为三进制计数器，$X=1$ 时为四进制计数器。

尽管计数器的实际种类很多，但根据计数器中各个触发器状态在计数过程中是否同步变化来分，可以将计数器分为同步计数器和异步计数器两大类。

通常按照状态改变方式的不同，时序逻辑电路可以分为同步时序电路（Synchronous Sequential Circuit）和异步时序电路（Asynchronous Sequential Circuit）两种类型。有统一时钟脉冲信号 CP、各触发器只在时钟脉冲信号 CP 作用下才可能发生状态转换的时序逻辑电路称为同步时序电路；没有统一时钟脉冲信号 CP、各触发器状态变化不同步的时序逻辑电路称为异步时序电路。

### 10.2.1 触发器构成的异步行波计数器

图 10-8 所示电路是用下降沿触发的 JK 触发器构成的 3 位（八进制或模 8）行波加法计数器，各个触发器的时钟信号不同，因此这是一个异步时序电路。

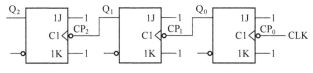

图 10-8 3 位行波加法计数器

3个JK触发器均处于翻转状态，$Q_0$在CLK的下降沿处状态翻转；$Q_1$以信号$Q_0$为时钟，在$Q_0$的下降沿状态翻转；$Q_2$以信号$Q_1$为时钟，在$Q_1$的下降沿翻转，由此可画出电路的工作波形如图10-9所示。

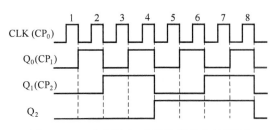

图10-9　3位行波加法计数器状态波形图

从图10-9的波形图可看出，电路的起始状态为$Q_2Q_1Q_0=000$，第1个CLK下降沿后，电路的状态变为001；以此类推，第7个时钟周期后，电路的状态变为$Q_2Q_1Q_0=111$；第8个时钟使电路状态回到000，从而进入下一个循环，由此可画出电路的状态图，如图10-10所示。从状态图可见，该计数器的计数循环内包含8个状态，每经过8个CLK脉冲，状态按递增顺序循环一次，因此是八进制加法计数器。

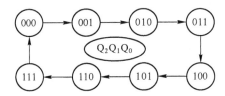

图10-10　3位行波加法计数器状态图

图10-8所示的计数器，其时序波形类似于行波，常称作行波计数器（Ripple Counter）。若将计数器中的触发器换成上升沿触发，则电路的状态变化将按二进制数递减的规律进行，得到行波减法计数器。

由此，可进一步得出$2^n$进制异步计数器的更为普遍的规律。$2^n$进制异步计数器共有$2^n$个状态，需要用$n$个触发器才能实现，各触发器的连接规律见表10-4，其中$CP_0$是最低位触发器$Q_0$的时钟输入端，CLK是外部时钟（计数脉冲）。

表10-4　$2^n$进制异步计数器的连接规律

| 计数方式 | 激励输入 | 上升沿触发时钟 | 下降沿触发时钟 |
| --- | --- | --- | --- |
| 加法计数器 | 全部连接为T′触发器：$J_i=K_i=1$，$T_i=1$，$D_i=\overline{Q_i}$ | $CP_0=CLK$，其他$CP_i=\overline{Q_{i-1}}$ | $CP_0=CLK$，其他$CP_i=Q_{i-1}$ |
| 减法计数器 | | $CP_0=CLK$，其他$CP_i=Q_{i-1}$ | $CP_0=CLK$，其他$CP_i=\overline{Q_{i-1}}$ |

## 10.2.2　触发器构成的同步计数器

同步时序电路中各触发器状态变化时刻相同，此特点使其在高速数字系统中优势明显，相对异步计数器其工作速度和可靠性有显著提高。

图10-11是由JK触发器（下降沿触发）构成的3位二进制同步加法计数器电路，从图中可看出该电路的构成具有如下特点：

(1) 各触发器都接成 T 触发器（J=K），其中 $Q_0$ 工作在翻转模式，即 $J_0 = K_0 = 1$。

(2) $J_1 = K_1 = Q_0$，$J_2 = K_2 = Q_1Q_0$。

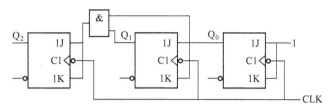

图 10-11　3 位二进制同步加法计数器

分析可得出图 10-11 所示同步计数器的状态图，如图 10-12 所示，此状态图与前面的八进制行波加法计数器状态图相同。

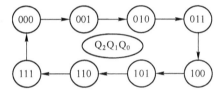

图 10-12　3 位同步加法计数器状态图

由上面的 3 位二进制同步加法计数器进一步引申得出 $2^n$ 进制同步计数器的电路结构和连接规律，见表 10-5。通过表 10-5 可看出，由触发器构成的 $2^n$ 进制同步计数器，在每个时钟脉冲到来时，低位 $Q_0$ 的状态总是翻转；高位触发器只有在低位触发器状态全为 1 时翻转；减法计数器中高位触发器只有在低位触发器状态全为 0 时翻转，其余时刻高位触发器状态保持不变。

表 10-5　$2^n$ 进制同步计数器的连接规律

| 计数方式 | 触发时钟 $CP_i (i=0 \sim n-1)$ | $Q_0$ 激励 | 其他触发器 $Q_i$ 激励（$i=1 \sim n-1$） |
|---|---|---|---|
| 加法计数器 | 全部连接 CLK<br>$CP_i = CLK$ | 连接为 T′触发器<br>$T_0 = 1$，$J_0 = K_0 = 1$ | $T_i = J_i = K_i = Q_0 Q_1 \cdots Q_{i-2} Q_{i-1}$ |
| 减法计数器 | | | $T_i = J_i = K_i = \overline{Q_0}\, \overline{Q_1} \cdots \overline{Q_{i-2}}\, \overline{Q_{i-1}}$ |

按照表 10-5 可得出用 JK 触发器构成的十六进制同步加法计数器电路如图 10-13 所示。

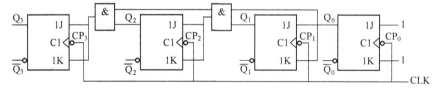

图 10-13　十六进制同步加法计数器电路

## 10.2.3　触发器构成的计数器的异步变模

利用触发器的异步置位端 S 和异步复位端 R，可以方便地将 $2^n$ 进制计数器修改为任意进制计数器，这种方法通常称为计数器的异步变模，其设计步骤如下：

(1) 首先按照前述方法构造一个满足 $2^{n-1}<M<2^n$ 的 $2^n$ 进制异步加法或减法计数器，其中，$M$ 为待设计计数器的进制数或模数，$n$ 为触发器的个数。

(2) 如果是加法计数器，则遇状态 $M$ 异步清 0，使计数器跳过后面的 $2^n-M$ 个状态。具体连接方法是，将 $M$ 表示为 $n$ 位二进制数，将其中为 1 的触发器的 Q 端"与非"后接到各触发器的异步复位端 R 上，电路即构造完毕。此处的与非门称为反馈识别门。

(3) 如果是减法计数器，则遇全 1 状态异步置 $M-1$ 状态，使计数器跳过后面的 $2^n-M$ 个状态。具体连接方法是，将 $M-1$ 表示为 $n$ 位二进制数，将其中为 1 的触发器的异步置位端 S 及为 0 的触发器的异步复位端 R 连到一个反馈识别与非门的输出端，各个触发器的 Q 端作为该与非门的输入，电路即构造完毕。

比如要设计一个 8421BCD 加法计数器（模 10），则可以在十六进制同步加法计数器的基础上，通过反馈异步变模实现，因为模 $M=10=(1010)_2$，应在 $Q_3Q_2Q_1Q_0=(1010)_2$ 状态异步清 0，因此，将 $Q_3$、$Q_1$ 与非后接到每个触发器的异步复位端 R 上，电路如图 10-14 所示。

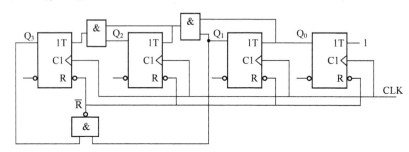

图 10-14 8421BCD 加法计数器（模 10）

对图 10-14 的 8421BCD 加法计数器（模 10）电路做进一步分析，首先画出电路的全状态图，如图 10-15 所示，图中的实圈表示稳态，虚圈表示暂态，状态 0000~1001 是持续一个时钟周期的稳态，状态 1010 是持续时间很短的暂态（在状态 1010 触发器异步清 0，电路迅速变为状态 0000）。通过全状态图可看出此电路具备自启动特性，即电路即使由于某种原因（如开机上电所处状态的不确定性）处于主循环外的某个状态，经过几个时钟周期之后，都会自动进入计数主循环。

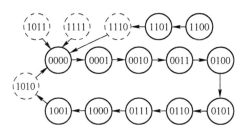

图 10-15 8421BCD 加法计数器全状态图

画出 8421BCD 加法计数器的工作波形图，如图 10-16 所示。

如果电路不回到状态 0000，就不能只用触发器的异步复位端了。图 10-17 所示的余 3 码同步加法计数器是综合采用了异步置位和异步复位实现的，余 3 码同步加法计数器的状态循环应该是 0011~1100，故电路选择 1100 状态的下一个状态 1101 译码，通过触发器的异步置位和异步复位，使电路回到状态 0011。

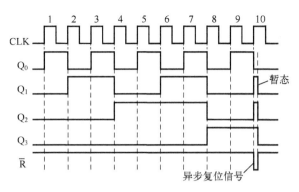

图 10-16 8421BCD 加法计数器波形图

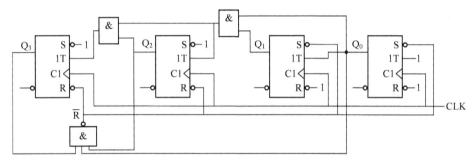

图 10-17 余 3 码加法计数器电路图

## 10.2.4 MSI 同步计数器

74 系列常用 MSI 同步计数器型号及基本特性见表 10-6。下面以 4 位二进制同步可预置加法计数器 74163 为例介绍其使用方法。

表 10-6 74 系列常用 MSI 同步计数器型号及基本特性

| 型号 | 计数方式 | 模数、编码 | 计数规律 | 预置方式 | 复位方式 | 触发方式 | 输出方式 |
| --- | --- | --- | --- | --- | --- | --- | --- |
| 74160 | 同步 | 模 10，8421BCD 码 | 加法 | 同步 | 异步 | 上升沿 | 常规 |
| 74161 | 同步 | 模 16，二进制 | 加法 | 同步 | 异步 | 上升沿 | 常规 |
| 74162 | 同步 | 模 10，8421BCD 码 | 加法 | 同步 | 同步 | 上升沿 | 常规 |
| 74163 | 同步 | 模 16，二进制 | 加法 | 同步 | 同步 | 上升沿 | 常规 |
| 74190 | 同步 | 模 10，8421BCD 码 | 单 CP，可逆 | 异步 | 无 | 上升沿 | 常规 |
| 74191 | 同步 | 模 16，二进制 | 单 CP，可逆 | 异步 | 无 | 上升沿 | 常规 |
| 74192 | 同步 | 模 10，8421BCD 码 | 双 CP，可逆 | 异步 | 异步 | 上升沿 | 常规 |
| 74193 | 同步 | 模 16，二进制 | 双 CP，可逆 | 异步 | 异步 | 上升沿 | 常规 |

4 位二进制（1 位十六进制）同步可预置加法计数器 74163 采用 16 引脚双列直插式封装，其逻辑符号如图 10-18a 所示。它有一个进位输出端 CO（Carry Output），当控制端 T 和计数器所有的 Q 端都为高电平时，CO 输出为 1，因此 $CO = T \cdot Q_D Q_C Q_B Q_A$。

如图 10-18b 所示是 74163 的功能表。从功能表可见，$\overline{CLR}$ 是低电平有效的同步清 0 信号，在所有输入信号中优先权最高；$\overline{LD}$ 是低电平有效的同步置数信号，在所有输入信号中优先权第二，DCBA 是需要置入的并行数据输入端；P、T 为计数控制信号，只有当 P、T 同时为 1 时，计数器才能计数。

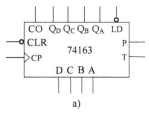

| 输入 | | | | | | | | | 输出 | | | | 工作方式 |
|---|---|---|---|---|---|---|---|---|---|---|---|---|---|
| $\overline{CLR}$ | $\overline{LD}$ | P | T | CP | D | C | B | A | $Q_D$ | $Q_C$ | $Q_B$ | $Q_A$ | |
| 0 | Φ | Φ | Φ | ↑ | Φ | Φ | Φ | Φ | 0 | 0 | 0 | 0 | 同步清0 |
| 1 | 0 | Φ | Φ | ↑ | d | c | b | a | d | c | b | a | 同步置数 |
| 1 | 1 | Φ | 0 | Φ | Φ | Φ | Φ | Φ | $Q_D^n$ | $Q_C^n$ | $Q_B^n$ | $Q_A^n$ | 保持 |
| 1 | 1 | 0 | Φ | Φ | Φ | Φ | Φ | Φ | $Q_D^n$ | $Q_C^n$ | $Q_B^n$ | $Q_A^n$ | 保持 |
| 1 | 1 | 1 | 1 | ↑ | Φ | Φ | Φ | Φ | 加法计数 | | | | 加法计数 |

b)

图 10-18 74163 逻辑符号与功能表
a) 逻辑符号 b) 功能表

在复位、置数和计数方式中，计数器需要时钟脉冲 CP 的上升沿到来时才能实现相关功能。仅 $\overline{CLR}$ 为低电平时，计数器并不能复位，必须 CP 上升沿到来时才能复位；仅 $\overline{LD}$ 为低电平时，计数器也不能置数，必须 CP 上升沿到来时才能置数。

从功能表可见，74163 具有同步清 0、同步置数、同步计数和状态保持等功能，是一种功能比较全面的 MSI 同步计数器。利用清 0 和置数功能，可以构成任意进制的计数器。

(1) 反馈清 0 法构成 M 进制计数器

由于 74163 的 $\overline{CLR}$ 是同步清 0，其反馈识别门应该在状态 "M-1" 时就输出低电平，以便下一个 CP 脉冲（即第 M 个 CP 脉冲）上升沿到来时清 0。此处的状态 "M-1" 是稳定状态，因此计数器输出波形不会出现毛刺。

**例 10-1** 用 74163 构成十一进制计数器，并画出工作波形。

**解**：$M-1=11-1=10=(1010)_2$，$Q_D$、$Q_B$ 为 1，因此，识别与非门输入端接 $Q_D$ 和 $Q_B$，输出端接 $\overline{CLR}$。为了保证 $\overline{CLR}=1$ 时计数器正常计数，$\overline{LD}$、P、T 等信号均应接逻辑 1。电路及工作波形如图 10-19 所示。

(2) 反馈预置法构成 M 进制计数器

给电路置入初始状态的操作称为预置（Preset）。在计数器中，如果每当计数器到达末状态时都给其预置一个初始状态，便可改变计数器的模。

使用 74163 和反馈预置法构成 M 进制计数器的连接方式如下：计数器状态循环的第一个状态作为预置数接 DCBA，计数器状态循环的最后一个状态中 "1" 所对应的触发器 Q 端接与非门输入端，与非门输出端接 74163 的 $\overline{LD}$。如果计数器状态循环的最后一个状态是 "15"，则直接将进位输出 CO 取反后接 $\overline{LD}$ 即可。为了保证 $\overline{LD}=1$ 时计数器正常计数，74163 的其他控制端 $\overline{CLR}$、P、T 均应接逻辑 1。在这种连接方法中，改变 DCBA 端的预置数，就可以改变计数器的模，非常便于程序控制，因此常将这种方法设计的计数器称为程控计数器。

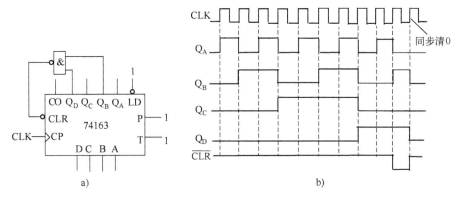

图 10-19 例 10-1 的电路及工作波形
a) 电路  b) 工作波形

为了尽量扩大程控范围,通常以"15"作为计数器的最后一个状态,即用 CO 取反后接$\overline{LD}$,此时,计数器的模 $M$ 与 DCBA 端的预置数 $Y$ 的关系为

$$Y = 16 - M \qquad (10.2\text{-}1)$$

**例 10-2**  用 74163 实现一位余 3 码计数器。

**解**:余 3 码计数器是十进制计数器,计数从 0 到 9,其中 0 对应的状态是 0011,故 DCBA=0011;9 对应的状态是 1100,故 $\overline{LD}=\overline{Q_D Q_C}$,用两输入与非门实现;74163 其他控制输入端都接 1。电路如图 10-20a 所示。

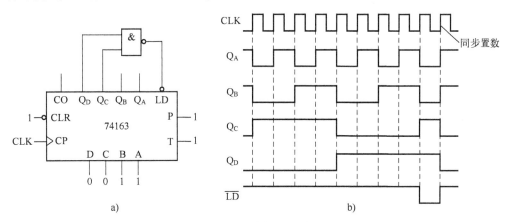

图 10-20  余 3 码加法计数器电路图及工作波形
a) 电路  b) 工作波形

计数器工作波形如图 10-20b 所示,设 74163 的起始状态为 0011,电路工作在计数模式,9 个脉冲作用后,74163 状态为 1100,$\overline{LD}=0$,电路进入预置模式,第 10 个时钟脉冲上升沿到来时,74163 完成预置操作,新状态就是外加的预置数 0011。

### 10.2.5 计数器的应用

计数器的用途非常广泛。利用计数器不仅可以实现计数,还可以实现计时、分频、脉冲分配和产生周期序列信号等功能。下面简单介绍计数器在这些方面的应用。

**1. 构成计时器**

计时器是一种用来统计时间长短的数字电路,其输入基准时间信号是周期性的。用计数器对基准时钟脉冲个数进行计数,就可以实现计时。电子钟、电子表就是采用的这种计时原理,其结构框图如图 10-21 所示。

**2. 构成分频器**

分频器是一种能够从较高频率的输入信号得到较低频率的输出信号的数字电路。用计数器对较高频率的输入信号脉冲计数,就可以实现分频,计数器的模就是分频次数。

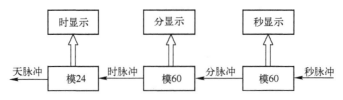

图 10-21 电子钟、电子表的结构框图

**例 10-3** 某数字信号处理系统的振荡器时钟频率为 20 MHz,系统中部分电路需要使用 2 MHz 的时钟脉冲。试用 74161 设计一个分频器电路,能够从 20 MHz 的输入时钟获得 2 MHz 的时钟信号输出。

**解**:该分频器的分频次数 $M = 20\,\text{MHz} \div 2\,\text{MHz} = 10$,因此,设计一个带有输出的十进制计数器即可满足使用要求。用 74161 实现的一种 10 分频器电路如图 10-22 所示,这种分频器由于可以通过改变预置数来改变分频次数,也被称为程控分频器。

当分频器的分频次数为 $2^k$ 且所使用的计数器芯片的模为 $2^n$ 时,可以将计数器接为模 $2^n$ 计数器,直接从 Q 端得到 $2^k$ 分频的方波信号输出。例如,用 1 片 74161 构成模 16 计数器,分别从 $Q_A$、$Q_B$、$Q_C$、$Q_D$ 输出,就可分别得到 2 分频、4 分频、8 分频和 16 分频

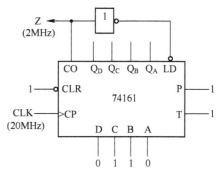

图 10-22 10 分频器电路

的方波信号输出。由于这些信号可以提供不同的时间基准,因此常将这种能够同时产生多个频率信号的电路称为时标电路。

## 10.3 移位寄存器

移位寄存器(Shift Register)是用来寄存二进制数字信息并能将存储信息移位的时序逻辑电路(如果只能寄存二进制数字信息,则称为寄存器),在数字通信中应用极其广泛。例如,在计算机远程数据通信中,发送端需要发送的信息总是先送入移位寄存器中,然后由移位寄存器将其逐位移出发送到线路(这称为数据格式的并入/串出变换);与此对应,接收端则从线路上逐位接收信息并将其移入移位寄存器中,待收完 1 个完整的数据组后才从移位寄存器中取走数据(这称为数据格式的串入/并出变换)。

## 10.3.1 移位寄存器的一般结构

移位寄存器的一般结构如图 10-23 所示。这是一个用 D 触发器构成的 4 位二进制数右移寄存器,在移位时钟 CLK 的每个脉冲上升沿将数据右移 1 位,同时将输入数据 D 移入 $Q_0$ 中寄存。电路的移位工作表见表 10-7,其中的 $CLK_i$ 表示 CLK 的第 $i$ 个移位脉冲。

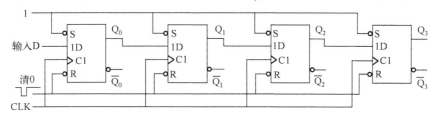

图 10-23 4 位二进制数右移寄存器

改变 D 触发器激励端的连接方式,可以将图 10-16 电路修改为左移寄存器。

表 10-7 4 位右移寄存器移位工作表

| | D | $Q_0$ | $Q_1$ | $Q_2$ | $Q_3$ | $Q_3$输出 |
|---|---|---|---|---|---|---|
| 清 0 后 | a | 0 | 0 | 0 | 0 | 0 |
| $CLK_1$作用前 | a | 0 | 0 | 0 | 0 | 0 |
| $CLK_1$作用后 | b | a | 0 | 0 | 0 | 0 |
| $CLK_2$作用后 | c | b | a | 0 | 0 | 0 |
| $CLK_3$作用后 | d | c | b | a | 0 | 0 |
| $CLK_4$作用后 | e | d | c | b | a | a |
| $CLK_5$作用后 | f | e | d | c | b | b |
| $CLK_6$作用后 | g | f | e | d | c | c |
| $CLK_7$作用后 | h | g | f | e | d | d |

## 10.3.2 MSI 移位寄存器

MSI 移位寄存器产品非常多,部分常用 74 系列 MSI 移位寄存器见表 10-8。其中,串行输入是指输入数据逐位输入,并行输入是指输入数据各位同时输入;串行输出是指输出数据逐位输出,并行输出是指输出数据各位同时输出;右移是指数据向右侧移位,双向是指数据既可以向右侧移位,也可以向左侧移位。

表 10-8 部分常用 MSI 移位寄存器

| 型 号 | 位 数 | 输入方式 | 输出方式 | 移位方式 |
|---|---|---|---|---|
| 74164 | 8 | 串 | 串、并 | 右移 |
| 74166 | 8 | 串、并 | 串 | 右移 |
| 74194 | 4 | 串、并 | 串、并 | 双向移位 |
| 74195 | 4 | 串、并 | 串、并 | 右移 |
| 74198 | 8 | 串、并 | 串、并 | 双向移位 |
| 74299 | 8 | 串、并 | 串、并(三态) | 双向移位 |

本节以 4 位双向移位寄存器 74194 为例介绍 MSI 移位寄存器的使用方法。74198 除了数位不同外，使用方法与 74194 完全相同。74194 的逻辑符号、功能表如图 10-24 所示。

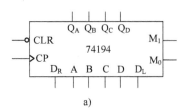

a)

| 输入 | | | | | | | | 输出 | | | | 工作模式 |
|---|---|---|---|---|---|---|---|---|---|---|---|---|
| CLR | $M_1M_0$ | CP | $D_R D_L$ | | A B C D | | | $Q_A$ | $Q_B$ | $Q_C$ | $Q_D$ | |
| 0 | $\Phi\Phi$ | $\Phi$ | $\Phi\Phi$ | | $\Phi\Phi\Phi\Phi$ | | | 0 | 0 | 0 | 0 | 异步清0 |
| 1 | 0  0 | ↑ | $\Phi\Phi$ | | $\Phi\Phi\Phi\Phi$ | | | $Q_A^n$ | $Q_B^n$ | $Q_C^n$ | $Q_D^n$ | 数据保持 |
| 1 | 0  1 | ↑ | 0 $\Phi$ | | $\Phi\Phi\Phi\Phi$ | | | 0 | $Q_A^n$ | $Q_B^n$ | $Q_C^n$ | 同步右移 |
| 1 | 0  1 | ↑ | 1 $\Phi$ | | $\Phi\Phi\Phi\Phi$ | | | 1 | $Q_A^n$ | $Q_B^n$ | $Q_C^n$ | |
| 1 | 1  0 | ↑ | $\Phi$ 0 | | $\Phi\Phi\Phi\Phi$ | | | $Q_B^n$ | $Q_C^n$ | $Q_D^n$ | 0 | 同步左移 |
| 1 | 1  0 | ↑ | $\Phi$ 1 | | $\Phi\Phi\Phi\Phi$ | | | $Q_B^n$ | $Q_C^n$ | $Q_D^n$ | 1 | |
| 1 | 1  1 | ↑ | $\Phi\Phi$ | | a b c d | | | a | b | c | d | 同步置数 |

b)

图 10-24  74194 的逻辑符号与功能表
a) 逻辑符号  b) 功能表

从功能表可见，74194 具有异步清 0、数据保持、同步左移、同步右移、同步置数等 5 种工作模式。CLR 为异步清 0 输入，低电平有效，且优先级最高。$M_1$、$M_0$ 为方式控制输入，其 4 种组合对应 4 种工作方式：$M_1M_0=00$ 时，74194 工作于保持方式；$M_1M_0=01$ 时，74194 工作于右移方式，其中 $D_R$ 为右移数据输入端，$Q_H$ 为右移数据输出端；$M_1M_0=10$ 时，74194 工作于左移方式，其中 $D_L$ 为左移数据输入端，$Q_A$ 为左移数据输出端；$M_1M_0=11$ 时，74194 工作于同步置数方式，其中 A~H 为并行数据输入端。无论何种方式，$Q_A$~$Q_H$ 都是并行数据输出端。

74194 的使用方法非常简单，只要根据功能要求，按照功能表进行相应的电路连接即可。例如，74194 需要工作于右移方式，根据功能表，将 CP 接移位时钟脉冲 CLK，CLR 接 1，$M_1M_0$ 接 01，$D_R$ 接右移输入数据 D，即可实现数据右移功能。

### 10.3.3  移位寄存器的应用

**1. 构成序列检测器**

序列检测器是一种能够从输入信号中检测特定输入序列的逻辑电路。利用移位寄存器的移位和寄存功能，可以非常方便地构成各种序列检测器。

一个用 4 位二进制数双向移位寄存器 74194 构成的 "1011" 序列检测器如图 10-25 所示。从电路可见，当 X 端依次输入 1、0、1、1 时，

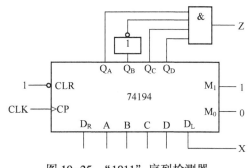

图 10-25  "1011" 序列检测器

输出 Z=1，否则 Z=0。因此，Z=1 表示电路检测到了"1011"序列。注意，"1011"的最后一个 1 还可以作下一组"1011"的第一个 1，这称为允许输入序列码重叠，这种序列检测器称为重叠型序列检测器。

**2. 构成移位型计数器**

用移位寄存器构成的计数器称为移位型计数器，包括环形计数器（Ring Counter）、扭环形计数器（Twisted Counter）和变形扭环形计数器三种典型类型。

环形计数器的特点：$n$ 级移位寄存器的末级输出反馈连接到首级数据输入端，可以构成模为 $n$ 的环形计数器。扭环形计数器的特点：$n$ 级移位寄存器的末级输出取反后反馈连接到首级数据输入端，可以构成模为 $2n$ 的扭环形计数器。变形扭环形计数器的特点：$n$ 级移位寄存器的最后两级输出"与非"后反馈连接到首级数据输入端，可以构成模为 $2n-1$ 的变形扭环形计数器。

一个用 74194 构成的八进制扭环形计数器电路及全状态图如图 10-26 所示。从状态图可见，它有两个 8 状态的循环，可以任意选取其中一个为主计数循环，另一个则为无效循环。

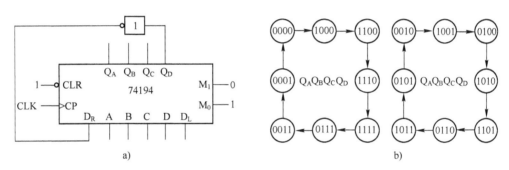

图 10-26 八进制扭环形计数器
a) 电路　b) 全状态图

在时序电路中，常常要求电路具有自启动特性，即电路加电后，无论处于哪一个初始状态，在经过有限个时钟脉冲后，都能够自动进入主循环，这可以使电路加电后不必预置初始状态。自启动特性还可以使电路在工作过程中遇到干扰而脱离主循环时，自动回归主循环，使电路具有一定的纠偏能力。

显然，图 10-26 所示的八进制扭环形计数器不具有自启动能力。一旦电路进入无效循环，将无法自动回到主计数循环，这正是移位型计数器的一个不足之处。

下面来打破该计数器的无效循环。假设选择含有 0000 的状态循环为主计数循环，那么从另一个状态循环中随意选择一个状态作为识别状态，当计数器到达这个状态时，让计数器异步清 0，就可以使计数器进入主计数循环。采用 0100 作为识别状态的自启动八进制扭环形计数器电路及全状态图如图 10-27 所示，其中，0100 状态为过渡状态。显然，改进后的电路已经具有了自启动特性，即使加电后计数器处于 1010 状态，经过 7 个时钟脉冲后，它也会自动进入主计数循环中的 0000 状态，从此开始正常的八进制计数。时序电路一般允许在正常工作前有一段时间的过渡期。除了串行加法器、串行比较器这类要求加电后必须有特定初始状态的电路外，一般电路中不需要在加电后预置初始状态。

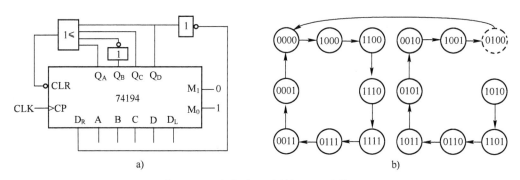

图 10-27 自启动八进制扭环形计数器
a）电路 b）全状态图

**3. 构成移位型序列产生器**

假设要产生的周期序列为"1110010"，由于周期为 7，所以至少需要使用 3 个触发器。将"1110010"序列按照图 10-28a 所示方式进行状态划分，便可得到其状态图如图 10-28b 所示。

图 10-28 "1110010"序列产生器的状态划分
a）状态划分 b）状态图

从状态图可见，该序列产生器的最高位输出正是需要产生的"1110010"序列，其状态转换可以靠左移位来完成。如果用 74194 来实现，其左移串行输入数据 $D_L$ 可以用 8 选 1 数据选择器 74151 直接根据状态图来产生，电路连接如图 10-29 所示。

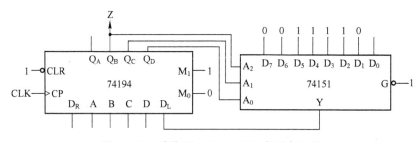

图 10-29 移位型"1110010"序列产生器

该序列产生器使用了 3 个触发器，所产生序列的周期为 7。人们通常把这种用 $n$ 个触发器构成的周期为 $2^n-1$ 的移位型序列产生器称为最长周期序列产生器，简称 $m$ 序列产生器。$m$ 序列产生器的反馈函数可以表示为移位寄存器的某些 Q 端输出的异或函数，这称为线性反馈。本电路中的反馈函数 $D_L$ 也可以用 $D_L=Q_B \oplus Q_C$ 来表示，因此，图 10-29 中的 74151 可以用一个异或门代替。$m$ 序列具有非常好的伪随机特性，在数字通信中常常用它来模拟信道中的白噪声，用以评估系统抗白噪声的性能。

## 10.4 用 Verilog 语言设计时序电路

本节介绍常用时序逻辑电路的 Verilog 描述方法。

**1. 用 Verilog 描述 D 触发器**

**例 10-4**　带异步清 0/异步置 1（低电平有效）的 D 触发器。

```
module dff_asyn(q,qn,d,clk,set,reset);
input d,clk,set,reset; output reg q,qn;
always @ (posedge clk or negedge set or negedge reset)
    begin
if( ~reset)
    begin q<=1'b0;qn<=1'b1; end       //异步清 0
else if( ~set)
    begin q<=1'b1;qn<=1'b0; end       //异步置 1
else  begin   q<=d;qn<= ~d; end
    end
endmodule
```

**2. 用 Verilog 描述 JK 触发器**

例 10-5 为带异步清 0、异步置 1（低电平有效）功能的 JK 触发器的描述。

**例 10-5**　带异步清 0/异步置 1 的 JK 触发器。

```
module jkff_rs(clk,j,k,q,rs,set);
inputclk,j,k,set,rs; output reg q;
always @ (posedge clk, negedge rs, negedge set)
    begin   if(!rs)   q<=1'b0;
      else if(!set) q<=1'b1;
      else case({j,k})
          2'b00:q<=q;
          2'b01:q<=1'b0;
          2'b10:q<=1'b1;
          2'b11:q<= ~q;
          default:q<=1'bx;
endcase
      end
endmodule
```

**3. 用 Verilog 描述 4 位计数器 74161**

例 10-6 是用 Verilog 描述的 4 位同步二进制加法计数器（74161），其复位是异步复位（低电平有效），置数为同步置数（低电平有效）。

**例 10-6**  用 Verilog 描述 4 位同步二进制加法计数器（74161）。

```
module ls74161(
    input wire CP,
    input wire CLR,
    input wire CET,CEP,LD,
    input wire A,B,C,D,
    output reg OC,
    output wire  Q0,Q1,Q2,Q3
    );
reg [3:0]Q = 0;
always@(posedge CP or negedge CLR)
    if(!CLR)    Q <= 4'b0;
    else if(~LD)   Q <= {D,C,B,A};
    else if(CET & CEP)   Q <= Q + 1'b1;
    else Q <= Q;
always@(*)
    if(Q == 4'hf)   OC <= 1'b1;
    else  OC <= 1'b0;
assign   Q0 = Q[0];assign   Q1 = Q[1];
assign   Q2 = Q[2];assign   Q3 = Q[3];
endmodule
```

### 4. 用 Verilog 描述 74194

例 10-7 是用 Verilog 描述的 4 位双向移位寄存器 74194，74LS194 前面已做过介绍，具有异步清零、数据保持、同步左移、同步右移和同步置数 5 种工作模式，例 10-6 实现了 74LS194 的上述功能，其中，CLR 为异步清零输入端，低电平有效，$S_1$、$S_0$ 为方式控制输入：$S_1S_0$=00 时，74194 工作于保持模式；$S_1S_0$=01 时，74194 工作于右移模式，$D_R$ 为右移数据输入端，$Q_3$ 为右移数据输出端；$S_1S_0$=10 时，74194 工作于左移模式，$D_L$ 为左移数据输入端，$Q_0$ 为左移数据输出端；$S_1S_0$=11 时，74194 工作于同步置数模式，$D_3 \sim D_0$ 为并行数据输入端。

**例 10-7**  4 位双向移位寄存器 74ls194。

```
module ls194(
        input wire clr,clk,
        input wire S0,S1,Dl,Dr,
        input wire D0,D1,D2,D3,
        output wire Q0,Q1,Q2,Q3);
reg [0:3]qout;
assign {Q0,Q1,Q2,Q3} = qout;
always @(posedge clk, negedge clr)
begin if(!clr)
    beginqout<=4'b0000; end              //异步清零
```

```
            else begin
            case({S1,S0})
            2'b00:qout<=qout;                    //数据保持
            2'b01:qout<={Dr,qout[0:2]};          //同步右移
            2'b10:qout<={qout[1:3],Dl};          //同步左移
            2'b11:qout<={D0,D1,D2,D3};           //同步置数
            default:qout<=4'b0000;
        endcase
    end end
endmodule
```

# 习题 10

10-1　D 触发器的输入波形如图 10-30 所示，画出对应的 Q 端波形。设初态 Q=0。

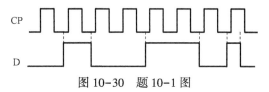

图 10-30　题 10-1 图

10-2　JK 触发器的输入波形如图 10-31 所示，画出对应的 Q 端波形。设初态 Q=0。

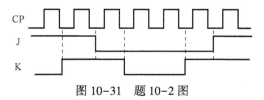

图 10-31　题 10-2 图

10-3　画出图 10-32 所示 T 触发器对应于 CP 和 T 输入波形的 Q 端波形。设初态 Q=0。

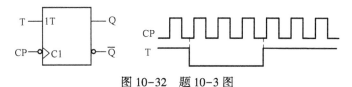

图 10-32　题 10-3 图

10-4　设图 10-33 所示各触发器 Q 端的初态都为 1，试画出在 4 个 CP 脉冲作用下各触发器的 Q 端波形。

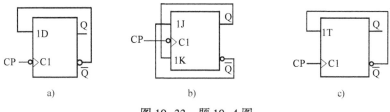

图 10-33　题 10-4 图

10-5  由一个 D 触发器和一个 JK 触发器构成的时序逻辑电路及输入波形如图 10-34 所示，试画出 $Q_1$、$Q_0$ 的输出波形（设初始状态 $Q_1Q_0$ 为 00，触发器输入端悬空相当于接 1）。

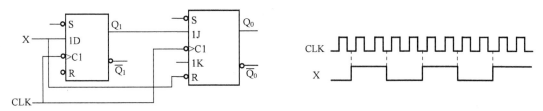

图 10-34  题 10-5 图

10-6  分别用 7493 构成 13 进制计数器。

10-7  用 74161 构成 24 h 计时器，要求采用 8421BCD 码，且不允许出现毛刺。

10-8  用 74163 分别构成 8421BCD 和 5421BCD 加法计数器，并画出全状态图。

10-9  试用 7493 构成模 11 计数器，画出电路图和全状态图。

10-10  4 位同步二进制加法计数器 74161 的逻辑符号和功能表如图 10-35 所示，$Q_D^n$ 是高位，满量（进位）输出信号 CO。试用复位（清零）法设计一个模 11 加法计数器，画出电路图，并画出全状态图。

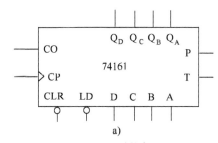

74161 功能表

| $\overline{CLR}$ | $\overline{LD}$ | P T | CP | D | C | B | A | $Q_D$ | $Q_C$ | $Q_B$ | $Q_A$ | 功能 |
|---|---|---|---|---|---|---|---|---|---|---|---|---|
| 0 | $\Phi$ | $\Phi$ | $\Phi$ | $\Phi$ | $\Phi$ | $\Phi$ | $\Phi$ | 0 | 0 | 0 | 0 | 清零 |
| 1 | 0 | $\Phi$ | ↑ | d | c | b | a | d | c | b | a | 置数 |
| 1 | 1 | 0 | ↑ | $\Phi$ | $\Phi$ | $\Phi$ | $\Phi$ | $Q_D^n$ | $Q_C^n$ | $Q_B^n$ | $Q_A^n$ | 保持 |
| 1 | 1 | 1 | ↑ | $\Phi$ | $\Phi$ | $\Phi$ | $\Phi$ | 加法计数 | | | | 计数 |

b)

图 10-35  题 10-10 图
a) 逻辑符号   b) 功能表

10-11  74163 是 4 位二进制同步加法计数器，构成电路如图 10-36 所示，$Q_D$ 是计数值的高位。画出电路的主循环（计数循环）状态图，并说明该计数器的功能。

10-12  用 74194 构成六进制扭环形计数器，要求采用右移方式。

10-13  用 74194 构成十一进制变形扭环形计数器，要求采用左移方式。

10-14  用 D 触发器构成四进制扭环形计数器。

10-15 图 10-37 为 74194 构成的一个 $m$ 序列产生器,试画出其全状态图。如果电路的初始状态为 $Q_A Q_B Q_C Q_D = (0001)_2$,试写出一个周期的输出序列,并在保持主循环状态图不变的条件下对电路进行改进,使其具有自启动特性。

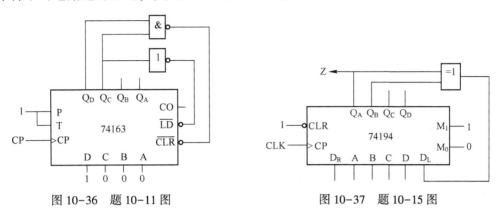

图 10-36 题 10-11 图　　　图 10-37 题 10-15 图

# 参 考 文 献

[1] 傅恩锡,杨四秧,孙静. 电路分析简明教程[M]. 3版. 北京:高等教育出版社,2020.
[2] 周巍,段哲民. 电路分析基础[M]. 西安:西安电子科技大学出版社,2019.
[3] 王民权. 电路分析及应用[M]. 北京:清华大学出版社,2018.
[4] 王松林,吴大正,李小平,等. 电路基础[M]. 3版. 西安:西安电子科技大学出版社,2019.
[5] 刘景夏,胡冰新,张兆东,等. 电路分析基础[M]. 北京:清华大学出版社,2012.
[6] 姚维,姚仲兴. 电路分析原理[M]. 2版. 北京:机械工业出版社,2011.
[7] 金波. 电路分析[M]. 北京:高等教育出版社,2011.
[8] 严国志. 信号与系统[M]. 北京:电子工业出版社,2018.
[9] 邵英. 信号与系统基本理论[M]. 北京:电子工业出版社,2018.
[10] 张卫钢,曹丽娜. 通信原理教程[M]. 北京:清华大学出版社,2016.
[11] 李泽光. 信号与系统分析和应用[M]. 北京:高等教育出版社,2015.
[12] OPPENHEIM A V, WILLSKY A S, NAWAB S H. 信号与系统[M]. 2版. 刘树棠,译. 北京:电子工业出版社,2020.
[13] 樊昌信,曹丽娜. 通信原理[M]. 7版. 北京:国防工业出版社,2012.
[14] LEE E A, VARAIYA P. 信号与系统结构精析[M]. 吴利民,杨瑞绢,王振华,等译. 北京:电子工业出版社,2006.
[15] 宋长青,申红明,邵海宝. 模拟电子技术基础[M]. 北京:清华大学出版社,2020.
[16] 查丽斌. 电路与模拟电子技术基础[M]. 4版. 北京:电子工业出版社,2019.
[17] 张虹,卜铁伟,等. 电子技术基础[M]. 北京:电子工业出版社,2018.
[18] 侯勇严,李天利. 模拟电子技术基础[M]. 北京:电子工业出版社,2017.
[19] 童诗白,华成英. 模拟电子技术基础[M]. 5版. 北京:高等教育出版社,2015.
[20] 邓元庆. 电子技术基础[M]. 北京:电子工业出版社,2014.
[21] 邓元庆,关宇,贾鹏,等. 数字设计基础与应用[M]. 2版. 北京:清华大学出版社,2010.
[22] 邓元庆. 电子技术基础[M]. 北京:电子工业出版社,2014.
[23] 邓元庆,贾鹏,石会. 数字电路与系统设计[M]. 3版. 西安:西安电子科技大学出版社,2016.
[24] FLOYD T L. Digital Fundamentals:英文影印版[M]. 10版. 北京:科学出版社,2011.
[25] 潘松,黄继业. EDA技术实用教程:VHDL版[M]. 6版. 北京:科学出版社,2018.
[26] BROWN S, VRANESIC Z. 数字逻辑基础与Verilog设计[M]. 3版. 夏宇闻,吴建辉,黄成,等译. 北京:机械工业出版社,2016.